Ib 44.299,

MÉMOIRES

POUR SERVIR

A L'HISTOIRE DE FRANCE.

MÉMOIRES

POUR SERVIR

A L'HISTOIRE DE FRANCE

SOUS LE GOUVERNEMENT

DE NAPOLÉON BUONAPARTE,

ET PENDANT L'ABSENCE

DE LA MAISON DE BOURBON;

Contenant des anecdotes particulières sur les principaux personnages de ce temps.

PAR J.-B. SALGUES.

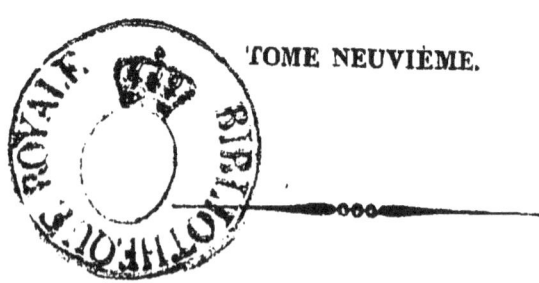

TOME NEUVIÈME.

PARIS.

IMPRIMERIE-LIBRAIRIE DE J. G. DENTU,
RUE DU COLOMBIER, N° 21.

1826.

MÉMOIRES

POUR SERVIR

A L'HISTOIRE DE FRANCE

SOUS LE GOUVERNEMENT

DE NAPOLÉON BUONAPARTE,

ET PENDANT L'ABSENCE

DE LA MAISON DE BOURBON.

CHAPITRE PREMIER.

Coup-d'œil sur l'Europe en général, et la France en particulier. Premières hostilités contre la Suède. Nouveau genre de guerre contre le commerce d'Angleterre. Fabrication de faux billets de banque. Traités entre la France, la Prusse et l'Autriche. Appel à tous les Français en état de porter les armes. Convocation des trois bans. Traité entre la Russie et la Suède. Intrigues diplomatiques en France.

L'HEURE approche où cette étoile de Napoléon qui a jeté tant d'éclat, va s'éclipser pour jamais; où ce trône élevé avec tant d'efforts, payé de tant de sang, de larmes, de trésors et de noires déceptions, va s'écrouler pour ne plus se relever. Celui qui l'occupe est monté au faîte de la puissance et de la gloire; jamais il n'a paru plus invincible. La terre, frappée d'effroi, se tait à sa présence; les fronts couronnés s'abaissent devant le sien; et l'Angleterre, son ennemie, déchirée elle-même par des troubles intestins, se consume en efforts impuissans. Partout les alliés de cette puissance sont vaincus, et ses forces militaires sont trop foibles pour lutter contre les innombrables légions de Buonaparte. Quelles mains renverseront donc ce colosse si redoutable, cet empire en apparence si indestructible? celles de Napoléon lui-même. La paix et le repos ne sauroient avoir de charmes pour une âme accoutumée aux orages de la guerre, au tumulte des camps; rien ne sauroit éteindre cette soif de domination dont il est altéré; c'est un feu qui le dévore. Son empire lui paroît trop étroit tant qu'il voit quelque chose à conquérir; sa tête se perd dans l'excès de sa prospérité; les hommages des rois, les basses adulations des hommes qui l'entourent, la servilité des autorités qu'il a constituées, lui cachent le mécontentement général des peuples et la haine de ses propres sujets. L'Europe voit avec effroi les couronnes et les sceptres brisés au premier signe de sa volonté ; le souverain pontife est renversé de sa chaire sacrée, et prisonnier ; le vieux roi d'Espagne et sa famille languissent dans l'exil et la pauvreté ; Ferdinand VII, son fils, est captif à Valençay ; la reine d'Étrurie est indignement détenue dans un couvent ; Murat est assis sur le trône des Bourbons de Naples ; le Portugal a vu ses souverains fugitifs chercher à travers les mers un asile contre le déprédateur du continent ; le monarque qui régnoit sur la Suède est errant en Europe ; Napoléon déchire jusqu'aux couronnes qu'il a tressées de ses propres mains ; le roi de Hollande, retombé dans la vie privée, oublie loin de son frère les actes de sa tyrannie ; Joseph se déclare las du sceptre qu'il porte. Les autres sceptres tiennent à peine dans les mains des monarques que Napoléon a créés, ou qu'il a soumis à ses alliances : il leur impose ses décrets ; leurs trésors et leurs armées sont à lui ; il les mande, les renvoie, les rappelle au gré de ses caprices, et ses caprices sont nombreux. Ils tremblent à sa voix ; ils s'indignent de leurs chaînes ; mais ils obéissent. Un seul monarque n'a pas encore subi le joug ; sa puissance balance encore celle de Napoléon ; ses armées sont aussi nombreuses et ses soldats aussi braves ; il veut bien être son égal et son allié, mais non son sujet, encore moins son esclave : il consent à partager avec lui l'empire du monde; mais Napoléon ne veut point de partage; et comme il dispose de toutes les forces de l'Europe, il est résolu de les rassembler et de les faire tomber de tout leur poids sur les vastes Etats de son indocile rival. Les douceurs de l'hymen, les tendres soins de la paternité ne sauroient l'arrêter.

Dès le milieu de 1811, il étoit facile de s'apercevoir qu'il méditoit de grands desseins. On formoit d'immenses magasins; on rassembloit des quantités considérables de vivres, de fourrages, d'équipages de guerre; on établissoit des parcs d'artillerie formidables; toute l'Allemagne étoit animée d'un mouvement extraordinaire. On parloit, en général, d'une grande expédition : menaçoit-elle Constantinople, l'Égypte, les Grandes-Indes, la Russie? les esprits flottoient dans ces pensées diverses. Jamais Napoléon n'avoit été occupé d'aussi grands préparatifs; mais il couvroit ses desseins d'un profond secret. Cependant, les esprits attentifs ne s'y trompoient pas. Confiant dans ses forces, Alexandre bravoit les décrets de Berlin et de Milan, et souffroit, pour l'avantage de ses sujets, le commerce avec l'Angleterre : il n'avoit vu qu'avec inquiétude les progrès de Napoléon dans le nord de l'Allemagne, et son mécontentement avoit éclaté lorsque les villes anséatiques et le duché d'Oldembourg avoient été réunis à la France, sans que l'on eût daigné consulter les cabinets de l'Europe.

Une circonstance particulière ne laissa pas de doutes à ceux qui savent observer. Après la réunion de la Hollande à la France, Napoléon crut devoir visiter ses nouveaux États, et aller y poser lui-même les premiers fondemens de sa puissance : il étoit accompagné de l'impératrice et de sa suite. Dans le cours de ses voyages, on lui prépara une chambre à coucher où se trouvoit un buste d'Alexandre : dès qu'il l'aperçut, il le prit dans ses mains comme pour le déplacer. Une dame lui ayant demandé ce qu'il en vouloit faire : « Tout ce qui vous plaira, lui dit-il, pourvu « que je ne le voie pas. » Souvent aussi, dans l'abandon de ses entretiens familiers, il trahissoit lui-même son secret. « Dans cinq ans, « disoit-il au mois de novembre 1811, à l'ar« chevêque de Malines, je serai le maître du « monde. Il ne reste que la Russie ; mais je « l'écraserai. »

D'ailleurs, on n'avoit point caché au Corps législatif que les dépenses de la guerre s'étoient accrues, dans le cours de l'année, de cent millions, à cause de la guerre qu'on alloit entreprendre dans le Nord. Les princes de la confédération du Rhin rassembloient leurs milices, pressoient la rentrée de leurs contributions, formoient leurs magasins ; les premières opérations de 1812 ne laissèrent plus d'incertitude sur les ennemis que Napoléon se proposoit de combattre.

L'arrière instinct qui lui avoit rendu pénible et désagréable l'élévation du maréchal Bernadote, agissoit fortement sur lui : ce n'étoit qu'avec une peine extrême qu'il l'avoit vu partir pour occuper un trône qu'il ne tenoit pas de ses mains. Dans leur dernière entrevue, Napoléon avoit essayé de faire entrer le prince royal dans ses intérêts ; mais celui-ci, qui connoissoit son interlocuteur, s'étoit retranché sur la nécessité de bien connoître l'état de la Suède avant de rien promettre en son nom. Napoléon s'étoit engagé à lui laisser toutes ses dotations en Pologne, à lui donner trois millions en échange de sa principauté de Ponte-Corvo, et lui avoit remis, avant son départ, un million, des lettres d'émancipation, et la permission d'emmener avec lui ses aides-de-camp. Mais l'arrière-instinct revenoit toujours. A peine Bernadote étoit-il arrivé en Suède, que le roi Charles XIII fut accablé de notes diplomatiques et de demandes impérieuses de la part de Napoléon. Pour faire cesser toute cette guerre de papiers, le conseil de Charles XIII proposa à ce prince une déclaration de guerre contre l'Angleterre, et l'on a vu plus haut qu'il s'y détermina. Ce sacrifice ne parut pas suffisant à Buonaparte; il exigeoit que la Suède, sans argent, sans soldats, sans marine, au milieu de la détresse où l'avoit plongée la belliqueuse chevalerie du jeune Gustave, reprît les armes, et les portât pour lui et ses intérêts. En vain le prince royal essaya-t-il d'opposer à la violence de ces prétentions, les argumens les plus sages, Napoléon ne voulut rien écouter. Les dotations furent retirées ; les deux millions promis ne furent point payés; les aides-de-camp furent rappelés, et le courroux de Napoléon s'exalta à un tel point, qu'il ne conçut rien moins que l'idée de faire enlever le prince royal au milieu de la cour de Suède, et de l'enfermer dans une de ses citadelles; il osa même, dans l'égarement de sa colère, s'exprimer publiquement à ce sujet, en disant à ses courtisans que ce prince royal l'ennuyoit, et qu'il pourroit bien lui faire achever son cours de suédois à Vincennes (1). Méhée, dans une des nombreuses brochures qu'il a publiées, donne à entendre que la police de Napoléon lui proposa une mission qui se rapportoit à ce projet. Mais, rendu à lui-même, Napoléon se contenta de prodiguer l'outrage à un gouvernement qu'il avoit le plus grand intérêt de ménager. Tantôt, comme si la Suède eût été en guerre avec lui, il faisoit enlever, jusque dans ses ports, les bâtimens qu'ils renfermoient; il demandoit qu'on lui livrât, pour armer les siens, deux mille matelots; enfin, il portoit l'insulte jusqu'à proposer à une nation fière et loyale, d'établir ses douaniers chez elle. Les papiers publics de Paris étoient remplis de plaintes et d'injures contre la Suède; et l'ambassadeur Alquier, trop accoutumé aux formes révolutionnaires, parloit aux ministres d'un monarque indépendant, avec une hauteur et des termes qui rappeloient l'ancien langage des proconsuls de la république. Le prince royal étoit loin de vouloir attirer sur

---

(1) Quelques personnes ont conclu, de ces paroles, que Buonaparte avoit eu l'intention de le faire fusiller comme le duc d'Enghien. Mais il ne l'auroit pas osé : Bernadote avoit un trop grand parti parmi les généraux.

les États qu'il devoit un jour gouverner, le fléau d'une nouvelle guerre. Mais il avoit le cœur élevé, l'âme fière; il ne voulut consentir à rien de ce qui pouvoit humilier ou compromettre le trône de Suède. Alors Napoléon ne se contint plus; il ordonna au maréchal Davoust de faire entrer ses troupes dans la Poméranie suédoise; et le 26 janvier, le général Friant s'empara de Stralsund, et prit possession de la Poméranie au nom de l'empereur des Français. Lorsque la nouvelle en vint à Stockholm, elle y produisit une fermentation générale. La nation toute entière sentit cet outrage avec la plus vive indignation, et jura de ne le pas supporter. Le prince royal, après avoir lu le rapport du ministre, dit d'une voix concentrée : « Puisqu'il le veut, il faut « le satisfaire, mais il lui en coûtera cher. » Il expédia aussitôt des courriers à Saint-Pétersbourg et à Londres, pour les prévenir de cet acte d'hostilité. Cependant, avant de rompre entièrement avec Buonaparte, il jugea à propos de lui écrire, pour lui demander les motifs d'une semblable violence. » Je ne suis point, « dit-il, un Coriolan; je ne commande pas les « Volsques; mais j'ai assez bonne opinion des « Suédois, pour vous assurer, sire, qu'ils sont « capables de tout oser et de tout entrepren-

« dre pour venger des affronts qu'ils n'ont
« point provoqués, et pour conserver des droits
« auxquels ils tiennent peut-être autant qu'à
« leur existence. »

Mais ni ces lettres ni les considérations les plus simples de la politique ne purent rien gagner sur un cœur ulcéré et jaloux. La Suède vit alors qu'il falloit ou devenir tributaire de la France, ou se décider à la guerre contre elle. Le sentiment de l'honneur lui fit préférer la guerre, et, dès ce moment, elle chercha des alliances.

Napoléon faisoit à cette époque, au commerce de l'Angleterre, une guerre d'un genre nouveau : guerre honteuse, que l'Angleterre avoit faite ou laissé faire autrefois à la France, dans le temps des assignats, mais qui n'en étoit pas moins indigne d'une nation qui honore les lois de la morale, et se respecte assez pour ne pas se flétrir de crimes que la justice humaine punit du dernier supplice. Sur la fin de 1811, on établit à Paris une fabrique de faux billets de la banque d'Angleterre. L'atelier principal étoit au boulevard du Mont-Parnasse. Des graveurs, hommes d'une probité que personne ne contestoit, coopérèrent, sans le savoir, à ce genre d'escroquerie. Le célèbre artiste G.... en fit les vignettes ; les lettres furent fondues par le sieur V…, rue des Maçons, et les planches imprimées chez F… Ces faux billets furent envoyés dans la Flandre et à Hambourg, pour y être négociés. D'honnêtes commerçans, trompés par une similitude assez exacte, furent ruinés (1). Mais ce n'étoit pas assez de les répandre dans les villes anséatiques, il falloit, pour porter un coup plus réel au commerce anglais, les faire passer à Londres. Cette mission fut confiée à un sieur B…, dont le beau-frère G.., avoit été arrêté à Hambourg, chargé de ces faux billets. Il s'embarqua avec un Juif nommé *Marcuft,* et masqua son voyage du prétexte d'une spéculation commerciale. Mais, malgré toute leur adresse, ils furent découverts l'un et l'autre, et tombèrent dans les mains de la police anglaise. B… parvint à s'évader; Marcuft fut pendu, et les journaux anglais rendirent compte de cette particularité; mais les journaux anglais ne pénétroient plus sur le territoire de l'Empire français. En 1812, ces faux billets continuèrent d'être mis en circulation. Des généraux en emportèrent avec eux,

---

(1) *Voyez* une brochure de vingt pages, imprimée depuis la restauration, chez Mme Jeune-Homme, rue Hautefeuille, sous le titre de *Plainte du sieur Joseph Castel,* ancien négociant.

probablement sans savoir ce qu'ils emportoient. Hambourg retomba dans de nouvelles inquiétudes. Le commissaire-général de police fit arrêter quelques uns des porteurs, mais ils trouvèrent protection à Paris. B... fut investi de la ferme des jeux, et son beau-frère G.... remis en liberté (1).

Le gouvernement de Napoléon considéroit ce genre de vol comme une mesure politique; et lorsque la restauration arriva, et que le gouvernement anglais porta ses plaintes, les ministres de Buonaparte parurent suffisamment justifiés, en déclarant que c'étoit une arme que, dans l'état de guerre, on avoit cru pou-

---

(1) Lorsqu'on établit les licences, une des conditions pour les obtenir étoit de se charger de 300,000 fr. de faux billets de banque. On déposoit à la police 150,000 f., et l'on recevoit en échange ces 300,000 fr. de fausses valeurs. Mais les négocians, qui avoient tout calculé, et qui voyoient un bénéfice certain dans le commerce qu'ils alloient ouvrir avec l'Angleterre, brûloient ces billets de fabrique, et ils n'en firent pas entrer un seul en Angleterre. Ils savoient d'ailleurs que la banque d'Angleterre annuloit chaque billet à mesure qu'il rentroit, que tous ces billets étoient numérotés, et qu'on arrêtoit ceux qui présentoient pour la seconde fois le numéro annulé. Il falloit, de la part de la police et de ses émissaires, une grande ignorance pour se livrer à un manége aussi odieux et aussi inutile.

voir employer. En 1814, une partie des planches de ces faux billets étoit encore dans les greniers du ministère de la police. Ainsi étoient foulés aux pieds tous les principes de l'honneur, et les faussaires étoient même l'objet des complaisances et des faveurs d'un gouvernement qui mesuroit le bien et le mal, le crime et la vertu sur ses seuls intérêts.

Avant de marcher contre la Russie, Napoléon vouloit s'assurer de la Prusse et de l'Autriche. Jusqu'alors il s'étoit contenté de leur neutralité. Mais depuis que le roi de Prusse, accablé par sa mauvaise fortune, étoit tombé au rang des puissances inférieures; que l'empereur d'Autriche avoit racheté son existence en donnant la main de sa fille, Napoléon ne voyoit plus, dans ces deux souverains, que des princes subordonnés à son Empire, et destinés à marcher sous ses enseignes, au premier signal qu'il leur donneroit. Il ne vouloit pas qu'ils pussent contracter d'alliances avec d'autres Etats, et troubler ses desseins. Depuis la désastreuse journée d'Iéna, Berlin étoit entouré de troupes françaises; les prinpales citadelles de Frédéric-Guillaume étoient au pouvoir de son vainqueur; ses sujets gémissoient sous le poids des impôts. Effrayé des préparatifs d'une guerre qui s'annonçoit sous l'aspect le plus menaçant, il craignit, s'il cherchoit un appui dans les bataillons russes, d'éprouver de nouveaux revers, et de perdre à jamais cette couronne qui tenoit à peine sur son front. Forcé de choisir entre Alexandre et Napoléon, il donna la préférence à celui dont l'épée lui avoit fait des plaies profondes qui saignoient encore. Il s'engagea à fournir à l'oppresseur de ses États, quatorze mille hommes d'infanterie, quatre mille cavaliers, deux mille artilleurs et soixante pièces de canon. Il se fit, en gémissant, l'ennemi du même souverain qui, dans ses jours de détresse, lui avoit prodigué les marques du plus généreux intérêt; mais il reçut, en dédommagement, un dégrèvement de soixante millions sur les contributions de guerre qui lui avoient été imposées. Ses sujets étoient pleins de ressentiment contre Napoléon : mais la nécessité commandoit, ils joignirent leurs bannières à des bannières qu'ils abhorroient.

Les sujets autrichiens n'étoient guère mieux disposés que les Prussiens, mais la même nécessité pesoit sur François II comme sur Frédéric-Guillaume. Trente mille hommes et soixante pièces de canon sont destinés à accabler l'ancien allié de leur souverain. Déjà l'on prononçoit le mot de rétablissement du royaume de Pologne; l'Autriche étoit, à la vérité, chargée des dépouilles de cette ancienne monarchie : mais un article secret les lui assuroit, à moins qu'elle n'aimât mieux accepter en dédommagement les provinces Illyriennes. On garantit, des deux parts, l'intégralité des possessions européennes de l'Empire ottoman ; car l'on vouloit, s'il étoit possible, l'opposer à l'Empire des Russes.

Ainsi, Buonaparte voit entrer dans sa confédération les deux puissances qui précédemment balançoient la sienne, et pouvoient la renverser peut-être, si elles avoient su former des nœuds sincères avec le puissant souverain de la Russie. Mais l'Autriche n'a pas renoncé à son ancien système de ruse et de déception ; et peut-être se réjouit-elle de voir son fortuné rival s'engager dans une guerre pleine de périls, et s'enfoncer dans des contrées qui peuvent devenir son tombeau, toute prête qu'elle est à l'abandonner, si la fortune le trahit. Cependant ses légions se disposèrent à marcher ; un général discret les commandoit, avec l'ordre secret de ne point se compromettre. Ainsi, l'Allemagne toute entière, depuis la Baltique jusqu'aux Alpes, ne présente plus que l'aspect de la guerre. Au-delà des Alpes, l'appareil des combats se déploie partout; Murat se prépare à commander ses légions; Eugène rassemble les siennes.

La France, placée naturellement à la tête de cette vaste coalition, devoit se signaler par de nouveaux efforts. La conscription seule ne parut plus suffisante pour accomplir les vastes desseins de Napoléon. En vain le sénat offroit le sacrifice de toute la jeunesse française, depuis dix-huit ans jusqu'à vingt-quatre; Napoléon demandoit la population toute entière. Il commande, et le sénat, prosterné à ses pieds, rend un décret qui transforme la garde nationale en une armée active, et la divise en trois bans, depuis vingt ans jusqu'à soixante. Le premier ban, composé des jeunes gens de vingt à vingt-six ans, sera chargé de la garde des frontières, des arsenaux maritimes, des places fortes, de la police intérieure de l'Empire. Ces bans seront divisés par cohortes. Cent cohortes du premier seront mises à la disposition du gouvernement. Napoléon, qui connoît la puissance des mots, a évité, à dessein, le nom de *régiment*.

Dès que ce décret fut connu, la France entière fut frappée de stupeur. On se demandoit ce que vouloit Napoléon; si après avoir moissonné si largement dans les plus jeunes rangs de la société, il prétendoit épuiser la population toute entière pour satisfaire une folle ambition, et tarir le sang de ses sujets jusque dans les veines des vieillards. Depuis quatre ans, le fer de la conscription fauchoit sans pitié tout ce qui avoit atteint dix-huit ans; les êtres les plus foibles étoient traînés dans les camps; des sujets invalides transformés en soldats : Napoléon en étoit frappé lui-même; et ce fut en voyant quelques débiles détachemens de ces jeunes conscrits que ce mot lui échappa : « Que veut-on « que je fasse de ces infirmes? je ne vois là « que de la chair à canon. »

Les campagnes étoient sans cultivateurs, et les femmes appliquées aux travaux les plus rudes. Lorsqu'aux jours de fête le violon du ménétrier donnoit le signal de la danse, les jeunes filles étoient réduites à danser seules. La même dépopulation existoit parmi les animaux : les chevaux manquoient pour conduire la charrue; et j'y ai vu attelés, en 1813, un âne et une servante de ferme. Les conscrits qui ne se rendoient point à leur poste, étoient poursuivis jusqu'au fond des bois : on les enchaînoit comme des malfaiteurs; et leurs parens, lorsqu'ils ne les livroient pas, étoient eux-mêmes traités à l'égal des criminels. Comme les lois de la conscription épargnoient les jeunes gens mariés, on voyoit des enfans de dix-huit ans contracter des mariages fictifs avec des femmes de quatre-vingts ans. Bientôt ces sortes d'unions furent défendues, et le privilége accordé à l'hymen fut aboli. Plus tard, ces mariages forcés conduisirent à des crimes : les femmes octogénaires ne mourant pas assez vîte, il se trouva dans cette jeunesse des scélérats qui tuèrent leurs vieilles compagnes pour en épouser de jeunes. Tous les lycées, tous les colléges, tous les pensionnats étoient transformés en écoles militaires : c'étoit au son du tambour qu'on se levoit, qu'on marchoit, qu'on alloit à la prière et à l'étude. On apprenoit aux enfans revêtus de l'habit militaire, à mépriser leurs pères revêtus de l'habit bourgeois ; on désignoit sous le sobriquet de *péquin* (mot dont on ne connoît pas l'origine) le prêtre, le magistrat, le jurisconsulte, le citoyen savant, industrieux, paisible, qui n'avoit ni le casque en tête ni la cuirasse sur la poitrine (1).

---

(1) On a cité, à cette époque, un mot de M. de Talleyrand. Il avoit invité à dîner un général, qui arriva lorsqu'on étoit à table. Il s'excusa auprès des dames en disant qu'il avoit été retenu par un *péquin*. Les dames ne paroissant pas comprendre ce mot, M. de Talleyrand

Les esprits accoutumés à réfléchir avoient prévu l'époque où Buonaparte, après avoir épuisé le sang jeune et libre, seroit forcé d'entamer les rangs des hommes mariés, et de recourir à la garde nationale. Le nouveau sénatus-consulte annonçoit assez que ce moment fatal étoit arrivé; mais comme en établissant les trois bans, les fonctionnaires publics se trouvoient compris dans une exception, les sénateurs, loin de donner le moindre signe de regret d'être forcés de contribuer à une si douloureuse mesure, ne rougirent pas de féliciter le grand Napoléon, et de le saluer du nom de *père de ses sujets*. Le célèbre naturaliste Lacépède (1), après avoir développé les divers articles du projet de loi :

« Voilà, dit-il, ce que le héros a cru de-
« voir faire pour rendre les frontières invio-
« lables, pour tranquilliser les esprits les plus
« prompts à concevoir des alarmes. Voici ce
« que fait *le père de ses sujets* : les cohortes
« du premier ban se renouvelant par sixième

---

leur dit : « Ces messieurs appellent *péquin* tout ce qui
« n'est pas militaire : comme nous appelons *militaire*
« tout ce qui n'est pas civil. »

(1) On disoit que le Sénat l'avoit choisi pour son orateur, parce qu'il avoit écrit l'histoire des reptiles.

« chaque année, les Français qui en feront
« partie connoîtront l'époque précise à la-
« quelle ils doivent revenir sous le toit pater-
« nel; et rendus à leurs affections, à leurs
« travaux, à leurs habitudes, ils jouiront du
« prix de leur dévouement. Parvenus à l'âge
« où l'ardeur est réunie à la force, ils trouve-
« ront dans leurs exercices militaires des jeux
« salutaires et des délassemens agréables, plu-
« tôt que des devoirs sévères et des occupa-
« tions pénibles. »

Qui le croiroit? à cette époque, on vit paroître un livre dédié à un sénateur, où l'on
vantoit l'effusion du sang humain comme une
mesure salutaire, comme un moyen de bonheur et de prospérité pour les peuples; où l'on
comparoit le genre humain à un arbre dont la
serpe du jardinier émonde les branches les
plus vives pour le fortifier davantage et lui
faire porter plus de fruits (1) : et ce livre n'é-
toit point l'ouvrage d'un bourreau, mais d'un
homme sorti cette secte pharisaïque, de cette
société pieuse qui se vantoit de son zèle pour
la religion, et de son aversion pour la philosophie.

---

(1) *Essais historiques sur l'effusion continuelle du sang humain;* par M. de Sainte-Marie.

L'indigne conduite du Sénat acheva de le perdre dans l'opinion publique. On commença à désespérer des destins de Napoléon ; on ne vit plus dans son aventureuse entreprise qu'une espèce d'Attila ravageant le monde sans motif, sans réflexion, sans autre but que de satisfaire sa fureur guerrière. Cependant on commença à organiser les trois bans ; et toutes les forces militaires organisées se disposèrent à passer le Rhin, et à tomber de tout leur poids sur l'empire qui rivalisoit de puissance avec Napoléon. On rappela même d'Espagne les meilleurs régimens, qui furent remplacés par de nouvelles levées.

Il étoit impossible que la Russie et la Suède vissent ces préparatifs sans en être émues et se mettre en état de repousser les armes par les armes. Le prince royal désiroit sincèrement ne pas rompre avec Napoléon, et la politique de Napoléon devoit l'engager à ménager la Suède. Une armée suédoise menaçant la Finlande, auroit exigé une armée russe pour défendre cette province ; mais l'impétuosité de son caractère l'emporta. Le prince de Suède lui ayant proposé de travailler à un rapprochement entre la Russie et lui, il dédaigna l'intervention d'une puissance inférieure ; et comptant sur la fidélité de son étoile et l'immense armée qu'il commandoit, il décida, dans ses propres décrets, la destruction de la Russie. Alors la Suède songea sérieusement à sa défense. Un traité d'alliance fut signé, le 24 mars, à Saint-Pétersbourg, entre Alexandre et Charles XIII : la Norwège y fut promise à la Suède en dédommagement de la Finlande; et, de son côté, le prince royal, guerrier consommé dans les camps et l'art des combats, s'engagea à se mettre à la tête d'un corps russe, et à aider la coalition de son expérience et de ses conseils. La Grande-Bretagne ne tarda pas à s'unir à ce traité, et l'empereur Alexandre partit de Saint-Pétersbourg pour se montrer à sa grande armée, qui attendoit l'ennemi en Lithuanie.

On parut cependant, de part et d'autre, ne pas renoncer à tout moyen de conciliation. Dès les premiers jours de janvier, l'empereur Alexandre, qui n'avoit qu'une médiocre confiance dans la pénétration et les talens du prince Kourakin, son ambassadeur, avoit envoyé à Paris le comte de Czernitscheff, jeune seigneur rempli de grâce, de politesse et de manières toutes françaises. Sa mission secrète étoit de connoître les dispositions du gouvernement, et, s'il étoit possible, de se procurer ses plans. Le comte de Czernitscheff, accueilli, recherché dans les cercles, surtout par les femmes, remplit sa mission avec un succès complet, et repartit pour Saint-Pétersbourg, laissant les dames enivrées de ses charmes et de sa galanterie. Toutes se l'étoient disputé; une seule avoit obtenu la palme, et c'étoit une de celles dont il pouvoit obtenir les notes les plus certaines et les plus nombreuses sur les projets du gouvernement. Il revint au mois d'avril. Mais Napoléon soupçonnoit déjà que ces voyages avoient un autre but que de faire briller dans les salons de Paris les grâces et l'amabilité d'un Russe : il le fit observer et suivre; et comme le ridicule est, en France, l'arme la plus redoutable, il commanda au poëte Esménard, attaché alors à la police, un article fabriqué contre le brillant voyageur. On rappeloit que, sous le règne de Catherine II, le prince Potemkin avoit un messager nommé *Bower*, qu'il envoyoit tantôt à Paris chercher une danseuse ou un acteur, tantôt à Astracan cueillir des melons, tantôt en Crimée pour en rapporter du raisin. L'allusion étoit piquante; et l'auteur, homme d'esprit, n'y avoit pas épargné l'ironie. Le jeune cavalier russe s'en plaignit avec vivacité; l'ambassadeur se joignit à lui; et comme Napoléon ne vouloit pas encore brusquer une rupture, l'auteur de l'article fut désavoué, et, pour réparation de sa faute, exilé en Italie. Il partit chargé d'or, avec la promesse de rentrer avant peu ; mais cette feinte disgrâce lui coûta la vie. Comme il revenoit de Rome à Naples, sa voiture, entraînée par une pente rapide, se brisa, et il se fracassa la tête sur un rocher. C'étoit un homme d'un talent remarquable, surtout comme prosateur ; il auroit pu enrichir la littérature française d'ouvrages distingués, s'il eût vécu plus long-temps. Il étoit entré à l'Académie française, plutôt par ordre, que par le choix libre de cette compagnie, quoiqu'elle rendît justice à ses talens ; mais il avoit, sous d'autres rapports, une mauvaise réputation.

Soit que Buonaparte voulût gagner du temps, soit qu'il voulût prouver à l'Europe qu'il ne faisoit la guerre que malgré lui, il fit proposer à l'empereur Alexandre d'envoyer des pouvoirs suffisans au prince Kourakin pour entamer des négociations de paix : elles devoient avoir pour objet d'abord l'ukase du 31 décembre précédent, qui favorisoit le commerce d'Angleterre, ensuite la protestation de l'empereur de Russie contre l'usurpation du duché d'Oldembourg, enfin la marche de l'armée de Moldavie sur les frontières de Pologne. Il essaya même de mettre dans ses intérêts le comte de Czernitscheff, et s'expliqua vivement dans une conférence qu'il eut avec lui. « Pourquoi votre empereur tient-il deux cent « mille hommes entre Pétersbourg et le duché « de Varsovie ? N'est-ce pas me forcer à pren- « dre des mesures semblables ?.... Tout ceci « prend une tournure très-sérieuse. Je ras- « semble mes forces ; j'aurai avec moi la con- « fédération du Rhin. La Prusse est dans mes « intérêts ; elle marchera avec moi. Je ne puis « m'accoutumer à l'idée que la guerre puisse « éclater entre l'empereur Alexandre et moi. « Car, enfin, de quoi s'agit-il ? tous nos diffé- « rends ne valent pas un coup de canon. »

Après cet entretien, il remit au comte de Czernitscheff une lettre pour l'empereur.

En même temps, il entama une négociation avec l'Angleterre. Ce n'étoit plus M. de Champagny qui tenoit le portefeuille des affaires étrangères, mais M. Maret, duc de Bassano. Ce nouveau ministre adressa des propositions de paix à lord Castelreagh. Il s'agissoit de rendre le Portugal à la maison de Bragance ; d'assurer la Sicile à la maison de Bourbon, le trône de Madrid à Joseph, et celui de Naples à Joachim. Lord Castelreagh répondit qu'il avoit des ordres précis de son souverain de ne pas recevoir de semblables propositions. Ainsi, tout rentra dans les mêmes termes où l'on étoit précédemment.

Le comte de Czernitscheff, au milieu des dissipations de la cour, des frivolités du monde et des cajoleries des femmes, n'avoit pas oublié les intérêts de son cabinet. Par son extrême adresse, il étoit parvenu à obtenir d'un commis de la guerre les états des mouvemens de l'armée française : c'étoit pour lui des renseignemens précieux. Dès qu'il les a en sa possession, il quitte à la hâte la capitale, et gagne les frontières. Au moment où il s'éloignoit précipitamment, la trahison est découverte; l'ordre est donné de s'assurer de sa personne. Le télégraphe joue, et transmet cet ordre à Strasbourg; mais il a franchi le Rhin à l'instant même où cet avis parvient. Le commis, nommé *Michel*, paya de sa tête son infidélité.

Si l'on en croit les Mémoires publiés sous le nom de Joseph Fouché, cet ancien ministre, relégué à Aix, ne put voir Napoléon s'engager dans une guerre si périlleuse, sans frémir pour lui : il obtint la permission de se rendre à Paris; et dans une conférence avec M. Malouet, son ancien camarade d'études, il fut convenu que le duc d'Otrante remettroit à Napoléon un Mémoire propre à le détourner de la périlleuse entreprise qu'il avoit conçue. Ce Mémoire étoit fort de raisonnement; mais Napoléon répondit à son ancien ministre qu'il n'y entendoit rien; qu'il ne pénétroit pas les profondeurs de sa politique, et que la guerre qu'il alloit entreprendre étoit nécessaire pour accomplir les hautes destinées auxquelles il étoit appelé.

On ajoute que Fouché se retira confus, et que quelques jours après Buonaparte délibéra dans un conseil secret s'il n'étoit pas à propos de s'assurer de lui et du prince de Bénévent, avant de quitter Paris. Mais on craignit de donner de trop vives alarmes aux fonctionnaires publics disgraciés, et la proposition fut retirée.

CHAPITRE II.

Troubles en Angleterre. Émeutes en France. Inutiles efforts de Napoléon pour armer la Porte ottomane contre la Russie. Mission du général Andréossy à Constantinople. Mission du comte de Narbonne à l'empereur Alexandre. Voyage de Napoléon à Dresde ; son départ pour l'armée ; proclamation à ses soldats. Plan de l'empereur de Russie ; son voyage à Moscou ; ses proclamations.

Près de s'engager dans la plus vaste entreprise qu'il eût encore conçue, Napoléon ne s'en dissimuloit ni l'importance ni les dangers ; toujours habile à prendre ses avantages, il vouloit réduire la Russie à ses propres moyens, et la priver de tous les appuis qui lui restoient. L'Angleterre a refusé la paix ; mais il se flattoit de lui donner en Espagne et en Portugal assez d'occupation pour la détourner de tout autre soin : il la voyoit, d'ailleurs, avec satisfaction, troublée dans son intérieur par des insurrections nombreuses et des rassemblemens d'ouvriers. Soit qu'en effet le système continental eût porté au commerce anglais un coup funeste; soit que des artisans de troubles, salariés peut-être par des agens secrets, eussent excité au désordre les ouvriers des villes manufacturières, la Grande-Bretagne voyoit alors plusieurs de ses comtés tourmentés par de nombreuses émeutes. Dans le Nottinghamshire, des bandes de mutins se répandoient dans les fabriques les plus accréditées, brisant ou brûlant les métiers, et se livrant à toutes sortes d'excès. Les contrées voisines de Leicester, de Derby, furent bientôt en proie aux mêmes désordres : les insurgés prenoient le nom de *luddistes*, et se disoient sous les ordres d'un capitaine Ludd, personnage imaginaire que la police anglaise ne put jamais découvrir. On ne doutoit guère que si Napoléon n'étoit pas l'auteur premier de ces révoltes, il ne travaillât sourdement à les entretenir et les accroître; on soupçonnoit même que son frère Lucien, voulant peut-être racheter son amitié par quelque grand service, encourageoit ou payoit sous main les insurgés. En France, et surtout à la cour de Napoléon, on se flattoit de voir bientôt les prisonniers français rompre leurs chaînes, et se joindre à ces mouvemens. Le mal devenoit de plus en plus menaçant ; et dans une séance du parlement, M. Brougham pressa vivement le ministère de prendre enfin des mesures pour assurer la paix publique. Il est rare qu'en Angleterre ces sortes de séditions aient des suites sérieuses; l'esprit public apporte promptement le remède au mal. Les luddistes furent dissipés, les métiers rétablis aux frais du gouvernement. Les ouvriers, mieux payés, rentrèrent dans leurs ateliers ; et le ministère britannique, libre de tout autre soin, se livra tout entier à ses intérêts politiques. Ainsi, les espérances de Napoléon furent déçues de ce côté. Mais tandis qu'il se livroit à ces premières illusions, la France elle-même n'étoit pas tranquille ; les dernières récoltes avoient été peu abondantes ; les marchés éprouvoient une sorte de pénurie; le pain s'étoit élevé à un prix auquel le pauvre pouvoit difficilement atteindre ; les grands magasins qu'on formoit sur le Rhin augmentoient encore la disette. Le peuple, toujours inquiet et soupçonneux, s'irritoit contre les licences, et se figuroit qu'elles n'avoient pas été établies sans quelques vues d'intérêt sordide et criminel : il accusoit hautement les spéculateurs et l'Etat d'avoir vendu à l'Angleterre le produit des moissons. Ces bruits circuloient partout, et n'étoient pas tout à fait dénués de fondement. Il y eut dans plusieurs provinces des émeutes populaires, et surtout en Normandie : elles éclatèrent avec violence à Caen ; la vie du préfet fut menacée ; et ce magistrat, saisi de crainte, expédia en toute hâte un courrier à Paris pour demander du secours. Des troupes se mirent en marche ; on arrêta plusieurs mutins, et avec eux quelques femmes. Des commissions militaires furent formées, des jugemens rendus, des arrêts de mort prononcés ; et, chose inouïe ! une femme fut condamnée à être fusillée, et ce jugement exécuté. Cet acte de barbarie révolta les classes inférieures du peuple ; il ne vit plus en Napoléon qu'un farouche tyran qui n'épargnoit rien. Jusque là, Buonaparte n'avoit pas eu de plus superstitieux adorateurs ; son décret des trois bans, l'excessif abus des conscriptions, la rareté du pain, l'incendie et la destruction des marchandises anglaises, dessillèrent les yeux les plus favorablement prévenus, et l'on vit dès lors se former ces germes de haine qui se développèrent avec tant de promptitude et d'énergie en 1814. Mais Napoléon croyoit avoir besoin de ces grands exemples pour assurer le repos de l'intérieur avant son départ ; il s'occupoit en même temps à se fortifier à l'extérieur. La Porte ottomane étoit en guerre avec la Russie; mais, battue sur plusieurs points, découragée surtout par la défaite qu'avoit éprouvée l'armée du grand-visir à Routschouck, elle aspiroit à la paix. Napoléon lui envoya le général Andréossy pour la retenir dans ses intérêts. Ce négociateur avoit déjà été employé en Angleterre, et ne s'y étoit pas montré habile; il fut de nouveau joué par le ministère russe; et lorsque Buonaparte comptoit le plus fortement sur ses bons offices, il apprit avec étonnement et dépit, au milieu de son armée, que des diplomates plus habiles que les siens avoient signé la paix à Bucharest, et que les troupes de Moldavie marchoient pour joindre leurs forces à celles qu'Alexandre avoit rassemblées sur les frontières de la Pologne.

Il restoit encore la Suède. On a vu la réponse du prince royal aux premières ouvertures : on en fit de secondes; et la Suède se voyant recherchée des deux côtés, crut pouvoir se montrer plus exigeante. Elle demanda la restitution de la Poméranie, la possession de la Norwège en dédommagement de la Finlande, et des subsides. Ces propositions équivaloient à une déclaration de guerre; Napoléon les reçut avec indignation : il demanda depuis quand on le croyoit capable d'enlever à ses alliés les provinces qu'ils possédoient (il vouloit parler du Danemarck); depuis quand on le croyoit capable d'acheter à prix d'or des traités d'alliance; il s'exprima dans les termes les plus violens envers son ancien maréchal, et dès ce moment tout espoir de rapprochement fut perdu.

Mais il ne désespéroit pas d'amener la Russie à des négociations : il se persuadoit qu'effrayé des forces immenses qui se rassembloient contre lui, l'empereur éprouveroit quelque sentiment de foiblesse; il crut ne pouvoir employer, dans cette circonstance, un négociateur plus habile, plus délié que le comte de Narbonne, qui déjà avoit été si heureux auprès de l'empereur d'Autriche.

Mais le temps pressoit. On étoit aux premiers jours de mai; les troupes, en pleine marche depuis le commencement de l'année, étoient la plupart arrivées à leur destination. Buonaparte avoit fait annoncer à l'empereur d'Autriche son beau-père, et aux rois ses alliés, qu'il se réuniroit à eux à Dresde : il se hâta de quitter Saint-Cloud avec l'impératrice, arriva à Mayence le 11, en visita les fortifications, et se remit en route.

A quelque distance de Dresde, le roi et la reine de Saxe vinrent au-devant de lui. Déjà un grand nombre de souverains étoient arrivés pour lui présenter leurs hommages. Le lendemain, il vit à son lever les princes régnans de Saxe-Weimar, de Saxe-Cobourg, le grand-duc de Wurtzbourg, la reine de Westphalie. L'empereur et l'impératrice d'Autriche arrivèrent presque aussitôt, et le roi de Prusse ne tarda pas à venir joindre ses hommages à ceux des autres têtes couronnées. Alors Buouaparte put se dire, comme Agamemnon, le roi des rois.

C'étoit sur lui qu'étoient tournés tous les regards, pour lui qu'étoient tous les soins, de lui que les monarques ses alliés sembloient attendre leur destin : il étoit roi chez le roi même son hôte. Le prince de Prusse, les archiducs accoururent pour grossir la cour d'un soldat heureux, que ses propres soldats appeloient encore, quelque temps auparavant, *le petit caporal.*

On vit M. de Hardenberg déposer sa fierté aux pieds du vainqueur de son pays, M. de Metternich trouver à peine des expressions suffisantes pour peindre son admiration. Nul courtisan n'étoit plus empressé; ses discours étoient des hymnes, ses saluts des génuflexions. Le palais étoit un temple, le trône de Napoléon un autel, et lui-même une idole;

les rois, les grands, les ministres, les courtisans formoient un peuple d'adorateurs. A son lever, qui avoit lieu à neuf heures, ce n'étoient plus des généraux transformés en ducs, des ministres et des conseillers sortis des rangs de la bourgeoisie qui attendoient humblement son heure : c'étoient des princes, des souverains, des personnages nés dans les plus hauts rangs de la noblesse.

Semblable à l'astre supérieur qui nous éclaire, il entraînoit les autres dans son orbite. L'empereur d'Autriche, le roi de Prusse, aucun des souverains n'avoit de maison ; on dînoit chez Napoléon : c'étoit lui qui fixoit l'étiquette et donnoit le ton. A table, il étoit le premier; et quand les portes des salons s'ouvroient ou se fermoient pour entrer ou pour sortir, les rois se retiroient avec respect derrière lui ; mais il faisoit passer l'empereur d'Autriche le premier, et ce prince paroissoit charmé de cette faveur. Napoléon, les mains pleines de diamans, les distribuoit avec une magnificence orientale.

Près d'un mois se passa au milieu des fêtes, des banquets, des spectacles, sans que néanmoins Napoléon perdît de vue la mission de son aide-de-camp le comte de Narbonne. Le prince Kourakin avoit déjà, par ordre de son souverain, présenté les bases d'un traité, mais d'une nature si exigeante, qu'il étoit impossible de les accepter. Il s'agissoit d'évacuer la Poméranie, de remettre au roi de Prusse toutes ses forteresses, et de retirer l'armée française sur les bords du Rhin. L'empereur de Russie offroit en échange de fermer ses ports aux bâtimens anglais, et de contribuer au blocus continental, en se réservant néanmoins le droit de commercer avec les neutres. L'orgueil du moindre caporal français s'en fût trouvé offensé. Napoléon, qui ne vouloit que gagner du temps, s'en montra indigné, et affecta de croire que ces propositions ne pouvoient être sérieuses, et qu'il y avoit un malentendu ; que la mission de M. de Narbonne éclairciroit tous les doutes. Il l'attendoit donc avec impatience, lorsque, le 28 mai, une chaise de poste entra toute poudreuse dans la cour du palais du roi de Saxe : c'étoit l'envoyé de Napoléon. Quelles nouvelles apportoit-il ? on ne pouvoit douter qu'il n'eût usé de tous ses moyens pour réussir. Il avoit vu l'empereur à Wilna ; il avoit parlé avec cette facilité, cet esprit qui donnoit tant de charme à ses discours ; mais, pour la première fois, son éloquence avoit été sans succès. Le prince lui avoit paru attendre les évènemens sans jactance et sans abattement; il l'avoit trouvé arrêté dans ses idées, et tenant fixement aux propositions faites par son ambassadeur. Ainsi, plus d'espoir de ce côté.

On ne sauroit douter qu'Aléxandre ne se confiât aussi dans ses forces. Si Napoléon avoit de nombreux alliés, la Russie en avoit de non moins puissans : l'inclémence du ciel, les rigueurs de son climat; peut-être aussi Alexandre prévoyoit-il les dispositions des rois et des peuples que Napoléon traînoit à sa suite. Il sait que les princes de la confédération du Rhin gémissent de l'oppression sous laquelle ils sont tenus; que les Prussiens et la plupart des Westphaliens marchent à regret; et Napoléon lui-même l'ignore si peu, qu'il a donné les ordres les plus formels pour surveiller et contenir les provinces prussiennes qu'il laisse derrière lui; qu'il a exigé que le commandement de Berlin fût remis à un général français, et qu'il a cru de sa prudence de s'emparer de Spandau, au mépris des traités.

Il ne peut écouter sans un vif ressentiment le récit du comte de Narbonne : tandis qu'il parle, il se promène à grands pas; et quand il a fini, il garde lui-même un profond silence; il éclate ensuite en menaces et en dé-

clamations. « Ainsi, plus de paix; les princes
« qui sont ici me l'avoient bien dit. On nous
« renvoie sur le Rhin; l'insulte est publique :
« les Russes s'en vantent ; nous n'avons plus
« de temps à perdre en négociations infruc-
« tueuses. »

Cependant il n'y renonçoit pas entièrement.
« Écrivez, dit-il au duc de Bassano, écrivez
« à Lauriston qu'il quitte Pétersbourg, et
« se rende auprès de l'empereur Alexandre;
« qu'il éclaircisse ce mystère, et m'en rende
« compte. »

En même temps, il se préparoit à quitter
Dresde ; mais il vouloit auparavant avoir un
ambassadeur à Varsovie. Il lui faut un homme
habile, insinuant, d'une éloquence capable
de dominer les conseils, et d'un rang éminent :
il l'entourera de confiance, et lui donnera une
grande représentation ; le maréchal Duroc lui
proposa l'archevêque de Malines, et Napoléon confirma ce choix.

Le 28 de mai, il quitta Dresde; aussitôt
une grande solitude remplaça le mouvement
extraordinaire qui animoit cette capitale. Les
courtisans couronnés qu'il n'emmenoit point
avec lui, se hâtèrent de rentrer dans leurs Etats.
L'empereur d'Autriche se disposa à visiter la
Bohême, et la jeune impératrice sa fille ob-

tint la permission d'aller avec lui passer quinze jours à Prague. Le lendemain de son départ, Napoléon étoit en Pologne. Le projet de rétablir ce royaume n'étoit plus un problême : si Buonaparte y parvient; s'il appuie cette résolution de toutes les forces dont il dispose, et s'il s'en tient à ce généreux projet, il acquerra une gloire immortelle. La Pologne toute entière lui élevera des statues; il vengera l'honneur de la France, qui a vu lâchement trois puissances se partager ce royaume, comme des pirates se partagent leur butin. Mais voudra-t-il renoncer à la possession des provinces Illyriennes?

Le 2 juin, Napoléon étoit à Thorn, patrie du célèbre Copernick. Les Wurtembergeois, qui depuis se sont signalés en France par leurs excès, se signaloient en Pologne par les mêmes désordres; ils avoient pour dignes émules les Westphaliens. Napoléon, témoin de leurs ravages, adressa une verte réprimande au prince de Wurtemberg et à Jérôme : « Nous avons « besoin d'amis, leur dit-il, et vous nous faites « des ennemis. Nous avons besoin de faire res- « pecter les armes françaises, et vos soldats « foulent et pillent les villages polonais. Que « ces rapines cessent; c'est dans les combats « qu'il faut vous signaler, et non dans le pil-

« lage de nos alliés. » Il fit les mêmes reproches au maréchal Ney, auquel il avoit donné le commandement supérieur de ces corps; il manda à tous ses lieutenans qu'ils eussent à maintenir la discipline d'une main ferme, et à prendre des mesures pour que le pays ne fût pas dévasté; « sans quoi, dit-il, nous se-« rions ici comme Masséna en Portugal; » expression qui peignoit son caractère.

La ville de Thorn étoit encombrée d'équipages de luxe; le quartier-général trouvoit à peine les moyens de s'y loger, car chaque prince de la confédération vouloit avoir ses commissaires et ses représentans: mais Napoléon mit promptement ordre à ces abus, et pria *ces messieurs* de ne le pas suivre de si près, et de se tenir en arrière. Le prince Eugène vint rejoindre son beau-père à Thorn. Après avoir tout réglé dans cette ville, Napoléon partit pour Dantzick, où commandoit le général Rapp.

Quelque dévoués que fussent les généraux français à leur empereur, il étoit facile de reconnoître qu'ils désapprouvoient la guerre de Russie. Murat n'avoit quitté qu'avec regret sa cour de Naples; Eugène eût préféré celle de Milan. Le général Beker, qui, dans la dernière guerre du Nord, avoit rendu de si grands services, avoit refusé de prendre part à une expédition dont sa prévoyance lui découvroit la funeste issue ; le maréchal Berthier ne cachoit pas ses inquiétudes ; Rapp lui-même, dont l'âme étoit naturellement belliqueuse, ne pouvoit dissimuler sa défiance. Napoléon, accoutumé à lire la pensée de ses généraux dans l'expression de leur figure, s'en aperçut à Dantzick, et crut nécessaire de leur inspirer une partie de la confiance dont il étoit animé lui-même. Ceux qui savoient le mieux pénétrer le secret de sa politique, étoient convaincus qu'en affectant de négocier avec l'empereur de Russie, il n'avoit d'autre dessein que de persuader à ses généraux qu'il faisoit la guerre malgré lui. Dans un entretien avec le roi de Naples, le maréchal Berthier et le général Rapp, il leur exposa tout ce qu'il avoit fait pour éviter la guerre. « Au surplus, leur « dit-il, nous touchons au dénouement. Quinze « jours de route nous séparent encore des Rus- « ses ; et d'ici là, Lauriston obtiendra peut- « être quelque explication. Une fois sur le « Niémen, tout sera décidé..... Si je m'arrê- « tois alors, ils marcheroient... J'espère bien « que Soult se maintiendra en Andalousie, « et que Marmont contiendra Wellington en « Portugal. L'Europe ne respirera que quand

« ces affaires de Russie et d'Espagne seront
« terminées : alors, seulement, on pourra
« compter sur une paix profonde. La Pologne
« renaissante s'affermira ; l'Autriche s'occu-
« pera un peu plus de son Danube et un peu
« moins de l'Italie; l'Angleterre épuisée se ré-
« signera à partager le commerce du monde
« avec le continent. Je veux préparer à mon
« fils un règne tranquille. »

Il continua donc de se porter en avant, et arriva le 19 juin à Gumbinen, capitale de la Lithuanie prussienne. Là fut fixé le sort de la campagne. Un courrier expédié par le général Lauriston, annonça à Napoléon qu'il n'avoit pu obtenir du gouverneur de Pétersbourg la permission de se rendre à Wilna; et que l'empereur, instruit de son désir, s'étoit contenté de répondre que si le général Lauriston avoit quelque chose à lui communiquer, il pouvoit le lui écrire.

« Les Russes, s'écrie aussitôt Buonaparte,
« les Russes, toujours vaincus, prennent le
« ton des vainqueurs : acceptons comme une
« faveur l'occasion qu'ils nous offrent, et pas-
« sons le Niémen. »

Aussitôt, il fit rédiger une proclamation à l'armée.

« Soldats! la seconde guerre de Pologne est

« commencée. A Tilsitt, la Russie a juré une
« éternelle alliance à la France, et la guerre
« à l'Angleterre : elle viole aujourd'hui ses
« sermens. Elle ne veut donner aucune expli-
« cation de son étrange conduite, que les ai-
« gles françaises n'aient repassé le Rhin, lais-
« sant par-là nos alliés à sa discrétion. *La*
« *Russie est entraînée par la fatalité :* ses
« destins doivent s'accomplir. Nous croit-elle
« donc dégénérés ? ne serions-nous donc plus
« les soldats d'Austerlitz ? Elle nous place en-
« tre le déshonneur et la guerre, notre choix
« ne sauroit être douteux. Marchons donc en
« avant! passons le Niémen, portons la guerre
« sur son territoire. »

Jamais Napoléon ne s'étoit vu à la tête d'une armée si formidable. Ce n'étoit pas la France, mais le continent presque tout entier qui marchoit sous ses enseignes. Il menoit au combat près de cinq cent mille hommes, que suivoient plus de deux mille bouches à feu. Mais où va-t-il ? quel est son dessein ? On a vu, dans les temps reculés, les nations du Nord sortir de leurs régions glacées pour se précipiter en masse sur les champs fortunés des Gaules, de l'Espagne et de l'Italie. Ici, c'est un peuple heureux, civilisé, jouissant de tous les avantages du ciel le plus riant, du sol le plus fécond, qui s'élance vers les déserts, qui va chercher jusqu'au pôle un ennemi qui ne l'a point provoqué. Quelles conquêtes prétend-il faire? des champs couverts de neige? des fleuves enchaînés par les glaces? Ses victoires ne lui seront-elles pas plus funestes que ses défaites; et soit qu'il porte ses aigles victorieuses à Saint-Pétersbourg ou à Moscou, quels grands et glorieux avantages lui procureront ses triomphes? Il a sous les yeux cette guerre de Portugal où Masséna, le plus habile peut-être de ses lieutenans, vient d'échouer, parce qu'on lui a opposé un ennemi plus redoutable que tous les héros de la Tamise, la famine. Croit-il que cet ennemi ne l'attendra pas? Et si les Russes ne lui laissent que des déserts à parcourir, se persuade-t-il que la faim, la soif, les vents glacés du nord l'épargneront plus que les rois insensés qui se sont, avant lui, précipités dans de pareilles expéditions? *La Russie,* a-t-il dit, *est entraînée par la fatalité;* et la fatalité l'entraîne lui même. Encore quatre mois, et il ne restera plus, de cette formidable armée, que trois cent mille cadavres engraissant la terre de leurs ossemens. Mais Napoléon aura daté, de Moscou, un décret sur l'administration des théâtres de Paris : voilà le prix de tant de travaux.

Tandis qu'il marche la tête remplie des vapeurs d'une gloire fantastique, l'empereur de Russie s'apprête, sans ostentation, à disiper la ligue formidable qui s'avance contre lui. Il fait, de son côté, des proclamations.

« Depuis long-temps on ne pouvoit se mé-
« prendre sur les intentions hostiles de Napo-
« léon contre la Russie. J'espérois, par la
« condescendance et la modération de ma po-
« litique, arrêter ses mauvais desseins : mes
« espérances ont été déçues. Tandis que les
« paroles pacifiques de son aide-de-camp, le
« comte de Narbonne, retentissent encore à
« nos oreilles, il passe le Niemen, et com-
« mence la guerre.

« Ainsi, l'espoir de la paix n'existe plus. Il
« ne nous reste d'autre parti à prendre que
« d'opposer à l'ennemi nos braves soldats, et
« de prier le Juge suprême de toutes choses
« de bénir la cause de la justice. Soldats, vous
« défendrez votre foi, votre pays, votre li-
« berté ; votre empereur marche à votre tête,
« et le Dieu de la justice est contre l'agres-
« seur.... Quant à moi, je ne remettrai point
« l'épée dans le fourreau tant qu'il restera un
« seul ennemi sur le territoire de l'empire. »

La résistance du peuple espagnol, et les généreux sacrifices du peuple portugais, ont ré-

vélé aux nations le secret de vaincre Napoléon. Alexandre ne peut, comme les Espagnols, opposer à son ennemi une guerre nationale. Mais le peuple auquel il commande est superstitieux : il fera intervenir la religion dans cette grande lutte, et, comme les Portugais, il opposera la famine à son redoutable adversaire.

Le quartier-général étoit à Wilna, où se trouvoit l'empereur Alexandre avec la garde impériale. Barclay de Tolly commandoit en chef toute l'armée.

La droite de la première division consistoit en trente mille hommes, sous les ordres du comte de Vitgenstein; la seconde division, de vingt-cinq mille hommes, avoit pour chef le général Baggavoust; la troisième et la quatrième division, commandées par Schowalow et Toutchkoff, étoient chacune de vingt-six mille hommes; vingt autres mille hommes, commandés par le général Pahlen, formoient la cinquième division.

Une seconde armée, de soixante mille hommes, obéissoit aux ordres du prince de Bagration : l'hetman Platoff y avoit réuni un corps considérable de Cosaques; vingt-cinq mille hommes étoient en réserve sous le commandement du général Tormazoff; enfin, les généraux Essen et Steingel commandoient vingt mille hommes à Riga. Le plan de campagne étoit, comme première mesure, de se retirer sur les bords de la Dwina, et de prendre une forte position à Drissa pour y réunir l'armée toute entière. On avoit ajouté, à ce plan, celui de dévaster le pays, d'incendier les villes et les villages, pour enlever à l'ennemi toute subsistance et tout abri.

L'exécution de ce plan commença dès le 28 juin; et l'arrière-garde quitta Wilna après avoir détruit les magasins et tout ce qui pouvoit servir à l'ennemi; et le 9 juillet, une partie des corps réunis sur la Drissa prit possession du camp retranché de Dwina. Le mouvement général fut terminé le 24 du mois. Pendant toute cette marche pénible, l'empereur Alexandre étoit à la tête de ses troupes, partageant avec courage toutes leurs fatigues. En entrant dans le camp, il adressa à son armée une nouvelle proclamation :

« Soldats! le champ de l'honneur est ou-
« vert. Vous allez cueillir des lauriers dignes
« de vous-mêmes et de vos ancêtres. Le sou-
« venir de leur bravoure et de leur renommée
« vous appellent à les surpasser par la gloire
« de vos actions. Allez donc, animés de l'es-
« prit de vos pères, anéantir cet ennemi qui

« ose attaquer votre foi, votre honneur, vos
« femmes et vos enfans. Dieu, témoin de vos
« efforts, sanctifiera vos armes par sa divine
« bénédiction. »

Mais Alexandre crut qu'il devoit faire davantage. En Russie, la religion domine les palais et les chaumières. Elle est l'appui du riche et la consolation du pauvre. Le premier ne s'en sert que trop souvent pour opprimer; elle inspire à l'autre le courage de supporter la servitude. Moscou est, aux yeux du peuple, une ville sacrée, la Jérusalem de la nouvelle alliance. Alexandre annonça à ses habitans que son intention étoit de la visiter, et d'aller y implorer l'assistance du Ciel. A son arrivée, son premier soin fut de se rendre à l'église du Kremlin pour y offrir ses actions de grâces à Dieu. Le métropolitain de Moscou, âgé de cent dix ans, après lui avoir présenté l'image de Saint-Serge, le patron de la Russie, lui adressa un discours :

« La ville de Moscou, la première capitale
« de l'empire, la nouvelle Jérusalem, reçoit
« son Christ, comme une mère dans les bras
« de ses fils zélés; et à travers les nuages qui
« s'élèvent, prévoyant ses glorieux triomphes,
« elle s'empresse de chanter *hozanna!* Béni
« soit celui qui arrive! Que l'arrogant Goliath

« apporte les terreurs et les fléaux de la guerre
« dans l'empire sacré de la Russie : la fronde
« du David russe abattra sa tête orgueilleuse. »

Le saint synode s'assembla, et adressa aussi des proclamations au peuple. Il représente la nation française comme frappée de la réprobation céleste, depuis le jour où *un fantôme diabolique de liberté* lui a fait renverser les autels du Dieu vivant, et briser le trône de l'oint du Seigneur. Si l'empire de Russie veut être préservé de ses fureurs, il faut que tous ses sujets s'arment, que tous les bras se réunissent pour exterminer l'ennemi des autels.

Ainsi, la guerre contre Buonaparte devient une guerre de religion; les prêtres eux-mêmes sollicitent la gloire de marcher sous les enseignes de la foi. De son côté, la noblesse offre à l'empereur tous les secours en hommes et en argent dont il peut avoir besoin; la ville et le gouvernement de Moscou s'engagent à mettre sur pied cent mille hommes armés et équipés; les négocians déposent des trésors aux pieds du prince; la ville de Novogorod imite cet exemple, et donne, pour les frais de la guerre, deux cent mille roubles.

Le nombre des soldats étoit tel, qu'on ne trouva plus d'armes à leur donner. Les nobles firent fabriquer des piques. Cette multitude confuse marcha, portant, sur la toque qui lui servoit de coiffure, une croix de cuivre surmontant une couronne impériale. Ainsi, une armée grecque schismatique marchoit sous les enseignes de la croix, contre une armée de chrétiens, dont le plus grand nombre professoit la religion catholique, la seule dans laquelle, suivant les docteurs romains, on puisse espérer de se sauver. Tout l'empire parut se mettre en mouvement; et, pour la seconde fois, ce ne fut plus contre les armées d'un souverain, mais contre un peuple tout entier qu'il fut question de se battre. Alexandre, satisfait du succès qu'il venoit d'obtenir, donna les ordres nécessaires pour l'exécution du plan qu'il venoit d'arrêter. Il adressa aux habitans des sommations d'abandonner leurs maisons, et de tout détruire à la première apparition des Français; des officiers furent envoyés sur tous les points pour enlever les vivres dont la consommation du moment n'avoit pas besoin; on sacrifia les récoltes; tous les magasins d'étoffes et d'autres objets furent impitoyablement détruits, et le gouvernement s'engagea à les payer; enfin, des proclamations russes furent envoyées jusque dans les rangs de l'armée française, pour en détacher les

Prussiens et les autres soldats allemands qui ne marchoient que malgré eux. En peu de temps, l'empereur Alexandre vit sous ses bannières de nombreux déserteurs de Prusse et de Westphalie.

Telle étoit la situation des deux puissances belligérantes, lorsque Buonaparte s'élança au-delà du Niemen.

CHAPITRE III.

Entrée des Français en Lithuanie. Conquête de cette province. Ambassade de la diète polonaise. Retraite des Russes. Combats. Arrivée de l'armée française à Vitepsk. Bataille de Smolensk. Prise de cette ville.

LE Niemen prend sa source au palatinat de Minski, dans la Lithuanie, et coule depuis Grodno, jusqu'à son embouchure, dans une gorge profonde dominée par des montagnes escarpées qui ne permettent le passage que sur quelques points. Son cours s'élargit successivement depuis trente toises, où il commence à être navigable, jusqu'à cent cinquante. Le centre de l'armée, qui en représentoit à peu près la moitié, traversa le fleuve sans aucun obstacle, à une lieue environ au-dessus de la petite ville de Kowno : quelques Cosaques se montrèrent sur la rive opposée, et disparurent presqu'aussitôt; la droite se porta sur Grodno, la gauche à Tilsitt; et le 25, toute l'armée étoit sur la rive droite du fleuve.

Tilsitt rappeloit des souvenirs brillans : l'entrevue des deux empereurs et l'alliance qu'ils s'étoient jurée après la célèbre bataille de Friedland. Nos soldats revoyoient cette ville dans des circonstances bien différentes.

Grodno est, après Wilna, la plus grande ville de la Lithuanie. Elle a un château spacieux et régulier, un palais, un collége. Elle avoit été la résidence du dernier roi de Pologne, et c'étoit là qu'il avoit reçu les derniers ordres de l'impératrice Catherine II. Maintenant, il s'agit pour elle de recouvrer son antique liberté. Le quartier-général s'établit à Kowno, petite ville presque entièrement peuplée des restes de cette nation usurière qu'on trouve partout, et qui n'est nulle part. Comme elle offroit peu de ressources, on la quitta promptement, et l'armée continua sa marche en s'avançant sur Wilna. C'étoit là que l'empereur de Russie avait formé ses plans ; de là qu'il avoit publié ses proclamations; mais il l'avoit abandonnée pour se rendre à Pétersbourg et à Moscou. Les Français y entrèrent après quelques légères escarmouches contre des détachemens de Cosaques, troupe fugitive qui disparoissoit et reparoissoit avec une incroyable célérité. On y trouva quelques malades ; et la flamme qui dévoroit les magasins extérieurs, apprit aux

Français dans quel genre de guerre ils étoient engagés.

Jusqu'à l'époque de cette grande expédition, le soldat s'étoit souvent étonné de trouver le ciel presque toujours d'intelligence avec Napoléon. Les nuages sembloient se dissiper, et le soleil briller d'un éclat particulier, soit qu'il ordonnât des marches, soit qu'il commandât des batailles. Ici, le ciel et les nuages paroissent d'intelligence avec l'ennemi. Le passage du Niemen s'étoit fait sous des torrens de pluie; la température était chaude et humide; les orages se succédoient sans interruption, et les chemins étoient devenus presque impraticables ; l'artillerie et les équipages n'avançoient qu'avec une peine extrême; le pays, dévasté, n'offroit aucune ressource aux soldats; plusieurs, excédés de fatigue et de chaleur, tombèrent morts; les chevaux, harrassés, manquant de fourrages, mouroient par centaines; les cadavres de ces animaux, exposés au soleil, exhaloient, en se décomposant, des miasmes putrides et contagieux; les maladies commencèrent à se répandre dans l'armée; les églises, les cloîtres, les grands édifices publics se changèrent en hôpitaux.

En entrant dans la Lithuanie, l'armée s'attendoit à trouver autant d'amis que d'habitans;

elle croyoit les voir accourir avec enthousiasme au-devant de leurs libérateurs; les proclamations ne manquoient pas; les mots d'*affranchissement,* de *liberté* retentissoient de tous côtés; mais ces mots sembloient avoir perdu cette influence magique qui auroit dû électriser les Polonais, plus encore que toute autre nation. Presque partout, Napoléon avoit perdu la confiance des peuples. Les Lithuaniens se montrèrent froids, défians, soupçonneux; et, quoi qu'en aient dit les bulletins, les acclamations furent peu nombreuses lorsque Buonaparte fit son entrée solennelle dans la capitale de la province.

L'empereur Alexandre étoit au bal chez le général Benigsen, près de Wilna, lorsqu'il apprit le passage du Niemen. Il expédia les ordres les plus pressans pour concentrer ses forces dans les positions qu'il avoit indiquées.

Le premier soin de Napoléon, devenu maître de la Lithuanie, fut la création d'un gouvernement provisoire. Il en confia les rênes à des seigneurs polonais dont le patriotisme et le dévouement n'étoient pas suspects. C'étoient le comte Soltan, précédemment maréchal de Lithuanie, le prince Alexandre Sapieska, Alexandre Potocki, le comte François Telski, etc. Le baron Bignon fut nommé commissaire impérial, et des auditeurs du conseil d'État se partagèrent les nouveaux emplois; M. de Nicolaï fut intendant de Wilna; M. de Chassenon partit pour Grodno; M. Saulnier pour Minski; M. Cochelet pour Bialistock; on établit une garde nationale, et Napoléon ordonna des levées dans toute la province.

A Varsovie, les Polonais avoient convoqué la diète, et s'étoient constitués, le 28 juin, en confédération générale. Le président étoit le prince Adam Czartorinski, vieillard vénérable, qui avoit connu les jours de liberté de son pays, et goûtoit une vive satisfaction à les voir renaître.

Les proclamations de la diète étoient brûlantes de patriotisme. « Tous nos maux nous
« viennent de la Russie. Rappelez-vous le jour
« exécrable où la population de Praga péris-
« soit toute entière au milieu des flammes, sous
« le fer de l'ennemi. Polonais, voilà les ti-
« tres de la Russie sur la Pologne. La force les
« a forgés, la force peut nous en affranchir.
« Oui, nous sommes toujours la Pologne : la
« terre des Jagellon, des Sobieski va reconqué-
« rir sa liberté et sa gloire. »

Une des premières délibérations de la diète fut d'envoyer une députation à l'empereur des Français. Elle fut admise à l'audience de l'empereur le 14 juillet. M. le sénateur Wibieky porta la parole. Après avoir rendu compte de ce que la nation polonaise venoit de faire pour reprendre son rang parmi les peuples libres, il ajouta : « L'intérêt même de l'Empire de « Votre Majesté demande le rétablissement de « la Pologne. Peut-être l'honneur de la France « le veut-il aussi. Nous avons rempli nos de- « voirs; nous avons proclamé la Pologne. Sire, « dites un mot; dites : *la Pologne existe*, et « votre décret sera, pour le monde, équiva- « lent à la réalité. »

Les députés attendoient avec une douce es- pérance la réponse de l'empereur; tous les spectateurs étoient en suspens. Quelle fut leur surprise, lorsque Napoléon laissa échapper ces paroles, d'un ton froid et sentencieux !

« Députés de la confédération de Pologne, « j'ai entendu avec intérêt ce que vous venez de « me dire. J'aurois pensé et agi comme vous, « au sein de la diète. L'amour de son pays « est le premier devoir de l'homme civilisé. « Dans ma situation, j'ai beaucoup d'intérêts « à concilier et beaucoup de devoirs à remplir. « Si j'avois régné pendant le premier, le second « et le troisième partage de la Pologne, j'au- « rois armé mes peuples pour la défendre..... « J'aime votre nation. Pendant seize ans, j'ai

« vu vos soldats à mes côtés dans les champs
« d'Italie et d'Espagne. J'applaudis à ce que
« vous avez fait; j'autorise les efforts que vous
« voulez faire; je ferai tout ce qui dépendra de
« moi pour seconder vos résolutions...... Je
« vous ai tenu le même langage dès ma pre-
« mière entrée en Pologne. Je dois y ajouter
« que j'ai garanti à l'empereur d'Autriche l'in-
« tégrité de ses domaines. Je ne souffrirai au-
« cun mouvement qui tendroit à troubler la
« paisible possession de ce qui lui reste des
« provinces de la Pologne. Faites que la Li-
« thuanie, la Samogitie, la Wolhinie, l'U-
« kraine soient animées du même esprit que la
« grande Pologne, et la Providence couron-
« nera votre bonne cause par des succès. »

Les députés s'étoient attendus à des félicitations et à des encouragemens; ils s'étoient
flattés de trouver dans Napoléon ces sentimens
nobles et généreux qui conviennent aux libérateurs. Quel fut leur étonnement en écoutant
cette froide et équivoque réponse ! Ils se retirèrent confus, et regrettant ce qu'ils avoient
fait; ils ne virent plus dans Napoléon qu'un
de ces guerriers ambitieux qui ne veulent
vaincre et conquérir que pour eux-mêmes, et
dont le cœur avide ne sauroit acheter du
moindre sacrifice une grande et illustre action.

Les chefs de l'armée eux-mêmes furent frappés d'étonnement, et ne trouvèrent, dans ce discours, aucun de ces sentimens généreux et désintéressés qui honorent le cœur français. L'expédition de Russie se montroit à eux sous des augures défavorables. Le Ciel sembloit avoir abandonné le héros auquel il avoit prodigué ses faveurs. Depuis le jour où l'on étoit arrivé à Wilna, des torrens de pluie tomboient sans interruption; à l'ardeur d'une température brûlante avoit succédé une température froide et piquante; le soleil, couvert de nuages, sembloit refuser d'éclairer de ses rayons une injuste et aventureuse expédition; des pensées inquiètes commençoient à se répandre dans l'armée. « Quelle perspective devant soi ! une terre désolée, la faim, la misère, la maladie commençant à répandre leurs funestes influences! Les desseins de Napoléon ne sont plus douteux. Ce n'est pas la Pologne qu'il se propose de rétablir pour opposer une digue aux invasions des Russes : c'est la Russie elle-même qu'il veut conquérir; ce sont des régions désolées, des déserts de glace qu'il veut ajouter à son empire; et s'il arrive jusqu'aux extrémités de cet empire, qui sait si la grande muraille de la Chine l'arrêtera ? Il faudra donc périr jusqu'au dernier dans les sauvages solitudes ? » Telles étoient les tristes réflexions auxquelles on se livroit pendant le séjour à Wilna. Six mille malades remplissoient les hôpitaux. Témoin de ces inquiétudes, Napoléon se fit rendre compte des ressources qui restoient à l'armée. Il fit remonter à Wilna des bateaux chargés de vivres, et fit lever, dans la Samogitie, deux mille chevaux; il donna le commandement de Wilna à son aide-de-camp hollandais le général Hoghendorp, et celui de Konisberg au général Loison, revenu de Portugal; il fit échelonner, entre la Vistule et le Niemen, les trente mille hommes du duc de Bellune, en attendant le corps de réserve que le maréchal Augereau amenoit des bords du Rhin sur l'Elbe et l'Oder.

Des soins plus sérieux l'occupoient encore. Il étoit mécontent de son frère le roi de Westphalie; il lui reprochoit de n'avoir rien fait pour arrêter la marche du général Bagration, qui commandoit la seconde armée russe, et faisoit tous ses efforts pour opérer sa jonction avec la grande armée. Buonaparte, irrité, lui écrivit : « Il est impossible de manœuvrer avec « plus de maladresse. Vous m'aurez fait perdre « le fruit des combinaisons les plus habiles, « et la plus belle occasion qui puisse se ren- « contrer dans cette guerre. »

Jamais général ne s'étoit trouvé dans une situation plus embarrassante que le prince Bagration. Il ne faisoit pas une marche sans rencontrer les Français. S'il les évitoit par une route, il les retrouvoit par une autre. Tantôt il se voyoit devancé, tantôt resserré entre deux corps ennemis, auxquels il paroissoit impossible d'échapper. Mais au milieu de tous ces obstacles, sa présence d'esprit ne l'abandonnoit pas; il s'enfonçoit dans les bois, forçoit sa marche, se jetoit dans des chemins inconnus, ou qui paroissoient impraticables; mais ces mouvemens irréguliers lui faisoient perdre du temps, et plusieurs fois il désespéra de se sauver. Si le roi de Westphalie eût été plus habile, il auroit pu le prévenir, l'arrêter tout à coup, et le forcer ou de mettre bas les armes, ou d'accepter un combat désavantageux. Mais Jérôme ne prévoyoit rien; et soit que le mauvais état des chemins le retardât, soit que lui-même manquât de cette activité qui distinguoit son frère si éminemment, il arrivoit toujours après l'ennemi qu'il poursuivoit. Le joindre, le combattre et l'arrêter, étoit un coup décisif. Napoléon, au comble du mécontentement, chargea le maréchal Davoust de marcher sur Mohilow, de se rendre à l'armée westphalienne, et de signifier à son frère l'autorité supérieure dont l'empereur venoit de l'investir : c'étoit un affront, mais un affront mérité. Cependant, Jérôme ne put le supporter ; et sans attendre le maréchal Davoust, il quitta brusquement l'armée. C'étoit au moment où la cavalerie de Latour-Maubourg venoit d'atteindre et de combattre le prince Bagration. Son départ ayant laissé les Polonais et les Westphaliens sans direction et sans ordres, et le maréchal Davoust n'ayant pu leur en transmettre encore, Bagration profita de l'occasion, et, se jetant sur la route de Bobruisk, alla bivouaquer sans obstacle sous les murs de cette ville.

Ces contrariétés n'étoient pas les seules qu'eût Buonaparte. Jusqu'alors, le général Barclay de Tolli avoit constamment rétrogradé, et s'étoit retiré derrière la Duna ; tout à coup on apprend qu'il a repassé le fleuve, qu'il s'est jeté à l'improviste sur le corps de cavalerie du général Sébastiani, y a mis le désordre, tué quatre ou cinq cents hommes, fait deux cents prisonniers, parmi lesquels le général de brigade Saint-Geniez. Ce mouvement imprévu avoit répandu l'alarme ; et le roi de Naples ne doutoit pas que l'intention du général russe ne fût de revenir sur ses pas, d'offrir la bataille, et de rentrer à Wilna. Des nouvelles postérieures calmèrent ces inquiétudes, et Buonaparte se confirma de nouveau dans le dessein de se porter en avant. On avoit aussi quelques craintes pour le grand-duché; on annonçoit une armée considérable dans la Wolhinie; Buonaparte pourvut à tout, et l'on continua de marcher. A la vue de l'armée française, les Russes avoient abandonné la Duna et le camp retranché de la Drissa, pour se porter en toute hâte sur Witepsk. Buonaparte se disposa à les y suivre.

Le pays qu'on parcouroit offroit aux soldats français un aspect nouveau. Ils savoient déjà de quelle manière pauvre et malheureuse vivoient les paysans russes et polonais : de misérables huttes, sous lesquelles couchoient pêle-mêle les animaux et les hommes; une hideuse malpropreté, et cette maladie dégoûtante connue sous le nom de *plique polonaise*. Ils furent néanmoins frappés, en entrant à Klouboskoï, ville assez considérable, de la trouver construite toute entière de petites cabanes de douze à quinze pieds de hauteur, bien alignées et formées de troncs d'arbres rapprochés, serrés les uns des autres, et défendus des injures et du passage de l'air par des amas de mousse pressés entre les interstices. Un trou pratiqué dans la partie supérieure, servoit à la fois de fenêtre et de cheminée. C'étoit sous ces toits enfumés que vivoient les malheureux sujets russes, créés comme nous à l'image de Dieu, et si loin de leur modèle.

Cinquante lieues environ séparent ce séjour de Wilna : il avoit fallu, pour y arriver, traverser sous un soleil brûlant des plaines assez fertiles, mais dévastées par ceux mêmes qui devoient en recueillir les richesses. Point de pain, point d'abri ; le soldat couroit à de grandes distances chercher quelques alimens, détruisoit ce qui ne l'avoit pas encore été, et, le besoin le rendant cruel, maltraitoit le malheureux paysan qui n'avoit pu fuir à son approche, lui enlevoit ses bestiaux, se livroit envers les femmes à des actes de brutalité, et par ses excès augmentoit la terreur qu'inspiroit le nom français.

Ainsi ces Français, qui s'étoient annoncés comme des protecteurs et des amis, devenoient un objet d'horreur pour ceux qu'ils prétendoient protéger ; les prêtres entretenoient cette haine dans leurs prédications, en représentant Buonaparte comme l'ennemi de Dieu, le véritable antechrist. L'opinion, les élémens, tout se réunissoit contre lui : mais son âme altière brave tous les obstacles ; rien ne sauroit le détourner d'une résolution qu'il a prise. Après quatre jours passés à Klouboskoï, il se remet en marche. Avide de joindre et de combattre son ennemi, il franchit la Duna, et pousse en avant des reconnoissances. Barclay de Tolli a forcé sa marche, et occupe déjà Witepsk : son mouvement n'est pas une fuite; il se persuade qu'en s'éloignant, il facilitera au prince Bagration les moyens de le rejoindre. Cependant, ce ne sera pas encore dans cette ville que les deux généraux se réuniront.

Le 26 juillet, l'armée française arriva à Ostrowno, petite ville à six lieues de distance de Witepsk. L'ennemi y avoit pris position; il fut attaqué vivement, rejeté en arrière, et forcé de se reformer à une lieue au-delà, entre des bois qui couvroient ses flancs des deux côtés. Un second combat l'obligea de rétrograder de nouveau; et le général Barclay de Tolli voyant l'impossibilité de défendre Witepsk, l'abandonna.

La ville étoit déserte; quelques Juifs et des jésuites étoient seuls restés. La flamme avoit dévoré les magasins; toutes les provisions étoient enlevées. L'armée, qui éprouvoit une misère extrême, se trouva sans ressource pour le pansement des blessés; nul secours à leur accorder; plusieurs restent sur le terrain, faute de moyens pour les enlever. On établit quelques hôpitaux à Ostrowno et dans le voisinage. La victoire étoit partout, le pain nulle part. Les Russes sembloient fuir devant l'armée française; mais ils fuyoient en bon ordre, sauvant leurs équipages, et brûlant tout ce qui pouvoit être utile à l'ennemi.

L'armée, épuisée de fatigue, souffrante, n'aspiroit qu'au repos : elle eut quelque espoir de le trouver à Witepsk, quand elle vit réparer le palais qu'habitoit Napoléon, préparer des magasins, lever des contributions sur la province, faire chaque jour la parade sur l'esplanade du château. On rapportoit même que Napoléon ayant visité les positions de son armée, avoit, en rentrant, jeté son épée sur une table chargée de cartes géographiques, et dit : «Nous ne ferons pas la folie de Char«les XII. Ici finit la campagne de 1812; « 1813 fera le reste.» Mais ce n'étoit pas là sa pensée; il vouloit de l'éclat, une victoire brillante qui fît de nouveau retentir son nom dans l'univers, et forçât l'empereur Alexandre à recevoir les conditions de la paix. L'armée étoit donc loin du terme de ses maux. Napoléon se voyoit en sûreté derrière lui et sur ses flancs; Magdonald étoit à Riga, Oudinot à Polosk, Poniatowski et ses Polonais à Mohilow; les Autrichiens contenoient l'armée russe de Wolhinie; Varsovie et Wilna étoient suffisamment défendues. La grande armée russe venoit de s'arrêter sur les bords du Dnieper (l'ancien Borysthène), et d'y concentrer ses forces; on pouvoit donc la joindre, la combattre, et triompher. Le repos des Français sembloit lui donner de l'audace; elle devenoit menaçante. Wittgenstein avoit remporté un avantage sur le maréchal Oudinot; ne pouvoit-elle pas se promettre, à son tour, un pareil triomphe? Napoléon ayant porté les divisions de son armée en avant, tout à coup l'ennemi sort de ses retranchemens, se jette sur un corps de cavalerie, et y cause du désordre. Il se replie ensuite, et reprend ses positions. Napoléon s'indigne de cette audace, lève ses quartiers, marche sur le Borysthène, résolu d'attaquer l'ennemi et d'enlever Smolensk. Il avoit eu précédemment des entretiens particuliers avec son grand-maréchal Duroc, le comte Daru et le prince Eugène, sur sa position; on avoit osé lui représenter le danger de s'enfoncer davantage, et il avoit répondu : « Croyez-vous donc que je sois venu « si loin pour conquérir une bicoque? Marchons! »

Le passage du Borysthène s'effectua sans

résistance. L'armée avoit repris ardeur : la cavalerie, soutenue du troisième corps, trouva l'ennemi à Krasnoï, l'attaqua, l'obligea de se replier sur la ville ; l'attaqua de nouveau, éprouva une vive résistance, triompha une seconde fois, et força les Russes à lui abandonner le terrain. Après ce combat, on occupa les hauteurs qui dominent Smolensk.

Cette ville est, pour les Russes, un objet de vénération ; ils regardent la durée de l'empire comme tenant à sa conservation : elle en est, en effet, le boulevard. Ses murs de brique, hauts de vingt-cinq pieds, sont crénelés, et de distance en distance flanqués de grosses tours. Une partie de la ville est située sur la rive droite du fleuve, l'autre sur la rive gauche ; les deux quartiers correspondent par des ponts. Les Russes avoient fortifié les murailles, et les avoient hérissées de canons ; Buonaparte reconnoît la place, observe la position de l'ennemi, ordonne l'attaque pour le lendemain, et établit son bivouac à quelque distance. Une partie de ses généraux, le roi de Naples, le vice-roi, les maréchaux Ney et Davoust vinrent se réunir autour de lui : « Nous allons, leur dit-il, enlever Smolensk, « passer le Borysthène, et prendre l'ennemi « à dos. Il faut en finir ; je ne saurois m'ar-

« rêter sans tout compromettre. On croit que
« la retraite des Russes est un calcul de leur
« part; on se trompe : leurs forces sont infé-
« rieures aux nôtres; ils ne peuvent nous at-
« tendre. Voudroit-on que je prisse mes quar-
« tiers d'hiver au mois de juillet? le soldat
« français aime à marcher en avant; la guerre
« défensive ne lui convient pas. Si je m'ar-
« rête, les intrigues diplomatiques se met-
« tront en mouvement; les puissances alliées
« qui me secondent trouveront des conseil-
« lers officieux qui leur feront remarquer la
« singularité de leur position. Nous prendrons
« Moscou, et avec Moscou nous aurons la
« paix. Mes projets seront accomplis; l'Eu-
« rope sera revivifiée. De retour en France,
« j'abdiquerai ma dictature, et je préparerai à
« mon fils un règne glorieux et tranquille. »

Ses généraux écoutèrent, et, voyant toute remontrance inutile, se disposèrent à combattre : cependant ils ne doutoient pas que Barclay de Tolli ne continuât sa retraite, et ne laissât de nouveau aux Français que des monceaux de cendres. Murat le dit tout haut; mais Napoléon n'écoutoit plus. Et quelques-uns de ses officiers l'ayant conduit à travers des bois pour lui montrer Barclay de Tolli s'avan-çant avec toutes ses forces à dessein de livrer bataille, il s'écria : *Enfin, je les tiens !* Mais il ne tenoit rien encore ; et quoique Bagration fût parvenu, en ce moment, à faire cette jonction tant désirée et si disputée, il ne voulut point engager une action générale ; car s'il étoit vaincu, tout eût été perdu.

Smolensk étoit défendue par une garnison de trente mille hommes. Le général en chef fit occuper par Bagration les points qui défendoient la route de Moscou, et lui-même se tint en observation. Buonaparte lui avoit en vain préparé un champ de bataille ; il ne se présenta point pour l'occuper : alors tout se réduisit au siége de Smolensk. La matinée du 17 août se passa dans le calme le plus profond ; mais ce silence terrible fut bientôt interrompu. Cent pièces de canon du côté des Russes, à peu près autant du côté des Français, vomirent la mort avec un égal désastre ; des décharges de mousqueterie augmentèrent le carnage. Le prince Poniatowski venoit d'arriver ; ses troupes, secondées de plusieurs corps de cavalerie et d'artillerie légère, parvinrent à s'emparer d'un plateau qui dominoit l'ennemi : on y établit des batteries pour foudroyer les ponts. Les Russes répondirent par d'autres batteries ; le feu devint effroyable ; les corps russes qui couvroient l'extérieur de la place souffrirent beaucoup. Deux vastes faubourgs protégeoient les avenues de la ville; les soldats français s'y précipitèrent et les enlevèrent à la baïonnette, après une lutte sanglante de plus de deux heures.

Alors on éleva des batteries de brèche pour enlever la place. Le général en chef Barclay de Tolli, avant de s'éloigner, avoit ordonné une défense active, et chargé le général Korff, dont la division occupoit la ville et les ponts, de tenir jusqu'à ce qu'il fût assuré que le reste de l'armée étoit suffisamment éloigné des lignes françaises; de détruire alors tout ce qui pouvoit être utile à l'ennemi; d'incendier la ville, et de se mettre en retraite sous la protection des Cosaques de Platoff.

Ces ordres furent ponctuellement exécutés, et les Français se disposoient à l'escalade, lorsqu'ils aperçurent des tourbillons de flammes s'élever de toutes parts dans cette malheureuse cité. La plupart de ses habitans avoient fui d'avance; ceux qui étoient restés avoient été les premiers à fournir des torches pour allumer l'incendie. En un instant, le feu s'étendit de toutes parts; car les maisons, presque toutes bâties en bois, lui fournirent un facile et prompt aliment. Des colonnes de feu, des flots de fumée montant au ciel, offroient, suivant l'expression même de Napoléon, l'image du Vésuve dans ses plus terribles éruptions (1). Pendant toute la nuit, cet affreux désastre frappa les regards de l'armée. Le lendemain matin, au point du jour, quelques Polonais entrent dans la ville : ils la trouvent déserte, et les Français arrivèrent pour prendre possession d'un amas de décombres.

Il seroit difficile de donner une idée du tableau qu'offroit cette triste conquête. Plus de quatre mille morts et de six mille blessés étoient entassés dans les fossés, sous les portes, dans les rues; deux généraux russes avoient perdu la vie : chaque pas que faisoit Napoléon lui présentoit une nouvelle scène de désolation; on voyoit son front se charger de nuages. Il n'arriva à son logement qu'à travers les flammes et sur des monceaux de cendres. « Est-il possible, s'écria-t-il, de faire la « guerre avec une pareille fureur! Ce peuple « traite son pays comme s'il en étoit l'ennemi.» Son premier soin fut de donner des ordres pour arrêter les progrès de l'incendie, et de rassembler les malades et les blessés dans les édifices qui n'avoient point péri. La perte de l'armée française surpassoit peut-être celle

---

(1) Bulletin de la grande armée.

des Russes. Six mille hommes étoient restés sur le champ de bataille, et l'on évaluoit à dix mille le nombre des blessés. Napoléon s'établit au milieu des décombres avec sa garde, et le reste de l'armée prit position au-delà du Borysthène.

Napoléon s'arrêtera-t-il enfin ? est-il suffisamment convaincu que les Russes sont décidés à ne lui offrir que des déserts ; qu'Alexandre ne veut point de paix ; qu'il s'est arrêté à un système de guerre où il est impossible que son ennemi ne se perde pas ? le Borysthène et Smolensk ne sont-ils pas des limites suffisantes à la plus insatiable ambition ? Les plus beaux jours de l'année sont passés ; encore un mois, et l'hiver va se montrer comme un nouvel ennemi ; le ciel de Russie s'armera de toutes ses rigueurs ; les soldats français y résisteront-ils ? Déjà l'armée est diminuée d'un tiers ; la misère, la fatigue, les maladies l'assiégent de toutes parts. Faudra-t-il traverser encore plus de quatre-vingts lieues, au travers des déserts et des villes incendiées, pour l'honneur de se montrer en conquérant dans la capitale de l'empire moscovite ? Telles sont les réflexions auxquelles se livrent les généraux, les officiers de tout rang, et le soldat épuisé de fatigue. Murat surtout ne cache pas son dépit ; et les mots qu'il laisse échapper ne laissent pas de doute qu'il ne regarde son beau-frère comme un homme égaré par une folle ambition.

Rien en effet ne peut détourner Napoléon de la pensée qui le domine. Si quelquefois, dans le silence du cabinet, sa position se présente à lui avec tous ses dangers ; si, revenu à des idées plus modérées et plus sages, effrayé du silence d'Alexandre, il paroît se résoudre à suspendre sa redoutable entreprise, sa fierté se ranime bientôt. Aura-t-il couru sans fruit cent cinquante lieues de déserts ? reviendra-t-il en France, ne rapportant pour trophées que des cendres de Witepsk et de Smolensk ? ses alliés ne regretteront-ils pas de s'être associés à sa fortune ? voudront-ils continuer de le suivre ? cette gloire immense qu'il a acquise depuis seize ans, ne va-t-elle pas se dissiper comme une vaine fumée ? Ces réflexions l'emportent sur toute autre considération. Il ne peut se figurer que l'armée russe ne s'arrête pas enfin, pour opposer une digue au torrent qui dévaste ses plus riches contrées. Le nom de *Moscou* revient sans cesse à sa pensée et sur ses lèvres ; il est décidé qu'on marchera sur Moscou.

En ce moment, le général Junot venoit de

rejoindre l'armée avec le corps de Westphaliens qu'il commandoit. On crut apercevoir alors quelques signes précurseurs de la triste maladie qui, plus tard, troubla sa raison. Il parut, en descendant de cheval, abattu, incapable de rassembler ses idées; il craignoit d'avoir été frappé d'un coup de soleil; mais il reprit bientôt son service, et fit son passage avec les autres divisions de l'armée. Il avoit ordre de remonter le Borysthène au-dessus de Volontina, et de devancer l'ennemi, que ce mouvement auroit mis dans un grand embarras. Mais il étoit écrit que les Westphaliens n'arriveroient jamais à temps. L'ennemi, voulant en effet sauver ses bagages, s'étoit formé en avant de Volontina. Ney l'avoit abordé vivement, et forcé de se replier; mais il avoit reculé avec ordre, s'étoit reformé de nouveau, et offroit le combat. Alors l'affaire étoit devenue sérieuse, et l'action sanglante. Le maréchal Ney se vit à son tour enfoncé; mais soutenu à temps par les divisions des généraux Gudin et Morand, il reprit l'offensive; et les Russes, satisfaits d'avoir mis en sûreté leurs équipages, se mirent en pleine retraite. Cette journée coûta la vie au général Gudin. Il eut les deux jambes emportées par un boulet de canon, et vint expirer à Smolensk.

Napoléon fut vivement ému de cette perte ; car c'étoit un officier d'un rare mérite. « Que « faisoit donc Junot ? s'écrie-t-il avec dépit. » Son officier d'ordonnance Gourgaud, qu'il a envoyé en avant, lui rapporte que Junot, après avoir passé le fleuve au point indiqué, étoit resté tout à coup immobile, et que rien n'avoit pu le déterminer à avancer, ni les ordres de l'empereur ni les instances du roi de Naples. Il n'avoit qu'un pas à faire pour mettre l'ennemi dans le plus extrême embarras. « Voyez-vous, s'écrie Napoléon, Junot n'en « veut plus ; que Rapp le remplace : il parle « allemand, les Westphaliens l'entendront. »

Dans le même temps, on apprit que le général Dessoles quittoit l'armée, et qu'il étoit remplacé par le général Guilleminot. Tout prenoit un aspect lugubre. On manquoit d'emplacemens pour les blessés ; ils étoient entassés pêle-mêle dans les ruines des maisons ; les malheureux manquoient de tout. Etendus sur la terre nue ou sur quelques brins de paille amassés à la hâte, ils attendoient, sans secours, la mort, qu'ils regrettoient de n'avoir pas trouvée sur le champ de bataille.

En partant de Vitepsk, l'armée étoit de cent quatre-vingt-cinq mille hommes ; A Smolensk, elle n'est plus que de cent cinquante sept mille. Quelle sera sa force en arrivant à Moscou ? Mais le sort en est jeté. L'armée marche en avant sur trois colonnes; la première, et la plus forte, suit la grande route : elle est composée des corps que commandent les maréchaux Ney, Davoust et le roi de Naples; la droite est formée des Polonais du prince Poniatowski; la gauche est sous les ordres du vice-roi Beauharnais : ces trois corps occupent six lieues de front.

Mais avant de tracer le récit de cette nouvelle marche, portons nos regards sur quelques autres divisions de l'armée : le corps que commande Buonaparte n'est pas le seul qui ait eu des combats à soutenir, qui se soit illustré par des actions d'éclat.

Le général duc de Tarente, chargé de se porter sur Riga, s'est emparé bientôt de la forteresse de Dunabourg, et la fait démolir. Il avoit ordre de concerter ses opérations avec le maréchal Oudinot. Les Russes ont laissé, pour surveiller ses mouvemens, un détachement de la grande armée, commandé par un colonel, officier plein d'activité. Il instruisit bientôt le général en chef Barclay de Tolli que Magdonald avoit passé la Dwina, dans l'intention de joindre le maréchal Oudinot, et d'intercepter toute communication entre l'armée et Saint-Pétersbourg. Barclay de Tolli se hâta de détacher le général Wittgenstein pour s'opposer à ce projet, qui étoit d'une si haute importance pour la capitale. Le général Wittgenstein, qui s'étoit déjà acquis la réputation d'un guerrier habile, ne la démentit point.

Il rencontra, vers le 11 août, une partie de la cavalerie du maréchal Oudinot, et la chargea vivement, mais sans pouvoir toutefois l'entamer. Le lendemain, nouveau combat. L'avant-garde française fut d'abord repoussée avec perte; mais le général Gouvion Saint-Cyr étant survenu avec de nouvelles troupes wurtembergeoises et bavaroises, le maréchal reprit ses avantages; et après s'être assuré de Polotsk, il se porta en avant. Les Russes, pleins d'intrépidité, soutinrent sans plier les attaques des Français, et défendirent vaillamment leurs positions. Le 18 août, le maréchal ayant renouvelé ses attaques, l'affaire devint sanglante et très-sérieuse. On se battit des deux côtés avec acharnement. Le maréchal fut blessé, et remplacé aussitôt par le général Gouvion Saint-Cyr. Le combat avoit duré six heures; et si l'on en croit les rapports russes, l'armée française y avoit perdu cinq cents hommes et trois mille prisonniers; le reste de l'armée s'étoit repliée sur Polotsk, prêt à battre en retraite. La vérité est que le général Gouvion Saint-Cyr ayant trompé son ennemi par un mouvement rétrograde, les Russes se crurent d'abord vainqueurs, et en publièrent la nouvelle; mais tout à coup, la division du général Legrand et les Bavarois étant tombés sur leur centre, l'enfoncèrent promptement; l'aile droite fut sur le point d'être prise toute entière, et le général Wittgenstein, au milieu de cette surprise, précipita sa retraite, laissant huit pièces de canon au pouvoir du vainqueur. Ces trophées furent, à la vérité, payés chèrement. Les Bavarois perdirent le général Deroi, l'un des plus anciens et des plus braves officiers de leur armée; le général Verdier fut blessé grièvement; mais Polotsk resta aux Français; et Napoléon, instruit de la belle conduite du général Gouvion, le proclama maréchal d'empire.

Partout où il y avoit des Français ou des Saxons, on se battoit avec courage et succès; mais les Autrichiens, opposés au général Tormasow, se ménageoient; et les Prussiens, destinés à s'emparer de Riga, imitoient la discrétion des Autrichiens. Le général Reynier, attaqué par l'ennemi, soutint la gloire de nos armes avec les Saxons qu'il commandoit; et rien n'annonçoit que la grande armée eût à craindre en arrière et sur ses flancs. Elle pouvoit donc marcher en avant; suivons-la dans les contrées désertes qu'elle va parcourir.

CHAPITRE IV.

Marche de Napoléon sur Moscou. Combats partiels. Incendie de Viasma. Bataille de la Moscowa.

Plus de quatre-vingts lieues séparent Smolensk de Moscou. Doregoboui, Viasma, Mojaïsk sont les seuls points importans qui se trouvent sur cette longue et pénible route. Napoléon dévoroit en pensée cet espace. L'espoir d'atteindre les Russes, de les vaincre, continuoit de dominer son imagination. Il étoit encore à Smolensk, lorsque le général Lauriston arriva de Pétersbourg. Napoléon eut avec lui un long entretien; mais Lauriston n'apportait aucune nouvelle qui donnât l'espoir de la paix. Cependant, presque au même temps, un parlementaire russe se présenta aux avant-postes, et son arrivée réveilla quelques lueurs d'espérance; mais il n'étoit chargé que de demander des nouvelles du général Toutchkoff, fait prisonnier à Valontina. On ne pouvait donc plus penser qu'à la guerre. L'armée ennemie s'étoit rangée en bataille derrière la rivière d'Ougea ; le maréchal Davoust en ayant donné avis à l'empereur, il accourut aussitôt. L'ennemi n'y étoit plus : une nuit avoit changé toutes ses résolutions. On savoit d'ailleurs que Barclay de Tolli et Bagration n'étoient point d'accord entre eux.

Des rives de l'Ougea, l'armée ennemie s'étoit portée sur Dorogoboui, et paroissoit avoir l'intention d'en garder les défilés. Elle y avoit même élevé des redoutes ; mais, à la première approche des Français, elle reprit son système de retraite, et abandonna la ville, qu'elle n'eut pas le temps d'incendier en entier. Viasma, où l'armée française se présenta le 30 août, ne lui offrit que des cendres. Quelques maisons seulement furent sauvées. La population entière, chassée comme un troupeau, s'étoit réfugiée à Moscou. Jamais les soldats français n'avoient marché avec plus de célérité. Ils étoient sur les pas de l'ennemi ; ils ne le laissoient pas respirer. La famine désoloit leurs rangs ; mais, en Russie comme en Portugal, ils sembloient doués d'un génie particulier pour se procurer des moyens de subsistance. Encouragés par l'exemple, les promesses et les récompenses de leur empereur (1), ils soutenoient toutes

---

(1) Après la bataille de Smolensk, il rassembla les

les privations avec une admirable constance. En une seule journée, l'avant-garde arriva à Ghiat, bourg situé à gauche de Viasma, à peu de distance de Mojaïsk. Le quartier-général s'y établit, et en repartit le 4 septembre.

On apprit bientôt que l'armée russe avoit pris position sur la rivière de Kaluga, et qu'elle annonçoit, par son attitude, qu'elle étoit disposée enfin à nous recevoir. A cette nouvelle, Napoléon respira; les nuages qui obscurcissoient son front s'éclipsèrent; il parut au comble de la joie. Toutes les masses de l'armée s'ébranlèrent aussitôt; on marcha jusqu'à deux heures après midi. Alors, la rivière de Kaluga offrit le plus grand des spectacles de la guerre. La gauche de l'armée ennemie étoit retranchée sur ses bords; sa droite s'étendoit vers la Moscowa, et s'appuyoit sur des bois épais défendus par des

---

régimens autour de lui; et sur les témoignages des soldats, il distribua des grades et des décorations. Les régimens du général de brigade Gudin en reçurent quatre-vingt-sept. Jamais personne ne sut mieux s'attacher les hommes que Napoléon. Au camp comme à la cour, ce n'étoient ni la faveur ni l'intrigue qui obtenoient les places, et la sottise n'usurpoit point le patrimoine du mérite, comme nous avons eu le malheur de le voir depuis.

redoutes formidables. Napoléon se hâta de reconnoître la position des ennemis. Ce n'étoit plus Barclay de Tolli qui dirigeoit les opérations : Alexandre avoit été obligé de céder au cri général qui s'élevoit contre lui : le peuple russe et le soldat l'accusoient de trahison ; ils s'indignaient de ces retraites éternelles qui leur enlevoient l'occasion de signaler leur courage et « d'écraser la tête du Goliath « français, de cet antechrist qui souilloit les « temples du Seigneur, en y faisant entrer jus- « qu'à ses chevaux. » Le commandement général avoit donc été transféré au vieux Kutusow, qui venoit de ramener l'armée de Turquie, avoit servi avec Suvarow et gardé une partie de ses mœurs, sa tactique et ses manières. Barclay de Tolli auroit peut-être encore battu en retraite ; mais un successeur suit rarement les plans de ceux qui l'ont précédé : il voulut enfin se battre.

La position des Russes étoit extrêmement forte ; ils avoient su profiter des avantages du terrain. D'habiles militaires croient qu'elle auroit pu néanmoins être tournée ; mais Napoléon étoit trop pressé d'en venir aux mains. On assure qu'après avoir jeté un de ces regards rapides et pénétrans qui lui appartenoient, il s'écria : *Je les tiens!* Le prince

Eugène et l'armée d'Italie formoient la droite; à la gauche, étoit le prince Poniatowski; le centre se composoit des corps des maréchaux Ney, Davoust et du roi de Naples. Ce dernier haïssoit Davoust, et dévoroit intérieurement le dépit de ne point commander en chef l'infanterie comme la cavalerie. La division entre eux avoit éclaté publiquement, et ce n'étoit qu'à l'empire des circonstances que Murat avoit sacrifié son ressentiment : le signal du combat fit taire toutes les querelles particulières.

Les Russes occupoient un mamelon hérissé d'artillerie. Buonaparte en ordonna l'attaque, et après deux heures d'un combat sanglant, il fut emporté. On étoit au 5 septembre. La journée du 6 se passa en reconnoissances de part et d'autre. Les deux armées étoient à peu près de la même force. Deux cent-soixante mille hommes alloient donc employer, pour s'égorger, tout ce que l'industrie de l'homme a inventé, tout ce que son cœur recèle de fureur! Près d'ouvrir cette grande scène de carnage, Napoléon fit lire, à son armée, l'ordre du jour suivant :

« Soldats! voici la bataille que vous avez « tant désirée. Désormais, la victoire dépend « de vous : elle vous est nécessaire. Elle vous « donnera l'abondance, de bons quartiers d'hi-

« ver, et un prompt retour dans la patrie. Con-
« duisez-vous comme à Austerlitz, à Friedland,
« à Witespsk, à Smolensk, et que la postérité
« la plus reculée cite avec orgueil votre con-
« duite dans cette journée; que l'on dise de
« vous : *Ils étoient à cette grande bataille,*
« *sous les murs de Moscou.* »

C'étoit le 7 septembre que devoit se décider cette grande querelle entre les deux plus puissans empires de l'Europe. Le soleil se leva pur et serein; et Napoléon, ravi, dit à ses généraux : *C'est le soleil d'Austerlitz.* Mais ce soleil ne tarda pas à s'obscurcir; le ciel se chargea de nuages; une pluie froide et glaciale, poussée par un vent violent, donnoit dans le visage des soldats; et les Romains, qui croyoient aux présages, auroient dit que cette bataille commençoit sous de funestes auspices; deux jours auparavant, le colonel Fabvier, envoyé d'Espagne par le général Marmont, étoit venu annoncer la défaite de l'armée française aux Arapiles. Ce concours de circonstances influa-t-il sur l'esprit de Napoléon? Si l'on en croit un écrivain brillant, qui a répandu sur cette journée le plus vif intérêt, on ne retrouva plus, dans Napoléon, l'homme supérieur, le vainqueur de Marengo, d'Austerlitz, d'Iéna, de Friedland. Son âme parut triste,

abattue, incapable de résolution. « On le vit
« toute la journée s'asseoir ou se promener
« lentement sur les bords d'une ravine, loin
« de cette bataille qu'il apercevoit à peine,
« faisant seulement quelques gestes d'une triste
« résignation, quand, à chaque instant, on
« venoit lui apprendre la perte de ses meil-
« leurs généraux. Il se levoit quelquefois pour
« faire quelques pas et se rasseoir encore.
« Chacun, autour de lui, le regardoit avec
« étonnement. Jusqu'alors, dans ces grands
« chocs, on lui avoit vu une activité calme ;
« mais ici, c'étoit un calme lourd, une dou-
« ceur molle, sans activité. Quelques-uns cru-
« rent y reconnoître cet abattement, suite or-
« dinaire des violentes sensations ; d'autres
« imaginèrent qu'il s'étoit déjà blasé sur tout,
« même sur l'émotion des combats. Plusieurs
« observèrent que le sang-froid des grands
« hommes, dans ces grandes occasions, tourne,
« avec le temps, en flegme, et en appesantis-
« sement, quand l'âge a usé leurs ressorts.
« Enfin, il y en eut qui s'en prirent, avec plus
« de raison, à sa santé affoiblie, à une forte
« indisposition. »

M. de Ségur est le premier qui nous ait révélé ces foiblesses du grand homme, cet af-
faissement d'une âme ordinairement si fière,

si forte, si dédaigneuse du danger. Les détails qu'il donne à ce sujet ont attaché à son ouvrage un fond d'intérêt et un caractère de nouveauté qui en auroient assuré le succès, quand même il ne se recommanderoit pas par le mérite d'une narration vive, brillante, animée. Mais pourquoi est-il le seul qui les ait rapportés? d'où vient le silence des autres écrivains? On prétend justifier cet abattement par l'âge de Buonaparte; il vient un temps, dit-on, où les ressorts s'usent. Mais Buonaparte avoit quarante-trois ans; est-ce à cet âge qu'on perd la vigueur de l'esprit? l'avoit-il perdue quinze jours auparavant? n'étoit-on pas forcé d'admirer l'incroyable présence d'esprit, la prodigieuse activité avec lesquelles il régloit, en arrière, sur les côtés, en avant, toutes les opérations, tous les mouvemens de son immense entreprise? Il est certain que Napoléon venoit d'être surpris par un rhume violent; qu'il avoit éprouvé plusieurs accès de fièvre, l'insomnie, et tout ce qui accompagne une forte indisposition. On sait ce que peut la maladie sur le tempérament le plus robuste : Napoléon a pu, comme un autre, en éprouver les effets; mais ici on le représente comme tombé dans une incapacité complète, dans une sorte d'anéantissement qui le prive de toutes ses facultés. Comment se fait-il que ces particularités d'un genre si remarquable soient restées inconnues jusqu'au jour où M. de Ségur les a révélées ? Son ouvrage a paru en 1825 ; deux ans après, M. Fain a publié le manuscrit de 1812, et il ne dit pas un mot de cette prostration des facultés morales de Napoléon. L'imagination vive et brillante de M. de Ségur auroit-elle substitué à l'austérité de l'histoire un roman curieux et intéressant ? c'est ce qu'il est impossible de croire. Les plus grands hommes ont leurs jours de foiblesse et d'obscurité ; un chagrin profond, une forte et longue méditation, un violent accès de fièvre peuvent, en quelques minutes, faire disparoître le héros, et ne laisser que l'homme. Henri IV lui-même éprouva ces sortes d'éclipses ; et l'on sait qu'il étoit prêt à quitter la France, à renoncer à sa couronne, à ses amis, à sa gloire, à passer en Angleterre, lorsque Biron vint relever son courage, et, par d'éloquentes représentations rassurer sur son front le casque et le panache qu'on n'avoit jamais cessé de trouver sur le chemin de la gloire.

Ce qui pourroit donner du poids à ces observations, c'est que M. Fain, dont l'attachement et la reconnoissance pour Napoléon ne sont pas suspects, n'a point entrepris, dans son ouvrage, de réfuter le récit de M. de Ségur. Plusieurs des autorités sur lesquelles s'appuie ce général sont encore vivantes, et aucune d'elles n'a désavoué son récit. Il est donc certain que si la bataille de la Moscowa a été gagnée, ce n'est pas à Napoléon qu'appartient l'honneur de la victoire: il en a dirigé les premières opérations; mais les dernières appartiennent à ses généraux. Jamais, depuis les guerres de la révolution, les Français ne s'étoient trouvés à une action aussi sanglante.

Le général russe n'avoit rien oublié pour enflammer l'ardeur de ses soldats. Ce n'est pas d'honneur, de patrie qu'il avoit à leur parler; ils sont esclaves et sans patrie : mais la religion exerce sur eux l'influence qu'elle obtient partout où n'a point pénétré cet esprit de curiosité et de philosophie qui porte l'homme à se rendre compte de ses opinions. La veille du combat, Kutusoff s'étoit entouré de toute la pompe des cérémonies religieuses; il avoit fait revêtir les ministres des autels de leurs plus pompeux ornemens; et portant les images des saints les plus révérés du peuple russe, il étoit allé au pied d'un autel élevé à la hâte, invoquer la protection du Seigneur : là il avoit adressé à ceux qui pouvoient l'entendre, un discours où il représentoit Napoléon comme le perturbateur du monde, l'ennemi de la terre et du Ciel, le profanateur des lieux saints, le destructeur de toutes les religions; il les exhorta à combattre pour la foi de leurs pères, à mériter la palme du martyre en obtenant celle de la victoire. Ce spectacle solennel, ces discours, les prières et les bénédictions des prêtres enflammèrent leur courage; et prêts à répandre leur sang pour la cause de Dieu et de ses saints, ils coururent au combat.

Ainsi, des deux côtés on s'apprête à une lutte sanglante et terrible. Dès les premiers rayons du jour, la droite de l'armée française, formée du premier corps et des Polonais du prince Poniatowski, se met en mouvement pour tourner l'aile ennemie qui lui est opposée; et la gauche, aux ordres du vice-roi d'Italie, attaque vivement le village de Borodino, et s'en empare. Buonaparte étoit près de la redoute conquise deux jours auparavant : son éclipse n'avoit pas encore commencé; toute son attention étoit portée sur le mouvement de l'aile droite. Lorsqu'il se crut sûr que Poniatowski étoit aux prises sur la route de Moscou, il lui envoya les Westphaliens pour le soutenir. Le centre n'étoit point encore engagé; à sept heures, il donna le signal de l'attaque. Le maréchal Davoust s'ébranle avec son corps; l'action devient générale. Les Russes occupoient des redoutes hérissées de canons qui foudroyoient nos rangs; il s'agit de les emporter. Jamais, peut-être, nos soldats n'avoient montré une aussi rare intrépidité : l'infanterie marche sans tirer un coup ; c'est à la baïonnette qu'elle veut enlever ces terribles redoutes. Le général Compans, qu'on a surnommé *le preneur de redoutes,* est à la tête de cette colonne ; il marche intrépidement au milieu d'une grêle horrible de balles et de mitraille ; il tombe ; une partie de ses soldats tombe à côté de lui. Le reste de la colonne s'ébranle et recule; mais Rapp se met à sa tête, la ramène au combat, est frappé à son tour, et remet le commandement à un troisième officier, qui est également atteint. Le maréchal Davoust lui-même est blessé ; le combat devient furieux. Le maréchal Ney se jette dans la plaine avec ses trois divisions ; le corps du général Compans se ranime, s'élance de nouveau sur les redoutes, les arrache à l'ennemi, le pousse, tue, massacre tout ce qui lui fait résistance, et s'établit dans sa conquête. Le corps du maréchal Ney se signale par le même emportement et le même succès. La terre est jonchée de morts, abreuvée de sang. Napoléon, le front encore serein, porte ses regards sur cette scène terrible, et pour la décider, il ordonne au roi de Naples de se porter dans la plaine avec sa cavalerie. Jamais guerrier ne mérita mieux le nom de *foudre de guerre*. En un instant, on le voit sur les hauteurs, au milieu de l'ennemi. Au même moment, les Russes se reformoient; leur seconde ligne accouroit au secours de la première; bientôt le combat se renouvelle avec fureur. Les Westphaliens, débouchant d'un bois sur la droite, trompés par les flots de poussière et de fumée qui leur dérobent la vue des objets, se précipitent sur les Français. Cette méprise cause un prompt désordre. Les troupes de Murat reculent; il court les rallier. Les ennemis se précipitent sur ses pas; il se trouve au milieu d'eux. Déjà ils le croient leur prisonnier; ils s'approchent pour le saisir. Mais on ne saisit pas aisément un guerrier comme lui : il se jette dans une de leurs redoutes, combat d'une main, agite son panache, rallie une partie de ses cavaliers, les maintient dans les remparts; et le maréchal Ney accourant alors avec ses divisions, qu'il vient de rallier et de reformer, foudroie de son artillerie les cuirassiers russes;

entame leurs rangs, les trouble, les divise, et les redoutes sont encore aux Français. Murat, dégagé, cherche de nouveaux périls et de nouveaux triomphes; il tombe, avec la cavalerie des généraux Bruyère et Nansouty, sur l'aile gauche des Russes, déjà maltraitée par notre aile droite, et il achève sa défaite. Mais les Russes occupent encore, au-delà, des hauteurs où Kutusoff rassemble les renforts qu'il tire de sa droite : la victoire ne sera complète qu'après la conquête de ces positions; Latour-Maubourg, les généraux Friant, Dufour et le 15ᵉ léger les enlèvent.

Ainsi, le centre et la gauche de l'ennemi étoient enfoncés; il restoit à triompher de sa droite, attaquée par le général Morand; ses positions tombent promptement au pouvoir des Français. Avec tout autre ennemi, la bataille eût été gagnée; mais on a dit depuis long-temps, que le courage des Russes consiste surtout à se faire tuer sur la place. Chassés de leurs redoutes, enfoncés sur tous les points, ils ne se regardent point encore comme vaincus, et ces hommes, qui avoient parcouru deux cents lieues toujours en rétrogradant, reviennent avec acharnement sur le terrain qu'ils ont perdu. Ils réunissent leurs dernières ressources, rassemblent leurs réserves, font marcher la garde impériale, et viennent de nouveau tomber sur le centre des Français. Alors le combat recommence avec une nouvelle furie. Le roi de Naples, les maréchaux Davoust et Ney étoient épuisés de fatigue; ils sont haletans; ils s'arrêtent pour respirer. Ils ont besoin d'être soutenus par des troupes fraîches; ils demandent à Napoléon la jeune garde. Il l'accorde d'abord, il la refuse ensuite; il hésite; il n'a plus rien de cette résolution prompte et décisive qui fixe le sort des batailles : cependant, le roi de Naples et les deux maréchaux sont près de succomber sous le nombre et l'effort désespéré de l'ennemi. Murat, au milieu d'un feu terrible qui abat tous les guerriers qui l'entourent, envoie un de ses aides-de-camp faire savoir à Napoléon le danger où il se trouve; Napoléon hésite encore. Lauriston lui propose de faire avancer l'artillerie de réserve, et d'occuper les hauteurs conquises. Il y consent; puis comprenant tout à coup l'importance de cet avis, il l'ordonne avec impétuosité. Les généraux d'artillerie exécutent cette manœuvre avec la plus grande ardeur; cent pièces de canon foudroient aussitôt les rangs des ennemis. Ils soutiennent ce choc sans s'ébranler; ils restent deux heures sous cette grêle de boulets et de mitraille, immobiles comme des murs, et, suivant la belle expression de M. de Ségur, sans autre mouvement que celui de leur chute. Ney, Murat, Davoust s'irritent de tant de résistance ; ils marchent de nouveau, portent partout la confusion et la mort, détruisent le corps de Bagration ; lui-même tombe au milieu de la mêlée, et la victoire couronne encore une fois l'invincible intrépidité des Français. Les Russes songent sérieusement à la retraite ; on voit déjà des équipages filer sur la route de Mojaïsk, et Napoléon regarde la journée comme finie. Mais ses généraux ne partagent pas sa pensée ; ils voient les Russes se reformer de nouveau, rassembler les corps les plus arriérés, et se disposer à revenir une troisième fois disputer la palme de la victoire. Le général Belliard court à Napoléon lui demander des renforts ; Bessières le presse d'assurer le sort de la journée en faisant marcher une partie de sa garde : il ne veut point. Le comte Daru se joint aux sollicitations de ses généraux ; il s'obstine à la refuser. Le prince Eugène se trouvoit dans une situation critique ; il en donne avis à l'empereur. Napoléon répond que c'est à lui de prendre le parti qui convient. Mais Murat vole à son secours ; le combat se ranime avec une nouvelle violence; le brave général Montbrun périt. Le jeune Caulaincourt, frère du grand-écuyer, lui succède, et trouve son tombeau dans une redoute où il se précipite: il venoit de s'engager, quelques mois auparavant, dans les liens d'un doux hyménée; il avoit passé la nuit à contempler le portrait de sa jeune épouse, comme s'il eût pressenti le funeste sort qui l'attendoit. Enfin, par des efforts inouïs, toutes les hauteurs occupées par les Russes sont au pouvoir des Français; le prince Eugène est dégagé; la victoire est décidée. Les Russes se retirent confus, mais sans timidité; ils disputent le terrain pas à pas, se replient sur des ravins, dans quelques redoutes qui leur restent en arrière, s'y défendent avec fureur jusqu'à la nuit, et l'on ne put poursuivre leurs débris.

Mais quelle victoire! quel théâtre de carnage que ce champ de bataille! Napoléon se décide enfin à monter à cheval; sa figure est triste, ses mouvemens sont lents. On a tiré cent vingt mille coups de canon. Quarante-trois généraux ont été tués ou blessés. On compte parmi les morts, Montbrun, Caulaincourt, Compère, Lanabère, Romeuf, le comte de Lepel, aide-de-camp du roi de Westphalie; parmi les blessés, Davoust, Morand,

Compans, Rapp, Desaix, Friant, Nansouty, Grouchy, Latour-Maubourg, la Houssaie. Les Russes ont perdu le prince Bagration, le général Koutaïsoff; deux Toutchkoff, frères de celui fait prisonnier à Valontina. Leurs blessés sont le prince Corsakoff, Charles de Mecklembourg, les généraux Woronzoff, Yermoloff, Saint-Priest, Gregow, et plusieurs autres. Le prince Eugène a eu un cheval tué sous lui.

Napoléon lui-même évalue notre perte à vingt mille hommes hors de combat; le docteur Larrey, mieux informé, la porte à vingt-deux mille, savoir : neuf mille morts et treize mille blessés. Les Russes avouent quinze mille tués, trente mille blessés, deux mille prisonniers. Ainsi, dans une seule journée, soixante-sept mille hommes paient de leur vie ou de leur sang ces jeux cruels d'une ambition fanatique; et ce sera en marchant sur leurs cadavres que Napoléon ira au Kremlin signer des décrets sur les comédiens de Paris!

L'armée russe recule enfin : ses rangs éclaircis et rompus passent la Moscowa pour aller secourir la ville sainte; l'infatigable Murat les voit, court à la tente de l'empereur, lui demande la cavalerie de sa garde pour aller surprendre ces restes en désordre, et achever leur destruction. Mais Buonaparte, qui venoit de parcourir le champ de bataille, trouve qu'on a répandu assez de sang, et, malgré la fièvre et le rhume qui l'obsèdent, s'occupe de la rédaction de son bulletin. Sa voix est éteinte; son enrouement est tel, que, ne pouvant parler, il est obligé d'écrire lui-même. Il donne des ordres pour secourir les blessés.

Ces malheureux étoient restés sur la terre, exposés aux rigueurs d'un sol humide, d'un ciel glacial, privés de tout, manquant d'une goutte d'eau pour étancher leur soif. Il n'y avoit point de matériel d'ambulance, point de pharmacie. Le sang couloit, et l'on étoit sans charpie, sans linge pour l'étancher. On déchiroit les vêtemens des morts, et jusqu'à celui du blessé, pour lui procurer à la hâte le secours d'un premier appareil. On employa plus de huit jours à panser les soldats russes et français : on les recueillit enfin dans les villages des environs, sous quelques misérables cabanes, sous des hangards ouverts à tous les vents, dans des greniers; là, étendus sur un peu de paille, ils attendirent dans la misère, et sous le poids des plus cuisantes douleurs, les bienfaits de la mort.

Mojaïsk étoit à trois lieues de ce théâtre d'horreur. L'arrière-garde des Russes avoit pris position en avant de la ville, protégée par un large et profond ravin ; le reste de leur armée occupoit une hauteur en arrière, et se montroit dans une attitude imposante. Murat vouloit se précipiter en avant, rejeter l'arrière-garde dans la ville, enlever la place, attaquer les hauteurs, achever enfin, comme il l'avoit voulu précédemment, la destruction totale des ennemis ; Napoléon modéra encore son ardeur. L'ennemi profita de la nuit pour évacuer ses positions, et, le lendemain, les Français entrèrent dans la ville. Elle étoit encombrée de morts et de blessés ; le nombre en étoit si grand, que, dans la crainte de les faire périr dans les flammes, l'ennemi n'avoit point mis le feu à la ville. Mais des obus causèrent le malheur que sa pitié avoit voulu éviter : quelques maisons de cette ville, construite en bois, prirent feu ; l'incendie s'étendit promptement, et nombre de ces malheureux périrent dans les flammes.

C'étoit à travers ces scènes de désastre que Napoléon s'avançoit vers la ville des czars. Mais quelle perte dans son armée! Il avoit dit, en partant de Witepsk : « Il me faut quatre-« vingt mille hommes pour prendre Smolensk ; « je les ai : j'en perdrai vingt mille ; il m'en res-« tera soixante pour entrer à Moscou. » Mais s'il faut livrer de nouveaux combats; que lui restera-t-il en sortant de cette ville ? Il comprend tout le danger de sa position, et il écrit au maréchal Berthier : « Dites au duc de Bellune qu'il dirige tout, bataillons, escadrons, « artillerie, hommes isolés, sur Smolensk, « pour venir de là à Moscou. »

Il faut, avant de terminer ce chapitre, citer encore un de ces traits d'audace et de résolution qui n'appartiennent qu'aux soldats français. Après la prise de Mojaïsk, un peloton de tirailleurs aperçoit sur une hauteur l'arrière-garde russe qui paroît braver encore le vainqueur. Le peloton s'indigne de cette attitude : il court à l'ennemi, gravit la colline; et sans calculer le nombre, peser le danger, il se jette intrépidement sur les premiers rangs qui s'offrent à lui, est enveloppé presque aussitôt, se trouve seul contre l'arrière-garde toute entière. On somme le commandant de la troupe de se rendre; il répond par un coup de fusil. Ses compagnons se pressent, forment un bataillon étroit et serré, et, par un feu soutenu avec la plus rare intrépidité, étonnent tellement l'ennemi, que, dans la crainte de voir voler à leur secours une partie de l'armée française, l'arrière-garde russe abandonne cette troupe de forcenés, et se met en retraite. Les

Français avoient vu ces enfans perdus de la valeur escalader la hauteur, s'enfoncer au milieu de l'ennemi; ils les croyoient perdus jusqu'au dernier; quelle fut leur surprise de les voir revenir, pleins d'enthousiasme, fiers de leur victoire et de leur fortune!

CHAPITRE V.

Entrée des Français à Moscou. Incendie de cette capitale. Départ de l'armée. Arrivée à Smolensk.

Après le combat de Mojaïsk, l'ennemi avoit disparu ; mais quelques mouvemens du général en chef Kutusoff inquiétoient encore Napoléon. Il ne pouvoit se persuader que l'armée russe livrât sans combattre une ville au sort de laquelle elle attachoit les destins de l'empire. Mais le dernier sacrifice étoit résolu, et le signal d'abandonner cette vaste cité fut donné dès qu'il parut impossible de la sauver. Ce fut un grand spectacle qu'une immense population s'arrachant de ses foyers, comme autrefois les malheureux Troyens après la prise et l'incendie de leur patrie. On voyoit un nombre infini d'hommes, de femmes, de vieillards désolés, qui emportoient les tristes dépouilles de leurs maisons, leurs saintes images, et traînant leurs enfans après eux. A la tête de ces colonnes éplorées, les prêtres, portant les objets sacrés de la religion, invoquoient le Ciel, et chantoient des hymnes auxquels la foule répondoit par des gémissemens et des sanglots. Déjà, depuis quinze jours, on avoit fait partir les archives, les caisses de l'Etat, et tous les trésors publics et particuliers. Les routes de Kasan, de Wladimir, d'Iaroslaf étoient couvertes de longues files d'émigrans se retirant en silence, le cœur oppressé par la douleur et le désespoir. Kutusoff étoit encore sous les murs de la ville, lorsque le roi de Naples parut à la tête de sa redoutable cavalerie; mais, des deux parts, on craint une nouvelle effusion de sang. L'armée russe offre d'évacuer paisiblement la capitale, et l'armée française s'engage à ne point troubler sa retraite. Quel triste sujet de méditation pour les Russes ! Cette grande armée, qui avoit promis d'abattre la tête du Goliath français, qui naguère étoit si fière des deux cent mille hommes qu'elle comptoit sous ses drapeaux, maintenant, réduite à moins de cinquante mille, se retire humblement devant le vainqueur, lui livrant la plus grande, la plus chère et la plus sainte de ses villes. On voyoit marcher devant elle une immense quantité de bœufs, de moutons, que les baskirs pressoient du fer de leur lance.

C'étoit sept jours après la bataille de la Moscowa que les Français prenoient possession de l'antique résidence des czars. A l'aspect de cette immense cité, située à l'extrémité d'un vaste bassin, et bâtie en amphithéâtre sur la colline qui le termine, les vainqueurs ne purent se défendre d'une satisfaction intérieure et d'un secret orgueil. Quel vaste tableau s'offroit à leurs yeux!

« Au-dessus d'une immense étendue d'habitations de tous les genres, s'élevoient, dit un témoin oculaire (1), une quantité prodigieuse de clochers de tous les genres et de coupoles dorées ou peintes des couleurs les plus éclatantes. Au milieu de tous ces édifices, dont le nombre et l'élégance formoient un coup-d'œil magnifique, on distinguoit la superbe tour d'Iwan, qui, placée dans le Kremlin et environnée de palais, dominoit toute la ville, et dont la coupole, revêtue d'or, effaçoit toutes les autres par sa grandeur et son éclat.

« Tout autour du bassin on découvroit, de distance en distance, de jolis villages et une foule de maisons de plaisance sur lesquelles la vue se reposoit agréablement, et qui complétoient la beauté de la perspective (2). »

___

(1) *Tableau de la campagne de Moscou en 1812*; par M. René Bourgeois. A Paris, chez J. G. Dentu.

(2) La circonférence de Moscou est de quarante vers-

Il étoit deux heures; le soleil peignoit des couleurs les plus vives ce vaste tableau. Napoléon, à cheval, s'arrête transporté de joie. « La voilà donc, s'écrie-t-il, cette ville tant

tes, c'est-à-dire de près de dix lieues; elle compte dans sa longueur cinquante-deux rues, que traversent huit cent cinquante autres rues; le nombre de ses maisons est de vingt mille; elle a douze portes et deux rivières; la Jausa et la Moskowa la parcourent et l'embellissent; sa population varie suivant les saisons; en hiver, elle est d'environ trois cent mille âmes; en été, cette population diminue de toute l'émigration de la noblesse, qui se retire dans ses châteaux : l'air y est pur et salubre. Après la chute des neiges, qui a lieu en novembre et en décembre, le ciel est d'un azur éclatant. Le thermomètre de Réaumur s'y tient habituellement à neuf ou dix degrés au-dessous de la glace, rarement au-dessous de quinze. L'hiver dure cinq mois.

Le Kremlin est situé au centre de la ville, sur la Moskowa. Sa vaste enceinte contient un grand nombre d'édifices, d'églises et de cloîtres qui font, de son intérieur, une morne solitude. La principale église est celle de Sainte-Marie. On y voyoit les tombeaux des patriarches, un chandelier d'argent pesant deux mille trois cents livres, un tableau de la Vierge, suspendu à l'entrée de la sacristie, dans une boîte d'argent ornée de pierres précieuses. C'est dans cette église, la plus riche en ornemens, en vases, en habits sacerdotaux, que se fait le couronnement des empereurs. Outre les cloîtres, le Kremlin étoit en outre orné de deux magnifiques édifices : le palais du Sénat et l'arsenal; et la tour

« désirée ! il étoit temps. » Réflexion qui expliquoit les nuages dont son front s'étoit couvert les jours précédens. Quelques détachemens de Cosaques, profitant de l'armistice,

---

du grand Iwan, renfermant vingt-deux cloches, dont la plus grosse pèse quarante-huit mille livres. Toutes les églises étoient décorées de dômes dorés et argentés, dont les reflets, quand ils étoient frappés du soleil, produisoient un effet magique. Mais, à côté des palais, s'élevoient à peine au-dessus de la terre une foule de misérables huttes auprès desquelles les chaumières de nos paysans eussent paru elles-mêmes des palais. Nulle part la différence d'homme à homme n'étoit plus marquée. Le riche avoit des temples, l'esclave étoit logé comme les animaux. Moscou avoit un grand marché d'oiseaux de tous les genres. Souvent on donnoit une paysanne pour deux serins. Le commerce et toute son activité occupoient une partie de la ville nommée *Kitaigorod*. On y comptoit plus de six mille boutiques ; et le mouvement de ce quartier ressembloit à celui de nos campagnes dans les jours de foire. La ville avoit une académie, une université, un théâtre, institutions encore imparfaites, mais que devoit bientôt vivifier le progrès de la civilisation, qui pénétroit dans cette ville de toutes parts. Mais le plus remarquable des établissemens étoit la maison des enfans trouvés, vaste édifice où l'on élevoit avec tous les soins d'une charité évangélique, trois mille de ces innocentes créatures : voilà ce que le gouvernement de Moscou livra aux flammes à l'approche de Napoléon.

étoient restés dans la ville, attirés par la curiosité. Ils entourent le roi de Naples avec la familiarité naturelle aux sauvages; ils admirent la richesse de ses broderies, ce panache qui flotte sur sa tête victorieuse; ils paroissent saisis d'admiration. Murat donne, à leur chef, sa montre; aux autres, d'autres présens; et ils se retirent satisfaits de sa magnificence. Napoléon s'étoit arrêté en avant de la ville, sur la montagne qu'on appelle *du Salut*, parce que les Russes ne la visitent point sans faire une prière et ce signe religieux qui rappelle le mystère de la croix. Il s'attendoit à recevoir une députation de la ville; mais on vient lui annoncer qu'elle est déserte. Il ne peut croire ce qu'il entend; mille idées confuses se heurtent dans son esprit. Le roi de Naples marchoit lentement dans cette vaste et silencieuse solitude, et s'avançoit vers le Kremlin. Trois ou quatre mille hommes en défendoient l'approche; les portes en étoient fermées et barricadées; plusieurs décharges de mousqueterie atteignirent la tête de la colonne. Elle se précipita aussitôt sur l'ennemi, le mit en déroute, et le poursuivit jusqu'à ce qu'il fût entièrement dispersé. On surprit un convoi de vivres dont l'escorte jeta ses armes, et tous les quartiers paroissoient libres : l'on ne songea plus qu'à s'établir dans la conquête qui avoit coûté tant de sacrifices. Napoléon n'y entra qu'à la fin du jour, donna le commandement de la place au maréchal Mortier, et se logea dans un des faubourgs. Au milieu de la nuit, on vint lui annoncer qu'on apercevoit de la fumée et des flammes dans quelques rues éloignées. Il crut d'abord que ce n'étoit que l'effet du désordre inévitable dans de pareilles circonstances, et, plein de sécurité, se disposa à prendre, le lendemain, possession du Kremlin. On fit toutes les recherches nécessaires pour s'assurer qu'il y seroit sans danger, et les troupes se répartirent dans les divers quartiers. L'arsenal du Kremlin renfermoit quarante mille fusils, cent pièces de canon, des lances, des armures enlevées aux Turcs. Au dehors de la ville, on découvrit un amas de quatre cents milliers de poudre, et de plus d'un million pesant de salpêtre. On étoit tranquille ; l'armée se disposoit à jouir, dans la plus grande sécurité, d'un repos acquis par tant de sang et de travaux ; des Français, des Allemands domiciliés depuis quelques années, et plusieurs négocians étoient restés à Moscou ; on pouvoit se flatter que le reste de la population, rassuré par la bonne discipline des Français, se hâteroit de rentrer dans ses foyers ; Napoléon se persuada qu'instruit des désastres de son armée, l'empereur Alexandre écouteroit des propositions de paix ; il lui écrivit une lettre, qu'il remit à un officier russe resté dans un des hôpitaux. Bientôt il connut toute l'horreur de sa position. De tous les points de la ville sortirent tout à coup des torrens de flamme et de fumée. Les soldats accourent pour arrêter l'incendie ; ils cherchent les paniers, les pompes, tous les secours qui se trouvent ordinairement dans les grandes villes : ces secours ont disparu. On ne sauroit plus méconnoître que l'ennemi, désespéré, n'ait lui-même allumé le feu qui va dévorer sa capitale.

Avant l'entrée des Français, le commandement en avoit été donné au comte de Rostopchin, homme d'un esprit vif, brillant, cultivé, d'une figure expressive, avec des manières toutes françaises. On l'avoit vu, dans les salons de Paris, se distinguer par une conversation facile et les talens de société les plus aimables ; mais la guerre en a fait un ennemi farouche. Il avoit d'abord conçu le projet d'un ballon immense chargé d'artillerie, qui devoit se diriger avec des ailes, planer sur la tente de Buonaparte, et l'écraser d'un déluge de feu, de balles, d'obus, de pierres, de tout ce qui pouvoit enfin contribuer à sa destruction. Un Hollandais nommé *Smid* s'étoit chargé de la construction de cette nouvelle machine infernale; mais le ballon étant construit sans connoissance et sans art, il fallut renoncer à cette barbare invention. Trompé de ce côté dans ses espérances, le comte Rostopchin se rejeta sur d'autres moyens : il forma la résolution désespérée de ne livrer au vainqueur que des monceaux de cendres; et pour donner l'exemple, il mit lui-même le feu à son château. Toutes les pompes, tous les secours pour les incendies furent enlevés; on entassa dans les parties de la ville les plus propres à être dévorées par les flammes, des amas de matières combustibles; on ouvrit les prisons aux malfaiteurs, on les arma de torches, et ces misérables se répandirent dans tous les quartiers, allumèrent un embrasement qu'il fut impossible d'éteindre : les hôpitaux eux-mêmes furent enveloppés par les flammes. Vingt mille blessés russes y étoient entassés. C'étoit un spectacle affreux que de voir ces infortunés, les uns se traîner vers les portes, sur leurs membres sanglans et mutilés, les autres se précipiter par les fenêtres, se briser en tombant, ramper dans les rues, où de nouvelles flammes les atteignoient, où la chute des maisons incendiées les écrasoit. Napoléon, menacé lui-même dans son palais, se détermina à l'abandonner. Tous les états-majors, tous ceux qui avoient pris des logemens dans l'intérieur de la ville, en sortirent précipitamment ; la terreur et la confusion étoient inexprimables. On fuyoit par une rue, on trouvoit l'autre en feu ; on fuyoit celle-ci pour chercher un passage, on ne trouvoit encore que des flammes. Un vent impétueux poussoit l'incendie sur toutes les parties de la ville : c'étoit une mer de feu agitée par la tempête. Le fracas des maisons qui s'écrouloient, l'explosion des matières fulminantes que la flamme lançoit en l'air, les cris déchirans des malheureux qui périssoient au milieu de l'embrasement général, frappoient l'âme par tant d'endroits, qu'elle pouvoit à peine résister aux violentes émotions qu'elle éprouvoit.

Pendant six jours entiers, ce spectacle terrible frappa les regards de l'armée, et la remplit de consternation. Napoléon s'étoit établi au château de Peterskoï ; sa figure étoit calme, mais son âme étoit loin de l'être. Il gardoit un profond silence, qu'il n'interrompoit, à de longs intervalles que par quelques courtes exclamations : « *Quelle fureur !... Brûler une capitale !... Quel peuple !...* » Il parloit de marcher sur Pétersbourg ; mais quel moyen d'exécuter ce projet ? Ses généraux lui en montrèrent l'impossibilité. Où donc porter ses pas? quel lieu hospitalier protégera l'armée contre les rigueurs de l'hiver? Elle étoit rassemblée autour de la ville, contemplant le vaste et terrible spectacle auquel le nombre et la variété des accidens imprimoient, suivant l'expression d'un écrivain déjà cité, un caractère de majesté et de désolation.

Cependant, au milieu de la consternation générale, poussés par le besoin et l'avidité du pillage, les plus intrépides des soldats se jetoient au travers de ce foyer ardent, affrontoient tous les dangers, pénétroient dans les édifices que la flamme n'avoit pas encore atteints, enlevoient tout ce qu'ils y trouvoient, en rapportoient des vivres, de l'or, des étoffes, des marchandises de tous les genres : dépouilles précieuses dans tout autre temps que celui où l'on se trouvoit. Les Russes, en fuyant, n'avoient pas eu le temps d'évacuer leurs magasins, de sauver leurs richesses : ils les avoient cachées dans leurs caves, dont ils avoient muré l'entrée. On ramenoit aussi des misérables, vêtus de haillons, qu'on avoit trouvés la torche à la main, occupés à propager l'incendie. Des commissions militaires les faisoient fusiller sur le champ. Il en périt de cette manière un grand nombre; les autres prirent la fuite. Quelques uns, moins coupables, vinrent se rendre au camp, et furent rejetés derrière l'armée comme prisonniers.

Enfin la pluie, qui tomboit par torrens, apaisa ce désastre. Alors on s'approcha lentement de cette terre brûlante et désolée; le pied pouvoit à peine en soutenir l'ardeur. Le Kremlin et quelques autres édifices voisins étoient encore debout au milieu des cendres et des ruines; un quartier, nommé depuis par les Français *le Pont-Maréchal*, étoit à peu près le seul que la flamme eût épargné. Une partie de l'armée rentra alors dans ces décombres fumans, et en prit possession. Napoléon revint au Kremlin; mais quel changement! quelle conquête! quel triste sujet de méditation! Qui le croiroit! ce fut alors, cependant, qu'il s'occupa de décrets futiles, qu'il rendit des ordonnances pour la police des spectacles de Paris, comme s'il eût voulu montrer que la mauvaise fortune ne pouvoit rien sur une âme comme la sienne! vanité puérile, qui attestoit plutôt la petitesse que la grandeur de son génie. Il s'attendoit qu'Alexandre, consterné à la nouvelle de tant de malheurs, viendroit enfin implorer la générosité du vainqueur: vain espoir. Alexandre parut d'abord accablé de douleur; mais son courage se relevant bientôt, il adressa à ses sujets une proclamation pour ranimer leurs espérances, les exhorter à soutenir le poids de l'infortune.

« Point d'abattement ! s'écrioit-il, point de
« pusillanimité ! Jurons de redoubler de cou-
« rage et de persévérance ! L'ennemi est dans
« Moscou déserte comme dans un tombeau ; il
« n'a autour de lui que des cendres et des dé-
« bris ; il est au centre de la Russie, et pas un
« seul Russe n'est à ses pieds ; il est au milieu
« d'une population puissante, environné d'ar-
« mées qui l'attendent ; il ne peut échapper à
« la famine qu'en se faisant jour à travers les
« phalanges impénétrables de nos intrépides
« soldats. Ce n'est pas nous, mais lui, que les
« flammes de Moscou ont atteint. Au milieu
« de nos désastres, la Providence nous tend
« la main, et nous montre notre ennemi frappé
« à mort au milieu de son triomphe. »

Pendant les premiers jours de son retour au Kremlin, des distractions multipliées occupèrent l'âme active de Napoléon : il donna des ordres pour tracer des passages, enlever les décombres, rendre accessibles les édifices et les quartiers où l'on pouvoit encore trouver quelque asile. On continuoit de fouiller dans les ruines, et l'on y trouvoit encore un grand nombre d'objets dont on pouvoit se servir utilement. Le petit nombre d'officiers supérieurs logés dans les palais que la flamme n'avoit pas consumés, souffroient peu de la disette; les caves leur offroient les vins les plus précieux ; ils trouvoient des fruits dans les serres. Mais le reste de l'armée, campé autour de la ville, étoit en proie aux plus pressans besoins; les soldats ne vivoient que de ce que la pitié des autres leur envoyoit de la ville; on fut bientôt réduit à se nourrir de la chair des chevaux. Des nuées de Cosaques et de paysans armés, cantonnés dans les bois, tenoient l'armée dans une alerte continuelle. Les fourrages manquoient absolument; on ne pouvoit s'en procurer qu'en envoyant au loin de forts détachemens, qui tomboient souvent dans des embuscades où ils étoient égorgés : il falloit pousser ces courses jusqu'à huit ou dix lieues ; le pays s'épuisoit, et l'avenir se présentoit sous l'aspect le plus effrayant. La route de Smolensk étoit interceptée; les corps qui en sortoient pour rejoindre la grande armée, ne pouvoient marcher qu'en caravanes et avec les plus grandes précautions. Il étoit impossible de garder une ligne de quatre-vingt-dix lieues.

Il ne transpiroit rien des opérations diplomatiques; mais les courriers étoient fréquens, et l'on appeloit de tous ses vœux une paix qui mettroit un terme aux maux dont on étoit accablé. La sécurité de Napoléon en inspiroit la confiance à l'armée; on se reposoit de l'avenir sur sa prévoyance et son génie. Cependant le mois d'octobre commençoit, et les inquiétudes avec lui; on ne pouvoit s'expliquer le repos où l'empereur sembloit se plaire. Il organisoit des municipalités, une intendance; on annonçoit un théâtre et des acteurs de Paris. Quel temps pour jouer la comédie (1)! Napoléon vouloit-il, par ces démonstrations extraordinaires, faire croire à la Russie qu'il prenoit possession de son ancienne capitale, qu'il avoit le dessein de garder sa conquête, et de ne la céder que par un traité de paix dont il dicteroit les conditions? Se flattoit-il, par cette attitude imposante, de vaincre enfin la résistance de son rival? On ne sauroit guère en douter. Cependant, le temps s'écouloit, et l'empereur de Russie persistoit dans ses premières résolutions : il annonça même, dans une proclamation énergique, qu'il ne vouloit aucun traité. Napoléon s'en

---

(1) Il y avoit à Moscou un théâtre français dirigé par Mme Aurore-Bussay, et où se trouvoient Adet, Pérou, Mme Fusil. Napoléon en donna la direction à M. de Bausset, préfet de son palais.

irrite ; il voit tout ce que les rigueurs de l'hiver lui préparent ; il renouvelle à ses généraux la proposition de marcher sur Pétersbourg. Quelle gloire de conquérir deux capitales en une seule campagne ! Mais ses généraux lui démontrent de nouveau l'impossibilité d'une pareille entreprise. Alors il se détermine à faire lui-même des démarches pressantes auprès d'Alexandre ; il s'adresse à son grand-écuyer Caulaincourt, le seul de ses envoyés qui soit parvenu à plaire à l'empereur de Russie. Caulaincourt lui démontre l'inutilité de cette démarche. Il s'adresse au général Lauriston ; il le charge de se rendre au camp de Kutusoff, et de lui demander des passeports pour Saint-Pétersbourg. Le général russe déclare que ses pouvoirs ne s'étendent pas jusque-là ; il offre d'envoyer son aide-de-camp Wolkonsky avec les dépêches de Napoléon ; il propose un armistice, mais pour le centre de l'armée seulement, armistice qu'on pourra rompre en prévenant trois heures d'avance. Le général Lauriston rapporte ces propositions, et Buonaparte les accepte avec empressement. Mais bientôt il est détrompé : si le centre de l'armée est tranquille, ses flancs sont continuellement harcelés ; des nuées de Cosaques voltigent sur ses ailes ; les convois sont interceptés ; il faut les aller chercher à de longues distances, et combattre sans cesse pour les amener. Les chevaux sont épuisés, et meurent de fatigue. L'armée, réduite à moitié de sa force primitive, compte environ cent mille hommes.

On avoit établi une garnison dans la petite ville de Veréia : un prêtre, à la tête d'une horde de paysans qu'il avoit rassemblés, et de quelques soldats du camp de Kutusoff, tombe tout à coup sur cette foible troupe, entre dans la ville, et égorge tout ce qu'il trouve d'hommes armés.

Ainsi, sous les auspices de la paix, la guerre se montroit partout. Si, comme le roi de Naples l'avoit proposé, avant d'entrer à Moscou, on eût poursuivi et achevé Kutusoff, peut-être la campagne étoit-elle finie. Mais on lui avoit donné le temps de se reconnoître, de recevoir des renforts, de reprendre l'offensive. Les Russes eux-mêmes s'étonnoient de l'inactivité des Français. Napoléon attendoit toujours, et prenoit peu de distractions. Ses détracteurs ont publié qu'il assistoit tous les soirs au spectacle ; il n'y parut jamais : mais il étoit bien aise que l'armée y trouvât des délassemens. Son seul amusement étoit quelquefois une partie de cartes avec ses généraux.

Il voulut qu'on cherchât dans les restes de la ville tout ce qui pouvoit servir de trophées à l'armée, ordonna d'enlever une madone que les Russes révéroient singulièrement, et de descendre l'énorme croix qui s'élevoit sur la tour du palais d'Iwan : il vouloit, disoit-il, en orner le dôme des Invalides ; mais d'autres destinées lui étoient réservées.

Il commençoit à perdre l'espérance de recevoir une réponse d'Alexandre ; tout ce qu'il recevoit de renseignemens portoit dans son âme de nouvelles anxiétés. Les Prussiens ne lui paroissoient pas sûrs ; les Autrichiens agissoient à peine ; ses fidèles et braves Saxons avoient péri presque tous : quel parti prendre ?

Le comte Daru, qu'il consulta, lui proposa de rester à Moscou. Le pain et le sel, disoit-il, ne manqueront pas ; il en répondoit. Les caves serviront d'abri ; Moscou deviendra un camp retranché ; quelques grands fourrages suffiront pour entretenir la cavalerie. Mais Napoléon répondoit qu'un hiver aussi rigoureux que celui de Russie détruiroit son armée ; que, pendant ce long intervalle, les forces de l'ennemi s'accroîtroient d'une manière effrayante ; qu'il craignoit la défection de ses alliés ; qu'il valoit mieux, tandis qu'il avoit encore cent mille hommes sous ses étendards, tenter le sort des armes, et regagner Smolensk en combattant. Ce fut sa dernière résolution.

Le 15 octobre, la retraite commença. La cavalerie étoit dans un horrible délabrement; l'avant-garde du roi de Naples étoit presque détruite; la discipline s'étoit relâchée au point qu'il étoit à peine un officier qui n'eût sa voiture. Le nombre en étoit infini; et lorsqu'il fallut partir, la confusion devint extrême. Avant de quitter le Kremlin, Napoléon voulut passer la revue des diverses divisions. Le 18 octobre, il étoit occupé de celles du maréchal Ney, lorsque tout à coup le canon se fit entendre. L'ennemi venoit de se jeter subitement sur la cavalerie du roi de Naples, avoit percé sa première ligne, lui avoit enlevé douze canons, trente fourgons, et tué deux officiers-généraux; lui-même étoit blessé : c'étoit le premier des nombreux désastres qui attendoient l'armée. Cependant, les Français s'étoient remis; le prince Poniatowski, les généraux Claparède et Latour-Maubourg avoient vengé l'honneur de nos armes, et causé ensuite aux Russes une perte considérable : mais la nôtre étoit irréparable.

On se hâta de porter cette nouvelle à Napoléon. Il l'écouta avec beaucoup de calme, continua sa revue, donna des ordres pour régler la retraite, et partit le lendemain. On marchoit sur quatre colonnes, en se dirigeant sur Kalouga ; mais l'attirail de l'armée étoit si considérable, qu'on auroit pris cette émigration pour celle d'un peuple tout entier. Tout ce qui craignoit le retour des Russes, hommes, femmes, enfans, suivoit l'armée. Napoléon lui-même éprouva l'embarras commun ; il ne put marcher qu'avec une extrême lenteur. Outre les provisions de bouche et les munitions de guerre, on emmenoit aussi les riches dépouilles de Moscou, l'or, l'argent, les fourrures, tout ce que l'incendie avoit épargné. Les trophées, le trésor de l'armée étoient en arrière, à Moscou, avec la jeune garde. Si dans ce moment les Cosaques fussent tombés sur cette multitude d'équipages et de charriots, il eût été difficile de leur en disputer la conquête.

La température étoit douce, le ciel serein. Le soldat, reposé depuis quatre à cinq semaines, avoit repris sa gaieté ordinaire; l'armée, qui étoit entrée à Moscou avec quatre-vingt-dix mille combattans et vingt mille blessés, étoit en ce moment de plus de cent mille hommes, parce qu'elle avoit recouvré sur les blessés plus de dix mille hommes. Dès le troisième jour, le ciel changea; des pluies continuelles rendirent les chemins difficiles; l'artillerie n'avançoit qu'avec peine; les chevaux, exténués par la faim, tomboient pour ne plus se relever; on fut obligé d'abandonner plusieurs voitures. On se dirigeoit par la vieille route de Kalouga, où Kutusoff nous attendoit; il en étoit une seconde, qu'on appeloit *la nouvelle*. Tout à coup, Napoléon tourna sur la droite avec son armée, et, masquant avec habileté son mouvement, trompa le général russe, gagna trois marches à travers champs. On avoit devant soi Borrusk et Malojaroslavetz. Le quartier impérial s'établit dans la première de ces places, tandis que le général Delzons, qui marchoit à la tête des colonnes, s'avançoit sur la seconde. Il n'y trouva pas d'ennemis, y plaça deux bataillons, établit son bivouac autour de la ville; et l'on dormoit paisiblement, lorsqu'à trois ou quatre heures du matin, le repos de l'armée fut troublé par des hurlemens affreux: c'étoient les Russes du général Dactoroff qui venoient se précipiter sur la ville et sur le camp.

Malojaroslavetz est située sur une hauteur escarpée, au-dessous de laquelle sont des ressauts à pic et la rivière la Louja. Ce n'étoit point une simple alerte; le bruit du canon annonçoit une affaire sérieuse : il s'agissoit de combattre cinquante mille hommes. Les Russes s'avançoient dans un défilé profond, tandis que leurs forces principales occupoient les hauteurs qui dominent la rivière. Le général Delzons se précipite dans le défilé; il excite ses braves de la voix et du geste; il engage un combat sanglant et meurtrier; mais une balle le frappe au front, et il tombe. Son frère, qui combattoit à ses côtés, se jette sur son corps pour l'embrasser et l'enlever ensuite : il est atteint lui-même d'une autre balle; et ces deux guerriers, dignes d'un meilleur sort, confondent ensemble leurs derniers soupirs. Le général Guilleminot prend la place de Delzons, et arrête d'abord les Russes. Le prince Eugène, averti de la position difficile des Français, accourt, ordonne une attaque générale. Les Russes la soutiennent avec intrépidité, repoussent même leur ennemi jusque sur la ville, sont repoussés à leur tour, nous repoussent de nouveau, et ce mouvement rétrograde devient horrible. Les obus venoient de mettre le feu à la ville; elle brûloit toute entière : ceux qui reculent devant l'ennemi sont poussés dans les flammes, et y périssent. Les Italiens et les Français n'étoient qu'au nombre de dix-huit mille, et ils avoient à combattre cinquante mille Russes ; leur valeur triomphe de tout : ils restent maîtres de la ville et de toutes les positions de l'ennemi. La victoire est décidée ; mais combien elle coûte cher ! quatre milles hommes tués ou blessés, et sept officiers-généraux ! c'étoit le second désastre de cette funeste retraite.

Napoléon en reçut la nouvelle sous la cabane de tisserand qu'il occupoit à son quartier-général. Il envoya le maréchal Bessières reconnoître l'attitude de l'ennemi; et le maréchal lui ayant rapporté qu'il occupoit une position formidable, il monta à cheval. A peine est-il à la tête de sa garde, que le trouble le plus grand se manifeste autour de lui; le cri de *Cosaques!* retentit de toutes parts. C'étoient en effet six mille Cosaques qui, conduits par leur hetman Platoff, avoient conçu le hardi projet de se jeter entre l'avant-garde française et le corps d'armée, et d'enlever Buonaparte s'ils pouvoient. Ils tombent avec une telle impétuosité et des hurlemens si affreux, qu'on n'a pas le temps de se mettre en bataille. Ils renversent, ils culbutent tout ce qui s'oppose à leur passage; et si Napoléon, pressé par les officiers qui l'entouroient, n'eût rétrogradé précipitamment, il eût été à Saint-Pétersbourg orner le char de triomphe de Platoff. Trompés dans leurs espérances, les Cosaques traversèrent la route comme un violent orage, et se perdirent dans les bois. On garda long-temps, dans l'armée, le souvenir de cette charge audacieuse, sous le nom de *houra de l'empereur*. Dans la mêlée, le capitaine Lecouteulx fut, par une cruelle méprise, frappé comme ennemi, et tomba au moment même où il venoit de tuer un Cosaque.

Après cette alerte, Napoléon arriva à Malojaroslavetz. Quel spectacle lui présentoit le champ de bataille de la veille ! Une ville en cendres, des morts, des mourans, des blessés, les cadavres desséchés et noircis des malheureux qui avoient péri dans les flammes, et dont la figure, contractée et horriblement convulsive, attestoit les affreux tourmens dans lesquels ils avoient expiré !

En sortant de Moscou, on s'étoit persuadé, dans l'armée, que le projet de Napoléon étoit de poursuivre les Russes dans la direction de Kalouga, et de détruire l'armée de Kutusoff. Si l'on eût suivi ce parti, peut-être eût-on porté la terreur dans les rangs ennemis ; car, si l'on en croit sir Wilson, qui étoit auprès du général en chef, son armée étoit dans la plus grande confusion ; mais tout à coup, Buonaparte s'étant décidé à reprendre la route de Smolensk, on comprit alors qu'il ne s'agissoit plus de poursuivre l'ennemi, mais de le fuir. On marcha avec la plus grande célérité sur Mojaïsk, et l'on avança sans rencontrer d'autres ennemis que quelques Cosaques errant à l'aventure.

La jeune garde, qu'on avoit laissée à Moscou, et qui en étoit sortie peu de temps après, ayant suivi la route directe, avoit devancé le grand corps d'armée. Elle avoit emmené avec elle les trésors, les trophées, et tous les équipages restés en arrière. Avant de quitter Moscou, elle avoit eu l'ordre d'achever l'incendie de cette malheureuse capitale, et de détruire de fond en comble les palais qui existoient encore, et le Kremlin. Tout avoit été disposé pour cette désastreuse exécution : des barils de poudre cachés dans les caves, des mèches d'artifice soigneusement calculées pour produire leur effet sans mettre la jeune garde en danger. A peine étoit-elle en sûreté, que cent quatre-vingt milliers de poudre lancèrent en l'air, brisèrent, détruisirent avec un fracas épouvantable, les murs, les tours de ce palais consacré depuis tant d'années par le séjour des czars et la vénération des Moscovites : vengeance indigne d'une âme élevée, triste et misérable satisfaction qui ne s'exerçoit que contre des pierres. Quelque soin qu'on eût pris d'empêcher le reste de la population d'approcher de ces lieux funestes, on ne put cependant prévenir une affreuse catastrophe. Les avis affichés n'étant qu'en français, une foule de malheureux qui ignoroient cette langue, attirés par la curiosité et plus encore par le désir du pillage, se trouvèrent tout à coup surpris par l'explosion, et, lancés dans les airs, vinrent s'engloutir dans les décombres.

La réunion de la jeune garde complétoit l'armée : on se remit en marche. Ici va commencer une série de calamités telle que l'histoire n'en fournit point d'exemples. On avoit deux cent cinquante lieues à parcourir; et dans toute l'étendue de cette route immense, on n'apercevoit que deux ou trois points de repos : Smolensk, Witepsk et Minsk sur la Bérésina. On devoit y trouver d'immenses magasins, des munitions de tous les genres; mais on avoit, avant d'y arriver, à soutenir les rigueurs effrayantes de l'hiver, les dangers de la guerre et les horreurs de la famine. Les officiers avoient, pour se défendre du froid, des pelisses, des fourrures : le soldat n'avoit que son misérable uniforme, usé, déchiré; il étoit sans chaussures, les pieds enveloppés dans des haillons qui le soutenoient sur la glace. On marcha quelque temps sans être inquiété par l'ennemi, et l'on atteignit Viasma par un temps vif et froid, mais supportable. Les fourrages manquoient toujours; et les chevaux, exténués par la faim, périssoient chaque jour par milliers. Il fallut abandonner une grande partie des richesses enlevées à Moscou; et dans la misère commune, on se consola facilement de cette perte : c'étoient des alimens et des habits qu'on recherchoit avant tout; les fourrures se vendoient fort cher. Le maréchal Mortier en acheta une deux cents roubles, et fit un meilleur marché que celui qui la lui vendoit. Napoléon en portoit une de rat d'Astracan, doublée d'hermine. Chaque jour le froid augmentoit et devenoit intolérable; on marchoit des jours entiers sans prendre de nourriture; et lorsque la nuit arrivoit, on trouvoit des lits de neige et de glace pour se refaire; les blessés suivoient, et mouroient faute de secours. Napoléon avoit ordonné aux voituriers de l'armée d'en prendre chacun un certain nombre avec leurs équipages; mais ces misérables, lorsqu'ils n'étoient pas vus, prenoient ces infortunés, et les jetoient dans les fossés. Toutes les lois de l'humanité étoient méconnues : on n'étoit plus occupé que de soi. Des Portugais, des Polonais avoient été chargés d'escorter deux mille prisonniers russes : ils les tuèrent. On comptoit sur quelques ressources à Viasma; elles furent dévorées par les premiers arrivans : on se porta sur Dorogoboë. La ville étoit occupée par les Russes, qui, instruits de la véritable marche des Français, s'étoient jetés à marches forcées de la route de Kalouga sur celle de Smolensk, et s'étoient interposés entre le premier et le quatrième corps, qui se trouvoit en arrière. Il fallut alors livrer de nouveaux combats. Le corps russe étoit commandé par le général Miloradowitz, officier brave, actif, entreprenant, qu'on appeloit le *Murat du Nord*. Il étoit soutenu de vingt mille Cosaques. Les avantages étoient loin d'être égaux des deux parts. Une fatigue horrible, un froid excessif, la faim, le découragement, la perte presque entière de la cavalerie, l'éloignement des différens corps séparés les uns des autres par de longs intervalles, telle étoit la situation de l'armée ci-devant triomphante. Du côté de l'armée russe, des hommes accoutumés aux rigueurs d'un ciel de fer, fournis d'armes, de vivres, de munitions de tous les genres.

Cependant, au milieu même des désastres, l'honneur et le courage revivent dans le cœur des Français; et malgré l'infériorité du nombre et la situation presque désespérée où ils se trouvent, ils soutiennent intrépidement le combat; et déployant une héroïque valeur, ils s'ouvrent une route à travers les lances, les baïonnettes, les canons, les flammes et l'ennemi : journée sanglante, dont l'unique résultat fut un carnage inutile aux deux partis! Le prince Eugène, les maréchaux Ney, Davoust, les généraux Morand, Compans s'y montrèrent en héros supérieurs à la fortune. On vit le second et le quatrième de ces guerriers, tout blessés qu'ils étoient, marcher à la tête des colonnes, charger eux-mêmes, rallier leurs soldats, et, par des efforts incroyables, sortir victorieux de la position désespérée où ils se trouvoient; mais ce triomphe fut chèrement payé : l'armée eut à regretter quatre mille braves tués ou blessés, la perte de plusieurs pièces d'artillerie et un grand nombre d'équipages : quel triomphe affligeant !

Jusqu'alors on n'avoit guère été inquiété que par des Cosaques, qui, toujours en mouvement, voltigeoient sans cesse sur les ailes, enlevant des voitures, surprenant quelques traîneurs, pillant les équipages : maintenant, c'étoit une armée toute entière attachée aux pas des Français. Plus de repos, presque plus d'espérances; et comme si les élémens eussent dû conspirer de leur côté la perte de l'armée, un hiver furieux s'armoit de rigueurs excessives. La température, qui jusque-là s'étoit tenue à 8 ou 10 degrés au-dessous de la glace, s'abaissa successivement jusqu'à 18 et 20. Alors le soldat ne put tenir ses armes; elles s'échappoient des mains des plus braves; plusieurs, saisis par le froid, tomboient sur la terre glacée, et s'y endormoient pour ne plus s'éveiller; la cavalerie périt presque toute entière; et ce qu'il restoit de chevaux étoit si fatigué, si exténué par la faim, que douze ou quinze de ces squelettes ambulans suffisoient à peine pour traîner une seule pièce de canon; la plupart des équipages restèrent dans les neiges; les cavaliers marchèrent à pied; toutes distinctions s'effacèrent; le soldat ne reconnut plus d'officiers, l'officier plus de soldats; on ne voyoit plus d'uniformes; chacun se défendoit du froid comme il pouvoit, s'enveloppoit de peaux d'animaux, de couvertures, d'étoffes de toutes couleurs, de schalls, de jupons de femme : c'eût été une mascarade complète, si ces tristes déguisemens n'eussent caché la douleur, le désespoir et toutes les horreurs de la plus hideuse misère. La garde seule conservoit encore une apparence d'armée : le reste n'étoit plus qu'un ramas de malheureux couverts de haillons, dévorés par la vermine. Telle étoit cette grande, cette magnifique armée qui, quelques mois auparavant, sembloit marcher à la conquête du monde.

Au milieu de ces désastres, une estafette arrive de Paris (c'est la première que Napoléon ait reçue depuis plusieurs mois), et lui apporte la nouvelle d'une conspiration conçue par un seul homme, et qui a failli, en quelques heures, renverser son trône et mettre fin à sa dynastie.

Les officiers généraux qui se trouvoient autour de lui au moment où il lisoit ses dépêches, cherchèrent en vain à lire dans ses traits l'impression qu'il en devoit recevoir : sa figure ne subit aucune altération ; mais il comprit sans doute combien sa présence étoit nécessaire dans ses Etats, et l'on ne sauroit douter que cette pensée ne l'ait déterminé à quitter son armée le plus tôt qu'il lui seroit possible.

Plus on approchoit de Smolensk, plus le froid étoit intolérable : on étoit au 9 de novembre. Personne ne pouvoit plus tenir à cheval ; Napoléon lui-même se mit à pied avec sa garde. On tourna péniblement la côte de Valontina, et l'on aperçut enfin les hautes murailles de Smolensk. Mais dans quel état on y arrive! les chevaux tombent par milliers, l'artillerie est sans atelage, les bords des fossés sont couverts de malheureux soldats engourdis par le froid, qui, en se livrant à un sommeil trompeur, n'ont trouvé que la mort! Tous les corps ne marchent plus ensemble. Napoléon avoit derrière lui ceux du vice-roi, des Polonais, du maréchal Davoust; car le maréchal Ney venoit de passer à l'arrière-garde.

On étoit loin, à Smolensk, d'attendre l'armée française. Depuis long-temps les communications étoient interceptées; la plupart des ordres de Napoléon n'y étoient point arrivés; il ne s'y trouvoit qu'une petite quantité de chevaux, de fourrages et de vivres, et d'autres munitions.

A la vue des remparts, une foule avide se précipite sur les ponts; les portes sont trop lentes à s'ouvrir, on les enfonce; le soldat, affamé et nu, se précipite partout où il espère trouver des vivres et des vêtemens; en un instant tout est enlevé ou consommé. On s'étoit flatté de trouver quelque repos dans cette ville, d'y prendre des quartiers d'hiver; vain espoir! il faudra marcher de nouveau. Toutes les nouvelles qui arrivoient étoient de nature à désespérer Napoléon et l'armée. L'arrière-garde, le vice-roi, les Polonais, le maréchal Davoust, attaqués par les Russes avec des forces supérieures, venoient de courir le plus grand danger, et de perdre une partie de leur artillerie et de leurs bagages; la plupart des blessés étoient restés sur le champ de bataille, où ils attendoient la mort.

Sur la Dwina, sur le Bug, autres revers. Polostk n'étoit plus au pouvoir de l'armée française; et Minsk, avec ses immenses magasins, étoit tombée entre les mains du Russe Tschitschakoff : arrêtons-nous un instant sur ces évènemens.

On a vu le maréchal Oudinot blessé dans un combat sanglant contre le général russe Wittgenstein, et le maréchal Saint-Cyr rétablir l'honneur de nos armes. Le corps d'armée qu'il commandoit étoit sur la Dwina, menaçant la route de Saint-Pétersbourg. Napoléon vouloit qu'on enfonçât le corps de Wittgenstein; qu'on menaçât la seconde capitale de la Russie, et qu'on fît, par ce mouvement, une diversion favorable à l'expédition de Moscou; mais il étoit plus facile d'ordonner que d'exécuter. Le maréchal avoit en tête un général habile et des forces considérables; on ne pouvoit douter ni de son habileté ni de son courage; mais il se vit, malgré lui, réduit à la défensive. Chaque jour il avoit de nouveaux combats à livrer ou à soutenir; son armée s'affoiblissoit; les hommes qu'il perdoit n'étoient point remplacés; ses trente mille hommes s'étoient réduits à vingt mille. L'armée de Wittgenstein s'étoit presque augmentée du double. Il avoit quarante mille combattans à mettre en ligne, et pouvoit en outre disposer d'un corps de dix mille hommes venus de Finlande, sous les ordres du général Steingel, et destinés à secourir Riga. Ce corps, après avoir aidé la garnison à se dégager des Prussiens, avoit remonté la Dwina, et s'étoit interposé entre Magdonald et le maréchal Saint-Cyr. D'après un plan combiné avec le général Wittgenstein, il devoit prendre l'armée à dos, tandis que le général Euchet attaqueroit de front. L'attaque eut lieu le 18, le jour même où Kutusoff mettoit en déroute l'avant-garde du roi de Naples; mais Steingel n'étant pas près, il n'en résulta qu'un combat sanglant entre Gouvion Saint-Cyr et Wittgenstein. L'un et l'autre y coururent le plus grand risque : le maréchal fut blessé à la jambe; Wittgenstein, enveloppé par un escadron de cavalerie française, eût été prisonnier, si l'on eût fait plus d'attention à lui; mais confondu avec les autres soldats, regardé comme une prise de peu d'importance, il recouvra sa liberté. Les deux armées virent avec admiration le maréchal Gouvion donner, au milieu du combat, des preuves d'une héroïque fermeté. Tout blessé qu'il étoit, il se faisoit porter partout où il y avoit du danger, et donnoit des ordres avec une présence d'esprit au-dessus de tout éloge. Des deux côtés on perdit beaucoup de monde sans aucun avantage pour personne. Le lendemain, les deux armées occupoient leurs positions de la veille; mais le général Steingel venoit d'arriver. Alors le maréchal vit qu'il lui étoit impossible d'engager une nouvelle action, et se décida à la retraite. Pour couvrir son dessein, il fit passer successivement la Dwina à divers régimens, en attendant que la nuit lui prêtât le secours de ses voiles. Mais les soldats ayant mis le feu aux bivouacs qu'ils abandonnoient, l'ennemi accourut, fit pleuvoir une grêle d'obus sur la ville, y mit le feu, et s'y précipita aussitôt; les derniers rangs de palissades l'ayant arrêté, l'arrière-garde disputa les rues pied à pied; l'armée entière passa, rompit les ponts, et se trouva le 20 hors d'atteinte. Ce n'étoit pas assez pour les Français. Le maréchal Gouvion chargea le général bavarois de Wrède de tomber sur Steingel. Celui-ci, surpris tout à coup, est mis dans une déroute complète, et perd dix-huit cents prisonniers.

Dans ces deux combats, les Russes eurent à regretter six officiers-généraux, tués ou blessés : la milice de Pétersbourg eut seule plus de deux mille hommes hors de combat.

La perte des Français fut grande, mais moins considérable. Dans la situation où se trouvoit l'armée de la Dwina, elle ne pouvoit se soutenir qu'avec le secours du duc de Bellune, qui commandoit l'armée de réserve. Buonaparte se reposoit sur cette coopération, et se flattoit même que Wittgenstein seroit bientôt rejeté au-delà du fleuve : il fut trompé dans cette attente comme dans beaucoup d'autres, sans avoir néanmoins de reproche à faire à ses lieutenans.

Si le prince Schwartzemberg, en Wolhinie, et le maréchal Gouvion, sur la Bérésina, eussent pu ruiner les armées ennemies, ils auroient marché au-devant de Napoléon, et favorisé sa retraite; mais depuis l'incendie de Moscou, la fortune sembloit se repentir des faveurs qu'elle lui avoit accordées. Napoléon comptoit beaucoup sur Schwartzemberg, auquel il avoit fait obtenir le grade de feld-maréchal. Ses instructions lui prescrivoient surtout

de contenir l'armée de Wolhinie. « Faites
« en sorte, lui disoit-il dans ses dépêches, que
« les Russes ne viennent pas se porter sur
« moi. » Mais le feld-maréchal avoit probablement d'autres instructions de sa cour. Loin
d'arrêter les Russes, il s'étoit mis en retraite
devant l'amiral Tschischakoff, et s'étoit retiré sur la route de Varsovie, laissant à découvert, par cette manœuvre, celles de Mohilow et de Minshk. Ainsi, les Russes se
trouvoient entre lui et la grande armée; situation toute opposée à celle qu'avoit prescrite
Buonaparte. Ces nouvelles le désespéroient;
car s'il eut quelques momens d'hésitation et
de langueur dans cette campagne, on ne sauroit pour cela méconnoître l'activité prodigieuse qu'il déploya, soit pour diriger, depuis
la Vistule jusqu'à lui, les opérations militaires de tous les corps, soit pour établir des
magasins, assurer les munitions et les vivres
partout où il étoit nécessaire qu'ils se trouvassent. Son âme se dédoubloit en quelque
sorte pour être présente partout; son esprit
étoit infatigable; sa prévoyance infinie; sa
pensée parcouroit, comme une flamme électrique, les espaces les plus éloignés : faculté
admirable, qui ne pouvoit appartenir qu'à un
homme d'un génie supérieur. Souvent même

il se détournoit des objets qui l'occupoient le plus vivement, pour veiller à des soins d'une nature commune. Le roi de Westphalie son frère ayant converti, à Cassel, une église protestante en église catholique, Napoléon écrivit à son ambassadeur Reinhard : « Représen- « tez au roi que rien n'est plus dangereux que « de toucher aux matières de religion ; que « cela ne fait qu'aigrir les peuples. Cassel étant « une ville protestante, il faut y laisser les « protestans tranquilles. » Maximes pleines de sagesse, et dont on sentira davantage aujourd'hui l'importance et le mérite.

On peut juger ce qu'éprouva Napoléon à Smolensk, quand il trouva cette ville dénuée de toutes ressources, et qu'il se vit dans la cruelle nécessité de continuer sa fatale retraite, où de plus grands maux l'attendoient encore.

CHAPITRE VI.

Départ de Smolensk, et incendie de cette ville. Arrivée à Krasnoi. Nouveaux combats. Horrible misère. Organisation de l'escadron sacré. Jonction de l'armée de la Dwina avec les débris de la grande armée. Perte de la brigade du général Partouneaux. Passage désastreux de la Bérésina.

A peine l'arrière-garde de l'armée française étoit-elle entrée dans Smolensk, que déjà les Cosaques, qui la poursuivoient sans relâche, y arrivoient avec elle, et se précipitoient sur les bivouacs établis autour de la place. On rassembla à la hâte ce qu'on put trouver d'hommes armés et de canons en état de servir, et l'on parvint à les écarter; mais le danger se renouveloit à chaque instant, et l'on ne pouvoit manquer de se voir incessamment attaqué par l'armée ennemie toute entière. La seule voie de salut étoit la fuite : cruelle extrémité pour des Français! cependant, on s'y décida. On n'avoit aucun moyen d'enlever les blessés ; on les abandonna. Le maréchal Ney rassembla tous les hommes qui pouvoient encore tenir les rangs, et resta intrépidement à Smolensk pour couvrir la retraite. Il avoit ordre, en quittant cette ville, de la dévaster ; la mine et le feu en firent un amas de décombres. « C'étoit, disoit Napoléon, rendre aux « Russes guerre pour guerre. » Mais les Français n'étoient pas des barbares, et il eût été glorieux pour lui de répondre à des actes de barbarie par des actes d'humanité. Détruire Smolensk, c'étoit envelopper dans ses ruines les Français qu'on y avoit laissés.

En abandonnant cette place, on se trouva dans un état aussi déplorable qu'en y entrant. L'armée s'étoit seulement accrue d'une foule de bouches inutiles, de gens qui fuyoient le ressentiment des Russes, et dont la présence ne servoit qu'à augmenter les embarras de la retraite. L'hiver sévissoit avec de nouvelles rigueurs ; les chemins, âpres et montueux, étoient couverts d'une couche de verglas sur lequel les chevaux se brisoient les jambes ; les équipages ne pouvoient avancer ; les soldats, couverts de haillons, ressembloient plutôt à une horde de mendians qu'à une armée : la garde impériale seule conservoit encore quelque apparence d'un corps militaire. La violence du froid, du vent, de la neige fit perdre, dans la première marche, cinq cents soldats. Leur agonie étoit horrible à voir. Leur visage pâlissoit d'abord, se contractoit ensuite avec d'horribles convulsions; le sang se reportant rapidement à la tête, elle se coloroit d'une rougeur extraordinaire, des larmes de sang couloient de leurs yeux; saisis tout à coup d'un violent étourdissement, ils chanceloient et tomboient pour ne plus se relever. Chaque nuit, le bivouac étoit entouré de cadavres.

Il ne manquoit plus à tant de calamités que le fer des ennemis : on ne tarda pas à le voir briller. Instruits de la marche des Français, ils les devancèrent à Krasnoi, s'emparèrent de cette ville, et vinrent les attendre sur la route. La garde et ce qui restoit d'hommes armés se mirent en bataille, attaquèrent courageusement les Russes, et les firent reculer. Mais, pour arriver à Krasnoi, il falloit marcher dans une gorge étroite dominée par des hauteurs qu'occupoient les Cosaques, et sur lesquelles ils avoient monté des canons à l'aide de leurs traîneaux, qu'ils faisoient mouvoir avec une extrême célérité. On s'avança toujours en combattant, dans cette voie meurtrière, sous une grêle de boulets et de mitraille. Le carnage fut horrible, la victoire disputée avec acharnement; enfin, après des efforts inouïs, les Russes furent vaincus, et l'on arriva à Krasnoi.

Cette petite ville, ruinée pendant le combat, étoit déserte : pas un magasin, nulles provisions : quelques mesures seulement, échappées à la destruction. On bivouaqua sur des cendres et sur de la glace en attendant l'arrière-garde, qui ne paroissoit point. La perte qu'on éprouva dans cette journée fut immense : la jeune garde y périt presque toute entière; plusieurs milliers de prisonniers, des canons, des équipages restèrent entre les mains des ennemis, et les blessés furent laissés sans pitié sur le champ de bataille, sur une terre nue et glacée, où ils attendirent la mort dans des angoisses inexprimables. Le lendemain, nouveau combat, nouveaux désastres. On battit en retraite sans s'occuper davantage de l'arrière-garde : l'ennemi l'attendoit pour la combattre.

Ce fut alors que Napoléon put se former une idée de sa situation, sentir toute la témérité de son ambitieuse entreprise, et se rappeler les sages conseils de ses grands officiers et de ses généraux (1). La garde s'étant mise en

___

(1) A Witepsk, il avoit conféré avec quelques-uns

bataille pour laisser passer en avant ce ramas de braves que le froid, la faim et toutes les rigueurs des élémens avoient dépouillés de leur vigueur, de leurs vêtemens, de leurs armes. Napoléon les vit défiler mornes, silencieux, dévorant intérieurement leur abaissement et leurs souffrances. « Officiers, « généraux, soldats, dit un témoin oculaire, « tous étoient dans le même accoutrement, et « marchoient confondus : l'excès du malheur « avoit fait disparoître tous les rangs (1). »

Chacun de ces guerriers, auparavant si fiers de leurs uniformes, de leurs armes, de leurs décorations, étoit maintenant chargé d'une besace dans laquelle il avoit ramassé un peu de farine, quelques morceaux de galette cuite sous la cendre, tristes restes d'un misérable

---

d'entre eux. MM. de Caulaincourt, Berthier, Daru, Duroc s'exprimèrent avec liberté, et lui prédirent qu'il ne trouveroit la paix ni à Smolensk ni à Moscou, attendu que, pour la faire, il falloit deux volontés, et que l'empereur Alexandre paroissoit disposé à subir toutes les horreurs de la guerre plutôt que de céder. Napoléon n'écouta rien; et l'un de ces généraux ayant insisté, il lui répondit : « Vous êtes né au bivouac, vous « devez y mourir. »

(1) M. Bourgeois.

repas. De petits chevaux russes qu'on appelle *cognas* portoient l'attirail de la cuisine; et quand les provisions manquoient, ils servoient eux-mêmes aux festins de leurs maîtres. « On « n'attendoit pas, dit le même écrivain, qu'ils « eussent rendu le dernier soupir. Dès qu'ils « tomboient, on se jetoit dessus pour en arra- « cher les parties charnues. On a vu de ces « malheureux animaux, disséqués vivans, se « relever, marcher encore, et retomber expi- « rans. On ne pouvoit faire vingt pas sans ren- « contrer de ces cadavres de chevaux autour « desquels étoient des groupes d'affamés occu- « pés à en arracher des lambeaux. »

La décomposition générale de l'armée avoit donné naissance à une multitude de sociétés particulières qui, se détachant de la masse commune, avoient réuni leurs intérêts individuels, et s'étoient constituées en familles isolées, étrangères à la grande. Là, tout étoit commun : la besace, la batterie de cuisine, le cogna et le peu de provisions qu'on pouvoit se procurer. Ainsi peut-être commencèrent les sociétés primitives. Plus de lien de patrie, de parenté, d'hospitalité : tout individu étranger à ces communautés étoit impitoyablement repoussé; mais le patriotisme renaissoit, quand il étoit nécessaire et possible de combattre. Il ne faut point passer ici sous silence un fait d'armes égal à ce que les Romains ont à produire de plus héroïque.

Avant d'entrer à Krasnoi, le prince Eugène avoit couru le plus grand danger. Son armée marchoit lentement, mais sans être inquiétée, lorsque tout à coup une terreur panique se répandit autour de lui. Il regarda, et vit le général Miloradowitch près de l'envelopper, et se croyant déjà tellement sûr du succès, qu'il lui envoya un perlementaire russe le sommer de se rendre. Eugène avoit devancé d'une heure son corps d'armée : il n'avoit autour de lui que douze ou quinze cents hommes; mais un cri d'indignation retentit parmi ces braves: « Allez, s'écrie le général Guyon, « dire à ceux qui vous ont envoyé que s'ils « ont vingt mille hommes, nous en avons qua- « tre-vingt mille. » Le parlementaire se retira, mais déjà toutes les collines étoient couvertes d'ennemis.

En ce moment de crise, le général Guilleminot appelle les officiers. Ils sortent de la foule, ils l'entourent, se concertent ensemble, le proclament leur chef, et marchent à l'ennemi, résolus à se faire jour à travers les Russes, ou à périr. Le vice-roi court se mettre à la tête de son armée. Les Russes sont partout ; les quinze cents braves, séparés du corps principal, se jettent au milieu de l'ennemi, et, comme les trois cents Spartiates, sont décidés à consommer un glorieux sacrifice. « Peu de ces infortunés, dit M. de Ségur, revirent le prince Eugène : ceux qui eurent ce bonheur marchoient en peloton serré, jusqu'à ce qu'ils aperçussent leurs divisions ; alors seulement ils se séparèrent pour s'y précipiter. »

Le prince Eugène n'avoit que quatre à cinq mille hommes, restes débiles de quarante-deux mille ; il étoit assailli de toutes parts, écrasé par la mitraille et les boulets ; les Russes occupoient une hauteur d'où il paroissoit impossible de les débusquer : il propose néanmoins à ses soldats d'enlever la position. Trois cent d'entre eux seulement répondent à son appel : trois cents hommes contre des milliers ! Ils montent avec intrépidité ; ils opposent au feu de l'ennemi celui d'une batterie italienne ; elle est brisée, et la cavalerie russe s'en empare : rien ne les décourage ; ils poursuivent intrépidement leur audacieuse entreprise, et déjà ils atteignoient l'ennemi, lorsque, des bois voisins, débouchèrent au galop deux masses de cavalerie qui fondirent sur eux et les massacrèrent. Ces braves périrent tous : pas un n'eut le bonheur de revoir ses camarades et sa patrie, et leur nom n'a été inscrit sub' aucun monument de gloire. Le prince Eugène continuoit de se battre; la nuit survint, on marcha en silence; et lorsque le lendemain Miloradowitch descendit de ses hauteurs pour achever la défaite des Français, ils étoient à Krasnoï.

Tandis que Napoléon s'arrêtoit dans cette ville, sa pensée se reportoit en arrière. Le maréchal Davoust n'arrivoit pas, on n'avoit aucune nouvelle de l'arrière-garde, que commandoit Ney; pour occuper l'ennemi et gagner du temps, Napoléon fit faire, pendant la nuit, une charge de la jeune garde; le général Roguet la commandoit. L'action fut vive, heureuse, et aussi brillante qu'on pouvoit l'attendre. Les Russes ne revenoient pas de leur surprise en se voyant attaqués. Ce succès fit gagner un jour à Napoléon. Mais les forces ennemies se réunissoient de toutes parts; l'orage grossissoit d'heure en heure; Napoléon ne dissimuloit qu'avec peine les cruels soucis dont il étoit dévoré. *Fuir!* ce mot révoltoit son cœur altier. Le 17 novembre, il prend son épée : « *J'ai*, dit-il, *assez fait l'empereur :* « *il est temps que je fasse le général* (1). » Il

___
(1) M. de Ségur.

se met à la tête de sa garde, réunit tout ce qu'on peut trouver encore de soldats valides et armés, et forme la résolution de marcher avec huit mille hommes contre quatre-vingt mille. Qui le croiroit? le nom de Buonaparté, du vainqueur de l'Italie, de l'Egypte, de l'Europe entière frappe l'armée russe d'une sorte de stupéfaction : elle reste immobile, elle n'ose aborder de près le héros d'Austerlitz et de Friedland; mais son artillerie fait de larges brèches dans ce qui reste de la jeune garde. Cette troupe héroïque, peu accoutumée au feu, souffre sans reculer; elle marche pendant trois heures sans faire un mouvement pour éviter la grêle de boulets qui la foudroie : Napoléon lui-même est sous le feu du canon. On apprend en ce moment que le corps de Davoust arrive à Krasnoi, mais dans une dissolution presque totale. L'empereur appelle le maréchal Mortier, lui serre la main, et lui dit avec l'accent de la plus vive émotion : « Il « ne reste pas une minute à perdre : retournez « à Krasnoi; réunissez-vous à Davoust et à « Claparède, qui défend cette place; tâchez « d'y tenir jusqu'à la nuit, et venez ensuite me « rejoindre. » Mortier obéit; et tandis que le général Roguet se bat à outrance, il marche au pas avec trois mille hommes qui lui restent, étonne l'ennemi par tant de résolution, arrive à Krasnoï, où le maréchal Davoust étoit aux prises avec les Russes. Le lendemain, après avoir ainsi rempli les ordres de son empereur, il reprend sa marche.

Dans quel état étoit cet empereur, si occupé de son propre salut? Il marchoit aussi à pied, tenant un bâton à la main; son attitude étoit triste et pensive; il s'arrêtoit souvent, l'esprit préoccupé du sort de son arrière-garde et des malheurs dont l'armée entière étoit menacée. On venoit de passer Liadi; le soir, on arriva à Dombrouna : ces deux villes n'avoient point été dévastées. Elles offroient des asiles, des maisons, une population qui ne fuyoit point, et dont on entendoit le langage; mais nuls magasins, nulles provisions. On ignoroit là, comme à Smolensk, la marche rétrograde de l'armée et les infortunes de Moscou : on n'y avoit entendu parler que de victoires. Orcha, où l'on arriva ensuite, n'étoit pas mieux informée. Napoléon s'y arrêta, toujours inquiet de son arrière-garde, et non moins alarmé pour lui-même. Cependant, quelque pénible que fût sa situation, le sort lui préparoit de nouveaux sujets de douleur et de consternation.

Un officier polonais arrive en ce moment,

avec la funeste nouvelle que Minsk étoit au pouvoir de Tschitchakoff, qu'il y étoit entré deux jours auparavant. Napoléon resta d'abord interdit, immobile, puis, sortant de ce premier mouvement de douleur et d'accablement : « Eh bien ! dit-il, nous nous ferons « jour avec nos baïonnettes; » et aussitôt il expédie partout des ordres pour passer la Bérésina à Borisow.

On avoit enfin des nouvelles du maréchal Ney. Le nom de ce guerrier, dont la fin a été si tragique, vivra éternellement dans les annales de la gloire militaire. En prenant le commandement de l'arrière-garde, il ne s'étoit pas dissimulé le sacrifice que lui imposoit Napoléon : il s'agissoit de sauver l'armée à quelque prix que ce fût, d'attirer sur lui-même toutes les forces de l'ennemi, et de périr pour les autres ; mais il montra que son courage et son habileté n'étoient point au-dessous des circonstances. Il ne se laissa intimider ni par la supériorité de l'ennemi ni par les rigueurs du ciel, et développa, dans les périls les plus imminens, une telle énergie, une vaillance si héroïque, il manœuvra avec tant d'art, dissimula ses marches avec tant d'habileté, qu'il parvint à déconcerter les Russes et à passer le Borysthène sur les ponts de glace que l'hiver y avoit jetés. Mais ce ne fut pas sans des pertes énormes. Une partie de son corps d'armée, désolée par la faim, la soif, saisie par le froid, tomba entre les mains de l'ennemi. On eut à regretter, parmi les morts et les blessés, un grand nombre d'officiers courageux. Six mille prisonniers et tout le matériel de l'armée devinrent la proie des Russes : lui-même courut le plus grand danger, et n'y échappa qu'en se jetant dans les bois, où il erra sans autre guide que son courage et sa présence d'esprit.

Un cri de joie s'éleva dans l'armée quand on vit, contre toute attente, reparoître le chef indestructible de tant de phalanges mutilées. Instruit de son retour, le prince Eugène courut au-devant de lui. Les deux guerriers se serrèrent mutuellement dans leurs bras, Eugène, versant des larmes d'attendrissement, Ney, le cœur rempli de ressentiment contre Davoust, qu'il accusoit de l'avoir abandonné (1).

Ainsi, tout se trouvoit réuni : le prince Eugène, le maréchal Davoust et le maréchal Ney; mais le premier avec dix-huit cents soldats, reste de quarante-deux mille; le second avec quatre mille, reste de soixante-dix, et Ney

---

(1) Le général Philippe de Ségur.

presque seul. Davoust avoit tout perdu, jusqu'à son propre linge; exténué de fatigue et de faim, il se jeta sur un morceau de pain, qu'il dévora. Napoléon, en entrant dans Orcha, n'avoit plus que six mille gardes. Cependant il prétendit réorganiser l'armée, et fit proclamer que chacun rentrât dans les rangs, sous peine de la vie pour le soldat, et de la perte des grades pour les officiers. Mais il étoit une puissance supérieure à la sienne, puissance qui commande et n'obéit pas : c'est la nécessité. Napoléon n'avoit à donner ni pain, ni habits, ni armes. Personne ne respecta son décret; et lui-même ne voyant plus de salut d'aucun côté, brûla de ses propres mains ceux de ses effets qui pouvoient servir de trophées à l'ennemi (1). Il livra également aux flammes les notes que, dans des temps meilleurs, il avoit réunies pour servir à son histoire. Orcha s'étoit offerte, comme toutes les autres villes, sans magasins, sans munitions. Les maladies y firent des progrès effrayans, et particulièrement cette fièvre nerveuse qui, sous le nom

---

(1) Toutefois, il conserva encore sa couronne, son sceptre, son manteau impérial, qui tombèrent plus tard entre les mains des Russes, et dont un Cosaque se fit une bizarre mascarade en entrant à Wilna.

de *typhus*, a causé depuis tant de ravages. On entassa les malheureux qui en étoient atteints dans les maisons de la ville, et on les y laissa.

Napoléon, accablé par le malheur, flottoit entre mille pensées diverses. Il délibéra un moment s'il ne se réuniroit point au duc de Bellune, à l'armée de la Duna, et dont le maréchal Oudinot avoit repris le commandement, pour tomber avec toutes ses forces sur Wittgenstein ; mais les généraux Jomini et Dodde l'en détournèrent, et l'on ne songea plus qu'à gagner le plus promptement possible les rives fatales de la Bérésina. Napoléon avoit calculé que le maréchal duc de Reggio pourroit entrer à Borisow le 25 novembre, et lui assurer le passage sur le pont de cette place. Mais Tschitchagoff s'étoit, par une marche rapide, présenté le 21 devant cette place, et s'en étoit emparé. Son avant-garde, commandée par le général Lambert, étoit déjà sur l'autre rive. Cette nouvelle frappa Napoléon de la plus profonde consternation ; et si l'on s'en rapporte à l'autorité d'un de ses valets de chambre, il perdit connoissance. Mais ni le maréchal Berthier ni ses aides-de-camp n'eurent connoissance de cet évanouissement, et n'aperçurent, dans les traits, le langage et les déterminations de l'empereur, aucune trace de foiblesse. Sa situation n'en n'étoit pas moins désespérante : il falloit ou reprendre Borisow, ou chercher un autre passage. Le maréchal Oudinot offrit de relancer le général Lambert. Il l'attaqua, l'enfonça, le força de se jeter précipitamment dans la place, et de l'évacuer. Lambert étoit Français. C'étoient deux guerriers également braves, combattant pour deux causes bien différentes. Malheureusement, Lambert eut le temps de rompre et d'incendier les ponts, et Borisow n'offrit aucun moyen de passage. On fut donc obligé d'en chercher un autre. Le général Corbineau avoit eu le bonheur d'en découvrir un sur un point praticable, à Studianka. Il en donna avis à Napoléon, qui s'y porta de sa personne pour donner ses ordres. On se hâta d'y construire deux ponts. On avoit peu de ressources ; car Buonaparte, comptant sur le passage de Borisow, avoit fait brûler à Orcha tous les équipages de pont, pour en attacher les chevaux à l'artillerie. On travailla néanmoins avec ardeur. Mais comme le fond étoit vaseux, au premier essai, les piles fléchirent, et l'on vit alors les pontonniers, le corps du génie, officiers, soldats, entrer dans l'eau glacée jusqu'à la ceinture, les uns pour diriger, les autres pour exécuter les travaux : héroïsme plus grand peut-être que celui qu'ils avoient déployé dans les combats; car ici la mort étoit à peu près certaine, et c'étoit pour le salut public que ces braves se dévouoient. La plupart périrent; mais le pont fut rétabli, et l'on ne songea plus qu'à passer. Oudinot, vainqueur, étoit à Borisow. Il reçut ordre de quitter cette place, et de venir effectuer son passage, en laissant, pour garder la ville, la division du général Partouneaux. Le 26 novembre, on commença à défiler. Les maréchaux Oudinot, Ney et Mortier passèrent les premiers; le duc de Bellune resta à Studianca pour protéger et couvrir la retraite. Napoléon effectua la sienne le 27 novembre.

Depuis quelques jours, l'on n'entendoit parler ni de Wittgenstein, que le duc de Bellune attendoit, ni de Tschitchagoff, qui devoit se trouver sur la rive opposée, ni de Kutusow, que les pertes immenses de son armée, la mortalité des hommes et des chevaux obligeoient de modérer la marche. Napoléon auroit voulu qu'on profitât de cette occasion pour lancer sur l'autre bord cette multitude désarmée qui obstruoit les routes, les défilés, les ponts; mais tant qu'elle le vit présent, elle se crut tellement en sûreté, qu'elle s'occupa à peine des dangers qui la menaçoient. Cependant ils devenoient pressans : les trois généraux russes marchoient pour agir simultanément. En effet, le 28 novembre, ils se montrèrent tout à coup, le canon gronda sur les deux rives, et deux batailles s'engagèrent à la fois. Ici, c'est Wittgenstein attaquant le duc de Bellune; là, c'est Oudinot se mesurant avec Tschitchagoff. Au premier bruit de l'artillerie, Napoléon monta à cheval, et courut au duc de Reggio, qui venoit d'être blessé. Il donna le commandement au duc d'Elchingen, qui marcha à l'ennemi, soutenu des intrépides Polonais (car, au milieu de tous nos désastres, sans espoir désormais de recouvrer leur indépendance, ces fidèles et braves guerriers ne prêtoient pas moins aux Français leur cœur et leur épée). L'armée de Tschitchagoff fut promptement mise en déroute, et laissa dix-huit cents prisonniers. Sur l'autre rive, Wittgenstein étoit parvenu à établir une batterie, qui foudroyoit le pont. Mais le duc de Bellune fondit promptement sur lui, et, quoiqu'il n'eût que six mille soldats, il enfonça son ennemi, qui en avoit trente mille, fit taire la batterie, et garda intrépidement sa position pour achever de couvrir le passage. Napoléon, qui s'étoit plaint de l'indécision et des lenteurs de ce général, ne put, en apprenant ce qu'il venoit de faire, s'empêcher de jeter un cri d'admiration.

Il ne manquoit plus, pour transporter l'armée toute entière sur l'autre rive, que la division Partouneaux. On savoit qu'elle avoit quitté Borisow : une de ses brigades étoit arrivée à Studianca; mais qu'étoit-il devenu lui? on l'ignoroit complètement : aucune nouvelle n'en arrivoit au duc de Bellune. On se décida, avec le plus grand regret, à terminer le passage sans l'attendre. On apprit bientôt que, s'étant égaré pendant la nuit, il étoit tombé au milieu de l'armée ennemie, et qu'enveloppé de toutes parts sans pouvoir se défendre, il avoit été obligé de capituler. Il laissoit entre les mains des Russes sa personne, ses soldats, ses équipages et son artillerie toute entière. Napoléon en ressentit une douleur profonde : mais l'humanité alloit avoir bien d'autres désastres à pleurer.

Dès que cette multitude d'hommes isolés, de femmes, de vivandiers qui avoient négligé le passage tant que Napoléon étoit sur la même rive qu'eux; dès qu'ils le virent, dis-je, sur le bord opposé, alors, comme s'il étoit lui seul leur fortune et leur providence, ils se précipitèrent en foule sur le pont. Les équipages, les fourgons, les voitures de tous les genres, les hommes à pied, tous vouloient passer à la fois. Le désordre et la confusion devinrent extrêmes; on se pressoit, on se poussoit, on se renversoit; les voitures écrasoient tout ce qui se trouvoit sur leur passage; des cris horribles, arrachés par la douleur, la colère, le désespoir, retentissoient dans les airs. Mais lorsque le duc de Bellune, aux prises avec l'armée ennemie, se rapprocha du fleuve, alors la terreur fut portée au comble. Les gendarmes préposés à la garde du pont furent renversés; et la batterie russe ayant tiré en même temps, la frayeur devint désespoir, et le désespoir rage. Les uns, le sabre à la main, s'ouvrent une route sanglante à travers la multitude; les autres précipitent dans la rivière ou foulent sous leurs pieds ceux qui les précèdent; les voitures s'encombrent, se heurtent, se brisent; les chevaux s'abattent; les piétons sont écrasés, broyés sous les roues; des femmes, tombées dans le fleuve avec leurs enfans, tendent en vain au milieu des glaces des bras supplians, implorant la miséricorde des hommes : plus de miséricorde; elles meurent ou saisies par le froid ou entraînées par les glaçons; car, pour comble de malheur, la température étoit devenue humide, et la rivière n'étoit pas entièrement gelée.

Au milieu de cet affreux désordre, le pont de l'artillerie se rompt, et s'enfonce; la colonne engagée sur ce point recule, mais elle est repoussée avec violence par la colonne suivante, et, ne pouvant en soutenir l'effort, s'engloutit dans les eaux. Alors, ceux qui se sont portés sur ce point se précipitent dans le fleuve, et cherchent à gagner à la nage les bords opposés : la plupart périssent; la foule se reporte sur le pont de l'infanterie; mais en ce moment l'arrière-garde de l'armée, pressée par les Russes, commence sa retraite, fend la multitude, l'écarte pour se faire jour, et, par sa précipitation, accroît l'épouvante et le désespoir. Les hommes se battent avec fureur, et s'entretuent pour éviter la mort : ce n'est plus que meurtre et carnage. Pour comble de désastre, à la vue des Russes, on met le feu au pont. Quelle plume pourroit décrire l'horreur de ces derniers momens, les lamentations, les hurlemens, les imprécations des malheureux qui tendent les bras vers la rive hospitalière sans pouvoir y atteindre! Les plus furieux affrontent les flammes mêmes, s'y précipitent, et courent chercher un affreux trépas.

Que devinrent alors ces trophées enlevés à Moscou, cette croix sainte du Kremlin, ces images sacrées ravies au respect et à la superstition des Russes, ces armures antiques arrachées aux palais des czars ? Tout fut précipité dans les eaux fangeuses et sanglantes de la Bérésina, et s'y engloutit avec les victimes de cette fatale journée. O vaine fumée de la gloire militaire ! à quel prix tu vends tes lauriers ! Dans cet affreux passage, plus de six mille individus perdirent la vie par divers genres de supplices, ou expirèrent sur la neige, dans les eaux, sur la glace, mutilés et ensanglantés; près de vingt mille restèrent prisonniers; une immense quantité de canons, d'équipages chargés de richesses s'enfoncèrent dans les eaux et la boue, ou devinrent la proie du peuple auquel on les avoit ravis. Tel fut le désastreux passage de la Bérésina; évènement horrible, dont l'histoire tracera le récit en caractères de sang!

CHAPITRE VII.

Suite de la retraite. Souffrances horribles de l'armée. Évasion de Buonaparte. Arrivée à Wilna. Départ des débris de l'armée française. Nouveaux combats. Arrivée à Kœnigsberg, à Dantzick.

On étoit à quatre-vingts lieues de Wilna. Peu de jours après le passage, l'hiver s'arma de toutes ses rigueurs : dans les premiers jours de décembre, le thermomètre de Réaumur descendit de 27 à 28 degrés au-dessous de la glace. La mortalité devint encore plus effrayante qu'auparavant. Les malheureux débris de l'armée demandoient en vain au Ciel du pain, un abri; le Ciel étoit sans pitié pour leurs cris. On marchoit sur une vaste étendue de marais coupés par des ponts de bois de plus de quatre cents pieds de large, que l'ennemi n'avoit pas eu le temps de détruire : de chaque côté étoient des fossés profonds, dont les bords étoient sans aucune défense. On marchoit sur cette route périlleuse avec le même désordre, la même confusion que sur le pont de la Bérésina. Plusieurs malheureux, poussés par la foule, tombèrent dans ces fossés, et y périrent; d'autres, croyant les glaces assez fortes pour les soutenir, s'y engagèrent imprudemment, et y trouvèrent la mort. L'excès du froid moissonnoit les plus foibles; la route étoit tracée par la multitude des cadavres.

Après le passage des marais, on se trouva dans un pays hérissé de montagnes et de bois, où la route étoit plus ou moins resserrée. A peine arrivoit-on dans un défilé, que la foule s'y précipitoit avec fureur, et renouveloit tous les désastres dont on venoit d'être les témoins. L'armée de la Dwina, le corps du duc de Bellune s'étoient dissous comme les autres; les armes tomboient des bras glacés qui les portoient; la route étoit jonchée de cadavres d'hommes et de chevaux, et l'on abandonnoit à chaque instant les canons, les caissons, les équipages; l'escadron sacré n'existoit plus. Si l'on trouvoit quelques cabanes, elles étoient aussitôt démolies pour allumer le feu des bivouacs; on en chassoit les officiers qui les occupoient; et lorsque les bivouacs s'éteignoient, on ne trouvoit plus, le lendemain, que les restes glacés de ceux qui les avoient allumés. Les plus hideux haillons étoient recherchés comme des vêtemens précieux ; et quand un malheureux tomboit, on n'attendoit pas son dernier soupir pour le dépouiller ; ses camarades accumuloient sur leurs épaules les misérables lambeaux dont il étoit couvert. Les pieds, les mains, le nez, les oreilles geloient (1) ; un sombre désespoir glaçoit presque toutes les âmes. Plusieurs malheureux refusèrent d'avancer, et aimèrent mieux périr où ils étoient que d'attendre la mort plus long-temps ; d'autres tombèrent dans un état complet d'hébétation ; leurs regards stupides ne se fixoient sur aucun objet ; leurs sens sembloient abolis ; leur langue restoit glacée ; ils étoient insensibles aux exhortations, aux reproches, aux coups même. A l'apparition de quelques Cosaques, ou seulement de quelques paysans armés de bâtons, une terreur panique saisissoit cette troupe imbécille ; cent de ces idiots se seroient laissés prendre et emmener sans résistance par quelques-uns de ces sauvages. Cependant, l'armée ennemie, presque aussi harrassée que les Français, avoit ralenti sa poursuite ; mais la perte de ses soldats et de ses chevaux étoit

―――――――――――――――――――

(1) M. de Salgues, lieutenant-colonel d'artillerie, est revenu avec un seul doigt, reste de ses dix.

moindre, et Kutusow comptoit encore quarante mille hommes en corps d'armée. Au milieu de cet inexprimable désastre, la garde impériale, s'élevant au-dessus de toutes les misères, conservoit son rang, ses aigles, son aspect militaire. Napoléon marchoit à la tête des grenadiers, au milieu d'un nombreux état-major, couvert d'une pelisse, la tête chargée d'un bonnet à la polonaise; son embonpoint étoit le même; sa figure ne portoit aucun signe ni d'abattement ni d'altération. On vit quelquefois des larmes de pitié couler des yeux des autres généraux; jamais une seule ne s'échappa des siens; tout occupé de lui-même, de sa renommée, de ses intérêts politiques, il ne paroissoit alors faire aucune attention aux maux innombrables qui l'entouroient. Les nouvelles de nos désastres alloient bientôt se répandre dans toute l'Europe : cette pensée l'occupoit fortement. Il vouloit prévenir les impressions qu'on en recevroit. Il expédia des dépêches au duc de Bassano, pour convenir de la rédaction des bulletins. Il chargea le capitaine Anatole de Montesquiou, qui s'étoit distingué dans plusieurs occasions, de porter en France des nouvelles préparatoires. Il ordonna le renvoi du corps diplomatique, qui siégeoit à Varsovie. Il fit adresser des instructions à ses ambassadeurs de Vienne et de Berlin.

A mesure qu'on avançoit, la terre sur laquelle on marchoit devenoit moins inhospitalière : on y trouvoit quelque soulagement, des vivres, des abris ; mais l'âpreté du froid ne diminuoit pas, et le thermomètre descendit jusqu'à 30 degrés. Alors, la mortalité devint plus effrayante que jamais : tout homme, tout animal qui s'arrêtoit étoit mort ; les forces vitales cessant de réagir contre l'air environnant, la mort fut inévitable.

Les officiers-généraux eux-mêmes, malgré les précautions qu'ils prenoient, ne pouvoient plus soutenir l'excès des maux auxquels on étoit en proie. Peu de jours après le passage de la Bérésina, le général Mathieu Dumas, intendant-général de l'armée, fut obligé de renoncer aux travaux de l'administration.

Deux villes, entre la Bérésina et Wilna, pouvoient offrir quelque espoir de repos aux débris de l'armée, Molodotechno et Smorghoui. On trouva dans la première vingt estafettes qui s'y étoient accumulées. Les lettres dont elles étoient chargées étoient du 1er au 19 novembre ; elles indiquoient des inquiétudes vagues à Paris, et un vif désir de connoître clairement la situation des affaires.

Napoléon, jusqu'alors, avoit enrichi ses bulletins des récits les plus pompeux sur ses victoires et sa conquête de Moscou. Il avoit recommandé au duc de Bassano de dissimuler soigneusement les pertes de l'armée et ses misères. On lisoit, dans le vingt-sixième bulletin, que la température, douce et sèche, facilitoit les mouvemens de l'armée; que sa marche, depuis Moscou, cachoit des desseins qui ne devoient pas être devinés. On parloit avec mystère de Pétersbourg, comme si cette capitale étoit secrètement menacée; on ne faisoit point, disoit-on, une retraite : on exécutoit un mouvement latéral dont l'objet seroit bientôt connu. On assuroit que le nombre des malades et des blessés étoit extrêmement petit. On lisoit dans le vingt-septième bulletin : « Le temps est superbe, les che-
« mins sont beaux : c'est le reste de l'automne.
« Ce temps durera encore huit jours, et à
« cette époque nous serons rendus dans nos
« nouvelles positions. L'ancienne infanterie
« russe est détruite; l'armée russe n'a de con-
« sistance que par les nombreux renforts de
« Cosaques récemment arrivés du Don. » Le vingt-huitième bulletin, daté de Smolensk, le 11 novembre, annonçoit encore que le temps avoit été superbe jusqu'au 6; mais on

convenoit que depuis le 7, les chemins étoient devenus très-glissans, le ciel froid et neigeux, et qu'on avoit perdu plus de trois mille chevaux de trait; mais on ne parloit point de ceux de la cavalerie; on ne disoit pas un mot des blessés, des malades qu'on abandonnoit sur les routes, ni de la famine qui désoloit l'armée.

Malgré ces vains mensonges, des nouvelles funestes commençoient à circuler dans la capitale. A mesure que l'armée avançoit, les témoins de son horrible destruction se multiplioient; la renommée en portoit au loin la triste nouvelle; il n'étoit plus possible de substituer la fable à la vérité, et de donner comme l'effet d'une tactique savante et de conceptions profondes, la fuite rapide et la misère effroyable de l'armée. On approchoit de Wilna, et cette ville alloit contempler avec effroi le plus épouvantable des spectacles. Alors Napoléon comprit qu'il falloit lever le voile sanglant qui couvroit tant de plaies. Il se résigna à dire la vérité, et fit composer ce vingt-neuvième bulletin, qui vint dessiller les yeux des plus aveugles, et semer tant de terreurs dans la capitale. Mme de Staël a dit que Napoléon aimoit tant les émotions fortes, que ne pouvant cacher ses revers, il les avoit exagérés. Non, il ne les avoit point exagérés : s'il avoua d'affreuses vérités, il en cacha de plus affreuses encore; on y trouve à peine un mot sur le passage de la Bérésina, et l'on garde un profond silence sur les horreurs dont les bords de cette funeste rivière ont été les témoins. Mais ce qui frappe surtout, c'est le sang-froid et l'indifférence barbare avec lesquels on rend compte des plus tristes détails de cette catastrophe inconnue dans l'histoire des nations civilisées. C'est surtout la phrase qui termine le plus douloureux des récits : *L'empereur ne s'est jamais mieux porté :* comme si la bonne santé de l'empereur étoit une compensation suffisante de la mort de deux cent mille hommes, et des tourmens inouïs dans lesquels ils avoient expiré! comme si Napoléon étoit tellement supérieur aux foiblesses de l'humanité, que les plus affreux désastres ne pussent affliger une âme aussi forte que la sienne!

Ce bulletin fut le dernier de l'armée, mais les maux qu'il contenoit n'étoient pas les derniers qu'elle eût à éprouver. Plus on approchoit de Wilna, plus l'hiver sembloit exalter ses rigueurs. « La main, dit un témoin ocu-
« laire (1), geloit sur le fer, les larmes se gla-

---

(1) M. Fain, *Manuscrit de 1812.*

« çoient sur les joues. — Nous étions tous,
« dit le célèbre chirurgien Larrey, dans un
« tel état de stupeur, que nous avions peine à
« nous reconnoître les uns les autres. L'or-
« gane de la vie et les forces musculaires
« étoient tellement affoiblis, qu'il étoit très-
« difficile de suivre sa direction et de conser-
« ver l'équilibre. La mort étoit devancée par
« la pâleur du visage, par une sorte d'idio-
« tisme, par la foiblesse de la vue et la diffi-
« culté de parler. »

Au milieu de tant d'angoisses, au milieu des épreuves insurmontables dont la fortune sembloit se plaire à accabler Napoléon, quel parti lui restoit-il à prendre? mourir avec ses soldats? c'eût été un dévouement héroïque. Mais il aimoit la vie, il le disoit souvent, et l'a prouvé depuis. Il vouloit régner; il vouloit surtout, ou devancer son vingt-neuvième bulletin, ou reparoître dans la capitale avec lui, pour atténuer l'impression qu'il devoit produire. Son âme étoit intérieurement agitée. Il savoit que, dès le mois de mars, la Russie et la Suède avoient signé un traité d'alliance; que, depuis, le prince royal et l'empereur Alexandre avoient eu une entrevue à Abo; que Bernadotte devoit bientôt se montrer à la tête d'une armée de trente mille hommes. Il craignoit de voir à la tête d'une confédération du Nord, un capitaine digne de se mesurer avec lui. Il n'ignoroit même pas que le nom de Moreau y avoit été prononcé, et qu'on avoit proposé son rappel. Rien ne lui répondoit qu'une nouvelle conjuration, mieux ourdie que celle de Mallet, ne fît tomber de sa tête une couronne que la victoire seule pouvoit lui conserver. Il avoit laissé à Paris Masséna, Fouché et Talleyrand frappés d'une imprudente disgrâce, et ces hommes pouvoient à leur tour lui rendre disgrâce pour disgrâce. Les signes précurseurs d'une défection prochaine des Prussiens et des Autrichiens augmentoient encore ses inquiétudes.

Assiégé par ces pensées, il résolut de quitter son armée, et de gagner précipitamment sa capitale. Le 5 décembre, il arriva à Smorghoui, y rassembla ses conseillers et ses généraux les plus affidés, leur traça un tableau énergique et rapide des évènemens de la campagne, en rassembla les traits les plus remarquables, et après s'être plaint de la fortune et des élémens, ne leur dissimula pas ses inquiétudes sur les dispositions de ses alliés, leur dit ce mot remarquable : *Si j'étois un Bourbon, je n'aurois rien à craindre*, et s'efforça de leur démontrer qu'il ne pouvoit trop se presser de reprendre une attitude menaçante, et finit en leur disant : « Je vous « quitte, mais pour vous rejoindre avec trois « cent mille hommes! Il faut bien se mettre « en mesure de soutenir une seconde cam- « pagne, puisque, pour la première fois, une « campagne n'a pas achevé la guerre. »

Il soupa avec eux, les loua de leurs belles actions, laissa le commandement de l'armée au roi de Naples, et partit à dix heures du soir, avec le grand-maréchal du palais Duroc, le grand-écuyer Caulaincourt, et le comte de Lobau. Il eut d'abord pour escorte des Polonais; un corps de Napolitains vint ensuite de Wilna au-devant de lui. Mais dans la nuit même du départ de Napoléon, les rigueurs du froid devinrent excessives, et ces malheureux soldats périrent tous jusqu'au dernier.

Tant que l'empereur avoit marché à la tête de l'armée, partageant ses fatigues et l'inclémence du ciel, elle avoit conservé pour lui le respect qu'elle devoit au guerrier supérieur qui l'avoit conduite tant de fois à la victoire; elle avoit subi ses maux avec une silencieuse résignation, nul murmure ne s'étoit élevé contre lui; elle le regardoit encore comme la seule ancre de salut dans ce vaste naufrage.

Mais quand la nouvelle de son départ se fut répandue, que le prestige qui l'environnoit se fut évanoui, alors il s'éleva de toutes parts un cri d'indignation; ce ne fut plus qu'un concert de malédictions. « Il fuit donc, le brigand ! « s'écrioit-on de toutes parts; le lâche nous « abandonne ! Il ne songe plus qu'à mettre « ses jours en sûreté ! Que lui importent les « nôtres ? Il fuit, le traître, comme il a fait « en Egypte. A-t-il donné une larme à nos « douleurs ? le moindre signe de pitié à la vue « des cadavres des cent cinquante mille bra- « ves que le fer de l'ennemi, les tourmens de « la soif, de la faim, du froid ont fait périr « dans les régions de glace où il nous a en- « traînés ? L'honneur, la gloire, la fortune, « l'éclat du trône sont pour lui; il nous laisse « les combats, les blessures, la misère et la « mort. »

Dans l'excès de sa haine et de son ressentiment, le soldat se considéra comme sans chef, sans discipline et sans devoir.

La garde impériale, qui jusqu'alors s'étoit tenue sous les armes, se dispersa, et se confondit avec la foule. Le roi de Naples, mécontent du fardeau qu'on venoit de lui imposer, ne voyant rien à diriger, ne dirigea rien. Les généraux s'empressèrent peu de lui témoigner leur déférence; un d'entre eux refusa de lui obéir. Alors il laissa tout aller, et l'anarchie devint irrémédiable.

Cependant, depuis le 29 novembre, de nombreuses actions et de glorieux faits d'armes avoient encore, au milieu de tant de désastres, illustré la valeur française. Le maréchal Ney, le général Maison s'étoient signalés par des actes d'une résolution héroïque; ils avoient, avec quelques hommes, bravé des milliers d'ennemis. Mais dans ces combats, dignes de la valeur antique des Spartiates et des Romains, le petit nombre d'officiers et de soldats intrépides qui les soutenoient, périssoit presque tout entier. C'étoit, suivant la belle expression d'un ancien, une année qui perdoit son printemps. Les braves tomboient sous la faux de l'hiver comme les feuilles des arbres qui se répandent sur la terre. Ces associations fraternelles qui s'étoient formées contre le malheur, se désunirent; la rage de la faim transforma des hommes en animaux farouches, et l'instinct brutal de la conservation éteignit tout sentiment d'humanité. On ne se connoissoit plus; le plus fort dépouilloit le plus foible; de braves soldats s'étoient transformés en brigands. Les scènes d'horreur se multiplioient tous les jours. On vit de

malheureux blessés se traîner, sur leurs membres mutilés, vers le cadavre d'un cheval, pour en arracher quelque lambeau de chair, et le dévorer; une femme s'étoit plongée dans l'intérieur d'un de ces cadavres, pour en détacher le foie et les poumons : cet horrible spectacle devint bientôt commun. « Lorsqu'un
« cheval tomboit, dit M. de Ségur, vous eus-
« siez cru voir une meute affamée : ils l'envi-
« ronnoient, ils le déchiroient par lambeaux
« qu'ils se disputoient entre eux, comme des
« chiens dévorans. » Faut-il ajouter que, dans les tourmens d'une faim insurmontable, on se jeta sur de la chair humaine ? c'est encore M. de Ségur qui nous l'apprend. « A Joupranoï, dit-
« il, des soldats brûlèrent des maisons debout
« et tout entières, pour se chauffer quelques
« instans. La lueur de ces incendies attira des
« malheureux que l'intensité du froid et de la
« douleur avoit exaltés jusqu'au délire : ils
« accoururent en furieux, et avec des grince-
« mens de dents et des rires infernaux, ils se
« précipitèrent dans ces brasiers, où ils péri-
« rent dans d'horribles convulsions. Leurs
« compagnons, affamés, les regardoient sans
« effroi; il y en eut même qui attirèrent à eux
« ces corps défigurés et grillés par les flam-
« mes, et il est trop vrai qu'ils osèrent porter

« à leur bouche cette révoltante nourriture. »
Détournons nos regards de ces scènes de
cannibales ; d'autres spectacles tragiques nous
attendent encore. A la nouvelle de l'arrivée de
l'armée française à Wilna, le général Loison
avoit fait partir de cette ville une division de
dix mille hommes pour lui porter des secours
et protéger sa retraite : trois mille hommes seulement arrivèrent à Osmiana ; le reste avoit
péri dans les bivouacs par les fatigues et les
rigueurs de la saison. A l'approche de Wilna,
les cœurs commençoient à se dilater : les premiers qui en aperçurent les remparts s'y précipitèrent. « Là, se disoit-on, nous trouverons
« des alimens, des habitations et des amis ;
« nous nous réchaufferons à leurs foyers. »
Cette ville étoit le centre des autorités militaires ; on devoit y avoir rassemblé d'immenses
magasins ; l'armée, épuisée de fatigue, devoit
y trouver des secours de tous les genres : mais
la mauvaise fortune qui la poursuivoit, devoit
encore l'atteindre au milieu d'une ville amie.
Napoléon avoit pris tant de précautions pour
dissimuler l'état de son armée, que rien n'é-
toit prêt pour la recevoir. Les habitans de
Wilna ne pouvoient revenir de leur surprise
à la vue de cette cohue vêtue de haillons, des-
séchée par la faim, traînant à peine ses mem-

bres gelés par le froid. Si ces guerriers, écrasés sous le poids de l'infortune, eussent reparu vainqueurs de leurs ennemis, enrichis de leurs dépouilles, chargés de trophées, la Lithuanie entière se seroit levée pour aller au-devant d'eux et chanter leurs triomphes; mais devenus un objet de pitié, on les fuit, on les écarte; le cœur avare de l'homme se ferme pour eux; et si quelques restes d'humanité leur font accorder de misérables secours, ils les achètent au prix de la plus douloureuse humiliation. Les préposés aux magasins se refusent à les ouvrir; l'armée étant sans chef, personne ne donne des ordres; le soldat est près de mourir au milieu de l'abondance. Alors le pillage commence; la cupidité des Juifs procure aussi quelques soulagemens : car, à la vue de l'or, le cœur d'un Juif est plein d'attendrissement; et quand il peut acquérir un vase précieux pour un morceau de pain, rien n'est plus empressé, plus obligeant que lui.

Depuis Molodotechno jusqu'à Wilna, la retraite avoit été peu troublée; l'ennemi n'apparoissoit pas; les généraux français ayant mis le feu aux ponts qui s'étendoient sur les marais voisins de la Bérésina, avoient forcé les Russes à faire de longs détours. Les rigueurs de l'hiver s'exerçoient sur leurs soldats comme sur les Français ; ils perdoient aussi des hommes, des chevaux et des équipages, mais en plus petit nombre. On s'attendoit donc à trouver quelque repos à Wilna, à y passer quelques jours sous des abris sûrs, auprès d'une table hospitalière, d'un feu bienfaisant ; mais à peine douze heures s'étoient-elles écoulées, que le canon vint semer la terreur, annoncer de nouveaux désastres. Alors, toutes les têtes se perdent, on se voit sans chefs, sans ordres ; on court éperdument dans les rues sans savoir à qui se rallier. L'épouvante saisit également les habitans ; prêts à retomber sous le joug des Russes, ils ne virent plus dans les Français que des ennemis ; et pour se faire un mérite auprès du vainqueur, les uns leur fermèrent leurs portes, les autres les chassèrent de leurs maisons. La confusion étoit au comble. Murat lui-même partagea l'effroi général ; et ce brave des braves, entraîné par la multitude, s'enfuit jusqu'à l'extrémité des faubourgs. Toute la nuit se passa dans cette affreuse tourmente ; le général Loison seul soutint l'effort de l'ennemi avec le petit corps qui lui restoit de ses dix mille hommes. La foule effarée, après avoir pillé ce qu'elle trouva sous sa main, se jeta toute éperdue sur la route de Kowno. Un grand nombre d'officiers perdant courage, refusèrent d'aller plus loin, et préférèrent se rendre prisonniers à Wilna. La populace, lâche et cruelle comme la populace de tous les lieux, se livra aux plus cruels excès envers les fuyards qui tombèrent entre ses mains, et en massacra un grand nombre. Les Juifs jetèrent par les fenêtres les blessés et les malades auxquels ils avoient, à prix d'or, donné asile chez eux, et gardèrent leurs dépouilles. Vingt mille individus, officiers, soldats, blessés, attendirent avec résignation la fureur ou la clémence du vainqueur : la plus grande partie fut massacrée ; mais la ville eut du moins le bonheur de n'être ni saccagée ni incendiée.

Il n'en fut pas de même de Kowno ; il fallut en sortir à la hâte, après un cruel combat. Mais avant de la quitter, cette malheureuse place fut dévastée : on fit sauter les poudrières ; on incendia les magasins, et, tandis que la ville brûloit, on passa le Niémen sur les ponts et sur la glace. Dans quel état on revoyoit ce fleuve dont les rives avoient, quelques mois auparavant, admiré la plus nombreuse, la plus belle, la plus riche armée que l'Europe eût jamais rassemblée ! Des quatre cent mille hommes qui l'avoient passé, à peine en restoit-il vingt-cinq à trente mille sans armes, sans artillerie, sans bagages, sans habits, dévorés par la misère, recélant dans leur sein le germe de la maladie qui les moissonna bientôt presque tous. Pendant long-temps encore il fallut errer de contrées en contrées, et, du Niémen jusqu'à l'Elbe, toujours poursuivis par la misère, flétris par les insultes et le mépris dont les habitans de ces États accabloient le malheur.

Les amis de ce redoutable oppresseur des peuples ont prétendu atténuer les horreurs de sa funeste campagne, en distinguant la perte des Français de celle de leurs alliés. Il y a, disent-ils, dans ce grand désastre de l'humanité, une déduction considérable à faire, qui retombe sur l'Europe à la décharge de la France actuelle.

Quatre cent mille soldats d'Occident ont passé la Vistule; cent soixante mille d'entre eux seulement ont passé Smolensk pour aller à Moscou. Sur ce nombre, il faut tenir compte des armées auxiliaires fournies à la France par l'Autriche, la Pologne, la Prusse, la confédération du Rhin, la Suisse, le royaume d'Italie, celui de Naples, l'Espagne et même le Portugal : c'est au moins moitié du total. Dans l'autre moitié se trouvent les nouveaux Français de la Belgique, des départemens du Rhin, de la Savoie, du Léman, de Gênes, de Hollande, etc. Sur les deux cent mille Français qui passèrent le Rhin, il n'y en avoit pas cent mille qui parlassent français ; il n'y en avoit pas cinquante mille dans les cent soixante mille qui allèrent à Moscou. D'après cette proportion, il est donc juste de dire que si les désastres de la campagne ont coûté deux cent mille hommes à l'Europe, les pertes de la vieille France ne peuvent être évaluées à plus d'un quart de cet aperçu (1).

Eh quoi ! cinquante mille Français, mourant dans les plus cruelles angoisses, ou tombant sous le fer des ennemis dans l'espace de quelques mois, sont-ils donc si peu de chose ! Et ces cent cinquante mille alliés de la France, ces nouveaux Français dont les cadavres sont restés sans sépulture dans les champs ennemis, ne sont-ils pas des hommes ! Et parce qu'ils ne sont pas nés à Paris ou à Lyon, faudra-t-il dire, comme un homme célèbre dans les fastes de la révolution : *Ce sang étoit-il donc si pur !*

Des rapports incontestables prouvent que, pour prévenir les désastres de la contagion, les Russes brûlèrent plus de deux cent mille cadavres ; que cent mille soldats restèrent pri-

---

(1) *Manuscrit de* 1812.

sonniers, et s'en allèrent expirer la plupart en Sibérie; que de cent mille chevaux, à peine un seul repassa le Niémen; que douze cents pièces de canon et tous les trésors de l'armée tombèrent entre les mains de l'ennemi; que presque tous les blessés abandonnés sur la terre nue, sans alimens et sans secours, périrent dans des tourmens inexprimables; que d'autres furent consumés dans les flammes : en faut-il davantage pour justifier l'horreur qu'a inspirée à l'Europe cette funeste expédition? Quelle autre calamité pareille, à l'exception des croisades, pourroit-on citer dans les annales des nations civilisées? Encore les croisades avoient-elles pour excuse un intérêt européen et les mœurs du temps. Que des écrivains comblés des bienfaits de Napoléon tracent pour lui des apologies et sacrifient sur les autels de la reconnoissance, c'est un culte qui leur est permis : mais qu'ils ne prétendent pas nous y associer; jamais nous ne partagerons ni leurs hommages ni leur stoïque indifférence. Les champs de la Russie, chargés des cendres ou des ossemens de nos frères, de nos fils, de nos amis, seront pour nous un sujet d'éternelles douleurs et d'amers souvenirs : ces cendres et ces ossemens, comme ceux du duc d'Enghien et des milliers de victimes moissonnées en Espagne, pèseront éternellement sur la tombe de Napoléon. Achevons la lugubre tâche que nous nous sommes imposée.

Wilna n'étoit pas encore le dernier terme des maux de l'armée française. Tandis que la foule fuyoit, le général Loison et le prince de Wrède rassembloient ce qu'ils avoient de troupes valides, pour contenir l'ennemi; mais après de généreux efforts, ils furent obligés de céder la ville aux Russes. Un bataillon napolitain, que l'on étoit parvenu à former, rentra détruit presque tout entier par le froid.

A une lieue, sur la route de Kowno, la hauteur et le défilé de Ponari devinrent un obstacle insurmontable, où l'on acheva de perdre tout ce qui restoit de bagages, de trésors, de blessés et d'honneur; car, après quinze heures d'efforts inutiles, les plus braves ne songèrent plus qu'à mettre leurs jours en sûreté par la fuite. Les soldats français eux-mêmes pillèrent les caissons de leur propre armée, et partagèrent avec les Cosaques l'or qu'ils renfermoient. Mais il ne faut pas oublier un trait digne des plus beaux âges de l'histoire : le comte de Turenne distribua sous les yeux des Cosaques, qu'il sut contenir, le trésor particulier de Napoléon aux soldats de la garde qui se trouvoient à sa proximité; et long-temps après, quand on fut hors de tout danger, chacun d'eux rapporta le dépôt qui lui avoit été confié : pas une pièce d'or ne fut perdue.(1). Tout fuyoit. Murat lui-même, dont le cœur n'avoit jamais été accusé de pusillanimité, ne savoit où s'arrêter; il traversa Kowno, dernière ville de l'empire russe, sans regarder derrière lui, et donna enfin l'ordre de se réunir à Gumbinen, ville de la domination prussienne. Il n'y avoit plus d'arrière-garde; l'intrépide Ney la représentoit seul avec ses aides-de-camp. Arrivé à Kowno, il y trouva une compagnie d'artillerie, trois cents Allemands, quatre cents hommes de garnison, commandés par le général Marchand; il se mit à leur tête, en fit une arrière-garde, et continua de couvrir la retraite. A peine ce corps fut-il formé, qu'une colonne russe sortie de Wilna passa le Niémen sur la glace, et marcha au pont de Kowno pour fermer le passage aux Français. Ney s'y porte avec la rapidité de l'éclair : mais ses artilleurs ont abandonné leurs pièces; l'officier qui commande les trois cents Allemands, renversé par un boulet, s'est, de désespoir, brûlé la cervelle; ses soldats ont pris la fuite, et le maréchal reste lui cinquième. Il ose faire

---

(1) Philippe de Ségur, t. II, p. 421.

face à l'ennemi, l'arrête par son audace, donne le temps aux généraux Gérard et Marchand de rassembler quelques hommes et deux autres pièces légères; il combat à la tête de cette héroïque troupe, traverse le Niémen et Kowno, toujours en combattant, et sort enfin le dernier de cette fatale Russie, montrant au monde, dit M. de Ségur, l'impuissance de la fortune contre les grands courages.

Ainsi, la Russie est évacuée, et les Français sont maintenant sur un terrain ami; mais ils n'ont plus de chef; car Murat, troublé par la mauvaise fortune, ne sait plus ni donner d'ordres ni commander. Arrivé à Gumbinen, il rassemble les généraux pour déclamer contre Napoléon : « Il n'est plus possible, s'écrie-t-il, « de servir un insensé; il déshonore le carac- « tère français dans tous les cabinets de l'Eu- « rope; aucune puissance ne croit plus ni à ses « paroles ni à ses traités, et je regrette, pour « ma part, de n'avoir pas assuré ma couronne « sur ma tête en traitant avec les Anglais. » Cette inconvenante et fougueuse sortie excita l'indignation de la plupart des généraux, et le maréchal Davoust lui reprocha avec amertume son ingratitude. Mais des soins plus pressans occupoient les chefs de l'armée; il falloit se hâter de lui procurer la protection d'une place forte ; on alla donc porter à Kœnigsberg le spectacle de la défaite et de la misère. Tout à coup le froid cessa ; le thermomètre remonta de 26 degrés ; on respira un air doux qui rappeloit la France. Mais ce bienfait de la nature, trop rapidement accordé, devint encore une calamité. Un grand nombre d'officiers et de soldats, parmi lesquels il étoit triste de compter le général du génie Eblé, le général d'artillerie La Riboissière, ne purent soutenir ce passage subit d'un froid excessif à une température douce et modérée ; leur mort priva l'armée de deux officiers que l'Europe militaire nous enviés. Beaucoup d'autres succombèrent avec eux.

A peine étoit-on à Kœnigsberg, qu'on fut obligé de l'évacuer, et de chercher un asile plus sûr. On rassembla tout ce qu'on pouvoit encore nommer *soldats*, et trente-cinq mille Français et alliés allèrent s'enfermer à Dantzick.

Arrêtons-nous ici. Nous avons assez parlé de la grande armée, donnons quelques pages à l'histoire des autres corps. Le maréchal Macdonald, chargé du siège de Riga, étoit mal secondé. Les esprits éclairés avoient vu, dès le commencement de la campagne, un principe de division et de revers dans l'accession de l'Autriche et de la Prusse à l'égard de l'expédition de Russie ; car ces deux puissances ne pouvoient évidemment qu'en redouter le succès. Personne n'ignoroit l'association des amis de la liberté et de la vertu, dont la Prusse étoit intérieurement travaillée, et il étoit probable que parmi les officiers de cette nation, il s'en trouveroit un grand nombre attaché à cette société. On apprit bientôt que des deux chefs de l'armée de Prusse, l'un étoit un ardent zélateur de ces réunions : c'étoit le général Yorck. Le duc de Tarente ne fut pas long-temps à reconnoître que si les soldats prussiens et le général Grawert, l'un de leurs chefs, étoient remplis d'une ardeur franche et loyale, que s'ils désiroient ouvertement s'illustrer par quelque action d'éclat, et mériter l'estime et les récompenses de Napoléon, il n'en étoit pas de même du général Yorck.

Les premiers sujets de division provinrent de l'administration prussienne : on accusa l'intendant de fatiguer le pays par d'énormes réquisitions de bestiaux, qu'il envoyoit, disait-on, en Prusse, en laissant l'armée dans la disette. Un ordonnateur français écouta ces plaintes ; le général Yorck les repoussa, le duc de Tarente les soutint, et renvoya l'intendant, ce moment, plus d'accord entre dont les cœurs devoient être unis, les armes. Mittau étoit au pou- mée alliée. Yorck ayant laissé cette écouvert, les Russes s'en emparèrent; et le parc d'artillerie courut risque d'être enlevé, sans que le général prussien fît rien pour le sauver; pressé néanmoins par ses officiers-généraux, qui s'indignoient de cette défection, il livra le combat, mais si mollement, que l'issue en fut à peu près nulle. Cependant le général Kleist rentra dans Mittau. Le duc de Tarente, trop fier et trop franc pour dissimuler, s'emporta, et fit de sévères reproches au général, qui lui sembloit infidèle à l'honneur et à ses devoirs. La mauvaise volonté du Prussien redoubla. Son mauvais esprit commença à gagner son armée; et Macdonald comprit tout le secret de cette défection, quand on osa lui faire des ouvertures sur le retour de Moreau. Il vit alors qu'il falloit sortir de l'état de temporisation où il étoit resté, attaqua les Russes, et, dans une action très-vive, leur enleva cinq mille hommes.

Il se disposoit à poursuivre le cours de ses succès, lorsqu'il apprit la retraite de Napoléon; la prise de Minsk, et bientôt après les désastres de la grande armée. Enfin, l'ordre de

se retirer lentement sur Tilsitt lui fu[...]
Dès lors la défection des Prussi[ens n'étoit]
plus douteuse. Plusieurs colonels [refusè-]
rent d'exécuter les ordres des gén[éraux fran-]
çais. Le général Yorck travailla publi[quement]
à débaucher l'armée; il laissa les Russes pénétrer en amis dans ses rangs, signa le 3 décembre, sans ordre de sa cour, une convention avec le général russe Dibitch, et le duc de Tarente se vit tout à coup réduit de vingt-neuf mille hommes à neuf mille. Le roi de Prusse étoit-il complice de cette perfidie? Non! La noblesse et la franchise de son caractère s'y opposoient; mais l'esprit d'indépendance avoit fait trop de progrès dans ses Etats pour qu'il y fût le maître. Il punit le général qui avoit violé la foi des traités. Mais peu de temps après, cédant lui-même à l'empire de la nécessité, il entra dans cette grande coalition qui nous a montré les soldats de la Tartarie chinoise courant la lance en arrêt, jusque dans les rues de Paris.

Tel fut, sur les bords de la Baltique, le sort de l'aile gauche de la grande armée. Les chefs alliés y servirent mal, et se contentèrent du rôle de simples spectateurs.

L'aile droite ne fut ni plus dévouée ni plus entreprenante; l'orgueil autrichien souffroit chose à voir employé en sous-ordre. Si le prince de Schwartzemberg étoit disposé à servir franchement la cause des Français, il n'en étoit pas de même de ses officiers; ce n'étoit qu'à regret qu'ils marchoient sous des bannières étrangères. Lorsque Kutusoff quitta l'armée de Moldavie pour prendre le commandement de la grande armée russe, Napoléon avoit fondé de grandes espérances sur son aile droite : il s'étoit persuadé que trente mille Autrichiens contiendroient l'armée de Tschitchagoff, et assureroient les grands magasins renfermés à Minsk et sur toute cette ligne. Les succès de leurs premiers mouvemens sembloient lui répondre du succès des autres. Mais le prince Schwartzemberg avoit affaire à un ennemi jeune, actif, entreprenant : il marcha en avant, laissant au général Sacken le soin de contenir les corps du général Regnier et du général autrichien. Sacken, homme habile, répondit à la confiance qu'on lui avoit témoignée, et, quoique battu, il eut le talent d'attirer son ennemi, et de l'occuper assez sérieusement pour que son général en chef pût atteindre non seulement Minsk, mais se porter sur le bord de la Bérésina pour y disputer le passage aux Français. Le prince sentit bientôt la nécessité de faire un mouvement rapide, et de mettre Tchitchagoff entre la grande armée et lui. Mais il n'étoit plus temps. La grande armée, vaincue par la rigueur des élémens, n'aspiroit plus à des conquêtes; elle fuyoit les combats; et le prince autrichien s'étant adressé au ministre français à Varsovie pour avoir des instructions, en reçut une réponse qui annonçoit le besoin de suspendre l'effusion du sang. Il s'arrêta. Les instructions d'Alexandre arrivèrent de leur côté au général Sacken. Les deux généraux s'entendirent; la retraite des Autrichiens commença; et le corps du général Regnier, réduit à dix mille hommes, la fit avec eux jusqu'à Varsovie. Là, le prince Schwartzemberg reçut de Vienne l'ordre d'abandonner les Français, et de faire sa retraite séparément; mais les lois de l'honneur ne lui permirent pas une défection qui auroit livré aux Russes un allié dont les enseignes s'étoient unies aux siennes. Il marcha avec tant d'ordre, de méthode et de prévoyance, qu'arrivé à Varsovie, il ne livra la place qu'après avoir assuré au général Regnier trois marches d'avance : conduite honorable, qui répond aux reproches qu'on pouvoit lui faire, et qui appartenoient probablement plus à sa cour qu'à lui-même.

Murat étoit encore à la tête des tristes débris de l'armée, mais incapable de la sauver, et de concevoir un seul projet qui palliât du moins l'énormité des maux dont elle étoit accablée. Son épée, comme celle des anciens paladins, eût aimé à pourfendre des géans; mais, outre que la force de sa tête n'égaloit pas celle de son bras, il n'étoit guère moins empressé que Buonaparte de revoir ses États et de sauver sa couronne. En lui confiant le commandement de l'armée, Napoléon avoit suivi l'esprit des vieilles monarchies, où la naissance et le rang sont presque tout, et le mérite presque rien. Il reconnut bientôt sa faute, et cédant à sa mauvaise humeur, retira le commandement à son beau-frère, pour le confier au prince Eugène. Il fit même insérer dans *le Moniteur* que le vice-roi avoit plus d'habitude d'une grande administration, et qu'il avoit toute la confiance de l'empereur. C'étoient encore le rang et les affections du sang qu'il consultoit; mais Eugène étoit modeste, disposé à prendre des conseils, aimé des généraux et des soldats. Ces heureuses qualités le mirent à portée de rendre de grands services à l'armée.

CHAPITRE VIII.

Arrivée de Napoléon à Varsovie, à Dresde, à Paris. Etat de cette ville depuis son départ. Conspiration de Mallet. Nouveaux traits de servitude du Sénat.

TANDIS que les rigueurs de l'hiver et le fer de l'ennemi achevoient la destruction de son armée, Napoléon, enveloppé d'épaisses fourrures, traversoit, à l'insu de l'Europe, les plaines glacées de la Lithuanie. Il tourna Wilna par ses faubourgs, eut quelques instans de conférence avec le duc de Bassano, qui étoit venu au-devant de lui, traversa rapidement Wilkowiski, où il changea sa voiture contre un traîneau, et le 10 décembre il s'arrêta à Varsovie. Il y parut *incognito*. Son passeport portoit le nom de M. de Rayneval, secrétaire de légation du duc de Vicence. Mais il ne pouvoit guère se reposer à Varsovie sans y voir l'archevêque de Malines, son ambassadeur, et quelques chefs polonais. « Il « étoit une heure et demie, dit M. de Pradt; « les portes de mon appartement s'ouvrent,

« et donnent passage à un grand homme qui
« marchoit appuyé sur un de mes secrétaires.
« Allons venez, suivez-moi, » dit ce fantôme.
« Un taffetas noir enveloppoit sa tête. Son
« visage étoit comme perdu dans l'épaisseur
« de la fourrure où il étoit enfoncé; sa dé-
« marche étoit appesantie par un double
« rempart de bottes fourrées : c'étoit une es-
« pèce de revenant. Je me lève, je l'aborde,
« je reconnois le duc de Vicence, et lui dis :
« Où est l'empereur? — A l'hôtel d'Angle-
« terre : allons, marchons, il vous attend. »
« J'arrive à l'hôtel d'Angleterre. La porte
« d'une petite salle basse s'ouvre mystérieu-
« sement. L'empereur, comme à l'ordinaire,
« s'y promenoit; je le trouvai enveloppé
« d'une superbe pelisse recouverte d'une
« étoffe verte avec de magnifiques brande-
« bourgs en or. Sa tête étoit enfoncée dans
« une espèce de capuchon fourré; ses bottes
« de cuir étoient entourées de fourrures. Il
« entama aussitôt une conversation avec moi.»

Si cette conversation fut telle que le ra-
conte M. de Pradt, on ne sauroit douter
qu'il n'y eût un dérangement notable dans les
idées de Napoléon. « Il faut lever, dit-il, dix
« mille Cosaques polonais; une lance et un
« cheval suffiront : on arrêtera les Russes avec

« cela. Faites-moi venir après-dîner le comte
« Stanislas Potoski et le ministre des finances
« de Pologne. » Ces personnages s'étant présentés, et l'ayant félicité d'avoir échappé à
tant de dangers, et d'être revenu sain et sauf :
« Dangers ! répliqua-t-il, pas le moindre. Je
« vis dans l'agitation; plus je tracasse, mieux
« je vaux : il n'y a que les rois fainéans qui
« engraissent dans les palais. Moi, c'est à che-
« val et dans les camps. *Du sublime au ri-*
« *dicule il n'y a qu'un pas.* Je vous trouve
« bien alarmés ici. L'armée est superbe. J'ai
« cent vingt mille hommes; j'ai toujours
« battu les Russes : ils n'osent pas tenir de-
« vant nous. On tiendra dans Wilna; je vais
« chercher trois cent mille hommes. Ce succès
« rendra les Russes audacieux. Je leur livre-
« rai deux ou trois batailles sur l'Oder, et
« dans six mois, je serai encore sur le Nié-
« men. Je pèse plus sur mon trône qu'à la
« tête de mon armée. Tout ce qui arrive n'est
« rien ; c'est l'effet du climat. On vouloit me
« couper à la Bérésina, je me moquai de cet
« imbécille Tschitchagoff. J'avois de bonnes
« troupes et du canon ; la position étoit su-
« perbe : mille cinq cents toises de marais,
« une rivière. »

Il répéta ici tout ce qu'il avoit inséré dans

son vingt-neuvième bulletin sur les âmes fortes et les âmes faibles. Puis il parla de Marengo, d'Essling, du Danube. « Je ne « pouvois empêcher que le Danube ne grossît « de six pieds dans une nuit. Ah! sans cela, « la monarchie autrichienne étoit finie; mais « il étoit écrit au Ciel que je devois épouser « une Autrichienne. De même en Russie, je ne « puis empêcher qu'il gèle. On vient me dire « tous les matins que j'ai perdu dix mille « chevaux dans la nuit; et bien! bon voyage! « Vos chevaux normands sont moins durs que « les Russes : ils ne résistent pas à plus de « neuf degrés. De même des hommes : allez « voir les Bavarois, il n'en reste pas un. « Peut-être dira-t-on que je suis resté « trop long-temps à Moscou; cela peut être; « mais il faisoit si beau! J'y attendois la paix. « Le 5 octobre, j'ai envoyé Lauriston, etc... »

Il redit encore : « On tiendra à Wilna, j'y ai laissé le roi de Naples. Ah! ah! c'est « une grande scène politique. Qui n'hasarde « rien n'a rien. *Du sublime au ridicule il* « *n'y a qu'un pas.* Les Russes se sont mon-« trés; l'empereur Alexandre est aimé; ils ont « des nuées de Cosaques : c'est quelque chose « que cette nation. Les paysans de la cou-« ronne aiment leur gouvernement; beaucoup

« de Français m'ont suivi ; ils me retrouve-
« ront. »

Il se jeta ensuite dans mille autres divaga-
tions. Il revint à ses Cosaques de Pologne, à
ses trois cent mille hommes qu'il alloit chercher, à ses rodomontades contre les Russes,
qu'il avoit battus, qu'il battroit encore, et par
le désordre de sa conversation, et ses in-
concevables bravades, mérita le surnom de
Jupiter-Scapin que lui décerna l'archevêque
de Malines. Il accorda quelques fonds aux
ministres polonais, les écouta à peine sur la
détresse et les besoins de leur pays, et remonta, dit M. de Pradt, dans l'humble traîneau qui portoit César et sa fortune (1).

Le 5 décembre, il avoit failli tomber, auprès
d'Osmiana, dans un parti russe que comman-

---

(1) Sa conversation avec le même archevêque, lorsqu'il l'avoit envoyé à Varsovie, n'avoit guère eu plus
d'ordre et de dignité. « Je veux vous essayer. Vous
« pensez bien que ce n'est pas pour dire la messe que
« je vous ai fait venir. Soignez les femmes : c'est l'es-
« sentiel dans ce pays. Vous devez savoir la Pologne,
« vous avez lu Rulhières. Dans quinze jours on a des
« cuisiniers. Pour moi, je vais battre les Russes. La
« chandelle se brûle ; je m'ennuie ici. Je suis depuis
« huit jours à faire le galant, le petit Narbonne au-
« près des femmes. Je vais à Moscou ; une ou deux

doit le colonel Seslawin. A Dresde, il courut de nouveaux dangers : il s'y étoit formé un complot pour l'enlever; il manqua faute d'activité. Il raconta lui-même, à Sainte-Hélène, qu'il s'étoit vu à l'instant d'être retenu en Silésie : « Mais heureusement, dit-
« il, les Prussiens passèrent à se consulter le
« temps qu'ils auroient dû employer à agir.
« Ils firent comme les Saxons pour Charles XII,
« qui disoit galment, à la sortie de Dresde :
« Vous verrez qu'ils délibéreront demain, s'ils
« auroient bien fait de m'arrêter aujourd'hui. »

Son étoile le protégea; il eut même le temps de voir à Dresde le roi de Saxe, et d'écrire une lettre à l'empereur d'Autriche son beau-père. Il commençoit par y parler de sa santé, puis de son dessein de passer l'hiver à Paris

_____

« batailles en feront la façon. L'empereur Alexan-
« dre se mettra à genoux; je ferai la guerre avec du
« sang polonais; je donnerai cinquante millions de sub-
« sides par an à la Pologne. Elle n'a pas d'argent : je
« suis assez riche pour cela. Sans la Russie, le système
« continental est une bêtise; sans l'Espagne, je serois
« le maître de l'Europe. »

M. l'archevêque de Malines est un homme de beaucoup d'esprit. S'il eût été peintre, il est à présumer qu'il eût aimé les caricatures et le genre de Calot : ceci y ressemble beaucoup.

pour vaquer aux affaires les plus importantes. Il ne lui disoit rien des désastres de ses armées, et le renvoyoit à ses bulletins, sans lui parler du vingt-neuvième. Il l'engageoit à envoyer quelqu'un à Paris, et à porter ses forces auxiliaires à soixante mille hommes. Il lui assuroit qu'il avoit une pleine confiance dans ses sentimens, convaincu que l'alliance qu'ils avoient formée entre eux devoit établir un système permanent d'union et d'intérêt, dont leurs sujets respectifs tireroient les plus grands avantages. Il lui protestoit que, de son côté, il seroit toujours prêt à faire tout ce qui pourroit être agréable à S. M. autrichienne.

Il quitta son traîneau à Erfurt, où il s'arrêta un instant pour écrire à ses ministres de la confédération du Rhin, monta dans la voiture de M. Saint-Aignan, son ministre à Weimar, et traversant l'Allemagne et la France sans être connu, il arriva à Paris le 18 décembre 1812, à onze heures du soir.

Le vingt-neuvième bulletin y étoit arrivé vingt-quatre heures auparavant. Il est impossible de décrire l'impression qu'il y produisit. On en distribua dans la journée plus de trente mille exemplaires; on se l'arrachoit. La surprise fut moins grande dans la haute société. Malgré toutes les précautions du gouvernement pour cacher la vérité, cette partie de la nation dont les yeux, comme ceux du lynx, pénètrent les ténèbres, connaissoit une partie des désastres de l'armée; mais pour ne point se compromettre, elle en gardoit le secret. Dès le commencement de la campagne, on avoit mal auguré de son issue; on ne voyoit aucune proportion entre les torts que Napoléon reprochoit à l'empereur Alexandre, et l'expédition aventureuse et gigantesque qu'il méditoit pour l'en faire repentir. Toutes les marchandises que les Anglais parvenoient à faire passer dans les ports russes ne pouvoient pas égaler en valeur la cent millième partie de l'or que la France alloit dépenser pour venger une querelle d'aussi peu d'importance. Il est dans la nature de l'homme né sous un ciel rigoureux, de chercher des conquêtes sous un astre meilleur; mais on n'avoit jamais vu des peuples favorisés du plus beau des climats, s'en aller, au prix de mille travaux et d'immenses trésors, chercher des déserts et des régions de glace. Cette idée ne pouvoit germer que dans un cerveau déréglé par l'excès de l'ambition. On s'étonnoit, d'un autre côté, de voir Napoléon associer à son entreprise deux puissances qui dévoroient avec peine l'humiliation à laquelle il les avoit réduites, et n'attendoient que l'occasion de reprendre en Europe le rang que le sort des armes leur avoit enlevé, et qu'elles n'avoient perdu qu'avec un profond désespoir. On ne comprenoit pas que Napoléon osât conduire de front deux guerres, dont la plus facile duroit depuis huit ans, et consumoit ses soldats et ses trésors. Mais lorsqu'on le vit marcher à la conquête de Moscou, se jeter, sans égard pour la saison déjà avancée, à travers les immenses contrées de l'empire russe, et chercher la paix à sept cents lieues de sa capitale, on ne douta pas qu'il ne fût perdu. Les flammes de Witepsk et de Smolensk confirmèrent ces premières appréhensions. Tout Français jouissant de quelque aisance, les yeux fixés sur la carte de Pologne et de Russie, suivoit avec une avide curiosité les mouvemens de l'armée, s'arrêtoit sur ses positions, étudioit celles de l'ennemi. Quoiqu'on n'eût point lu les proclamations d'Alexandre à ses peuples et ses instructions à ses généraux, cette pénétration naturelle aux Français leur indiquoit déjà que la retraite des Russes tenoit à un plan fixe, et cachoit le dessein d'attirer l'ennemi au loin, et de lui opposer l'ardeur de la flamme et les rigueurs de la glace. On prévoyoit qu'ils brûleroient

Smolensk comme ils avoient brûlé Witepsk, et Moscou comme ils avoient brûlé Smolensk.

Quand le vingt-neuvième bulletin leva le voile dont Napoléon avoit constamment couvert ce grand et déplorable drame, que tous les yeux furent ouverts, une consternation profonde frappa toute l'Europe; chaque famille reportoit sa pensée sur un père, un fils, un frère qu'elle avoit vu partir avec tant de regret. On s'arrêtoit dans les rues, on se groupoit pour se livrer aux plus douloureuses réflexions. La crainte des espions ne permettoit pas qu'on exhalât publiquement la haine qu'on vouoit à Napoléon; mais dans le secret du toit domestique, on l'accabloit de malédictions. Les grandes familles qui avoient abandonné la cause de l'ancienne monarchie pour servir dans les armées ou les palais celui qu'elles devoient bientôt appeler l'*usurpateur*, avoient aussi leurs victimes à pleurer, et se reprochoient amèrement de s'être attachées à une cause qui menaçoit ruine si prochainement.

Mais lorsqu'on apprit que Napoléon étoit de retour, qu'il étoit arrivé aux Tuileries à onze heures du soir, sans s'être fait annoncer même à l'impératrice, qu'il avoit quitté son armée, et traversé en fugitif la Lithuanie, la

Pologne, l'Allemagne et une partie de la France, alors l'horreur fut à son comble, et l'on maudit l'étoile qui l'avoit protégé sur une route aussi longue; on regretta qu'un astre ennemi ne l'eût pas livré aux Russes, que la Saxe, mieux éclairée sur ses intérêts, ne s'en fût saisie comme d'un otage. *Il est arrivé, se disoit-on, dans sa peau de tigre;* car la haine, devenue générale, ne s'étoit jamais manifestée avec tant de liberté.

Le sénat, les ministres et l'archichancelier furent saisis d'effroi. La conspiration de Mallet se reproduisoit à leurs yeux avec toutes les circonstances qui accusoient leur foiblesse. Mallet, né à Dôle en 1754, n'étoit point un habile général; il avoit à peine acquis quelque illustration dans les camps; mais il étoit homme de résolution, et capable d'une entreprise audacieuse. Attaché à cette société des philadelphes dont il a déjà été parlé, il avoit été compromis, dès 1802, dans une prétendue conspiration du sénat, dont on regardoit Mme de Staël et le général Bernadote comme les agens principaux. Arrêté et détenu sans forme de procès, on l'avoit gardé jusqu'à l'amnistie accordée pour le sacré. Des prisons, il étoit passé à l'armée d'Italie, et s'y étoit conduit avec honneur; mais il professoit un grand amour pour la liberté et une haine excessive pour Buonaparte. De retour à Paris, il se livra à de nouvelles intrigues, fut dénoncé, et jeté dans le donjon de Vincennes. Il en sortit encore pour entrer dans une de ces maisons de santé que l'on accorde aux prisonniers pour lesquels on a quelques égards. Ce fut là qu'il trama une conspiration d'un genre nouveau; il en arrangea seul le plan, fabriqua seul les actes officiels dont il crut avoir besoin pour réussir; et, le 23 octobre, sortit de sa retraite, en uniforme et à pied, se rendit à la caserne de Popincourt, où se trouvoit une cohorte de garde nationale commandée par un chef nommé *Soulié*. Il y annonça la mort de Napoléon, produisit un sénatus-consulte qui ordonnoit la formation d'un gouvernement provisoire, et l'investissoit, lui, du pouvoir militaire. Il se rendit à la prison de la Force, où étoient retenus les généraux Guidal et Lahorie, s'en fit ouvrir les portes, s'adjoignit ces deux officiers, marcha à l'Hôtel-de-Ville, produisit son prétendu sénatus-consulte, somma, en l'absence du préfet, le secrétaire-général de tout préparer pour l'installation du gouvernement provisoire, et s'empara du clocher de l'église voisine; laissa le colonel Soulié avec une partie de sa troupe sur la place de Grève, se rendit à l'hôtel de la police, arrêta le ministre, duc de Rovigo, le fit conduire à la Force, installa à sa place le général Lahorie, passa à la préfecture, fit arrêter et conduire en prison M. Pasquier, installa le général Guidal, et continuant ses opérations sans causer le moindre bruit, arriva chez le commandant de la place, Hullin. Il lui fit part de son décret; et le commandant ayant refusé d'y adhérer, il l'abattit à ses pieds d'un coup de pistolet dans la mâchoire, passa de là chez le major de la place Doussset, et perdit quelque temps à parlementer, et prêt à le traiter comme Hullin, fut trahi par une glace, saisi, arrêté, et conduit en prison aux yeux même de la garde qui l'escortoit, et qui l'abandonna aussitôt.

Guidal et Lahorie furent arrêtés de même. Le duc de Rovigo et le baron Pasquier reprirent leurs fonctions. Le secrétaire-général de la police et l'adjudant Laborde se rendirent à l'Hôtel-de-Ville, où l'on préparoit tout pour la réception du nouveau gouvernement, haranguèrent la troupe de Soulié, lui firent livrer son chef, et la renvoyèrent à ses casernes. La conspiration avoit commencé à six heures du matin, elle étoit terminée à dix. Le préfet du département, M. Frochot, étoit à sa maison de campagne, lorsque Mallet se présenta à l'Hôtel-de-Ville. M. Villemsens, son ami, en lui transmettant l'avis de se rendre à Paris, avoit joint à sa lettre un petit billet au crayon avec ces mots : *Fuit Imperator*. Il arriva aussitôt, et, ne soupçonnant pas même l'artifice de Mallet, ordonna les préparatifs pour recevoir le nouveau gouvernement. On ne connut à Paris la conjuration que quand elle n'existoit plus : il n'y eut aucun mouvement ; le peuple parisien en apprit tous les détails sans s'émouvoir, rit de tout son cœur aux dépens du ministre et du préfet de police, et ne témoigna, pour la dynastie de Napoléon, que la plus froide indifférence.

Mais quel étoit le but de cette conjuration ? quel intérêt prétendoit-elle servir ? Ces questions, qui ne sont point encore bien résolues, agitèrent quelque temps les esprits. En la voyant conçue par Mallet, républicain prononcé, exécutée par Guidal, autre républicain ardent, et Lahorie, qui avoit servi la république sous le général Moreau, dont il étoit aide-de-camp, il étoit difficile de ne pas la croire toute républicaine. Une anecdote peu connue fortifie cette conjecture. M. le comte de Ségur, grand-maître des cérémonies, ayant appris qu'il y avoit quelque mouvement à la place Vendôme, s'y rendit, et s'étant approché d'un des officiers de la cohorte pour lui demander le sujet de ce mouvement : *C'est le triomphe de la république*, répondit-il. Ainsi la troupe croyoit s'être armée pour la république. Mais, d'un autre côté, quand on jette les yeux sur les personnes choisies par Mallet pour composer le gouvernement provisoire, qu'on y voit figurer les noms des Mathieu de Montmorenci, des Alexis de Noailles, du général Moreau, et du préfet, le comte de Frochot, on reste indécis entre la monarchie et la république. Un cinquième personnage devoit être connu plus tard ; et si l'on en croit les Mémoires publiés sous le nom de *Joseph Fouché*, ce personnage étoit M. de Talleyrand. Fouché lui-même devoit remplacer provisoirement le général Moreau. On parloit aussi de Masséna pour le commandement de Paris ; car Mallet se rendoit assez de justice pour n'aspirer à aucun emploi au-dessus de son grade et de ses moyens.

Presque tous ceux qui ont écrit sur cette conspiration, paroissent convaincus qu'elle n'avoit aucune ramification au-dehors, qu'elle s'étoit formée uniquement dans le cerveau de Mallet ; que Guidal et Lahorie eux-mêmes n'en avoient eu connoissance que lorsqu'il plut à Mallet de leur ouvrir les portes de la prison. Cette opinion fut vivement soutenue par l'archichancelier, le ministre et le préfet de police; mais ils avoient un grand intérêt à le faire croire; il falloit rassurer Napoléon, et se justifier auprès de lui de l'imprévoyance dont on pouvoit les accuser. Mallet s'enferma dans un silence absolu; mais on a les plus grandes raisons de croire que Fouché, Masséna et beaucoup d'autres n'y étoient point étrangers. On nommoit aussi parmi les complices présumés de Mallet, plusieurs personnes dont les opinions royalistes n'étoient pas douteuses. Tel étoit, entre autres, l'abbé Lafond. Le joug de Napoléon pesoit sur la tête d'un grand nombre d'hommes puissans en fortune et en dignités, qui ne voyoient aucune garantie pour eux contre les coups du despote; et c'est un fait indubitable que depuis 1809, on songeoit sérieusement à briser la verge de fer dont il frappoit les têtes les plus élevées. Si la majorité du sénat s'avilissoit à ses genoux, il y restoit pourtant un petit nombre d'hommes courageux qui rougissoient de leur humiliation, et en méditoient la vengeance. Si jamais des Mémoires qui dorment encore dans les cartons sont publiés, ils révéleront bien des faits curieux.

A peine Mallet et ses complices furent-ils arrêtés, que l'archichancelier Cambacérès ordonna la formation d'une commission militaire pour les juger. Mallet y parut avec une grande fermeté; et lorsqu'on lui demanda quels étoient ses complices, il répondit avec courage: « La France entière, et vous-mêmes, « si j'eusse été assez heureux pour réussir. » Il fut condamné à mort, avec les deux généraux qui avoient accepté des fonctions; mais ce qu'on n'attendoit pas, c'est que le malheureux colonel de la cohorte et sept autres officiers furent compris dans le même arrêt, et exécutés dans la plaine de Grenelle. Un seul obtint un sursis; il se nommoit *Rabel*, et appartenoit à la commission de Vincennes, qui avoit fait périr le duc d'Enghien: ce mérite lui valut une commutation de peine; il fut condamné aux fers, et subit un châtiment pire que la mort pour un homme de cœur. Un sous-officier nommé *Rateau*, également condamné pour avoir rempli les fonctions d'aide-de-camp auprès de Mallet, obtint un sursis, et ne fut pas exécuté.

Depuis que Napoléon avoit appris cette conspiration, sa tête s'étoit remplie d'idées funestes. Il voyoit partout des piéges, des conspirations, des embûches, devenu, comme les premiers Césars, sombre et défiant, il ne se montroit plus en public que le front chargé de nuages, et s'effrayoit de la facilité avec laquelle on avoit cru qu'un décret du sénat suffisoit pour lui enlever sa couronne. Il avoit déjà compris les avantages de la légitimité; et ce fut tout occupé de cette pensée, que prêt à quitter son armée, il dit à ses généraux le mot rapporté plus haut: *Un Bourbon n'auroit rien à craindre.*

Dès que le bruit de son retour fut répandu, ce sénat auquel Mallet avoit attribué un décret de déchéance contre Napoléon, s'assembla tout ému, et nomma une députation pour aller déposer aux pieds de l'empereur une nouvelle protestation de fidélité et de dévouement. Ce fut le comte Lacépède que l'on chargea de porter la parole, et d'abdiquer publiquement tous les pouvoirs constitutionnels dont le sénat se trouvoit encore investi: « L'absence de Votre Majesté, dit-il, est « toujours une calamité nationale; sa présence « est un bienfait qui remplit de joie et de con- « fiance tout le peuple français. *Le sénat,* « *premier conseil de l'empereur, et dont* « *l'autorité n'existe que lorsque le monar-* « *que la réclame, et la met en mouvement,* « *est établi pour la conservation de cette mo-*

« narchie et de l'hérédité de votre trône dans
« notre quatrième dynastie. La France et la
« postérité le trouveront, dans toutes les cir-
« constances, fidèle à ce devoir sacré, et tous
« ses membres seront toujours prêts à périr
« pour la défense de ce palladium de la sûreté
« et de la prospérité nationales. »

C'étoit le 18 décembre 1812 que le sénat adressoit ces protestations à Buonaparte, et prenoit envers sa dynastie des engagemens sacrés. Mais telle étoit la versatilité de cette rampante autorité, que seize mois après nous la verrons violer tous ses engagemens, et prononcer sans pudeur la déchéance de ce même empereur qu'elle a élevé sur le trône, auquel elle auroit érigé des autels pour y sacrifier la population française toute entière, s'il l'eût exigé.

Napoléon répondit que les paroles du sénat lui étoient fort agréables; que ses premières pensées étoient tournées vers ce trône auquel désormais les destinées de la patrie étoient attachées; qu'il avoit réfléchi à ce qui avoit été fait aux différentes époques de notre histoire pour en assurer la durée, et qu'il y penseroit encore.

Les autorités constituées se succédoient avec un empressement auquel la crainte ajoutoit encore des ailes. Le sénat avoit fait abjuration de tous ses pouvoirs, le grand-maître de l'Université vint faire abjuration du bon sens.

« Le bon sens, dit-il, s'arrête avec respect
« devant le mystère du pouvoir et de l'obéis-
« sance; il l'abandonne à la religion qui rend
« le prince sacré en le faisant à l'image de Dieu
« même; c'est lui qui terrasse l'anarchie et les
« factions en proclamant l'hérédité du trône.
« Permettez donc, sire, que l'Université dé-
« tourne un moment les yeux du trône que
« vous remplissez de tant de gloire, vers cet
« auguste berceau où repose l'héritier de votre
« grandeur. Nous le confondons avec Votre
« Majesté dans le même respect et dans le
« même amour; nous lui jurons d'avance un
« dévouement sans bornes comme à vous-
« même. »

L'orateur étoit, comme M. de Lacépède, membre du sénat, et nous le verrons, comme lui, prononcer, seize mois après, la déchéance de ce même empereur, de ce même enfant auxquels il avoit juré d'avance *un dévouement sans bornes*. Que les rois apprécient par cet exemple, ces formules d'adulation que leur prodiguent l'intérêt, la crainte et la servitude.

Il étoit impossible que Napoléon ne s'expliquât pas sur l'extraordinaire crédulité du préfet du département, qui avoit pourvu d'une manière si expéditive à l'installation du nouveau gouvernement. Il le fit avec beaucoup d'amertume; et comme le comte Frochot, membre du conseil d'État, étoit élève de Mirabeau, et depuis long-temps lié avec l'abbé Syeyès et quelques autres métaphysiciens, il déclama vivement en présence du conseil d'État contre l'idéologie.

« C'est à l'idéologie, dit-il, qu'il faut at-
« tribuer tous les malheurs qu'a éprouvés la
« France. Ses erreurs devoient amener, et ont
« effectivement produit le régime des hom-
« mes de sang. En effet, qui a proclamé le
« principe de l'insurrection comme un de-
« voir? qui a adulé le peuple, en l'appelant
« à une souveraineté qu'il est incapable
« d'exercer? Lorsqu'on est appelé à régé-
« nérer un État, ce sont des principes cons-
« tamment opposés qu'il faut suivre; c'est
« dans l'histoire qu'il faut chercher les avan-
« tages et les inconvéniens des diverses lé-
« gislations; l'histoire peint le cœur humain.
« Voilà les principes que le conseil d'État
« d'un grand empire ne doit jamais perdre de
« vue. Il doit y joindre un courage à toute
« épreuve, et à l'exemple des présidens Har-

« lay et Molé, d'être prêt à périr en défendant
« le souverain, le trône et les lois. »

Il parla ici des magistrats *pusillanimes*, dont la foiblesse expose les Etats aux plus funestes révolutions. « Nos pères, dit-il, « avoient pour cri de ralliement : *Le roi est* « *mort, vive le roi*. Ce peu de mots contient « les principaux avantages de la monarchie. « La plus belle mort seroit celle d'un soldat « qui périt au champ d'honneur, si la mort « d'un magistrat périssant en défendant le « souverain, le trône et les lois, n'étoit pas « plus glorieuse encore. »

Ces idées étoient justes. La légitimité est peut-être la garantie la plus sûre du repos des Etats. Mais les Bourbons vivoient encore; et si le cri de ralliement *le roi est mort, vive le roi* devoit avoir toute sa force, il étoit évident que Buonaparte lui-même n'étoit plus que le sujet de Louis XVIII; car le temps, qui seul consolide les dynasties, n'avoit pas encore adopté la quatrième.

Les paroles du consul annonçoient au préfet de la Seine un orage prochain; il ne tarda pas à éclater. Seroit-il mis en jugement? sera-t-il seulement dépouillé de sa préfecture, privé de son titre de conseiller d'Etat? Buonaparte voulut qu'il fût jugé par ses pairs; et soumit ces questions au conseil. Ici s'ouvrit un combat de courage et de lâcheté, d'honneur et de servilité. Le plus grand nombre excusa; quelques âmes abjectes, croyant plaire à Napoléon, demandèrent un jugement, et accablèrent la victime de tous les reproches qui devoient la perdre : la clémence prévalut. Le comte Frochot perdit son titre de conseiller d'État et sa préfecture, et se décida à vivre désormais dans la retraite. Il avoit cependant payé largement le tribut d'adulation à son empereur. « Quelle allégresse! sire, lui avoit-« il dit à son retour, que de gloire pendant « votre absence! notre admiration suivoit les « pas de Votre Majesté dans ces momens où « elle montroit ce que peuvent contre les cli-« mats la constance et la fermeté d'âme qui « lui ont assuré le plus beau triomphe qu'il « soit donné aux mortels d'obtenir! »

Ces beaux discours ne le sauvèrent point. On lui donna pour successeur le préfet de Montenotte, M. Chabrol, qui s'étoit conduit dans son département avec beaucoup de sagesse, et avoit su gagner les bonnes grâces de Napoléon, en gardant soigneusement à Savone le chef de l'Église, dont le dépôt lui étoit confié.

Lorsqu'il prit possession de sa place, il

voulut faire publiquement une nouvelle profession de foi : « Qu'importe la vie, dit-il à « Napoléon, devant les immenses intérêts qui « reposent sur la tête sacrée de l'héritier de « l'empire ? Pour moi, qu'un regard inat- « tendu de Votre Majesté vient d'appeler de « si loin à tant de confiance, ce que je chéris « le plus de vos bienfaits, sire, c'est l'honneur « et le droit de donner le premier l'exemple de « ce noble dévouement. »

Laissons écouler quelques mois ; et, quand la fortune aura totalement abandonné celui qui est l'objet de tant de flatteries, les mêmes mains qui s'empressent autour de son trône pour le soutenir, seront les plus actives pour le renverser, et se rempliront d'encens et d'offrandes pour le nouveau souverain.

Mais ce n'étoit pas assez pour Napoléon que des discours remplis d'adulation ; il lui falloit des témoignages d'obéissance et de dévouement plus efficaces. Il avoit annoncé à ses généraux, en les quittant, qu'il alloit chercher trois cent mille hommes ; il les demanda, et le sénat se trouva trop heureux de recouvrer ses bonnes grâces en lui livrant trois cent cinquante mille nouvelles victimes. Jamais le sang humain n'avoit été prodigué avec moins de réserve.

CHAPITRE IX.

Voyage de Napoléon à Fontainebleau. Négociations auprès du souverain pontife. Nouveau concordat. Etat de l'Espagne pendant l'année 1812.

La guerre de la Russie n'étoit pas la seule qui occupât Napoléon; il en étoit une autre moins redoutable qui troubloit encore son repos. Depuis qu'il avoit enlevé le Saint-Père de sa capitale, qu'il lui avoit ravi ses Etats, et qu'il le tenoit prisonnier, l'Eglise avoit cessé d'être tranquille. L'excommunication avoit, à la vérité, produit peu d'effet; mais Pie VII avoit employé contre son ennemi une nouvelle arme. Le Saint-Père refusoit les bulles aux évêques nommés par Buonaparte, et les siéges restoient vacans. On avoit en vain essayé de vaincre sa résistance à Savone; on crut qu'une nouvelle violence le décideroit. Sous prétexte qu'on avoit vu des bâtimens anglais s'approcher de Savone, on l'enleva subitement de cette ville pour le transférer à Fontainebleau. Le 10 juin, un colonel de gendarmerie le fit monter dans une voiture, se plaça à côté de lui, et l'enleva. Arrivé au mont Cenis, le pape se trouva si fatigué et si malade, qu'on fut obligé de s'arrêter, et que les Pères de l'hospice lui administrèrent le saint viatique.

Après quarante-huit heures de repos, l'on remonta en voiture, et l'on descendit à Lyon le 20 juin 1812. De là, on se dirigea sur Fontainebleau sans s'arrêter. Pie VII y arriva à minuit. On n'y avoit rien préparé. Le Saint-Père attendit, à la belle étoile, que le concierge fût éveillé. Celui-ci reçut son hôte auguste dans son propre logement. Mais le lendemain, le ministre des cultes et M. de Champagny vinrent l'y visiter, et lui firent préparer un appartement plus digne de lui. Pour garder quelque bienséance, on lui composa une maison; il eut la liberté de recevoir des visites, de dire sa messe, et d'y admettre les fidèles. Les membres de la commission ecclésiastique instituée par Buonaparte, vinrent lui rendre leurs hommages, et l'entretenir des besoins de l'Eglise de France. Napoléon avoit fait faire de grandes dépenses à l'archevêché de Paris; il auroit voulu que le Saint-Père l'habitât; mais Pie VII ayant manifesté un invincible éloignement pour cette demeure, on n'osa pas insister. On commença à s'apercevoir que les rigueurs ne gagnoient rien sur une âme aussi patiente. Il ne se plaignit point de la nouvelle oppression dont il venoit d'être l'objet, reçut tout le monde avec une extrême douceur, et parut même ne pas se déplaire à Fontainebleau; il aimoit à entendre les prélats français. Sa conversation étoit remplie de cette grâce qui avoit touché Buonaparte lui-même, et quelquefois il l'animoit par des anecdotes agréables (1).

---

(1) C'étoient cette inaltérable résignation, cette douceur qu'aucun nuage n'altéroit jamais, cette bonté presque céleste qui, dès les premiers différends avec la cour de Rome, avoient désarmé Buonaparte. A l'époque où Venise avoit été réunie au royaume d'Italie, il avoit appliqué le concordat à cette nouvelle partie de son royaume. Le pape s'en étoit plaint, et il s'étoit établi à ce sujet une conférence très-vive entre Sa Sainteté et le vice-roi. Buonaparte s'en étoit mêlé ensuite; et le prince Eugène lui ayant communiqué une lettre où le Saint-Père déclaroit qu'il ne donneroit point l'institution aux évêques avant que l'on eût fait un concordat particulier pour Venise, Napoléon répondit d'un ton fier et menaçant. Cette lettre, peu connue, mérite d'être citée :

« La cour de Rome est assurément frappée de ver-
« tige. Ainsi, le pape persiste dans ses refus; la voix des

Lorsquo les premiers soins que réclamoient les affaires politiques eurent permis à Napoléon de s'occuper de l'Eglise, il voulut voir lui-même le pape et arranger les différends qui les divisoient. Le 19 janvier, il eut une conférence de deux heures avec l'évêque de Nantes, qui partit sur le champ pour Fontainebleau; lui-même, sans faire part à personne de son dessein, monta le lendemain dans ses

« conseillers qui l'entourent l'emporte sur celle de la
« raison et de son propre intérêt : il ouvrira les yeux
« quand il ne sera plus temps..... Le pape n'est pas
« content d'être placé sous la sauve-garde du plus
« puissant des monarques de la chrétienté ; que veut-
« il ? que prétend-il ? mettre mes royaumes en interdit ?
« Ignore-t-il combien les temps sont changés ? me
« prend-il pour un Louis-le-Débonnaire, et croit-il que
« ses excommunications feront tomber les armes des
« mains de mes soldats ? Que diroit-il, si je séparois de
« la catholicité la plus grande partie de l'Europe ? J'au-
« rois de meilleures raisons pour le faire qu'Henri VIII.

« Que le pape y songe bien ; qu'il ne me force pas à
« proposer et à faire adopter en France et ailleurs un
« culte plus raisonnable que celui dont il est le chef :
« cela seroit moins difficile qu'il ne pense, dans l'état
« actuel des idées, et lorsque tant d'yeux se sont ouverts
« depuis un demi-siècle sur les iniquités et les inepties
« de son clergé.

« Je ne veux plus, mon fils, que vous correspondiez
« avec le pape ; je ne veux pas non plus que mes évê-

carrosses avec l'impératrice en habits de chasse, ainsi que tout le service. Il alla en effet ohasser dans le parc de Gros-Bois, ancienne propriété du général Moreau, devenue depuis celle du maréchal Berthier, déjeuna chez ce maréchal, remonta dans ses carrosses, et tournant bride tout à coup sur Melun, se rendit à Fontainebleau.

Il avoit voulu surprendre le pape, et ne

« ques d'Italie aillent à Rome. Qu'iroient-ils y faire? y
« sucer des principes de sédition et de révolte. Je ver-
« rai, en arrivant à Paris, le parti que j'aurai à pren-
« dre, et je vous le ferai connaître. Il sera tel, sans
« doute, que le pape regrettera de n'avoir point
« adhéré à des propositions qui concilioient ses inté-
« rêts à ceux de l'Eglise. »

Napoléon avoit plus d'une fois songé à se séparer de l'Eglise de Rome, et l'on peut juger, par cette lettre, que ses scrupules religieux l'auroient peu retenu. On peut même se rappeler ce qu'il avoit dit aux évêques de France avant son départ pour la Russie : « Après que « j'aurai terminé ce que je prépare, et deux ou trois « autres projets que jai là (en portant la main à son « front), il y aura vingt papes en Europe : chacun aura « le sien. » Il étoit néanmoins trop prévoyant pour ne pas pressentir qu'un pareil divorce ne s'opéroit pas sans déchirement, et jamais il n'avoit pu se résoudre à se brouiller sérieusement avec un pontife si pieux, si patient, si résigné ; et nous le verrons bientôt disposé à le replacer sur son trône.

pas lui donner le temps d'écouter des conseils. La première entrevue se passa en politesses de part et d'autre. Le lendemain, Napoléon eut avec le Saint-Père une conférence plus sérieuse, qui dura deux heures. Les narrateurs les plus bénévoles conviennent *qu'on se dit d'abord tout ce qu'on avoit sur le cœur,* et que Buonaparte fit usage, dans cette occasion, de tout ce qu'il savoit mettre de séduction dans ses entretiens. D'autres historiens moins bien disposés, ont écrit que la conférence commencée par Napoléon avec une feinte et hypocrite douceur, avoit fini par des injures, et que Buonaparte, dans l'excès de sa colère, s'étoit livré à des violences envers le vénérable pontife. Le bruit en courut en effet dans le public, et l'on attribuoit même au Saint-Père quelques mots remarquables. On disoit que, peu touché des flatteries de Napoléon, il lui avoit répondu *comœdia,* et que le voyant entrer dans une grande colère, il avoit ajouté *tragœdia.* On ajoutoit que l'impératrice étoit venue s'interposer entre son époux et le Saint-Père : on désignoit même cette conférence sous le nom du *concordat à coups de poing.* Mais il paroît constant que tout se passa dans des termes assez convenables, et que le souverain dépouillé parut se rapprocher du souverain spoliateur. Il s'agissoit de choisir une résidence. Napoléon proposoit au pape Paris ou Avignon. Le pape ne parut pas refuser Avignon. L'Eglise de France manquoit de pasteurs ; Napoléon demanda des bulles pour eux ; le pape promit de les donner, à chaque élection, dans le délai de six mois. On convint d'écrire ces conventions. Napoléon fit venir un de ses secrétaires, et les lui dicta. On décida, avant de signer, que les cardinaux et les évêques qui se trouvoient à Fontainebleau se réuniroient en conseil, pour donner à ce nouveau concordat la perfection désirable. Le pape avoit auprès de lui les cardinaux de Bayonne, Fabrice Ruffo, Roverède Dugnagni, Doria, l'archevêque d'Edesse son aumônier. Buonaparte avoit, de son côté, comme conciliateurs, l'archevêque de Tours, le cardinal Maury, l'évêque de Nantes, celui de Trèves, d'Evreux, de Plaisance, de Faenza et de Feltre. Le 25 janvier, après quatre jours de conférences, le cardinal Doria, faisant les fonctions de grand-maître, présenta le traité à la signature du pape et de Napoléon ; et pour le récompenser, Buonaparte le décora du grand aigle de la Légion-d'Honneur. Il révoqua ensuite l'exil des quatorze cardinaux qu'il avoit frappés de sa disgrâce. Ainsi, la réconciliation parut complète, et ce nouveau traité prit le titre de *concordat de* 1813.

Les principaux articles dont il se composoit, portoient que le Saint-Père auroit une partie du patrimoine de l'Eglise, mais sans désignation; qu'il en seroit l'administrateur; qu'il auroit auprès de lui des ministres et des ambassadeurs étrangers; que les biens du domaine de saint Pierre non aliénés seroient restitués, et les autres remplacés, jusqu'à la concurrence de deux millions de revenus.

Ce concordat n'avoit été consenti que provisoirement. Pie VII vouloit qu'il fût présenté dans un consistoire, et revêtu de toutes les formes accoutumées; il avoit surtout insisté pour que la publication n'en fût faite qu'après ces formalités. Mais Buonaparte étoit rarement fidèle à ces sortes d'engagemens. A peine étoit-il de retour à Paris, qu'il proclama dans *le Moniteur* que tous les différends avec le pape étoient aplanis, et publia le concordat. On fit annoncer au son des cloches, dans toutes les églises de France et d'Italie, cet heureux évènement, les *Te Deum* furent chantés partout en action de grâces, et le cardinal Maury en exprima sa joie en termes pompeux dans un mandement. Mais le cardinal Fesch se plaignoit amèrement à son neveu, et prétendit qu'il avoit violé les droits du sacré collége. Les cardinaux rappelés firent des remontrances au Saint-Père, qui lui-même n'avoit cédé qu'à la nécessité, et il écrivit à Napoléon que, mieux informé, il révoquoit ce qu'il avoit accordé, et suspendoit de nouveau l'envoi des bulles. Napoléon répondit « que ce qui étoit écrit, étoit écrit ; « que les observations du pape étoient con- « traires aux intérêts de la France ; qu'étant « d'ailleurs infaillible, il n'avoit pu se trom- « per, et que sa conscience étoit trop prompte « à s'alarmer. » Ainsi, il joignoit la dérision au manque de foi ; mais c'étoient là de ces jeux où il se plaisoit. L'Eglise de France retomba donc dans le même chaos ; le pape continua de séjourner à Fontainebleau ; et comme en rappelant les cardinaux de leur exil, Buonaparte n'avoit pas levé le séquestre sur leurs revenus, ils se trouvèrent dans un état de détresse qui les mit à la merci de la charité des fidèles. Leur misère inspiroit peu de pitié à Buonaparte ; il savoit que c'étoit d'eux surtout que provenoit la résistance de la cour de Rome, et il disoit quelquefois qu'il étoit plus facile de vaincre une armée qu'un conseil de prêtres ou un chapitre de moines.

Mais les affaires politiques de l'Europe étoient d'une trop haute nature, pour s'obstiner à terminer celles du clergé ; ce n'étoit pas la Russie seulement qui l'occupoit. Depuis son départ pour sa grande et funeste expédition, la guerre d'Espagne avoit pris une nouvelle face. Il avoit appris, au milieu de ses combats, la défaite du général Marmont aux Arapiles, la prise de Madrid par les Anglais, et l'évacuation de l'Andalousie par le maréchal Soult. Il faut maintenant rendre compte de ces évènemens.

Napoléon avoit, par un décret du 26 février 1812, réuni la Catalogne à la France, et divisé cette province en quatre départemens. C'étoit une audacieuse violation des traités ; car, en enlevant le trône d'Espagne à la maison de Bourbon, il s'étoit solennellement engagé à conserver l'intégrité du territoire espagnol et toutes les possessions américaines ; mais ses paroles, ses traités et sa politique varioient suivant ses intérêts. En rendant ce décret, il se croyoit plus puissant en Catalogne qu'il ne l'étoit réellement. Les guerillas y étoient dans une activité qui ne laissoit aucun repos à cette province : elles avoient des chefs alors obscurs, mais qui depuis se sont illustrés dans une guerre d'une nature bien différente : c'étoit le marquis de Porlier, si connu depuis sous le nom de *Marquesito*. C'étoit Espos-y-Mina, devenu la terreur des détachemens français sur la route de Bayonne à Burgos, dans la Biscaye et la Navarre. Peu d'hommes lui étoient comparables pour choisir une embuscade, intercepter un convoi, surprendre un poste, enlever un détachement. Ces guerillas se multiplioient sur tous les points de la péninsule; la connoissance qu'elles avoient des chemins, les secours des paysans et la connivence qui régnoit entre eux, leur donnoient un avantage infini; elles étoient jusqu'aux portes de Madrid, et plusieurs fois elles enlevèrent jusqu'à ses approvisionnemens. Le roi Joseph n'osoit sortir de sa capitale pour aller dans ses châteaux voisins jouir des charmes de la campagne; mais c'étoit dans la Catalogne qu'elles étoient surtout redoutables : elles secondoient avec une activité sans exemple les mouvemens des armées, entretenoient des intelligences dans les villes, en favorisoient la surprise et l'enlèvement. Figuières et Puycerda étoient tombées ainsi dans leurs mains; et s'ils n'avoient pu les garder, ils avoient au moins appris aux Français que leurs conquêtes n'étoient pas aussi assurées qu'ils le croyoient. L'expédition de Russie avoit enlevé à la péninsule un grand nombre de troupes aguerries et de généraux déjà familiarisés avec les lieux, les hommes et la nature de cette guerre; des conscrits, quelque braves qu'ils fussent, ne valoient pas les vieilles troupes qu'ils remplaçoient; les nouveaux généraux manquoient de l'expérience des anciens: on devoit donc s'attendre à des chances différentes.

Marmont avoit débuté d'une manière heureuse; il avoit fait lever le siége de Ciudad-Rodrigo; il pouvoit réunir soixante mille hommes, en y comprenant le corps du général Dorsenne, qu'il avoit sous ses ordres. Le général Decaen avoit succédé en Catalogne au duc de Tarente. Le général Wellington paroissoit fidèle à son système de circonspection. Après la levée du blocus de Ciudad-Rodrigo, il avoit pris des positions fortes et d'un difficile accès. Le général Hill couvroit la province d'Alentejo contre les partis qui pouvoient sortir de Badajos; il favorisoit en même temps Castanos, occupé à organiser un corps d'armée : il n'avoit à sa proximité que le général Girard, chargé d'entretenir les communications entre Séville et Badajos; mais le maréchal Soult, dont la surveillance s'étendoit à tout, avoit l'œil sur Castanos. Instruit que ses levées devenoient nombreuses et redoutables, il ordonna au général Girard de les dissiper. Le général les attaqua, les dispersa facilement, et oubliant qu'il avoit à ses côtés une armée anglaise, négligea toute précaution, se laissa surprendre, mettre en déroute, et de trois mille hommes qu'il commandait, en perdit près de la moitié, qui tombèrent entre les mains des Anglais : on lui prit aussi une demi-batterie d'artillerie légère. Le maréchal Soult, irrité de cet échec, se plaignait vivement de l'imprévoyance du général français; mais lui-même il venoit d'échouer aux pieds de la forteresse de Tariffa. Persuadé que la prise de cette place étoit d'une grande importance pour ses communications avec l'Afrique, il donna l'ordre au duc de Bellune d'en former le siége, quoiqu'on fût dans la saison la plus défavorable de l'année, au 15 décembre. La place étoit défendue par le colonel anglais Skerret, homme habile et d'une grande résolution : on la battit en brèche, et lorsque l'on crut l'assaut praticable, on y envoya l'élite des voltigeurs : c'étoient des hommes d'une intrépidité à toute épreuve; mais l'intrépidité ne tient pas contre la mitraille quand elle est bien servie. Les assiégés firent un feu terrible, et tous ces braves auroient péri, s'ils n'eussent reçu l'ordre de se retirer. Un second assaut ne réussit pas mieux ; la saison n'étoit pas tenable ; l'attaque avoit été faite avec moins d'intelligence et de soin qu'à l'ordinaire, et Soult crut de sa prudence d'abandonner cette entreprise.

D'un autre côté, le général Hill faisoit des mouvemens vers Séville, et Soult devoit naturellement reporter son attention sur l'Estramadure. Le succès que le général Marmont avoit obtenu à Ciudad-Rodrigo lui avoit inspiré une confiance dangereuse ; il avoit trop étendu ses cantonnemens ; il avoit affoibli son armée, en envoyant le général Monbrun dans le royaume de Valence pour seconder les opérations du maréchal Suchet. Wellington, qui depuis quelque temps recevoit les conseils d'un mentor français alors inconnu, mais dont on nous a révélé depuis la correspondance (1), résolut de profiter de la sécurité des Français pour se porter de nouveau sur Ciudad-Rodrigo, et s'en emparer avant que Marmont pût la secourir. Il arriva le 8 devant la place ; le 9, le général Crawfurd enleva une des redoutes à la baïonnette ; et

---

(1) Dumouriez. *Voyez* l'*Histoire de la révolution de France*, par l'abbé de Montgaillard.

dix jours après, la brèche ayant été faite, l'assaut fut donné de ce côté, tandis que d'un autre on montoit à l'escalade. Cette double attaque réussit complètement, et, en deux heures de temps, la ville fut au pouvoir des Anglais. La garnison, qui n'étoit que de dix-sept cents hommes, s'étoit portée presque toute entière vers la brèche; surprise par l'escalade, elle se rendit à discrétion. Les Anglais perdirent dans cette affaire le général Makinnon et mille hommes; le général Crawfurd, blessé mortellement, expira quelques jours après. C'étoit un officier d'un haut mérite. Cette surprise étoit une grande leçon de vigilance donnée aux généraux français. Marmont écrivit au maréchal Berthier que cet évènement lui paroissoit incompréhensible. Cependant le commandant de Ciudad-Rodrigo avoit fait son devoir : cette place exigeoit seulement une garnison plus considérable. La prise de Ciudad-Rodrigo n'étoit que le prélude d'une perte bien plus grave; le général français ne s'attendoit probablement pas que l'ennemi, jusqu'alors si réservé, sortiroit tout à coup de sa circonspection pour signaler la campagne par des coups d'éclat.

Badajos étoit une place convoitée depuis treize mois par les Anglais, qui la tenoient investie. Le général Philippon, qui en avoit le commandement, se signaloit par son courage, sa constance et son habileté ; trois fois l'ennemi, quoique soutenu de cinquante mille hommes, avoit été obligé de renoncer à une attaque sérieuse. Le 16 avril, Wellington, profitant des affaires qu'il avoit suscitées, en Andalousie, au maréchal Soult, fit serrer la place. Le général Graham fut chargé d'observer les Français du côté de l'Andalousie, le général Hill du côté de Salamanque. Le 19, les Français firent une sortie, et, reçus à la baïonnette par les Anglais, ils rentrèrent. Six jours après, un détachement ennemi enleva d'assaut le petit fort de Picurina. Le général Philippon entreprit de le reprendre, et ne réussit point. Trois brèches avoient entamé fortement les remparts : il fut résolu de donner l'assaut, et de tenter en même temps l'escalade, comme à Ciudad-Rodrigo. On ordonna de fausses attaques, et l'on se porta sur les trois brèches à la fois. Les Anglais y furent repoussés avec une perte considérable ; mais tandis qu'ils échouoient sur ce point, l'escalade réussissoit, et leur livroit Badajos. Cette conquête leur coûta à la vérité quatre mille hommes ; mais ils prirent la garnison, qui étoit de cinq mille hommes ; et les Français perdirent, outre un grand nombre d'officiers et de soldats, huit ingénieurs du plus grand mérite. Le maréchal Soult, qui s'étoit mis en marche le 1er avril, n'arriva que pour être témoin de ce revers. On reprocha au duc de Raguse de s'être porté vers les frontières du Portugal, au lieu de combiner ses opérations avec le maréchal Soult, et de rejeter, comme en 1811, les Anglais dans leurs lignes. Ceux qui cherchent dans les replis du cœur humain les moins honorables, la cause des évènemens, croient que le général de l'armée de Portugal ne fut pas fâché de laisser le maréchal Soult recevoir à son tour une leçon de vigilance. Mais c'eût été acheter bien cher une vaine et coupable satisfaction. Le général de génie Lery, en rendant compte de ce fâcheux évènement au maréchal Kellerman, disoit néanmoins : « Voilà ce que c'est que de « n'avoir pas un chef suprême sur les lieux « pour diriger les mouvemens. »

Cependant ce revers en appeloit un autre bien plus considérable : il sembloit que cette année 1812 étoit destinée à répandre sur l'Europe, depuis les extrémités de la Baltique jusqu'à la Méditerranée, un esprit de violence et de destruction. La guerre déployoit toutes ses fureurs sur la péninsule ; la terre enfantoit des hommes tout armés ; le général Abadia parut dans le royaume de Léon avec de nombreux bataillons; dom Julian Sanchez pénétra dans la Castille; Morillo se montra dans la Manche; le baron d'Eroles attaqua une division de l'armée de Catalogne; Espos-y-Mina s'empara d'un convoi; le général Lascy osa bloquer Barcelonne; et cependant tous ces audacieux partisans n'avoient pour soldats que des paysans levés à la hâte, et mal équipés. Leurs mouvemens favorisoient l'armée anglaise, et lui inspiroient de l'audace. Le géral Hill étoit à cent milles d'Almaraz, place importante, qui servoit à la communication du général Marmont avec le maréchal Soult. Tout à coup il se détache de Badajos, s'avance à marches forcées sur Almaraz, où l'on n'avoit laissé qu'une foible garnison, la surprend, en fait une partie prisonnière, met l'autre en fuite, détruit le pont et les fortifications de la place, et va rejoindre son armée sans être inquiété. Ce succès éveille le maréchal Marmont; il rassemble ses cantonnemens, et commence à se mettre en marche. L'armée anglaise, d'abord affoiblie de près de vingt mille hommes, tués, prisonniers, malades, ou laissés en garnison à Ciudad-Rodrigo et à Badajos, venoit d'être ravivée par de nouvelles troupes envoyées d'Angleterre, et

Wellington vouloit enfin se montrer. Il marcha sur Salamanque. On avoit essayé de faire de cette ville une place d'armes, en fortifiant trois maisons religieuses; mais le duc de Raguse ne croyant pas devoir tenir dans cette ville, y laissa seulement huit cents hommes pour garder les forts, et rétrograda de quelques lieues pour joindre ses renforts. Les Anglais entrèrent à Salamanque, et attaquèrent les forts, qu'ils emportèrent par assaut ou par capitulation.

Tout étoit prêt pour une action générale; le maréchal duc de Raguse s'étoit rapproché; de part et d'autre on fit un grand nombre de mouvemens, on passa et repassa les rivières. Enfin, le 22 juillet, les deux armées se trouvèrent en présence. La chaleur étoit excessive, le ciel chargé d'orages, l'air sillonné d'éclairs, la pluie tomboit à torrens. Cependant, Marmont commença le combat. Il avoit pris des positions périlleuses. Lorsque Wellington entendit le canon ennemi, il se leva avec une vivacité qui ne lui étoit pas ordinaire, et s'écria : *Le bon génie de Marmont l'abandonne*. Il monta à cheval, et donna ses ordres. Le combat commença par l'attaque de deux monticules nommés *Los Arapiles*. Les Français en enlevèrent un;

les Anglais cherchèrent inutilement à le leur reprendre, ils le conservèrent. En ce moment, le général sir Stapleton Cotton fit une charge si vigoureuse sur un corps d'infanterie française, qu'il l'enfonça et le tailla en pièces. On perdit le général Lemarchant, officier d'un rare mérite, qui s'étoit signalé dans un grand nombre d'occasions. Le combat devint sanglant; les Français firent des efforts inouïs pour regagner le terrain qu'ils avoient perdu. Les généraux anglais Cole, Beresford et Leith furent blessés, et emportés des rangs. Leur absence jeta d'abord du trouble dans l'armée anglaise, mais le général Clinton étant survenu avec sa division, ranima le combat, et maintint les avantages qu'avoit remportés sir Stapleton. Le maréchal Marmont avoit été blessé dès le commencement de l'action; un éclat d'obus lui avoit cassé un bras et fracassé une côte. Obligé de quitter le champ de bataille, il remit le commandement au général Clausel, habile et courageux officier : ce fut le salut de l'armée. Marmont avoit exposé sa gauche, par la position qu'il avoit prise sur la grande route de Ciudad-Rodrigo. Le général Clausel la rappela sur son centre, et, par des manœuvres aussi savantes qu'heureusement exécutées, sauva l'honneur des armes francaises. Jusqu'à la nuit, il soutint l'effort des Anglais, et ne quitta le champ de bataille que quand il put le faire avec honneur et sécurité. Le lendemain, l'avant-garde anglaise atteignit son arrière-garde, qui, quoiqu'abandonnée de la cavalerie, reçut avec vigueur l'attaque de l'ennemi, et ne succomba qu'après avoir combattu glorieusement.

Les deux armées étoient presqu'égales en forces; on les évaluoit à cinquante mille hommes; les Anglais en perdirent cinq à six mille, les Français autant; mais ils laissèrent six à sept mille prisonniers entre les mains du vainqueur, onze canons et deux aigles. Cette sanglante journée fut inscrite dans les fastes de la guerre, sous le nom de bataille des *Arapiles* ou de *Salamanque* : elle eut pour la cause du roi Joseph les suites les plus funestes; car les cortès, qui dès lors méditoient une révolution dans les formes du gouvernement, paraissoient disposées à le réconnoître.

On reprocha au maréchal Marmont des fautes d'une extrême gravité; on pouvoit en reprocher d'aussi grandes à sir Arthur Wellington : le plus grand tort peut-être du général français, fut de n'en avoir pas profité. La nouvelle de cette défaite, portée à Napoléon dans les champs de la Russie, lui avoit causé une violente irritation ; mais ce ne devoit pas être la dernière.

Le général Clausel, hors d'état maintenant de lutter contre l'armée entière de Wellington, se retira sur Valladolid, et ensuite sur Burgos. La défaite de Salamanque exposoit Madrid à un coup de main : le roi Joseph en fut effrayé. Il étoit sorti de sa capitale le 21 juillet, avec douze mille hommes, pour contenir les partis espagnols, et coopérer aux mouvemens du maréchal Marmont. Lorsqu'il apprit sa défaite, il rétrograda prudemment ; mais pour ne pas paroître éviter le combat, il se porta sur Ségovie, dans le dessein de faire une diversion en faveur du général Clausel. Wellington l'y suivit, et entra à Ségovie. Convaincu que le général Clausel ne pouvoit reprendre l'offensive, rassuré par le nombre et l'activité des guerillas, comptant sur l'armée que Ballesteros maintenoit en Andalousie, il marcha sur Madrid. Le passage de la Guadarama, montagne escarpée, ne fut point défendu ; et le roi Joseph n'ayant osé attendre l'ennemi dans sa capitale, les Anglais y entrèrent le 12 du mois d'août. Une garnison de deux mille hommes laissée sans motif au Retiro, capitula ; le roi prit position sur la rive gauche du Tage, attendant les secours des maréchaux Suchet et Soult.

Il seroit impossible de décrire la joie du peuple de Madrid, à la vue des soldats qu'ils appeloient leurs *libérateurs*. Les habitans s'étoient portés en foule au-devant d'eux ; ils embrassoient, en versant des larmes, les officiers et les soldats qu'ils pouvoient approcher ; toutes les maisons étoient ornées de draperies, le pavé des rues jonché de feuillages et de fleurs. Le soir, toute la ville fut éclairée par de magnifiques illuminations ; les cortès et Ferdinand VII furent proclamés au milieu des plus bruyantes acclamations. L'*Empecinado*, qui ne prévoyoit pas les vicissitudes de la fortune, étoit tout fier de parader avec les soldats dans les rues de sa capitale (1).

Les Anglais trouvèrent à Madrid, outre des magasins de toute espèce, deux cents bouches à feu, neuf cents barils de poudre et vingt mille fusils. Mais ce triomphe ne devoit pas durer long-temps ; il falloit, pour abattre le trône de Joseph, une journée plus funeste

___

(1) Il fut, par la suite, pendu par ordre de ce même roi qu'il proclamoit alors avec tant d'enthousiasme, et pour lequel il avoit prodigué son sang et bravé tant de dangers.

encore que celle des Arapiles. L'enthousiasme des habitans s'évanouit promptement, quand le libérateur Wellington exigea d'eux, pour prix de son service, deux millions de piastres; conduite peu généreuse de la part d'une grande nation, mais trop ordinaire aux puissances dont on invoque le secours : c'est partout la fable du cheval, du cerf et de l'homme.

Le roi Joseph se trouvoit maintenant dans une position périlleuse : il évacua prudemment la ville de Tolède, et se retira vers Valence, pour se mettre sous la protection des maréchaux duc d'Albuféra et duc de Dalmatie. Il leur avoit demandé des renforts. Mais le maréchal duc de Dalmatie jugeant en grand capitaine la position de la péninsule, prit sur le champ une résolution décisive. Il leva le siége de Cadix, et se détermina à évacuer l'Andalousie, pour joindre ses opérations avec celles des autres armées françaises, et chasser les Anglais de leurs conquêtes. Il auroit pu être inquiété dans sa retraite par Ballesteros; mais ce général, ancien chef de contrebandiers, se plioit difficilement à l'obéissance; il ne pouvoit supporter l'idée de voir les armées espagnoles soumises à un étranger, et, malgré toutes les instructions qu'il recevoit, n'en faisoit qu'à sa tête. Le général O'Donnel suivoit son exemple, et se laissa battre par le général Harispe, qui lui tua ou prit trois mille hommes. Ce succès fut malheureusement balancé par la prise d'Astorga; cette place se rendit au général Santolides, qui fit la garnison de douze cents hommes prisonnière de guerre. Le général Foy, que le général Clausel avoit envoyé à son secours, arriva trop tard; mais on s'empara de Bilbao.

Lord Wellington attendoit une armée de Sicile qui devoit débarquer en Catalogne. Elle s'y montra en effet, et, ne se trouvant pas assez forte, elle se rendit à Alicante : elle n'étoit que de six mille hommes, et par conséquent hors d'état de tenir la campagne; elle servit néanmoins à retenir le maréchal Suchet, et l'empêcha de marcher sur Madrid.

Clausel avoit refait l'armée de Salamanque; Marmont ne la commandoit plus depuis la grave blessure qu'il avoit reçue : elle était forte de plus de vingt-cinq mille hommes, et s'avançoit pour prêter la main au maréchal Soult. Lord Wellington sentit la nécessité de prévenir ce mouvement. Il quitta Madrid, chargea le général Hill d'observer l'armée d'Andalousie, et marcha sur Burgos. Les Français avoient laissé une garnison dans le fort, sous le commandement du général Dubreton. Les Anglais, exaltés par leurs succès de Badajos et de Ciudad-Rodrigo, crurent que désormais rien ne pourroit les arrêter. Le général Dubreton leur donna une leçon de modestie; il les força de l'assiéger en règle, et ses soldats défendirent si bien les brèches, que les braves de la Grande-Bretagne les abandonnèrent après cinq assauts. Le maréchal Soult s'avançoit, et Hill se trouvoit en péril; lord Wellington crut de sa prudence d'abandonner Burgos, et de battre en retraite. Cet échec lui coûta deux mille hommes, les assiégeans n'en perdirent que six cents; ils n'étoient que quinze cents: le siége avoit duré trente-cinq jours. Le général Hill n'osant attendre le maréchal Soult, battit en retraite de son côté, et abandonna Madrid. Ainsi le vent de la fortune avoit changé tout à coup. Hill et Wellington se réunirent, et continuèrent ensemble leur retraite. Les armées françaises se joignirent sur la Tormès. Les rapports de sir Wellington en évaluent les forces à quatre-vingt-dix mille hommes; c'est une forte hyperbole; elles ne comptoient que de soixante à soixante-dix mille hommes, mais tous pleins d'ardeur, tous brûlant d'en venir aux mains avec l'ennemi. Lord Wellington rentra de nouveau dans son système de prudence, et ne s'arrêta que quand il se vit protégé par les remparts de Ciudad-Rodrigo. Cette retraite lui coûta encore mille hommes, et le général Paget, officier d'un grand mérite, qui tomba dans un parti français. Le revers essuyé à Burgos avoit diminué beaucoup la considération du soldat pour son général en chef; la discipline en souffrit bientôt, et l'insubordination se manifesta si vivement pendant la retraite, que Wellington en fit le sujet d'un ordre du jour. Il trouva aussi des censeurs au parlement; et le marquis de Wellesley, son frère, ayant entrepris son apologie, ne trouva pas de tour oratoire plus favorable que de louer son génie pour les retraites. « Si j'étois, dit-il, appelé à rendre « un témoignage impartial à votre grand « général, ce sont ses retraites que j'irois « chercher comme les preuves les plus glo- « rieuses et les plus évidentes de son habi- « leté. »

Ce genre de panégyrique frappa sans doute le parlement et toute la Grande-Bretagne; car le prince régent décerna à lord Wellington le titre de *marquis du royaume uni*;

le parlement lui vota une gratification de 100,000 livres sterling pour acheter des terres et soutenir la dignité de la pairie; enfin, le Portugal voulut aussi signaler sa générosité, et le prince de Brésil ajouta aux titres de *comte de Vimeiro, marquis de Torrès-Vedras,* celui de *duc de Vittoria.* C'étoit sans doute par anticipation; car cette ville devoit en effet devenir bientôt le théâtre d'une sanglante journée, qui décida du sort de la péninsule. Les armées des deux côtés étoient fatiguées; elles prirent du repos dans leurs cantonnemens respectifs; le roi Joseph rentra dans sa capitale, à la grande confusion des habitans, qui avoient témoigné tant de joie de son départ, donné de si belles fêtes, et comblé de si magnifiques largesses leurs prétendus libérateurs. Ainsi se termina la campagne de 1812. Depuis quatre ans, la terre de la péninsule étoit arrosée de sang humain, et tous les efforts de l'Angleterre s'étoient réduits à conserver le Portugal; mais la campagne suivante enfantera des évènemens plus favorables et plus glorieux.

CHAPITRE X.

Situation de l'armée de Russie en Allemagne. Proclamation de Louis XVIII aux Français. Offres patriotiques des cohortes. Enrôlement des gardes d'honneur. Senatus-consulte pour le couronnement de l'impératrice et du roi de Rome, et l'établissement d'une régence. Ouverture du Corps législatif. Adresses de félicitation des départemens. Offres patriotiques de leur part.

Napoléon apprit avec autant de satisfaction les succès du maréchal Soult et du général Clausel, qu'il avoit éprouvé de mécontentement et de dépit à la nouvelle de l'entrée des Anglais à Madrid. Tranquille maintenant sur la situation de l'Espagne et l'intérieur de ses Etats, il ne songea plus qu'à réparer les désastres de la campagne de Russie, et l'échec qu'en avoit reçu sa gloire militaire. En quittant son armée, il s'étoit attendu que le roi de Naples s'arrêteroit à Wilna, qu'il y donneroit du repos à ses soldats, les réorganiseroit, et se mettroit en état d'opposer quelque obstacle aux rapides progrès de l'ennemi. Il comptoit particulièrement sur les divisions du maréchal Saint-Cyr et du général Loison ; mais il n'avoit pas calculé l'effet que devoit produire dans l'armée la nouvelle de son départ. Quelle discipline pouvoit-on se promettre des soldats, quand le chef suprême de l'armée abandonnoit son poste? Les divisions de Saint-Cyr et de Loison, déjà mutilées par la faim et le froid, s'étoient fondues comme les autres. Si Napoléon croyoit sérieusement qu'on pouvoit tenir à Wilna, pourquoi avoit-il quitté son armée si peu de jours avant d'y arriver? Là, du moins, il l'auroit établie au milieu d'immenses ressources ; il auroit présidé à sa réorganisation, pourvu à sa sûreté, et ne l'auroit abandonnée que quand il se seroit assuré qu'elle pouvoit continuer sa retraite sans de trop grands dangers. Son absence et son évasion répondoient à toutes ses plaintes. Wilna avoit, en effet, des magasins de toute espèce qu'on auroit pu, même en se retirant, ravir aux Russes, si la confusion eût été moins grande, la fuite moins précipitée, et si Napoléon lui-même n'eût pris un soin excessif de cacher ses désastres. Ces magasins si désirables pour les Français, furent pour le vainqueur d'un secours infini : il y trouva du pain, du vin, de la farine pour cent mille hommes, une quantité considérable de viande, d'équipemens, de fusils, ressource d'autant plus précieuse, que les armées russes étoient dans un délabrement presqu'égal à celui des Français. Elles amenèrent à Wilna dix-huit mille malades; leur perte en hommes étoit telle, que de plusieurs régimens il ne restoit plus que le nom. L'amiral Tschitchagoff d'abord, et le général Kutusoff ensuite, s'y arrêtèrent quelques jours; Platoff seul et ses Cosaques continuèrent leur poursuite.

A la nouvelle des désastres de l'armée française, les Polonais, toujours braves, fidèles et généreux, décrétèrent la levée en masse; mais il étoit trop tard, et Varsovie même ne pouvoit plus être sauvée. Les Russes et leur empereur, fiers de leurs succès et de la ruine de Napoléon, aspiroient à une vengeance éclatante. Alexandre ne méditoit rien moins que de faire tomber la couronne du front d'un homme qu'il avoit long-temps regardé comme l'instrument de la Providence, le favori du Destin; d'un homme dont il avoit recherché l'amitié, et qui, pour tant de marques de déférence, venoit de porter dans ses Etats le fer et la flamme, sous le prétexte que ses ports avoient reçu quelques tonnes de sucre et quelques ballots de marchandises venues d'Angleterre. Ses ambassadeurs étoient partout, et, réunis à ceux de la Grande-Bretagne, ils travailloient à former une coalition formidable contre *le tyran de son pays, l'oppresseur des peuples, le fléau du genre humain;* car c'étoit ainsi qu'ils le désignoient.

A l'issue de la campagne, Alexandre avoit adressé à son armée la proclamation suivante :

« Soldats !

« Elle est passée cette année mémorable et
« glorieuse, pendant laquelle vous avez plongé
« dans la poussière l'orgueil de notre insolent
« agresseur ! Elle est passée, cette année,
« mais vos faits héroïques restent ; le temps
« ne peut en effacer le souvenir ; ils vivront
« dans la mémoire de la postérité. Vous avez
« prouvé à l'univers par votre fidélité, votre
« valeur, votre persévérance, que, contre des
« cœurs remplis d'amour pour Dieu et de
« loyauté envers leur souverain, les efforts du
« plus formidable ennemi ne sont que comme
« les vagues furieuses de la mer, qui se bri-
« sent contre un rocher inébranlable. Soldats !
« empressé d'honorer par des marques parti-
« culières tous ceux qui ont participé à ces
« exploits immortels, nous avons fait frapper

« des médailles d'argent qui ont reçu la bénédic-
« tion de notre sainte Eglise ; elles portent la
« date de la mémorable année 1812. Suspendues
« à un ruban blanc, elles décoreront ces poi-
« trines courageuses qui ont été les boucliers
« de leur pays : chaque soldat de l'armée russe
« est digne de porter cette marque insigne de
« la valeur et de la constance, car vous avez
« partagé tous les mêmes dangers, vous n'a-
« vez eu tous qu'une même âme. Que nos en-
« nemis tremblent à la vue de ces décora-
« tions ! qu'ils sachent que sous ces médailles
« palpitent des cœurs animés d'une valeur im-
« périssable ! Oui, elle est impérissable, parce
« qu'elle n'est point fondée sur l'ambition ou
« sur l'impiété, mais sur les bases immuables
« du patriotisme et de la religion. »

Ces proclamations élevoient le cœur du soldat, et lui faisoient oublier que, né dans la
servitude, il n'avoit été jusqu'alors qu'un instrument aveugle de la volonté et des caprices
de ses maîtres. Avant un an il franchira les
frontières de la France, et bientôt après fera
briller ces décorations sur le péristile même du
château des Tuileries.

Cependant l'armée française commençoit à
se recomposer en Allemagne, sous l'adminis-

tration prudente du vice-roi d'Italie; elle offroit un corps de trente-cinq mille hommes: le général Bourcier, occupé à réorganiser la cavalerie, étoit à Berlin depuis le 2 janvier. Le général Yorck avoit été destitué, et rien n'annonçoit en apparence la défection du roi; mais le cabinet prussien étoit loin d'être de bonne foi : il venoit de conclure avec l'Espagne un traité secret où il déclaroit reconnoître Ferdinand VII pour seul roi légitime de la monarchie espagnole, ainsi que la régence qui le représentoit durant son absence. Du côté de Vienne, quoique les dispositions fussent à peu près les mêmes, on dissimuloit. L'empereur d'Autriche avoit envoyé le général Bubna pour complimenter Napoléon sur son heureux retour, et ce nouveau diplomate assuroit la cour des Tuileries que le cabinet de son maître vouloit rester inébranlable dans son système; que son alliance avec la France étoit fondée sur les intérêts les plus naturels, les plus essentiellement salutaires. « Ce n'est pas la France, disoit-il, mais la « Russie que nous craignons; et si elle se « refusoit à des propositions modérées, nous « emploierions contre elle non seulement le « corps auxiliaire stipulé par les traités, mais « toutes les forces de l'Etat. »

Mais, d'un autre côté, la correspondance du comte Otto étoit peu rassurante. Il annonçoit que lord Walpole s'étoit montré dans la haute société ; qu'il se formoit à la cour un parti ennemi de la France ; qu'on faisoit là à l'Autriche les offres les plus brillantes ; qu'il s'agissoit de lui assurer non seulement les provinces Illyriennes, mais la suprématie de l'Allemagne, mais l'Italie, l'Italie tout entière, et d'ouvrir pour elle les trésors de l'Angleterre : on exagéroit à dessein les pertes de la France ; on la montroit comme prête à subir une grande révolution. M. de Metternich, qu'on regardoit comme l'âme de ce parti, n'avoit point hésité à dire à M. Otto, que si l'Autriche vouloit se déclarer contre la France, elle verroit des milliers d'hommes embrasser sa cause : cependant il protestoit encore des bons sentimens de l'Autriche, de son inviolable attachement à la France, et de sa foi pour les traités. Ainsi de toutes parts on substituoit la dissimulation à la franchise ; on trompoit avec toutes les apparences de la sincérité.

Au milieu de ces mouvemens diplomatiques, on vit tout à coup Louis XVIII, enseveli depuis long-temps dans son château d'Hartwell, s'éveiller comme d'un songe profond, et faire entendre sa voix. Ce prince, juste appréciateur des évènemens et des hommes, avoit souvent prédit la chute de Napoléon : il fondoit ses pressentimens sur l'excès même de sa prospérité et cette ambition dévorante qui l'entraînoit dans les entreprises les plus hasardeuses. Persuadé que l'époque n'étoit pas éloignée où ses prévisions s'accompliroient, il fit répandre, autant qu'il étoit en lui, une proclamation aux Français, où il leur rappeloit les droits de sa naissance, et s'engageoit à les faire jouir de cette liberté à laquelle ils aspiroient depuis près de trente ans, que Napoléon leur avoit promise, et qu'il avoit remplacée par une cruelle tyrannie. Peu de proclamations arrivoient en France; mais, répandues en Europe, elles firent entrevoir aux nations l'aurore d'un nouvel avenir. La confédération du Rhin se fatiguoit des charges énormes dont Napoléon l'accabloit. Quelles pertes n'avoit-elle pas faites dans cette désastreuse campagne! Elle avoit livré ses hommes, ses trésors, ses magasins, et l'on exigeoit de nouveaux sacrifices! Entraînée dans l'orbite du grand empire, elle se voyoit forcée d'obéir au mouvement violent que Napoléon lui imprimoit, de partager ses passions, servir ses ambitions, subir le poids exorbitant de ses réquisitions.

Les rois n'osoient encore rompre avec Napoléon, mais les peuples méditoient sourdement le projet de s'affranchir de son joug. La société secrète des *Amis de la vertu* faisoit tous les jours de nouveaux progrès, et l'amour de la liberté enflammoit progressivement toutes les têtes. Pour l'homme observateur, l'incendie paroissoit prochain. Murat lui-même se lassoit de n'être qu'un vassal aux ordres de son beau-frère. Il s'étoit créé dans ses États une sorte de popularité, et ce n'étoit pas sans une vive satisfaction qu'on l'entendait déplorer les désastres de la campagne russe, et condamner publiquement la fougue ambitieuse de Napoléon. Lui-même entrevoyoit la fin prochaine d'une puissance qui prétendoit briser tous les sceptres et s'établir sur les ruines de tous les trônes. L'affront public que lui avoit fait l'empereur français lui donnoit de sérieux avertissemens. Il étoit évident pour lui que si Napoléon recouvroit ses forces premières, Naples serait traitée comme la Hollande, et que la couronne précaire qu'il portoit ne tarderait pas à tomber de son front. Il songea à se faire de nouveaux appuis. Il commença par se ménager des intelligences avec la cour de Vienne, et bientôt avec l'Angleterre elle-même ; et ce ne fut pas sans étonnement que l'on apprit qu'il avoit eu une conférence secrète avec lord Bentinck. Ainsi les nuages s'accumuloient sur tous les points de l'Europe, et la foudre qui devoit en sortir ne tarda pas à éclater.

Napoléon, de son côté, s'occupoit activement de conjurer la tempête, et de faire, s'il étoit possible, trembler de nouveau ses ennemis. Quelque abondante que pût être la moisson humaine que le Sénat lui avoit abandonnée, elle ne pouvoit lui suffire : des conscrits n'étoient guère en état de lutter contre les soldats aguerris qu'il auroit à combattre; la plupart fuyoient la destinée qu'il leur préparoit; la flamme des bûchers de Russie, où brûloient les cadavres de deux cent mille Français, renvoyoit ses lueurs terribles jusque dans les chaumières de leurs parens.

Près de cent cinquante mille jeunes habitans des campagnes erroient dans les montagnes ou se cachoient dans les bois; la gendarmerie, instrument actif de tous les despotismes, se fatiguoit à les poursuivre. Napoléon, pressé par le temps, chercha d'autres ressources ; il tira d'Espagne les troupes exercées et courageuses qui venoient de supporter les travaux de la dernière campagne. Les cohortes de la garde nationale, habituées depuis un an à la vie militaire, lui offroient une armée facile à organiser; mais leur institution portoit qu'uniquement destinées à la garde de l'intérieur, elles ne franchiroient pas les frontières, et Buonaparte avoit besoin qu'elles les franchissent. Quel moyen employer pour y parvenir? un artifice connu depuis long-temps, et dont tous les gouvernemens révolutionnaires avoient fait usage; la crainte, les caresses, la corruption. Quelques chefs de cohorte, gagnés à prix d'or, consentirent à livrer les corps qu'ils commandoient: ils firent à Napoléon des adresses patriotiques; ils demandèrent à franchir les barrières qu'on avoit imposées à leur courage; ils sollicitèrent l'honneur de combattre pour leur pays, de verser leur sang pour leur empereur; et leur empereur consentit à exaucer leurs vœux, et les cohortes devinrent des troupes de ligne. Les conscrits, ramassés dans les campagnes, au fond des rochers et des bois, liés, garrottés comme des criminels, furent conduits sur les frontières de l'Espagne pour y cimenter de leur sang le trône du roi-fantôme que Buonaparte avoit établi à Madrid. Mais ce n'étoit pas assez.

Les familles riches trouvoient, à force d'argent, le moyen de soustraire leurs enfans à la conscription; ils achetoient à très-haut prix des hommes ou qui avoient obtenu leur congé, ou qui, étant mariés, préféroient encore le service de Mars à celui de Vénus. Buonaparte savoit qu'elles étoient presque toutes mal disposées pour lui; qu'elles se réjouissoient de ses défaites, dans l'espoir de voir enfin tomber ce trône dont le poids écrasoit toute l'Europe : il voulut que ces familles eussent aussi des larmes à verser quand il livreroit des batailles. Leurs fils avoient, la plupart, pris rang dans ces gardes d'honneur que les villes lui donnoient, quand il les honoroit de sa présence; c'étoit un enrôlement libre et momentané, qui cessoit aussitôt que Napoléon disparoissoit : il voulut en faire un engagement réel, indiqua sa pensée au sénat, qui se hâta de lui livrer cette brillante jeunesse, la fleur et l'ornement de la société. On en forma un corps d'élite de dix mille hommes, qui devoit s'équiper et s'entretenir à ses frais; et pour satisfaire encore son insatiable avidité, il y ajouta cent soixante-dix mille hommes; savoir : quatre-vingt mille sur les bans de la garde nationale, et quatre-vingt dix mille sur la conscription de 1814. Cette immense levée ne faisoit point partie des deux cent cinquante mille accordés précédemment. Ainsi, dans l'espace de moins de trois mois, le Sénat avoit livré quatre cent trente mille hommes; et cette levée devoit monter à cinq cent mille, par les bons offices des préfets, tyrans habituels des provinces qu'ils gouvernoient.

Toute la France, comme une mère désolée, étoit frappée de consternation, et voyoit s'épuiser graduellement les derniers élémens de sa population. Tout portoit les armes, excepté les fonctionnaires publics, les femmes, les enfans; car jusqu'à soixante ans on appartenoit aux cohortes. Ainsi tout périssoit; la terre n'enfantoit plus que des soldats; l'agriculture étoit sans bras; les manufactures sans ouvriers. Pour comble de mal, Napoléon continuoit de faire une guerre ardente aux marchandises anglaises; la flamme les dévoroit, la massue les détruisoit en France, en Italie, en Allemagne, en Hollande, dans les Etats de la confédération : enfin, Buonaparte ne régnoit plus que par la violence et la terreur (1).

---

(1) Dans les *Mémoires pour servir à l'histoire de France,* rédigés par M. de Montholon, on fait dire à Buonaparte : « La France étoit alors le pays le plus ri-
« che de l'univers. Elle avoit plus de numéraire que le

Mais son âme altière étoit loin de s'abaisser devant les difficultés; il sembloit grandir avec elles. Prêt à se mettre de nouveau à la tête de son armée, il ne voulut point laisser son trône sans garantie contre une nouvelle conspiration : le Sénat fut assemblé; et toujours prêt à ramper aux pieds d'une puissance qu'il haïssoit en secret, il rendit un décret qui établissoit une régence, ordonnoit le couronnement de l'impératrice et du roi de Rome, et statuoit que la date du couronnement de ce jeune prince soit jointe, dans tous les actes publics, à celle de l'avènement de l'empereur. Le sénateur Pastoret, précédemment avocat, fut chargé du rapport. « Quel acte, dit-il, « peut être à la fois plus auguste et plus tou- « chant! Quel jour que celui où, sous les aus-

―――――――――

« reste de l'Europe réuni. L'augmentation de la popu- « lation en France, depuis 1800, réfutoit suffisamment « les vaines déclamations propagées par l'ignorance « et la haine, qui avoient fait croire à l'Europe qu'on « ne voyoit plus en France que des vieillards, des fem- « mes et des enfans. »
Mais les opérations même de Napoléon démentoient cette apologie; car, s'il y avoit tant de jeunes gens en France, pourquoi Buonaparte entamoit-il la garde nationale, et mettoit-il tous ses sujets en réquisition jusqu'à soixante ans?

« pices de la religion et de la patrie, se mêlent
« aux expressions de la reconnoissance d'une
« génération entière, pour tant de bienfaits
« déjà reçus, les espérances d'un bonheur
« qu'elle pourra transmettre à la postérité !...
« Heureux de pouvoir préparer une telle loi
« dans le silence de toutes les passions, dans
« l'éloignement de toutes les douleurs !... Par
« ce bienfait nouveau, les Français n'auront
« plus de maux à redouter, et la dynastie de
« Napoléon reposera sur des bases inébran-
« lables. »

Il étoit difficile de descendre dans les degrés les plus bas de la servilité, et d'insulter d'une manière plus amère à la misère publique. Cependant ce sénat si esclave avoit été institué pour la conservation de la liberté ; mais ceux qui le composoient, nés la plupart sans fortune, et tirés des rangs obscurs de la société, se voyoient avec satisfaction placés au sommet de la législation, comblés de dignités et de richesses : le reste leur étoit indifférent.

Le corps législatif, moins puissant, moins fortuné, n'étoit pas moins soumis, pas moins docile, et, pour me servir d'une expression inventée par un écrivain original, rien n'étoit plus *génuflexible* que lui. Napoléon le réunit

le 14 février, et fit lui-même l'ouverture de la session. Il commença par décrire la funeste campagne qu'il venoit de terminer, vanta ses victoires, et n'accusa de ses défaites que la rigueur des élémens. « J'ai fait de grandes per-
« tes, dit-il ; elles auroient brisé mon cœur
« si, dans ces grandes circonstances, j'avois
« dû être accessible à d'autres sentimens qu'à
« l'intérêt, à la gloire et à l'avenir de mes
« peuples. L'Angleterre voudroit voir le con-
« tinent entier en proie à la guerre civile et à
« toutes les fureurs de l'anarchie ; mais la Pro-
« vidence l'a elle-même désignée pour être la
« première victime de l'anarchie et de la
« guerre civile. Tant que cette guerre mari-
« time durera, mes peuples doivent se tenir
« prêts à toute espèce de sacrifices. Je désire
« la paix ; elle est nécessaire au monde. Quatre
« fois, depuis la rupture qui a suivi le traité
« d'Amiens, je l'ai proposée dans des démar-
« ches solennelles, mais jamais qu'une paix
« honorable et conforme à la grandeur de mon
« empire. Une mauvaise paix nous feroit per-
« dre jusqu'à l'espérance. »

Après les acclamations que ce discours excita, un conseiller d'Etat fit le rapport accoutumé sur la situation de la France. Il la peignit brillante de prospérité ; déclara que, depuis 1800, la population de l'ancienne France s'étoit accrue d'un dixième; que celle de la totalité de l'empire étoit de quarante deux millions; que le produit de nos récoltes en grains, en bois, en fourrages, en vins, en bestiaux, présentoit un revenu de cinq milliards en matières brutes et premières; qu'en y ajoutant les produits de l'industrie et des conquêtes faites dans l'art de la fabrication, la masse des richesses exploitées par la France n'étoit pas moins de sept milliards; que la balance du commerce, qui en 1788 n'étoit en faveur de la France que de 75 millions, étoit maintenant de 125 millions, quoique les mers fussent fermées. Cependant le ministre ne disconvenoit pas que l'empire étoit fatigué de si longues guerres; mais il n'étoit point affoibli, et ses ressources étoient immenses.

S'il eût été possible de vérifier ces calculs, il est probable qu'on auroit eu de fortes objections à lui opposer. Car comment se faisoit-il, si la France étoit si heureuse, qu'elle ne retentît que de plaintes et de gémissemens? Un fait constant, c'est que les effets publics subissoient une baisse rapide; c'est qu'en 1814, lorsque la France rentra dans ses anciennes limites, sa population ne se trouva plus que de 24 millions : preuve évidente que loin de s'être accrue d'un dixième, elle étoit au contraire diminuée d'un vingt-cinquième. Si l'on eût fait le relevé des hommes tués dans les combats ou morts dans les hôpitaux depuis le règne si glorieux de Buonaparte, il n'est personne qui n'eût jeté un cri d'horreur, et n'eût été effrayé de cette horrible boucherie humaine.

Mais on avoit soin d'écarter ces tableaux ; on taisoit le mal et l'on exagéroit le bien ; on présentoit à l'admiration de la France le relevé des sommes immenses dépensées en travaux publics : pour les ponts, 30 millions ; pour les canaux et desséchemens, 54 millions ; pour les routes, 260 millions ; pour la sûreté et commodité de nos ports maritimes, 100 millions ; pour les embellissemens de Paris, plus de 100 millions : ces travaux comprenoient le canal de l'Ourq, les abattoirs, la halle aux vins, la grande halle, la halle aux grains, les greniers de réserve, les quais, les ponts des Arts, d'Austerlitz, d'Iéna, la colonne de la place Vendôme, l'arc de triomphe de l'Etoile, l'hôtel des relations extérieures, le Louvre, l'arc de triomphe du Carrousel, le palais du roi de Rome, etc. ; et après cette communication, M. Molé s'écriait :

« Et pour opérer tant de merveilles, il a suffi de

« douze ans de guerre et d'un seul homme. »

Cette partie étoit en effet la plus glorieuse du rapport. Jamais on n'avoit, en dix ans, exécuté tant de magnifiques ouvrages. Napoléon sembloit avoir hérité du génie des Sémiramis, des Zénobie, d'Auguste et de Louis-le-Grand; ses plans étoient admirables. Il avoit ordonné une nouvelle galerie parallèle à la grande galerie du Louvre; et déjà elle se prolongeoit jusqu'à la rue Saint-Nicaise. Les rues de Rivoli et de Castiglione sont son ouvrage : il vouloit que tous les bâtimens élevés entre le palais des Tuileries et le Louvre disparussent, pour joindre ensemble ces deux vastes édifices; l'art des architectes auroit déguisé habilement le défaut de parallélisme. De la colonne du Louvre à la barrière du Trône, devoit s'ouvrir une magnifique rue, décorée de trottoirs et de plantations, et dont la beauté auroit surpassé celles qu'on admiroit dans les premières cités du monde. Le palais du roi de Rome, élevé sur les coteaux de Chaillot, devoit dominer la Seine et le Champ-de-Mars, correspondre à l'Ecole-Militaire, ouvrir une communication entre le bois de Boulogne, et en comprendre une partie. On avoit acheté et payé largement toutes les maisons et tous les terrains qui se trouvoient compris dans le plan. Cet édifice devoit rivaliser avec ces immenses palais qui faisoient la gloire de Rome dans les temps de sa plus haute prospérité; mais il étoit rare que les idées militaires se séparassent des grandes entreprises de Napoléon, et l'on savoit qu'en bâtissant ce grand monument, il avoit en même temps le dessein de se ménager une position militaire qui, en se liant avec la caserne du Champ-de-Mars, lui assuroit la Seine. Les quartiers des Invalides et du Gros-Caillou avoient aussi attiré son attention; il vouloit y établir l'Université, l'administration des postes, celle des droits réunis, et les couvrir de riches fabriques et de superbes bâtimens. Dix millions répandus dans la Vendée contribuoient à faire renaître de ses cendres cette malheureuse contrée, à essuyer les larmes de ses habitans : on bâtissoit une nouvelle ville, on relevoit les églises, on construisoit des presbytères.

Si, comme Auguste, Napoléon avoit su fermer le temple de Janus et mettre sa gloire à *laisser de marbre la ville qu'il avoit trouvée de brique,* nul doute qu'il ne fût devenu un objet d'admiration pour l'Europe entière, et que, frappée de sa sagesse et de sa modération, l'Angleterre elle-même n'eût recherché son amitié; car le peuple anglais désiroit vivement revoir ce beau ciel de la France, ces heureuses contrées de l'Italie où il trouvoit tant de jouissances pour l'esprit, et de si précieux avantages pour sa santé. Mais la nature avoit allumé dans le cœur de Napoléon une flamme d'ambition inextinguible; il ne pouvoit se reposer tant qu'il voyoit quelque chose à conquérir. Après avoir pompeusement décrit les travaux publics, l'orateur donna l'état des forces militaires de l'empire : elles devoient se monter à huit cent mille hommes d'infanterie, cent mille de cavalerie; les revenus de l'Etat s'élevoient à 900 millions, non compris 128,000,000 pour les revenus des villes et l'entretien des départemens. La marine comptoit cent quatre vaisseaux de haut bord et cinquante-trois frégates (1); mais 900 millions ne suffisoient pas à Buonaparte. En 1813, il demanda un supplément de 300 millions, en annonçant néanmoins qu'il n'augmenteroit pas les contributions; mais il vendit les biens des communes pour les convertir en rentes sur l'Etat; et en accroissant ainsi la dette publique d'une somme

---

(1) Notre marine ne compte plus aujourd'hui que soixante-treize vaisseaux et quarante et une frégates, le surplus ayant été remis à la coalition de 1814.

égale, il accroissoit en même temps la haine des campagnes, qui ne se virent pas sans douleur privées des biens dont la jouissance amélioroit leur sort. Le Corps législatif eut soin de pallier ces nouvelles charges, et son président se montra rempli d'admiration pour la sagesse et la gloire de son empereur.

Le même esprit de crainte et de servitude qui dominoit les deux premiers corps constitués de l'Etat, étoit descendu dans toutes les administrations inférieures; tous les préfets, tous les conseils-généraux de département rivalisèrent d'empressement auprès d'un maître redoutable qui reparoissoit, il est vrai, vaincu, mais tout prêt à ressaisir la victoire. Les députations de Rome, de Milan, de Turin, de Hambourg, d'Amsterdam, de toutes les villes qui portoient avec le plus de peine le joug de Napoléon, vinrent à l'envi le combler de leurs félicitations.

« La ville de Rome, disoient les députés de cette capitale du monde chrétien, a l'honneur d'offrir à Votre Majesté, avec l'hommage de sa fidélité et de son obéissance, les vœux les plus sincères pour la gloire de votre règne et la prospérité de votre auguste dynastie. C'est de vous, sire, que Rome a obtenu le haut rang de la seconde ville de l'empire; il ne vous reste plus qu'à l'honorer de votre présence. Venez au palais des Césars ; vous y entendrez, sire, les acclamations long-temps prolongées des Romains ; nous ceindrons votre front d'un laurier toujours vert, et votre entrée dans nos murs sera le plus solennel, le plus applaudi, le mieux mérité de tous les triomphes. »

« Notre royaume, sire, disoient les députés de Milan, est votre ouvrage : les peuples d'Italie le déclarent à l'univers ; il n'est aucun sacrifice auquel ils ne soient résolus pour que Votre Majesté achève le grand œuvre qui lui a été confié par la Providence : il faut des armes, des armées, de l'or, de la fidélité, de la constance ! Tout ce qui dépend de nous, sire, nous vous l'offrons. »

Cinquante pages du *Moniteur* se remplirent de ces protestations d'amour, de générosité, de fidélité inviolables, et ces adresses étoient signées par des personnages dont le front se couvriroit de rougeur si on les leur représentoit aujourd'hui. Tous les départemens, toutes les villes de France offroient, comme la capitale de l'Italie, des armes, de l'or, de la fidélité, de la constance.

« Tout l'empire, disoit le conseil-général de Paris, s'empresse de pousser un cri de

« guerre : votre bonne ville de Paris feroit
« trop peu, si elle n'obéissoit qu'au devoir;
« elle vous supplie d'agréer l'offre d'un régi-
« ment de cinq cents hommes de cavalerie. »

La ville de Lyon offrit cent vingt hommes de cavalerie : « Tout est libre dans cet hom-
« mage, disoit-elle à Napoléon. Dans d'autres
« contrées ce sont des sujets qui parlent à leur
« roi; en France, ce sont des enfans qui par-
« lent à leur père. Sire, la ville de Lyon s'enor-
« gueillit de tout devoir à vos bienfaits. Pour-
« quoi Votre Majesté n'adopteroit-elle pas
« cent mille cœurs qui ne respirent que pour
« sa prospérité, sa puissance, son bonheur
« et sa gloire ? »

Les levées étoient poussées avec une rigou-reuse activité sur tous les points de l'empire; partout on étoit occupé à fondre des canons, à fabriquer des armes. On rassembloit en Allemagne des chevaux pour remonter la cavalerie; on en levoit en France, en Italie, en Hollande, dans tous les pays où l'on pouvoit en prendre; et l'on a vu que le général Bourcier, qui commandoit à Berlin, remettoit à cheval tous les cavaliers qui lui arrivoient démontés : on remettoit en route tous les conscrits de 1813 rassemblés l'année précédente dans les dépôts; on habilloit, on armoit à la hâte ceux qu'on venoit de lever. Les artilleurs manquoient, on en tira quarante mille de la marine, et l'Europe s'étonna de l'immensité des ressources que la France offroit encore après tant de désastres.

Fier de tant de puissance et de forces nouvelles dont il pouvoit disposer, Napoléon annonça au monde que la guerre d'Espagne et la guerre du Nord seroient menées de front; qu'une armée de réserve de trois cent mille hommes se réuniroit sur l'Oder, l'Elbe, le Rhin, le Mein; qu'il ouvriroit la campagne avec des forces doubles de celles qui avoient combattu dans la campagne précédente, et que l'armée d'Espagne seroit maintenue à trois cent mille hommes. Ces menaces remplies d'ostentation étoient loin de la vérité : Napoléon le savoit, mais il vouloit par ces démonstrations imposer à l'étranger.

CHAPITRE XII.

État des négociations. Défection de la Prusse. Dispositions équivoques de l'Autriche. Traité de la Suède avec l'Angleterre. Proclamation de l'empereur Alexandre et des généraux russes. Défections dans la confédération du Rhin. Situation de l'armée française.

MALGRÉ cette ostentation de puissance, Napoléon ne négligeoit pas les autres moyens d'assurer ses succès. La défection du général Yorck l'avertissoit de surveiller ses alliés. Il comprenoit tout ce que l'amitié ou la haine de la Prusse et de l'Autriche avoit d'important pour lui ; mais il falloit renoncer à les maintenir par la crainte, et se réduire au rôle de solliciteur. M. Otto à Vienne, M. de Saint-Marsan à Berlin, veilloient à ses intérêts, et recevoient l'un et l'autre, des ministres de Prusse et d'Autriche, les plus positives assurances d'attachement et de fidélité : le roi de Prusse promettoit même une augmentation de contingent ; il se disoit l'allié naturel de la

France, et déclaroit ne pouvoir, sans elle, conserver son existence politique. On rapportoit qu'au moment où il avoit appris la défection du général Yorck, il s'étoit écrié: « *Il y a de quoi prendre une attaque d'apoplexie.* » Il avoit écrit au roi de Naples: « J'étois loin de m'attendre à ce qui est arrivé. « La conduite du général d'Yorck a excité « mon indignation. J'ai donné des ordres « pour le faire destituer et arrêter. Je n'ai pas « besoin de vous dire que je ne ratifie point « la convention. » Il avoit envoyé à Paris le prince de Hatzfeld porter des paroles pleines d'amitié. On parloit même à sa cour de resserrer, par des liens de famille, les liens de politique qui existoient entre Napoléon et lui, et il ne s'étoit point refusé à cette idée (1). Tout paroissoit donc propre à rassurer Napoléon.

A Vienne, M. de Metternich donnoit à M. Otto de pareilles assurances. On convenoit, à la vérité, que l'alliance de Napoléon étoit impopulaire; que l'Allemagne ne pouvoit plus supporter le joug de la France; mais on annonçoit en même temps que l'empereur d'Autriche et le roi de Prusse sauroient se

---

(1) *Manuscrit de* 1813, de M. le baron Fain.

mettre au-dessus des dispositions de leurs peuples, et tenir leurs engagemens. Le prince de Schwartzemberg avoit, il est vrai, abandonné Varsovie; mais on assuroit à Napoléon qu'il devoit se rendre incessamment à Paris pour y prendre les ordres de l'empereur lui-même, et se disposer à rentrer en campagne avec soixante-dix mille hommes. Ainsi Buonaparte ne doutoit pas qu'il ne pût se montrer de nouveau en Allemagne à la tête de toutes les forces de l'Europe marchant sous ses étendards. Dans cette confiance, il ne craignit pas d'annoncer « qu'aucune puissance du continent
« ne s'éloigneroit de la France; que toutes
« seroient sourdes aux intrigues de l'Angle-
« terre; qu'on n'avoit point écouté à Vienne
« le ministre anglais Walpole; qu'il en étoit
« même sorti; qu'en vain la Grande-Bre-
« tagne se flattoit de démembrer l'Empire
« français; que l'ennemi, eût-il son quartier-
« général au faubourg Saint-Antoine, le peu-
« ple français ne consentiroit jamais à la réu-
« nion de la Belgique. »

Mais Napoléon, qui avoit trompé si souvent, étoit trompé à son tour. Sous les apparences de la plus sincère amitié, les cabinets de Berlin et de Vienne cachoient les vues les plus hostiles. Celui de Berlin jeta le masque le premier. Le roi s'étant rendu à Breslau, fut promptement circonvenu par les ennemis de Buonaparte, les Stein, les Kotzebuë et les principaux chefs de la société des Amis de la vertu : leurs cris, leurs sollicitations ne tardèrent pas à ébranler les résolutions d'un prince loyal, mais prompt à céder aux influences de ses ministres et de sa cour. Pour ne point rompre sur le champ, on proposa d'abord un armistice qui donneroit aux puissances belligérantes le temps de calmer leurs irritations et de s'acheminer vers la paix. La proposition en fut transmise à M. de Saint-Marsan par M. de Hardemberg, le 16 février, et envoyée à Paris à M. de Krusemarck, ambassadeur de Prusse; mais à peine étoit-elle arrivée que tout étoit changé. Le roi de Prusse, si décidé à rester fidèle à Napoléon, si disposé à augmenter son contingent, avoit signé, le 1er mars, un traité d'alliance avec la Russie, et M. de Nesselrode s'étoit empressé d'en prévenir M. de Metternich. Il faut avouer cependant que le roi n'avoit cédé qu'avec beaucoup de peine, et par la crainte seulement d'un soulèvement dont il étoit fortement menacé. Le 15 mars, l'empereur Alexandre étant arrivé à Breslau, tout fut consommé. La commission nommée pour juger le général Yorck le déclara exempt de tout reproche ; et le roi de Prusse fit signifier à Napoléon, par M. de Krusemarck, qu'il cessoit d'être son allié, et devenoit son ennemi. Le manifeste de ce prince énuméroit toutes les injures, toutes les humiliations qu'il avoit reçues de Napoléon, les charges énormes imposées à ses Etats, les vexations exercées sur les habitans des campagnes, ses forteresses occupées contre le texte des traités, celles de Pillau et de Spandau enlevées par surprise, son commerce ruiné par le système continental, ses campagnes épuisées par les réquisitions, ses magasins envahis par l'armée française, les citoyens obligés de loger les soldats à discrétion. On rappeloit le refus des administrations françaises de vérifier les états de fournitures qui devoient venir en déduction des contributions, la perte de soixante-dix mille chevaux et de vingt mille voitures enlevés avec violence aux particuliers, le silence injurieux et obstiné de la France à l'égard des plus justes réclamations, les avances énormes qu'elle avoit faites au-delà de ses contributions, et qu'on dédaignoit d'examiner, quoiqu'elles montassent à 94 millions. Enfin le roi déclaroit que, las d'être opprimé sans espoir d'un meilleur avenir, il avoit accepté l'alliance d'un grand monarque dont la justice et les nobles sentimens étoient connus de toute l'Europe, et que son unique désir étoit d'obtenir la paix sur des bases convenables à la sécurité des États, et de recouvrer l'héritage de ses ancêtres.

Le duc de Bassano fit à M. de Krusemarck une réponse remarquable par sa concision et la justesse des reproches qu'on pouvoit adresser au cabinet prussien. En 1792, le roi de Prusse croyant la conquête de la France facile, étoit entré en Champagne; trompé dans son attente, effrayé des victoires de l'armée républicaine, il avoit, le premier, reconnu la république, fait alliance avec elle, et reçu pour ambassadeur un conventionnel complice de l'assassinat de Louis XVI (l'abbé Syeyès). Quatre ans après, la France ayant éprouvé les vicissitudes de la guerre, perdu des batailles, étant menacée au nord et au midi, la Prusse avoit renoncé à ses bons sentimens envers la république. Peu de temps après, cette république ayant repris son ascendant, le cabinet de Berlin étoit aussitôt revenu à ses tendres affections pour elle.

En 1805, Napoléon est engagé dans une guerre redoutable avec l'Autriche et la Russie; la Prusse promet la neutralité, et signe en secret à Berlin un traité où les mânes de

Frédéric sont prises à témoin de la haine éternelle qu'elle voue à la France. Mais les Russes et les Autrichiens perdent la bataille d'Austerlitz; la Prusse déchire son traité, et prend avec la France de nouveaux engagemens. Bientôt, dominée par les intrigues qui la circonviennent de toutes parts, comptant sur l'appui de la Russie, elle lève l'étendard de la guerre, est vaincue, presque anéantie, obtient de Napoléon la conservation de son existence politique, s'allie avec lui en 1811, et, quand elle voit ses armées détruites en 1812, elle abandonne cette alliance pour se réunir à ses ennemis, etc.

Le duc de Bassano pouvoit dire ici comme Hermione à Pyrrhus :

Tout cela part d'un cœur toujours maître de soi,
D'un héros qui n'est point esclave de sa foi ;

mais on se contenta de joindre, dans le journal officiel, des notes nombreuses au manifeste de la Prusse. Quant à Napoléon, il affecta dans son intérieur plus de calme et d'assurance qu'on n'avoit lieu d'en attendre, et se contenta de dire : « J'ai pu renverser le trône « de la maison de Brandebourg; on a souvent « à se repentir de sa générosité. J'aime mieux

« un ennemi déclaré, qu'un ami toujours prêt
« à m'abandonner. »

A peine la résolution du roi de Prusse fut-elle connue en Allemagne, que l'enthousiasme de la liberté enflamma toutes les têtes : les écrits publics, les journaux ne respirèrent plus que l'affranchissement des peuples; une foule de proclamations appelèrent toutes les haines, toutes les vengeances sur la tête de Napoléon; le délire étoit universel : la Prusse vouloit se lever en masse; toutes les universités étoient prêtes à marcher. Le roi convoqua la landwehr et la landsturm, c'est-à-dire une conscription générale et l'armement de la nation, car il s'agissoit de terrasser le lion gaulois; et contre un pareil ennemi, ce n'étoit pas trop de l'Europe toute entière.

La défection de l'Autriche n'éclata pas aussi promptement; mais sa bonne foi étoit égale à celle de la Prusse. Le prince de Schwartzemberg n'arriva à Paris que peu de jours avant le départ de Napoléon. On promettoit qu'on le reverroit bientôt à la tête de l'armée, plus disposé que jamais à combattre la Russie; mais c'étoit du temps seulement qu'il s'agissoit de gagner; et tandis qu'on ne parloit que de paix, S. M. autrichienne disposoit tout pour détrôner l'époux de sa fille.

Dans ces circonstances critiques, Napoléon crut devoir recourir au diplomate habile et délié qui l'avoit si bien servi pour la conclusion de son mariage. Le comte de Narbonne partit pour Vienne avec le léger bagage d'esprit et de grâces qui ne l'abandonnoit jamais; mais l'or de l'Angleterre, les instances et les promesses de la Russie l'emportèrent sur les aimables séductions du brillant négociateur, et les bannières de l'Autriche se séparèrent irrévocablement des enseignes françaises. Ce n'étoit pas encore la guerre; mais elle s'annonçoit de toutes parts, et l'Autriche rassembloit des forces extraordinaires sur les frontières de la Bohême. Cependant, pour colorer d'un vernis de bienveillance cette défection inattendue, le cabinet de Vienne offrit sa médiation entre Napoléon et ses deux puissances ennemies, l'Angleterre et la Russie.

Ainsi Napoléon restoit seul contre l'Europe presque toute entière; car déjà la confédération du Rhin étoit travaillée du même esprit qui agitoit toute l'Allemagne.

Acharné à sa perte, le cabinet de Londres soulevoit contre lui toutes les puissances. La Suède, irritée de l'invasion de la Poméranie, venoit de traiter. L'Angleterre lui promettoit la Norwége, la Guadeloupe, qu'elle avoit enlevée à la France, et vingt-cinq millions de subsides. La Suède s'engageoit à mettre trente mille hommes sous les ordres du prince royal. Jusqu'alors Napoléon avoit affecté un superbe dédain pour les généraux ennemis; maintenant il alloit avoir à combattre un de ses propres lieutenans, un des plus vaillans capitaines de l'Europe. Le prince royal crut devoir lui-même s'expliquer sur la nécessité où il se trouvoit de prendre les armes contre des Français; il écrivit à Napoléon:

« Je suis né dans cette belle France que vous gouvernez, sire; sa gloire et sa prospérité ne peuvent jamais m'être indifférentes : mais, sans cesser de faire des vœux pour son bonheur, je défendrai de toutes les facultés de mon âme et les droits du peuple qui m'a appelé, et l'honneur du souverain qui a daigné me nommer son fils. Dans cette lutte entre la liberté du monde et l'oppression, je dirai aux Suédois : « Je combats pour vous et avec « vous, et les vœux des nations libres accom- « pagneront mes efforts. »

« En politique, sire, il n'y a ni amitiés ni haines; il n'y a que des devoirs à remplir envers les peuples que la Providence nous appelle à gouverner. Leurs lois et leurs priviléges sont des biens qui leur sont chers; et si, pour les leur conserver, on est obligé de renoncer à d'anciennes liaisons et à des affections de famille, un prince qui veut remplir sa vocation ne doit jamais hésiter.

« Sire, les leçons de l'histoire rejettent l'idée d'une monarchie universelle ; et le sentiment de l'indépendance peut être amorti, mais non effacé du cœur des nations. Que Votre Majesté pèse toutes ces considérations et pense réellement à une paix générale, dont le nom profané a fait couler tant de sang. »

Cette lettre avoit été précédée d'un rapport au roi de Suède par son ministre des affaires étrangères, M. d'Engestroem. On y exposoit la politique impérieuse de Buonaparte, qui prétendoit engager toutes les puissances dans la haine dont il étoit animé contre la Grande-Bretagne, et ne vouloit reconnoître d'amis que les ennemis de l'Angleterre. Antérieurement le prince royal, indigné que Napoléon eût essayé de semer la discorde dans la famille royale de Suède et de le rendre suspect au roi, lui avoit déclaré que désormais il rompoit toute relation personnelle avec lui. Napoléon se trouvoit donc sans amis dans les cabinets de l'Europe ; il ne lui restoit que le roi de Saxe et le Danemarck ; mais l'empereur de Russie ne négligeoit rien pour lui enlever ces alliances. Dès la fin de la campagne, il avoit adressé des proclamations aux peuples d'Allemagne pour les engager à prendre les armes, à rompre leurs fers, à secouer le joug qui pesoit sur l'Europe toute entière. Il assuroit que ce n'étoit pas pour accroître les limites de son empire qu'il avoit les armes à la main, mais pour étendre les bienfaits de la liberté. Il disoit, en parlant des princes de la confédération du Rhin : « Princes esclaves, qui livrent « leur malheureux pays à l'insatiable ambition « d'un homme. » Ses généraux imitoient son exemple, et faisoient maintenant la guerre avec la plume et l'épée. Kutusoff lui-même, devenu orateur, disoit aux Allemands : « Nous « avons brisé le joug sous lequel nous gémis- « sions. Soutenus par la providence d'un Dieu « juste, nous espérons achever pour toute « l'Europe ce que nous avons si heureusement « commencé. Que tout Allemand, noble, « prince, ou né dans la classe qui forme la « grande majorité des nations, concourre à « nos plans libérateurs. »

« Saxons ! disoit le général Wittgenstein, « il fut un ambitieux, un empereur de France, « Charlemagne est son nom. Il vous fit la « guerre pendant trente ans pour vous subju- « guer. Mille ans se sont écoulés ; un fléau

« semblable a reparu, et vous ne combattez
« pas, Saxons, vous ne combattez pas comme
« ont fait vos pères pour vous en délivrer!
« Ils étoient seuls, et vous avez les armées
« innombrables de la Prusse et de la Russie
« pour vous seconder! Celui qui n'est point
« pour la liberté est contre elle. Choisissez,
« choisissez entre la pointe de nos épées et
« des embrassemens fraternels; mais songez
« bien que de votre choix peut dépendre la
« couronne de Saxe. »

Le vieux général Blücher, maintenant armé contre la France, joignoit sa voix à celle des généraux russes : « Vaillans Saxons, l'heure « de votre délivrance est venue; nous mar- « chons sous l'œil de la Providence : levez « l'étendard contre vos oppresseurs ; soyez li- « bres. » Un autre général allemand disoit : « Dieu est à nos côtés ; nous affrontons l'enfer « et ses alliés : toute distinction de naissance, « de rang est bannie de nos légions ; nous « sommes tous des hommes libres. » C'étoit un chef de la société des Amis de la vertu, de la *Tugend-bund.*

Les mêmes idées se retrouvoient dans une seconde proclamation du général russe Wittgenstein, et ce n'étoit pas sans étonnement qu'on y lisoit : « *La liberté ou la mort*, tels

« sont les mots de ralliement des soldats de « Frédéric-Guillaume. Saxons, Allemands, « à partir de 1812, nos marbres généalogi- « ques ne comptent plus pour rien. Les ex- « ploits de nos aïeux sont effacés par l'avilis- « sement de leurs descendans. La régénération de l'Allemagne peut seule produire de nou- « velles familles nobles, ou rendre leur éclat « aux anciennes. »

Ce langage retentissoit dans toute l'Allemagne, sur les côtes de la Baltique, sur les rives du Rhin, dans les provinces de la Hollande, partout où Napoléon avoit fait sentir le poids de son sceptre et la rigueur de ses décrets ; le feu de l'insurrection s'allumoit dans tous les esprits, et annonçoit un vaste incendie. Déjà la confédération du Rhin s'apprêtoit elle-même à rompre des chaînes que Napoléon n'avoit pas encore cherché à alléger, et le prince d'Oldembourg ne tarda point à annoncer qu'il s'en séparoit ; jamais les élémens de discorde ne s'étoient amassés d'une manière plus menaçante. Mais Napoléon ne parut point s'en effrayer : il avoit à sa disposition la France et l'Italie toute entière ; le roi de Saxe étoit déterminé à rester fidèle aux traités, et l'on pouvoit compter encore sur quelques princes de la confédération.

Murat, en quittant les débris de l'armée, les avoit distribués dans les places de Thorn, de Modlin, de Zamosc, de Graudents et de Dantzick. Il avoit laissé trente mille hommes dans cette dernière ville, sous les ordres du général Rapp; la totalité de ces garnisons montoit à cinquante - quatre mille hommes; Varsovie avoit été livrée aux Russes le 7 février, et leur armée s'avançoit des rives de la Vistule dans le cœur de l'Allemagne; Wittgenstein marchoit par Stettin, Tschitchagoff par Posen, et Wintzingerode par Halitch. Ce dernier reparoissoit dans les rangs des Russes, après avoir figuré, avec le prince Nariskin, parmi les prisonniers que les Français avoient faits à Moscou.

Lorsqu'on l'avoit, à cette époque, présenté à Napoléon, il en avoit reçu les reproches les plus amers : « Vous avez, lui avoit-il dit, dé-
« serté les drapeaux autrichiens, qui sont en ce
« moment réunis aux miens, pour passer dans
« les rangs des Russes : je devrois vous livrer à
« une commission militaire. Le prince Naris-
« kin sert dans les armées de son empereur;
« mais vous !... » Après ces paroles, il l'avoit quitté brusquement. Il est probable que ce général, arrivé en France, eût expié sa faute dans une prison d'Etat; mais il eut le bon-

heur d'être délivré par le comte Czernicheff, dans une charge de Cosaques.

Il falloit un grand courage et une rare prudence pour se charger du salut d'une armée que Murat, tout brave qu'il étoit, venoit d'abandonner d'une manière si désespérée (1). Le prince Eugène ne recula point : il saisit le commandement avec autant de résolution que de dévouement, ralentit le mouvement de retraite, et l'ennemi lui ayant donné quelques momens de repos, il en profita pour s'arrêter à Posen. Les maréchaux Ney, Macdonald, Davoust se retirèrent sur l'Elbe pour aller joindre les nouveaux corps d'armée qui s'y rassembloient. En quelques jours, le vice-roi et le maréchal Gouvion Saint-Cyr parvinrent à réunir la division du général Gérard, quelques détachemens de Polonais et de Bavarois, et en formèrent un corps de douze mille hommes. Les Prussiens se rassembloient autour des places de Colberg et de Stettin, pour for-

___

(1) Lorsque Buonaparte apprit le départ précipité de son beau-frère, il écrivit à sa sœur Caroline : « Votre mari est un fort brave homme sur le champ de « bataille ; mais il est plus foible qu'une femme ou qu'un « moine, quand il ne voit pas l'ennemi : il n'a aucun « courage moral. »

mer, disoient-ils, un nouveau contingent. Mais on apprit bientôt que le général d'Yorck n'étoit pas le seul déserteur de la cause française, et que les dames de New-Stettin, où le général Bulow avoit son quartier, venoient de donner un bal au général russe Czernicheff; que les cantonnemens de l'armée prussienne livroient le passage aux Cosaques, qui commençoient à s'élancer au-delà de l'Oder.

En quittant Varsovie, le prince Schwartzemberg avoit laissé le général Reynier dans la situation la plus difficile : il faisoit sa retraite sur la Saxe, lorsque, rencontré par le corps de Wintzingerode, il fut forcé de livrer un combat inégal, et de se séparer de la cavalerie, qui suivit la retraite des Autrichiens; mais, sans perdre courage, il réunit son infanterie, et la ramena à Dresde.

Le vice-roi arriva à Francfort-sur-l'Oder le 28 février, et y rassembla de nouveaux corps, qui lui donnèrent une armée de trente mille baïonnettes. Mais la défection du général Bulow l'obligea de quitter la ligne de l'Oder, et de se retirer sur l'Elbe. Jusqu'alors les troupes françaises avoient occupé Berlin; le vice-roi se décida à évacuer cette capitale.

On alloit enfin respirer sur l'Elbe; chaque

général se met à la tête du corps qu'il doit commander. Le prince d'Eckmuhl marche avec le premier, n'ayant encore qu'une division ; le duc de Bellune en compte deux dans le second ; le cinquième en compte trois sous les ordres du général Lauriston. Les autres se forment, et s'organisent successivement ; et l'on passe ainsi un mois sur les bords de l'Elbe. Le vice-roi avoit assuré ses positions sur sa gauche, mais il n'étoit pas tranquille sur sa droite. Dresde restoit à découvert, et le général Reynier, qui occupoit cette ville, n'étoit pas en état de faire face aux masses ennemies qui menaçoient de l'accabler. Il se décida à évacuer d'abord la nouvelle ville, ensuite l'ancienne, et se disposoit à couper les ponts, lorsque le peuple s'écria : *Périssent les Français!* Ce peuple venoit de se séparer de son roi, qui, ne voulant point tomber entre les mains de l'ennemi, s'étoit retiré à Plaven: les proclamations russes et prussiennes avoient produit leur effet. Le général Reynier s'étant replié sur Torgau, et voulant y mettre garnison, le général saxon Thielman s'y refusa, et méconnut jusqu'aux ordres de son roi. L'esprit d'insurrection gagnoit toutes les villes. Le 12 mars, Hambourg se révolta, força le général Carra Saint-Cyr de s'éloigner, et reçut le général russe Tettenborn. Dès ce moment, le nom français fut proscrit dans toute l'Allemagne. Le général Tettenborn déclara traître à la patrie quiconque communiqueroit avec les Français. Deux rois fidèles à leur traités avec la France restoient exposés aux vengeances de l'ennemi. Le roi de Danemarck ayant fait part de ses embarras à Napoléon, celui-ci répondit franchement que, dans la situation où il se trouvoit, il éproùvoit le regret de ne pouvoir protéger ses alliés, qu'il étoit des circonstances où il falloit céder à la nécessité, et contracter de nouvelles alliances ; qu'il ne pouvoit trouver mauvais que le roi de Danemarck ouvrît des négociations avec l'Angleterre pour conserver l'intégrité de son territoire ; que son estime et son amitié n'en souffriroient nullement ; il porta même la loyauté jusqu'à renvoyer au roi les matelots danois qui servoient sur la flotte française. On ne sauroit trop louer cette conduite honorable. Si Buonaparte n'eût marqué son règne que par des traits semblables, son trône se seroit affermi sur des bases inébranlables ; mais la nature, qui ne fait rien de parfait, en lui donnant le génie et des facultés extrordinaires, avoit imprimé à son caractère une des irrégularités qu'il ne savoit pas dominer. Comme l'Océan, il avoit son calme et ses tempêtes.

Encouragés par les insurrections qui se manifestoient partout, les alliés ne craignirent pas de franchir les rives de l'Elbe : ils le passèrent aux deux extrémités de la ligne des Français, se flattant d'étonner le vice-roi, et de l'obliger à la retraite. Mais le prince, loin de se laisser intimider, prend des positions avantageuses, passe lui-même le fleuve en sens contraire, s'appuie sur la Saale et Magdebourg, et donnant ordre au général Lauriston de se porter en avant, il répand l'alarme à Berlin. Tel étoit l'état de l'armée, lorsque Napoléon se disposa à quitter sa capitale.

CHAPITRE XIII.

Inutiles tentatives auprès du cabinet de Londres pour en obtenir la paix. Situation des armées étrangères en Allemagne. Régence proclamée en France. Départ de Napoléon. Départ du comte de Bubna pour Vienne. Forces respectives des puissances belligérantes. Arrivée de Napoléon à Erfurt. Réunion du prince Eugène à son armée. Bataille de Lutzen.

CE n'étoit pas sans quelque bonne foi que le cabinet de Vienne avoit offert sa médiation entre l'Angleterre et la Russie. Mais ses démarches avoient été sans résultat : on n'avoit pas même voulu entendre à Londres les propositions de M. de Weissemberg, envoyé comme négociateur; l'exaltation des esprits étoit trop grande, et les premiers cabinets de l'Europe avoient fulminé une espèce d'excommunication politique contre Napoléon. Il avoit inutilement cherché, de son côté, à se rapprocher du ministère anglais par l'intervention secrète du banquier Labouchère; il avoit puisé sans fruit dans ses trésors pour entretenir des créatures dans les cours d'Allemagne : le prestige de son infaillibilité s'étoit évanoui; on ne vouloit plus servir un homme que la fortune abandonnoit. Cependant, avant de répandre encore des flots de sang humain, le roi de Prusse se montroit disposé à proposer un armistice; mais il demandoit, pour conditions préalables, que Napoléon évacuât tout ce qu'il occupoit au-delà de l'Elbe, et bornât sa domination aux rives de ce fleuve. Les plus sages conseillers du cabinet des Tuileries inclinèrent pour ce parti; M. de Talleyrand surtout soutint qu'on étoit toujours le maître de ne pas se battre; que la paix n'étoit jamais impossible, quand on vouloit en régler les conditions sur l'état présent des choses. Il remontroit les dangers de la présomption et des résolutions désespérées; il prétendoit qu'il n'y avoit pas de honte à céder, quand on n'étoit pas le maître de la fortune, parce qu'il n'y avoit jamais de honte à être raisonnable : mais l'âme altière de Napoléon ne put se plier à ces pensées. « Qu'on « me prenne des places, si l'on veut, disoit-« il; mais qu'on ne me propose pas de les « abandonner. » Ce fut alors qu'il fit insérer dans les journaux cette phrase si célèbre :

Quand l'ennemi seroit sur les hauteurs de Montmartre, je ne céderois pas un pouce de terre. Il avoit déjà dit au corps législatif : *L'ennemi eût-il son quartier-général au faubourg Saint-Antoine, le peuple français ne renoncera jamais à la Belgique.*

Le duc d'Otrante (Fouché), qui n'étoit plus appelé au conseil, mais qui regrettoit son influence passée, voulut aussi donner des avis. Il adressa à Napoléon un Mémoire où il le pressoit de faire un pont d'or à l'Autriche, de lui rendre le Tyrol et l'Illyrie ; de restituer à la Prusse les places de la Vistule et de l'Oder, de ne pas s'obstiner à garder ce qu'il ne pouvoit conserver ; de rappeler à lui l'opinion publique par des concessions à la liberté. Napoléon, accoutumé à dicter des lois, n'en vouloit pas recevoir. Il voyoit sous ses enseignes trois cent mille hommes pleins d'ardeur, et commandés par les premiers capitaines de l'Europe ; il ne doutoit pas que bientôt la Prusse ne pleurât de nouveau son imprudence, et que les Russes, toujours battus par ses troupes, ne fussent promptement rejetés au-delà du Niémen. Cependant, l'esprit général d'insurrection qui agitoit l'Allemagne auroit dû lui donner de meilleurs avis. La révolution française et la guerre d'Espagne parloient assez haut, et lui enseignoient en lettres de sang que l'on ne soumet jamais les nations qui combattent pour leur liberté. Partout les Russes étoient reçus en libérateurs. Hambourg s'étoit empressé de leur ouvrir ses portes; Lubeck avoit imité son exemple; le roi de Saxe n'étoit plus le maître de ses sujets. Tandis qu'il faisoit une proclamation aux habitans du grand-duché de Varsovie pour repousser les Russes, le peuple de sa capitale se soulevoit contre les Français, et le bataillon de la Saxe ducale se joignoit aux Prussiens. Lui-même, désespérant du salut de l'Allemagne, avoit quitté Ratisbonne pour se retirer à Prague. Dusseldorf étoit en insurrection; Leipsick, occupé momentanément par le prince Eugène, avoit reçu l'armée russe. La forteresse de Pillau s'étoit rendue le 7 février; le 15, l'ennemi avoit commencé le blocus de Stettin; Dantzick étoit menacé; Thorn, Spandau s'étoient rendus; Wittemberg, Magdebourg étoient bombardés. Des affaires nombreuses avoient eu lieu entre les Français et les troupes de la nouvelle coalition, et toutes n'avoient point été heureuses. Le 2 mars, le général Morand, après un combat très-vif à Lunebourg, avoit capitulé avec son corps. Le 12 avril, deux mille Français s'étoient laissés surprendre par le major prussien Hellwig : le même général avoit enlevé un régiment de hussards westphaliens. Le 19 avril, la grande armée russe étoit entrée à Dresde; le 24, l'empereur de Russie et le roi de Prusse s'y étoient réunis, et le roi de Saxe s'étoit réfugié à Ratisbonne.

L'armée russe se grossissoit encore des prisonniers de guerre qu'elle avoit faits. Les officiers bavarois, saxons, westphaliens, étoient entrés avec leurs soldats au service de l'empereur Alexandre, et avoient consacré cette défection par une déclaration solennelle. Les prisonniers portugais et espagnols avoient protesté qu'ils ne reconnoissoient d'autres maîtres que leurs souverains légitimes ; le roi de Prusse avoit aussi reconnu la régence et les cortès. Kutusoff proclamoit, au nom de son empereur, que les puissances coalisées ne reconnoissoient plus la confédération du Rhin. Les ducs de Mecklembourg-Schwerin et Strélitz l'abandonnoient. Le roi de Suède supprimoit les dotations assignées par Napoléon sur la Poméranie. Stralsund étoit évacué. Huit mille Suédois occupoient l'île de Rugen. La Hollande s'agitoit, et entrevoyoit avec joie le moment heureux où elle pourroit secouer l'horrible fardeau de sa misère; car la misère s'y présentoit partout sous les formes les plus hideuses : un quart de la population étoit sans pain et sans chemises. Ainsi tous les peuples rompoient à la fois les liens de fer dont Napoléon les avoit chargés. De quelque côté qu'il jetât les yeux, il ne voyoit plus que des ennemis. Au-delà de la mer, les Anglais ; au midi, l'Espagne et le Portugal ; au nord, les villes anséatiques et la Hollande ; au levant, l'Allemagne toute entière : il ne lui restoit plus que l'Italie.

Cependant il dépendoit encore de lui de se conserver un empire puissant et glorieux ; son nom, l'éclat de sa gloire passée, la renommée de ses généraux, l'invincible courage de ses soldats, inspiroient aux coalisés de profondes réflexions et de sages défiances : s'il eût voulu, en se montrant à la tête de trois cent mille hommes, offrir la paix sincèrement et sans arrière pensée, la coalition eût encore déposé les armes ; l'Angleterre, déconcertée, se seroit encore trouvée seule ; et l'Espagne, accablée par toutes ses forces réunies, auroit peut-être accepté le joug qu'il lui avoit imposé. Il regretta, plus tard, de n'avoir pas su modérer ses désirs ; mais alors, plein de confiance dans l'avenir et son étoile, il partit le 15 avril pour se montrer de nouveau à l'Europe, avec tout l'appareil d'un redoutable conquérant. Trop pressé par les évènemens, il ajourna le couronnement de l'impératrice et de son fils ; mais avant de quitter son palais, il voulut instituer une régence qui le mît à l'abri d'une conspiration semblable à celle de Mallet, et former un gouvernement provisoire. Il en donna la présidence à Marie-Louise, dans l'espoir de flatter l'Autriche, mais avec des pouvoirs extrêmement bornés. Elle ne pouvoit autoriser de sa signature aucune présentation de sénatus-consulto, ni proclamer aucune loi. Tous ses priviléges se réduisoient à prononcer sur les recours en grâce. Elle avoit pour mentor l'archichancelier Cambacérès ; le duc de Cadore devoit tenir un registre d'État où seroient inscrits tous les décrets de Napoléon absent : c'était une autorité sans pouvoir, une régence purement honorifique ; car, du milieu de ses camps, dans ses courses militaires, sous sa tente, Napoléon n'en expédioit pas moins ses ordres suprêmes. Il avoit, pendant son séjour à Paris, distribué des récompenses, fait de nombreuses promotions. Sa plus haute marque de distinction étoit tombée sur le maréchal Ney, qu'il avoit investi du titre de *prince de la Moscowa*. C'étoit un honneur mérité, car jamais guerrier n'avoit montré plus de courage, plus de constance, plus de ressources dans les plus périlleuses extrémités : il sembloit s'être élevé au-dessus des forces humaines. Napoléon avoit aussi appelé auprès de sa personne de nouveaux aides-de-camp : les généraux Drouot, Dejean, Corbineau. Junot devoit commander en Illyrie, et céder sa place au général Bertrand.

Si, dans le tableau des grands capitaines, on n'apercevoit point le maréchal Brune, c'est que, depuis 1807, il étoit tombé en disgrâce ; c'est que Napoléon croyoit avoir découvert que, pendant son séjour en Allemagne, il avoit été plus favorable au commerce anglais qu'aux intérêts de la France, et qu'il le soupçonnoit d'avoir préféré les lingots de Plutus aux stériles lauriers de Mars. On vit reparoître le général Loison, mais dans un ordre inférieur. Buonaparte attribuoit à son imprévoyance l'évacuation précipitée de Wilna, et les affreux malheurs qui en avoient été la suite ; et lorsque cet officier s'étoit présenté aux Tuileries, il lui avoit adressé les reproches les plus vifs, et délibéré s'il ne le destitueroit pas de ses emplois ; mais les compagnons d'armes de Loison parvinrent à dissiper ces préventions.

Le jour approchoit où deux grandes armées alloient décider du sort de l'Europe. Napoléon s'étoit porté rapidement de Mayence à Erfurt, et ses ordres avoient été exécutés avec une telle ponctualité, et la marche des troupes réglée avec tant d'exactitude, qu'au moment où il arrivoit, l'armée se trouvoit réunie comme par enchantement dans les positions qu'il lui avoit assignées. Elle se composoit de douze corps, et d'une immense artillerie. Quelques-uns de ces corps avoient été mis en mouvement avec tant de précipitation, qu'ils marchoient sans armes; mais les armes arrivoient en poste, et les intendans les distribuoient sur les routes. Le prince Eugène commandoit quarante mille hommes, Napoléon en amenoit cent vingt mille à Erfurt : les maréchaux Ney, Macdonald, Oudinot, Marmont et les généraux Bertrand, Lauriston étoient à la tête de ces forces; Marmont étoit revenu de l'armée d'Espagne après la malheureuse affaire de Salamanque; Soult étoit appelé en Allemagne après s'être acquis tant de gloire dans la péninsule. Napoléon commandoit lui-même sa garde impériale, divisée en trois corps ; la cavalerie, sous les ordres du maréchal Bessières, l'infanterie de la vieille garde et des marins, sous ceux du maréchal Soult; la jeune garde, sous le maréchal Mortier. Ces trois divisions formoient seules une armée. Napoléon y joignit les corps des maréchaux Ney, Oudinot, Marmont et du général Bertrand, et se mit à leur tête. Le maréchal Augereau étoit sur le Rhin surveillant la confédération, et le maréchal Davoust rassembloit le corps du général Vandame, et les troupes qui arrivoient de Hambourg et de la Poméranie. L'Italie et la confédération du Rhin avoient amené quatre nouvelles divisions; les Polonais se disposoient à rejoindre la grande armée. Avec de pareilles forces, Napoléon pouvoit encore se flatter de cueillir de nouveaux lauriers. Les désastres de 1812 n'avoient point abattu le courage des soldats; tous brûloient d'en venir aux mains.

De leur côté, les Russes se montroient pleins de confiance, et n'attribuant qu'à eux seuls la destruction de l'armée française dans les champs glacés de Moscou, de Smolensk et de Wilna, ils ne doutoient pas de la victoire. Ils comptoient dans leurs rangs deux cent cinquante mille baïonnettes. Après avoir passé quelques jours à Erfurt, Napoléon transféra son quartier à quelques lieues au-delà. Qui pourroit croire qu'au milieu du tumulte des armées, il marchoit avec l'appareil des cours, et traînoit avec lui une maison considérable. On y comptoit le duc de Frioul (Duroc), grand-maréchal du palais; le duc de Vicence, Caulaincourt, grand-écuyer, onze aides-de-camp, douze officiers d'ordonnance, parmi lesquels un Mortemart; le comte de Turenne, grand-maître de la garde-robe, le baron de Bausset, préfet du palais, le baron Fain, le baron Monnier, secrétaires du cabinet, et beaucoup d'autres. Ce n'étoit pas ainsi qu'il avoit fait les campagnes d'Italie. Le 29 avril, le vice-roi, qui avoit conservé avec tant d'ordre, de prévoyance et de courage les restes de l'armée de Moscou, fit sa jonction avec la nouvelle armée qu'amenoit Napoléon. Ainsi tout étoit prêt pour ouvrir une nouvelle campagne. Le maréchal Ney la commença le 30 avril; on étoit à cinq lieues de Leipsick. Les Russes s'étant présentés à Weissenfels, les divisions des généraux Sonham, Gerard et Marchand formant l'avant-garde du corps de Ney, les attaquèrent, quoiqu'ils n'eussent point de cavalerie. L'ennemi avoit douze pièces de canon; le général Drouot lui en opposa un pareil nombre, et après une vive canonnade, l'obligea de reculer. C'étoit la première affaire où se trouvassent les jeunes troupes amenées de France. Fières de ce premier succès, elles entrèrent à Weissenfels aux cris de *vive l'empereur!* les schacos au bout du fusil, et l'armée y passa la nuit. Le 1er mai fut marqué par un nouvel avantage. L'arrière-garde ennemie occupoit une position importante, et paroissoit vouloir défendre un défilé dans lequel l'armée française étoit sur le point de s'engager. Napoléon donna l'ordre d'enlever cette position. Le général Wintzingerode occupoit la hauteur avec six pièces de canon; le général Lauskoi défendoit le passage avec de l'infanterie et une nombreuse cavalerie; l'armée française n'avoit qu'un régiment de hussards et un régiment de dragons commandés par le général Kellermann; le général Souham forme ses carrés, les généraux Gérard et Marchand le soutiennent : la position est enlevée, le défilé franchi, et l'armée ennemie en pleine retraite. Mais cette journée laissoit à déplorer la perte du maréchal Bessières : il s'étoit porté avec une simple escorte, comme spectateur, sur la ligne des tirailleurs. L'ennemi ayant pointé une pièce sur ce groupe, atteignit un brigadier et le renversa; le maréchal s'occupoit de lui faire rendre les derniers devoirs, lorsqu'un autre boulet vint le frapper lui-même, et l'étendit mort sur la place. Depuis les premières campagnes d'Italie, il étoit le compagnon d'armes de Napoléon : il s'étoit élevé par son mérite, de grade en grade, jusqu'au rang de maréchal d'empire : on ne citoit de lui aucune action d'éclat ; mais il étoit recommandable par une grande expérience dans l'arme de la cavalerie, une bravoure à toute épreuve, et des qualités personnelles. Napoléon, auquel il étoit vivement attaché, le regretta sincèrement, et s'empressa d'écrire une lettre de consolation à la maréchale son épouse. Après cette affaire, on suivit la route de Lutzen ; on y entra, et les bivouacs s'établirent autour de la place.

Lutzen est une petite ville du royaume de Saxe, célèbre par la bataille qui s'y donna en 1633, et dans laquelle le roi de Suède, Gustave-Adolphe, perdit la vie. Elle alloit acquérir une nouvelle célébrité par une victoire mémorable et sanglante ; l'armée s'avançoit sur la route de Leipsick, dans l'intention de s'emparer de cette capitale du commerce allemand. Le général Lauriston étoit à l'avant-garde ; la route étoit couverte d'équipages, de trains d'artillerie, et de tout ce qui a coutume de signaler la marche d'une armée. Napoléon ne songeoit point à livrer bataille ; aucun corps ennemi ne se montroit en avant de la ville, car la cavalerie russe masquoit tous ses mouvemens, et cette arme nous manquoit entièrement. Tout à coup le canon se fait entendre vers la position occupée par le corps du maréchal Ney ; des tourbillons de fumée s'élèvent de tous les villages qui couvrent la plaine. Les aides-de-camp annoncent que l'ennemi se porte sur notre flanc. Il faut en ce moment décisif former un centre et des ailes, tout disposer pour une action grande et sérieuse. Napoléon donne ses ordres avec cette justesse de conception, cette présence d'esprit et cette activité qui le distinguent sur le champ de bataille. Le maréchal Macdonald forme la droite, le duc de Raguse et le général Bertrand, encore éloignés, doivent former la gauche : les troupes qui sont éparses se réunissent, serrent les rangs, et en un instant établissent leur ligne de bataille ; l'armée s'avance au pas de charge où l'appelle le feu de l'ennemi. Napoléon, par sa marche d'Erfurt à Weissenfels, et de Weissenfels sur Leipsick, avoit déconcerté le plan de l'ennemi. Il se flattoit qu'il se dirigeroit sur la droite, et l'attendoit dans les plaines d'Iéna, où le général Blücher, surtout, brûloit de réparer l'outrage que les armes prussiennes y avoient reçu. Toutes les dispositions des généraux russes et prussiens avoient été faites sur ce plan, et ils étoient sortis de Dresde tout remplis de l'idée d'Iéna : l'armée française et l'armée alliée marchoient sur deux lignes parallèles, mais en sens inverse. L'ennemi, trompé par le mouvement inattendu de Buonaparte, fut obligé de revenir sur ses pas. L'empereur Alexandre et le roi de Prusse, sortis de Dresde le 30 avril, animoient leurs troupes de leur présence. Ce n'étoit plus le vieux général Kutusoff qui commandoit en chef celles d'Alexandre; ses forces s'étoient épuisées dans la pénible campagne de 1812; ce brave guerrier, exténué de fatigue, n'avoit pu supporter de plus longs travaux; il étoit tombé mort à Buntzlau, en Lusace, au milieu de ses soldats, la cuirasse sur le dos. Le général Wittgenstein avoit pris sa place. Lorsqu'il vit Napoléon se porter vivement sur Leipsick, il forma le projet d'attaquer séparément les corps de son armée, abandonna la ville de Leipsick, et rassembla ses forces à l'entrée méridionale de la plaine de Lutzen. Il fit couvrir ce mouvement par vingt-cinq mille cavaliers, et tomba de tout son poids sur le maréchal Ney. Blücher et le général Varek, à la tête des Prussiens, faisoient des efforts inouïs; il étoit impossible, quelque brave et habile que fût le maréchal Ney, de soutenir un pareil choc. Sa droite et sa gauche étoient sur le point d'être débordées; son centre étoit écrasé. Ney ne comptoit guère dans ses rangs que de jeunes conscrits ; ils soutenoient le feu intrépidement ; mais il étoit temps qu'ils fussent secourus. En ce moment, Napoléon arriva avec sa garde. L'ennemi s'étoit rendu maître du village de Kaya, et les conscrits s'étoient trouvés trop foibles pour le reprendre. Napoléon chargea le général Mouton, comte de Lobau, de renouveler l'attaque. La présence de l'empereur avoit excité l'enthousiasme des soldats ; ils marchent au feu avec la plus vive ardeur, et le village est enlevé. Le corps du prince Eugène, la division du général Bertrand étoient encore éloignés du champ de bataille. Napoléon attachoit le plus grand intérêt à soutenir le combat autour des villages voisins, pour leur donner le temps d'arriver. De son côté, le général Wittgenstein accumuloit toutes ses forces sur ces mêmes points pour détruire le centre de l'armée, et se rejeter ensuite sur les corps qui en étoient séparés. Le combat devint horrible et sanglant. Le maréchal Ney, comme un lion entouré de chasseurs, faisoit face de tous les côtés : les officiers-généraux tomboient en foule à ses côtés ; son chef d'état-major, le général Gouré, est tué ; les généraux Girard, Brunnier, Cheminaux, Guillot sont grièvement blessés, et les deux derniers amputés sur la place. Le général Grenier périt glorieusement. Les villages sont pris et repris, on se dispute le terrain avec acharnement ; les Prussiens, surtout, se signalent par une invincible animosité.

On voyoit au milieu de leurs rangs cette jeunesse sortie des universités, pleine d'enthousiasme, et courant au combat pour venger l'honneur de la patrie; on y voyoit des jeunes volontaires issus des meilleures familles, et revêtus de l'uniforme noir, pour annoncer qu'ils veulent vaincre ou périr. La plupart avoient pour officiers leurs professeurs, et ils se précipitoient ensemble dans les rangs ennemis avec une aveugle fureur ; ils périrent presque tous. Napoléon continuoit d'animer ses troupes par sa présence; les boulets et les grenades arrivoient jusqu'à lui ; les balles pleuvoient sur sa garde ; le combat se soutenoit intrépidement, malgré l'infériorité du nombre ; enfin, les corps que l'on attendoit arrivèrent : les deux ailes de l'armée s'étendent, et menacent d'envelopper l'ennemi. Le général Wittgenstein comprenant tout le danger de sa position, fait un effort désespéré pour enlever le village de Kaya et enfoncer le centre des Français : il y réussit ; le village est à lui, plusieurs bataillons reculent devant le feu terrible qui les foudroie, et se débandent : tout étoit perdu, si Napoléon n'eût pas été sur le champ de bataille. Mais il court à ses soldats, leur reproche leur fuite, les ramène, fait avancer seize bataillons de la jeune garde commandés par le maréchal duc de Trévise, les fait soutenir par six bataillons de la vieille garde aux ordres de l'intrépide général Roguet, leur ordonne de marcher tête baissée sur Kaya, et de faire main-basse sur l'ennemi. Il commande en même temps au général Drouot de rassembler quatre-vingts pièces de canon ; elles s'avancent sous les ordres de ce général et de ceux de ses compagnons d'armes, les généraux Dulauloy et Deveaux ; le feu devient terrible ; la jeune garde se précipite sur Kaya, l'ardeur des jeunes soldats se ranime; le maréchal Mortier et le général Dumoustier sont démontés, mais ils reparoissent bientôt. L'ennemi, écrasé par une tempête inouïe dans les fastes de la guerre, abandonne ses positions, et l'armée française en achève la déroute au pas de charge. Ainsi la bataille est gagnée, et la victoire revient parer de ses lauriers les enseignes de Napoléon.

Cette journée fut horriblement meurtrière; le vainqueur y perdit dix mille hommes tués ou blessés, le vaincu près de vingt mille ; le général prussien Sharnost, le prince de Mécklembourg-Strélitz furent blessés à mort ; le prince de Hesse-Hombourg fut tué, et Blücher blessé ; mais l'ennemi se retira sans être vivement inquiété, l'armée française se trouvant presque dénuée de cavalerie. Rien ne sauroit exprimer la joie de Napoléon : les deux armées avoient combattu sous les yeux de leurs souverains respectifs ; mais Alexandre et Frédéric Guillaume fuyoient vers l'Oder, et Napoléon triomphant marchoit sur Dresde. Cependant il faut dire que le roi de Prusse avoit donné des marques personnelles de courage, et qu'il avoit combattu vaillamment à la tête de son armée. Les bivouacs furent établis sur le champ de bataille, et Napoléon retourna à Lutzen rédiger le bulletin de sa victoire ; de tous les points du quartier-général partirent des courriers pour annoncer dans toute l'Europe que la fortune avoit cessé de lui être infidèle.

CHAPITRE XIV.

Entrée de Napoléon à Dresde. Rentrée du roi de Saxe. Menées secrètes de l'Autriche. Arrivée du comte de Bubna. Batailles et victoires de Bautzen et de Wurstchen. Conquête d'une partie de la Silésie. Armistice.

La victoire de Lutzen ouvroit à Napoléon la route de Dresde, et le rendoit maître de toute la rive gauche de l'Elbe. Le roi de Prusse et l'empereur Alexandre se retiroient lentement, et profitoient dans leur retraite de notre manque de cavalerie. Le vice-roi suivoit l'arrière-garde russe, commandée par le général Miloradowitz, dont le corps n'avoit point donné, quoiqu'il fût couvert par une bonne cavalerie. Miloradowitz fut cependant battu trois jours de suite; mais il marchoit en bon ordre, et l'on ne parvint point à l'entamer. Le 4 mai, l'empereur de Russie et le roi de Prusse revinrent à Dresde; mais quelle entrée différente de la première! Alors ils avoient passé sous des arcs de triomphe, les rues étoient jonchées de fleurs, et retentissoient des acclamations des habitans; de jeunes demoiselles, vêtues de blanc, étoient venues leur offrir les prémices du printemps, et chanter des vers en leur honneur; de brillantes illuminations avoient éclairé toute la ville; on lisoit sous des transparens des devises insultantes pour Napoléon (1). A leur retour, plus de chants, plus de fleurs, plus d'arcs de triomphe. Cependant on avoit dissimulé les désastres de la journée de Lutzen, et même proclamé une victoire; une affiche annonçoit aux habitans une affaire sanglante, dans laquelle les alliés étoient restés maîtres du champ de bataille. Mais le retour des deux souverains, l'arrivée de leurs équipages, la tristesse de ceux qui les ramenoient, et surtout les colonnes de blessés qui couvroient les routes, donnoient d'autres idées; la vérité ne tarda pas à se faire jour. Le 6, on annonça la marche des Français sur la ville; et le 8, les deux souverains l'abandonnèrent; le même jour, le général français Grundler prit possession de la ville vieille. Bientôt l'armée toute entière déploya ses enseignes, et fit briller ses baïonnettes sur les

---

(1) On y avoit inscrit les dernières paroles de l'oraison dominicale : *Libera nos a malo.*

hauteurs des environs. La municipalité consternée envoya une députation au vainqueur :
« Vous mériteriez, dit Buonaparte en la re-
« cevant, que je vous traitasse en pays con-
« quis; je sais tout ce que vous avez fait
« pendant que les alliés occupoient votre
« ville; j'ai l'état des volontaires que vous
« avez armés, équipés contre moi avec une
« générosité qui a étonné l'ennemi lui-même.
« Je sais quelles insultes vous avez prodi-
« guées à la France, et combien de libelles
« vous avez à cacher ou à brûler aujourd'hui.
« Vos maisons nous présentent encore les dé-
« bris des guirlandes dont vous les avez parées,
« et je retrouve sur vos pavés le fumier des
« fleurs que vos filles ont semées sous les pas
« des monarques; mais je veux tout pardon-
« ner. Bénissez votre roi, car il est votre
« sauveur; qu'une députation d'entre vous
« aille le prier de vous rendre sa présence; je
« ne pardonne que pour l'amour de lui. Aussi
« bien, vous êtes déjà assez punis; vous venez
« d'être administrés par le baron de Stein, et
« vous savez maintenant à quoi vous en tenir
« sur les beaux sentimens des alliés. Quant
« à moi, je veillerai à ce que la guerre vous
« cause le moins de mal qu'il sera possible,
« et je commence par vous donner un gage

« de ma clémence : c'est le général Durosnel,
« mon aide-de-camp, qui sera votre gouver-
« neur. Le roi lui-même le choisiroit pour
« vous. »

Les Russes occupoient encore la ville neuve, sur la rive droite de la rivière, et de là tiroient sur la ville vieille. Napoléon, après avoir expédié au roi de Saxe son aide-de-camp Anatole de Montésquiou, fit tout préparer pour expulser l'ennemi : on plaça quatre-vingts pièces de canon sur les hauteurs de Prietzniis, et l'on engagea avec l'ennemi une canonnade terrible, dont la ville souffrit horriblement. En même temps les soldats français ayant passé l'Elbe sur le pont rompu, à l'aide d'échelles qu'ils y jetèrent, pénétrèrent dans la ville neuve, et forcèrent le général Miloradowitz à l'évacuer. Les Russes firent leur retraite par la route de Bautzen, abandonnant Berlin aux chances de la guerre. Le duc de Tarente se mit à leur poursuite, les atteignit à Bischoffswerda, et engagea une action dans laquelle périt cette malheureuse petite ville, dévorée par les flammes. On craignit d'abord que les Russes n'eussent repris leur tactique incendiaire; mais les renseignemens qu'on se procura ne confirmèrent point ces alarmes. La destruction de cette ville fut la suite des désastres accoutumés de la guerre.

Après la bataille de Lutzen, le général Lauriston entra à Leipsick, et le maréchal Ney se porta sur la route de Berlin, pour menacer cette capitale. Buonaparte attendoit à Dresde le roi de Saxe, dont le séjour à Prague lui donnoit de l'inquiétude. Il craignoit les insinuations de l'Autriche, qui, fidèle à son système de déception, ne cessoit de parler de paix et ne cessoit de rêver la guerre. Il avoit appris d'ailleurs que le général Thielman avoit de nouveau refusé d'admettre les Français à Torgau, et qu'il alléguoit les ordres de son souverain. L'arrivée du roi le confirma dans les soupçons qu'il avoit conçus à l'égard de l'Autriche, et, dès ce moment, il sentit qu'il étoit nécessaire de veiller sur l'Italie. Il rendit à Dresde un décret qui, après de grands éloges du vice-roi, l'autorisoit à retourner à Milan; il voulut même étendre sa reconnoissance sur la famille de ce prince, qu'il avoit d'abord si mal jugé: il érigea en faveur de sa fille aînée une de ses conquêtes en duché transmissible à sa postérité. Il avoit aussi des doutes sur le général Thielman, et cet officier les confirma pleinement. Instruit que le roi son souverain restoit fidèlement attaché aux Français, il quitta Torgau, et passa au service des Russes.

Ces défections, que la victoire n'arrêtoit pas, attestoient l'esprit de révolution dont l'Allemagne étoit profondément travaillée, et devoient éveiller la prudence de Napoléon. Si alors il eût été capable de renoncer à ses rêves de monarchie universelle, de faire des concessions à l'Autriche, de restituer à la Prusse les citadelles qu'il retenoit contre la foi des traités, de rendre au chef de l'Eglise la liberté et le foible patrimoine qu'il lui avoit enlevé, enfin d'accomplir l'engagement qu'il avoit pris de donner à l'Italie un gouvernement indépendant, il auroit facilement obtenu la paix, et fondé pour sa dynastie le plus bel empire qui eût existé depuis Charlemagne. Mais ébloui par le prestige de la victoire, il oublie ce qu'il a dit dans un temps éloigné : « Que la « fortune est inconstante ; et que nombre « d'hommes qu'elle avoit comblés de sa faveur « avoient vécu trop de quelques années (1) ! »

Cependant il ne pouvoit plus méconnoître les intentions de l'Autriche; le retour du roi de Saxe lui avoit mis entre les mains des pièces qui ne permettoient pas le doute. Des lettres interceptées donnoient le secret de ses inten-

---

(1) Réponse du premier consul au message du Sénat, qui lui annonce sa réélection pour dix ans.

tions : on avoit la preuve qu'avant même la bataille de Lutzen, l'empereur François étoit prêt à entrer dans la coalition. Il est vrai que Napoléon avoit opposé une résistance de fer à toutes les demandes qu'il lui avoit faites ; il avoit alors deux partis à prendre, ou traiter subitement avec la Prusse et la Russie pour écraser l'Autriche, ou lui tout accorder pour la retenir dans son alliance : il ne prit ni l'un ni l'autre ; et se laissant tantôt éblouir par la victoire, tantôt séduire par les paroles artificieuses du cabinet de Vienne, il perdit par ces alternatives de roideur et de foiblesse, tout ce qu'il pouvoit regagner dans cette campagne, et livra son empire aux trahisons de la fortune et aux perfidies des négociations. M. de Bubna ne tarda pas à arriver à Dresde ; il avoit déjà endormi en France la prudence de Napoléon, il venoit de nouveau l'endormir en Saxe. Il répéta tout ce qu'il avoit dit précédemment. « Si l'Autriche ne fournissoit point « son contingent, elle n'en étoit pas moins « l'amie et la fidèle alliée de la France ; elle « n'en vouloit pas moins l'affermissement de « la dynastie de Napoléon. »

Il remit à Buonaparte une lettre de l'empereur son beau-père, remplie des mêmes sentimens. Il offroit de nouveau sa médiation.

« Le médiateur, disoit-il, est l'ami de Votre
« Majesté; il s'agit d'asseoir sur des bases
« inébranlables votre dynastie, dont l'existence
« s'est confondue avec la mienne. »

M. de Bubna ayant proposé un congrès à Prague, Napoléon accepta; mais il ajouta : « L'empereur d'Autriche est maître de re- « noncer à mon alliance; la France n'en sera « point blessée ; ce qu'elle craint surtout, ce « sont les moyens termes, ressource ordinaire « de la foiblesse. »

M. de Stadion étoit auprès des alliés avec une mission semblable à celle du comte de Bubna. Celui-ci annonça qu'il alloit lui faire part des dispositions de l'empereur des Français, et le lendemain il repartit pour aller prendre de nouvelles instructions auprès de son souverain.

Quinze jours s'étoient écoulés depuis la bataille de Lutzen, et l'armée ennemie étoit loin d'être détruite. Lorsque le maréchal Macdonald, qui marchoit par Bautzen, approcha de cette position, il la trouva fortement occupée par les alliés. Au-delà étoit le village d'Holhkirchen, déjà célèbre par la défaite du roi de Prusse en 1758. Cette position entre l'Elbe et l'Oder présentoit des avantages dont les alliés résolurent de profiter : ils élevèrent partout des redoutes formidables, et résolurent d'y attendre le vainqueur. Napoléon ne vouloit pas laisser à douze lieues de lui une armée qui, malgré la perte immense qu'elle avoit faite à Lutzen, se montroit encore menaçante. Il venoit de recevoir des renforts considérables, et surtout de la cavalerie, que lui avoient amenés le général Latour-Maubourg et le général italien Frésia. La seconde division de la jeune garde, aux ordres du général Barrois, avoit également rejoint l'armée; il marche aussitôt en avant, et se hâte de reconnoître les positions ennemies.

Cependant, avant d'engager le combat, il voulut faire connoître à l'ennemi les propositions du comte de Bubna, et envoya le duc de Vicence aux avant-postes. On refusa de le recevoir. Les alliés, malgré leur défaite, n'avoient rien perdu de leur présomption, et, pleins de confiance dans leurs retranchemens et leurs fortifications, ils appeloient de leurs vœux un combat où ils se croyoient sûrs de la victoire. Le 19 mai se passa tout entier en observation; mais le lendemain, dès le matin, tous les corps français prirent les positions qui leur étoient assignées. A droite, étoient le duc de Reggio et le duc de Tarente; le général Bermand manœuvroit sur la gauche, et le duc de Dalmatie dirigeoit l'ensemble des opérations; la garde formoit la seconde ligne, sous les ordres du duc de Trévise. L'ennemi occupoit des retranchemens et des positions inexpugnables pour d'autres que pour des soldats français. La Sprée, qu'il falloit passer, fut promptement franchie; et le général Compans s'étant rapidement porté sur la ville de Bautzen, l'enleva par un coup de main aussi hardi que glorieux. La division du général Bonnet débusqua, avec la même rapidité, le général Kleist des hauteurs qu'il occupoit; mais il se rejeta sur des positions défendues par des redoutes, des ravins et toutes les ressources de l'art; le général Blücher lui envoya des renforts, et le combat devint sanglant. De leur côté, les maréchaux Oudinot et Macdonald poussèrent si vivement le général Miloradowitz, qu'en peu de temps leurs soldats couronnèrent une partie des hauteurs qui dominoient la plaine; mais ces succès ne décidoient point la bataille. L'ennemi se défendoit avec acharnement; à chaque instant la lutte devenoit plus opiniâtre et plus cruelle; le duc de Reggio fut même forcé un moment de reculer. Buonaparte, assis à quelque distance, observoit tout; il retenoit une partie de ses forces, et sembloit attendre un moment décisif. Ce moment arriva. La veille, le général Lauriston s'étoit porté à six lieues sur la gauche avec un corps d'environ vingt mille hommes; l'ennemi avoit envoyé contre lui les généraux d'Yorck et Barclay de Tolly. Celui-ci avoit écrasé une division italienne, et lui avoit enlevé son artillerie. Rassuré par ce succès, le général d'Yorck rentra dans les lignes, et laissa seul Barclay de Tolly pour contenir Lauriston. Il étoit loin de prévoir ce qui devoit bientôt se passer. Les forces du général Lauriston n'étoient qu'une première ligne; elles étoient soutenues par quarante mille hommes aux ordres du maréchal Ney et du général Reynier; cette armée se portoit sur Wurtschen pour prendre les alliés en flanc et en arrière. L'ennemi ne soupçonnait rien de cette redoutable diversion : elle décida de la victoire. Napoléon, saisissant le moment opportun, lance toutes ses forces et toute son artillerie. Les maréchaux Soult, Mortier, Marmont, Macdonald, les généraux Bertrand, Latour-Maubourg sont à leur tête. Kleist, Yorck, Blücher font en vain tous leurs efforts pour garder les positions où ils se croient invincibles; ils en sont précipités, et la bataille est gagnée. Napoléon vient, au son des instrumens militaires, occuper la tente sous laquelle quelques heures auparavant l'empereur Alexandre tenoit son quartier-général. Cette journée coûtoit au vainqueur douze mille hommes tués ou blessés, et dix-huit à vingt mille aux vaincus. Ainsi, dans l'espace de quelques jours, plus de soixante mille hommes avoient couvert de leurs corps et arrosé la terre de leur sang pour quelques aunes de marchandises anglaises que Napoléon ne vouloit point permettre qu'on achetât en Russie. Cette bataille avoit duré deux jours sur deux points différens : elle prit le nom de bataille de *Bautzen* et *Wurtschen*. L'empereur Alexandre y avoit assisté, et ce n'étoit pas sans danger qu'il avoit fait sa retraite.

Ce fut après cette sanglante journée, et sous sa tente même, que Napoléon, exalté par ce second triomphe, rendit un décret pour en transmettre la mémoire par un monument gigantesque :

« Il sera élevé sur le mont Cénis un monu-
« ment. Sur la face qui regardera Paris, seront
« inscrits les noms de tous nos cantons des
« départemens en deçà des Alpes. Sur la face
« qui regardera Milan, seront inscrits les noms
« de tous nos cantons des départemens d'au-
« delà des Alpes et de notre royaume d'Italie.

« A l'endroit le plus apparent du monument,
« l'inscription suivante sera gravée :
   « L'empereur Napoléon, sur le champ de
« bataille de Wurtschen, a ordonné l'érection
« de ce monument, comme un témoignage
« de sa reconnoissance envers ses peuples
« de France et d'Italie, pour transmettre à
« la postérité la plus reculée le souvenir de
« cette époque célèbre où, en trois mois,
« douze cent mille hommes ont odynu aux
« armes pour assurer l'intégrité du territoire
« de l'empire et de ses alliés. »

Les suites de ces funestes journées étoient désastreuses pour l'humanité; les blessés qui pouvoient marcher se rendoient courageusement à Dresde : on enleva tout ce que l'on put transporter sur les voitures dont on pouvoit disposer; mais le nombre en étoit tel, que les voitures manquèrent bientôt. Dix mille restoient encore, étendus sur ce champ de carnage, Français, Russes et Prussiens, implorant la pitié de leurs semblables. Les villages des environs étoient dévastés; ils avoient été presque tous dévorés par les flammes; les habitans manquoient de tout, mais il leur restoit la pitié : ils ne purent voir sans attendrissement ces tristes victimes de la querelle des princes, près de mourir de douleur et de

faim sur la terre qu'ils avoient abreuvée de
leur sang; leurs entrailles s'émurent : ils courent sous les débris de leurs chaumières,
chercher les brouettes qui ont échappé à l'incendie; ils font des brancards des débris de
leurs lits, et, les larmes aux yeux, ils viennent, hommes, femmes, jeunes filles, vieillards, tendre une main secourable à l'infortune: c'étoit un spectacle digne d'admiration
que cette file d'infortunés secourus et conduits par des êtres sensibles que le malheur
n'avoit pas épargnés eux-mêmes ; c'étoit le
cas d'élever un autre monument, mais on en
élève au meurtre, rarement à la pitié.

Le lendemain on se mit à la poursuite de
l'ennemi; il ne fuyoit pas, il se retiroit. Si
Napoléon se fût arrêté, si de nouveau il eût
offert la paix, il auroit épargné un sang précieux, et peut-être le vaincu, effrayé de ses
pertes, eût-il consenti à ce congrès de Prague
que l'Autriche avoit proposé, et que Napoléon avoit accepté; mais le succès l'enivre,
ce n'est pas assez de vaincre, il veut anéantir
son ennemi : il l'atteint à Reichembach, où il
est fortement établi; sa contenance annonce
qu'il n'a encore rien perdu de son courage :
l'attaque commence; elle est soutenue avec
intrépidité; les lanciers de la garde, forcés de

reculer, éprouvent une perte considérable ; et s'ils ne sont secourus par les cuirassiers de Latour-Maubourg, cette journée assure un triomphe aux alliés : on y perd plusieurs pièces de canon, et, ce qui est beaucoup plus grave, le brave général de cavalerie Bruyères. Reichembach est évacué; l'ennemi continue sa retraite plutôt en vainqueur qu'en vaincu. Il est aisé de voir qu'il veut attirer Napoléon sur l'Oder, où il trouvera de nouveaux renforts ; mais le dépit emporte l'empereur des Français : il s'irrite contre la fortune. *Quoi! pas un prisonnier!* s'écrie-t-il ; et il continue sa poursuite. En ce moment, un cavalier de son escorte tombe à ses côtés. De noirs pressentimens l'assiégent : *Après une telle boucherie, point de résultat! Duroc, la fortune n'est pas pour nous aujourd'hui!*

Cette réflexion sembloit devoir l'arrêter. Le quartier-général étoit sur le point de s'établir à Reichembach ; les logemens y étoient marqués. Mais Napoléon ayant appris que les alliés tenoient encore à peu de distance, s'irrite de tant d'opiniâtreté ; il veut à tout prix en finir : il court à l'avant-garde. Il avoit à ses côtés les maréchaux Duroc et Mortier, le duc de Vicence et le général de génie Kirgener. On marchoit au milieu d'un nuage de poussière, à travers lequel on avoit de la peine à s'apercevoir. L'action commençoit à s'engager ; un boulet vint frapper un arbre à quelque distance de Napoléon ; il continue sa marche, s'arrête sur un plateau, regarde autour de lui, il ne voit plus que le duc de Vicence. En même temps le duc de Plaisance, fils de l'archichancelier Lebrun, accourt pâle et défait. Qu'est-il arrivé ? Le boulet qui a frappé l'arbre, a ricoché sur le général Kirgener, qu'il a tué roide, et sur le maréchal Duroc, que l'on emporte mourant. En apprenant cette nouvelle, Napoléon jette un cri de surprise : « Duroc ! « cela n'est pas possible ; il étoit à mes côtés « il n'y a qu'un instant ! » Le général Goungaud étant arrivé en ce moment pour lui annoncer que l'ennemi ne présentoit plus qu'une foible arrière-garde, il se porte en avant, et reste encore une demi-heure en observation.

On assure que lorsqu'il rentra au camp, il donna des marques visibles de douleur, qu'il resta assis à l'entrée de sa tente, les mains jointes et la tête baissée, et que le général Drouot étant venu lui demander des ordres, il répondit d'une voix altérée : *A demain tout*. A la nuit close il alla voir Duroc ; le boulet avoit déchiré ses entrailles : plus d'espoir de guérison. Napoléon voulut néanmoins en donnée à cette déplorable victime de ses guerres éternelles; Duroc se contenta de le prier de lui faire donner un peu d'opium; ses douleurs étoient déchirantes: il mourut peu de momens après. Quelques jours avant ce funeste événement, déplorant la passion de Napoléon pour la guerre, il avoit dit: *Nous y périrons tous*, et sa triste prophétie venoit de s'accomplir pour lui.

Napoléon perdoit un ami véritable; c'étoit le seul homme qui eût le secret de son matré, qui exerçât quelque influence sur lui, et jamais il ne s'en servit que pour être utile. Il ne heurtoit pas son empereur; il laissoit passer comme un orage ses premiers mouvemens, et attendoit le retour du calme pour le faire revenir sur les mesures violentes qu'il avoit d'abord adoptées. Nul homme ne se prévaloit moins que lui de son crédit; nul n'étoit aussi plus dévoué à Napoléon. Il venoit d'arriver à sa quarante-unième année, lorsqu'une mort prématurée vint le ravir à son souverain et à l'armée, dont il étoit sincèrement aimé. Il n'avoit qu'une fille, à laquelle Napoléon transmit le duché de Frioul, en lui donnant pour tuteur le comte Molé, alors conseiller d'Etat: il ordonna aussi l'érection d'un monument au lieu où il avoit expiré.

Mais toutes ces marques d'intérêt, toutes ces récompenses funèbres, loin d'exalter les courages, portoient les esprits à de noires réflexions : on ne voyoit plus dans ces combats que d'horribles boucheries, que des guerres d'extermination plus dignes de peuples sauvages que de nations civilisées. Ces grandes victoires, achetées avec tant de sang, devenoient pour les familles mêmes des vainqueurs un objet d'exécration. On se demandoit si bientôt on ne seroit pas levé des nations en masse pour aller s'entre-égorger mutuellement sur un champ de bataille; les soldats vieillis dans les camps, familiarisés avec le sang et les fléaux de la guerre, en avoient enfin horreur; le cri de paix retentissoit sous la tente des généraux, comme au bivouac du simple fantassin : cet ancien fanatisme de liberté qui avoit, dans les premières années de la révolution, exalté les têtes de nos jeunes guerriers, venoit de passer dans les rangs de l'ennemi. Nous ne combattions plus à armes égales. En décrétant un monument sur le mont Cénis, Buonaparte s'étoit donné un accusateur de plus; car il reconnoissoit qu'en trois mois ses deux royaumes lui avoient donné douze cent mille hommes, et bientôt il alloit en demander encore trois cent mille.

« Mais les Russes commençoient aussi à réfléchir, ils n'avoient pas, comme les Prussiens, à combattre pour leur affranchissement. En excitant ces derniers à la guerre, Alexandre leur avoit dit : « Nous avons rempli notre tâche, c'est « à vous à remplir maintenant la vôtre. » On ne pouvoit nier que les Prussiens n'eussent répondu bravement à l'appel de l'empereur; mais ils ne pouvoient faire la guerre seuls, et la Russie commençoit à considérer qu'après avoir perdu tant de soldats dans la campagne précédente, c'étoit peut-être porter la générosité trop loin, que de livrer chaque jour au fer ennemi des milliers d'hommes pour une cause qui n'étoit pas la sienne. L'empereur Alexandre se détermina donc à répondre aux ouvertures que lui avoit faites Napoléon le 20 mai, jour de la bataille de Bautzen; et M. de Nesselrode, son ministre, écrivit à M. de Caulaincourt que son souverain étoit prêt à se concerter avec Napoléon pour une suspension d'armes. M. de Stadion fit, de son côté, une communication semblable. Napoléon déclara être prêt à traiter; mais pour ne rien perdre de ses avantages en attendant les arrangemens nécesaires, il fit marcher son armée en avant; et tandis que les alliés se rapprochoient de la Bohême, il se porta sur la Silésie; et le 1ᵉʳ juin, le général Lauriston entra à Breslau.

Il sembloit qu'il fût de la destinée de l'armée française de braver les souverains ennemis dans les lieux mêmes où ils s'étoient réunis pour concerter sa ruine; la prise de Breslau assuroit à Napoléon la ligne de l'Oder; il étoit de son intérêt de conserver cette place; mais, soit qu'il pensât que la paix seroit la suite nécessaire de l'armistice, soit qu'il crût qu'il étoit de son intérêt de suspendre quelque temps les opérations de la guerre pour les reprendre avec plus d'avantage, il consentit, pour accélérer les négociations, à évacuer la Silésie, et l'armistice fut signé le 4 juin. Il devoit durer jusqu'au 20 juillet suivant. On regarda cette concession comme une faute ; Napoléon lui-même en pressentit le danger, et ne le dissimula point ; mais il voyoit avec inquiétude l'horrible consommation d'hommes qu'exigeoit cette guerre meurtrière ; il n'ignoroit pas que la désaffection des Français pour lui s'étendoit partout, et jusqu'autour de sa personne; il craignoit que, s'il refusoit la médiation de l'Autriche, cette puissance ne se déclarât contre lui, et ne donnât cent cinquante mille hommes à ses ennemis. Peut-être sentoit-il aussi le besoin du repos pour lui-même, car il commençoit à l'aimer, et il avoua plusieurs fois qu'il n'étoit plus propre à la guerre. Son embonpoint s'accommodoit mal de l'exercice du cheval; et le jour de la bataille de Bautzen, c'étoit assis sur une chaise qu'il en avoit observé et dirigé les mouvemens.

A peine étoit-il arrivé à Dresde, qu'il songea à s'y procurer des dissipations, et donna des ordres au baron de Bausset, son préfet du palais, pour faire venir la troupe des comédiens français de Paris. En même temps, il faisoit creuser partout la terre; la hache du bûcheron retentissoit dans toutes les forêts voisines; on élevoit des palissades, on entouroit la ville d'ouvrages et de fortifications: presque tous les paysans de la Saxe étoient employés à ces travaux.

Mais les soucis ne tardèrent pas à assiéger le palais. M. de Metternich étoit venu conférer avec Napoléon lui-même; l'Autriche mettoit son alliance à un prix intolérable, et les nouvelles d'Espagne étoient de nature à causer les plus sérieuses alarmes à Buonaparte, et les plus hautes espérances à la coalition. Fouché à Paris, Murat à Naples, lui donnoient encore de l'inquiétude. Il résolut de les faire venir l'un et l'autre à Dresde.

CHAPITRE XV.

Conférences de Napoléon avec M. de Metternich. Arrivée à Dresde du duc d'Otrante; ses entretiens avec l'empereur. Ouverture du congrès de Prague. Affaires d'Espagne. Départ du maréchal Soult pour l'armée des Pyrénées. Rentrée du roi Joseph en France.

Napoléon s'étoit mépris sur le caractère et l'habileté du comte de Metternich. Lorsque cet ambassadeur, qui prétend aujourd'hui tenir dans ses mains les destinées des États, étoit venu à Paris, Buonaparte n'avoit vu en lui qu'un homme du monde, d'un esprit superficiel, ami des plaisirs, courtisan des femmes. Mais, sous ces apparences de frivolité, il cachoit une âme capable de concevoir et d'exécuter de grandes résolutions : il s'étoit surtout appliqué à étudier la famille et le palais impérial. Les sœurs de Napoléon avoient été pour lui l'objet d'un culte particulier, et l'on croyoit alors que la reine de Naples n'avoit pas dédaigné son encens. En soignant les sœurs, il avoit appris à connoître le frère, et s'étoit convaincu, plus que jamais, que les grands hommes, vus de près, perdent beaucoup de leur taille. De retour à Vienne, il n'avoit songé qu'à relever la puissance de son souverain; et malgré l'alliance de famille qu'avoit contractée Napoléon, il n'en étoit pas moins occupé de déconcerter ce projet de monarchie universelle qui sembloit le dominer exclusivement. Il ne lui falloit plus qu'une occasion; il la trouva dans les désastres de Moscou; et quoiqu'il eût affaire à un ennemi soupçonneux et vigilant, il ne désespéra pas, à force d'artifice et de duplicité, d'endormir sa prudence, et de l'accabler en le caressant. Habile artisan de séductions, il se para au-dehors des sentimens les plus affectueux, n'épargna ni promesses, ni protestations, ni sermens, jusqu'au moment de frapper le coup qu'il avoit préparé. Il étoit, en arrivant à Dresde, chargé d'une lettre de son souverain. Ce n'étoit point une rupture décidée : le prince laissoit entrevoir le moyen de s'accommoder; il proposoit sa médiation, promettoit de nouveau que le médiateur seroit un ami, et laissoit à M. de Metternich le soin de développer sa pensée.

M. de Metternich, dans une première conférence avec le duc de Bassano, s'expliqua d'abord avec ambiguité; mais lorsqu'il fut devant Napoléon, il déposa en partie le masque officieux dont il s'étoit couvert, et lui annonça que l'empereur d'Autriche, en prenant le caractère de médiateur, regardoit, par cela même, l'ancienne alliance comme rompue; qu'il ne refusoit pas d'en contracter une nouvelle, mais qu'il falloit en régler les conditions; qu'il vouloit avant tout être le centre unique des négociations, et qu'elles se fissent toutes exclusivement par l'intermédiaire de ses plénipotentiaires.

Napoléon ne put entendre ces propositions sans une violente émotion. Il fit à M. de Metternich de vifs reproches sur sa dissimulation. « Ce que vous me dites aujourd'hui, pour-
« quoi ne me l'avoir pas dit franchement à
« mon arrivée en Russie? Peut-être aurois-je
« été à temps de modifier mes plans; peut-
« être même ne serois-je pas rentré en cam-
« pagne. Vous me laissez m'épuiser en nou-
« veaux efforts; la victoire les couronne; je
« gagne deux batailles; mes ennemis affoiblis
« sont au moment de revenir de leurs illu-
« sions : soudain vous vous glissez au milieu
« de nous; vous venez me parler d'armistice,
« de médiation; vous leur parlez d'alliance,
« et tout s'embrouille! Sans votre funeste in-

« tervention, la paix entre les alliés et moi
« seroit faite aujourd'hui.

« Quel a été jusqu'à présent le résultat de
« l'armistice? un traité à Reichembach entre
« l'Angleterre, la Prusse et la Russie : on parle
« aussi d'une quatrième puissance; mais vous
« devez en savoir là-dessus plus que moi. Vous
« alliez vous déclarer, quand la victoire de
« Lutzen vous a arrêtés; vous aviez besoin de
« gagner du temps, d'augmenter vos forces.
« Aujourd'hui vos deux cent mille hommes
« sont prêts, et c'est Schwartzemberg qui les
« commande; il les réunit, en ce moment, ici
« près, là, derrière le rideau des montagnes
« de la Bohême... Votre cabinet veut profiter
« de mes embarras, et les augmenter, pour
« recouvrer tout ou partie de ce qu'il a perdu.
« La grande question pour vous est de savoir
« si vous pouvez me rançonner sans combat-
« tre, ou s'il faudra vous jeter décidément au
« rang de mes ennemis. Eh bien! traitons,
« j'y consens, mais qu'on s'explique avec
« franchise. Que voulez-vous? — Etablir,
« répond M. de Metternich, un ordre de
« choses qui, par une sage répartition des
« forces européennes, place la garantie de la
« paix sous l'égide d'une association d'Etats
« indépendans. — Soyez plus clair, reprend

« Napoléon. Je vous ai offert l'Illyrie; j'ai
« adhéré à un subside pour que vous restiez
« neutres : mon armée est suffisante pour ame-
« ner les Russes et les Prussiens à la raison. »

Alors M. de Metternich, jetant tout à fait le masque d'obligeance dont le cabinet de son souverain s'étoit couvert jusqu'alors, déclara que la neutralité ne pouvoit convenir à son souverain; que le moment étoit venu de prendre un parti décisif, de se décider ou pour la France ou contre elle; que le temps pressoit, et que c'étoit à Napoléon de voir ce qui lui convenoit le mieux. Il exposa à quelles conditions l'Autriche offroit son alliance. Ce n'est pas seulement l'Illyrie qu'elle demande; elle réclame ses Etats d'Italie, le rétablissement de la Prusse dans sa première puissance, la restitution du trône d'Espagne, des Etats du pape, l'affranchissement de la Hollande, la dissolution de la confédération du Rhin, et enfin un dédommagement en or de ses frais d'armement.

En écoutant ces propositions, Napoléon ne fut plus maître de sa colère. « Ainsi vous cou-
« rez, d'un camp à un autre, semer la discorde
« et proposer le partage de l'Empire français!
« D'un coup de plume vous prétendez faire
« tomber les remparts des plus fortes places

« de l'Europe, dont je n'ai pu obtenir les clés
« qu'à force de victoires ! Et c'est sans coup-
« férir que l'Autriche croit me faire souscrire
« à de pareilles conditions ! Et c'est mon
« beau-père qui accueille des prétentions aussi
« outrageantes ! Il s'abuse, s'il croit qu'un
« trône mutilé puisse être un refuge pour sa
« fille et pour son petit-fils. »

En ce moment, il s'oublia jusqu'à demander au comte de Metternich combien il avoit reçu de l'Angleterre pour jouer un pareil rôle. Le comte ne répondit à cet outrage que par le silence. Buonaparte se remit aussitôt; et prenant un ton plus radouci, il déclara que, malgré tout ce qu'un premier mouvement venoit de lui arracher, il ne désespéroit cependant pas de la paix; que la cession de l'Illyrie n'étoit pas son dernier mot.

Ce fut au milieu de ces débats que l'ancien ministre de la police arriva à Dresde. Lorsqu'il se présenta : « Vous arrivez tard, lui dit Napo-
« léon. Que n'étiez-vous ici un peu plus tôt,
« vous auriez pénétré Metternich. Ces gens-là,
« sans tirer l'épée, voudroient me dicter des
« lois. Savez-vous qui sont ceux qui me tracas-
« sent le plus aujourd'hui ? ce sont vos deux
« amis, Bernadote et Metternich : l'un me

« fait une guerre ouverte, et l'autre une guerre
« sourde. Abouchez-vous avec Berthier, et
« mûrissez vos idées. »

Berthier ne dissimula point au duc d'Otrante tout ce qu'il avoit d'inquiétudes; il ne doutoit pas de la défection prochaine de l'Autriche, et voyoit le danger où se trouveroit l'armée si les Autrichiens se joignoient à l'ennemi. Il avoit proposé un plan de mouvemens rétrogrades calculé par le général Rogniat, officier habile et prudent. Il s'agissoit de s'établir sur la Saale, ensuite sur le Rhin, et là, de défier avec des forces immenses toute la coalition. Elle avoit déjà été vaincue, et pouvoit l'être encore; mais Napoléon avoit rejeté ces idées avec une sorte d'indignation. On convint que Fouché proposeroit les siennes. Son œil perçant voyoit peut-être plus loin que celui de Buonaparte : il ne croyoit pas, comme lui, le parti des Bourbons éteint; il savoit que des mouvemens se ranimoient dans la Vendée; il savoit que les agences royales commençoient à s'agiter. Les revers d'Espagne lui inspiroient aussi de vives inquiétudes. Il avoit constamment dissuadé Napoléon de s'engager dans deux guerres à la fois. Il rédigea une note où il ne cachoit rien des périls qui lui paroissoient menacer l'empereur; il lui conseilloit de fortes concessions, et le conjuroit de ne pas livrer ses destinées et son trône aux hasards d'une bataille qu'il pourroit perdre.

Fouché ne gagna rien : « Le découragement « vous domine aussi, lui dit Napoléon ; je puis « livrer encore dix batailles, et une seule suf- « fit pour les écraser. Pourquoi tant d'alarmes? « laissons les évènemens se produire. L'Autri- « che veut profiter de ma position pour m'ar- « racher de grands avantages ; au fond, j'y « suis presque décidé. Mais je ne persuaderai « jamais qu'elle consente à m'abattre tout à « fait pour se livrer ainsi elle-même à la toute- « puissance de la Russie. Voilà ma politique.»

Il annonça alors au duc d'Otrante qu'il l'avoit nommé gouverneur-général de l'Illyrie, le pressa de partir, de passer à Prague, d'y nouer une négociation secrète, et d'aller relever Junot, dont la tête paraissoit décidément perdue (1). Fouché ne perdit pas de temps, et ne s'abusa point sur le motif qui avoit décidé Napoléon à lui conférer une nouvelle

---

(1) Il avoit tout récemment donné en public des marques évidentes de démence. Il avoit fait monter son secrétaire dans une calèche attelée de six chevaux, et, placé sur le siége avec toutes ses décorations, il l'avoit promené ainsi dans la ville de Goritz. Le lendemain, il

dignité. Ses anciennes amitiés avec Bernadote le rendoient suspect, et l'on n'ignoroit pas que dans les entretiens de l'empereur Alexandre avec Bernadote à Abo, il avoit dit au prince royal : « Si Napoléon venoit à tomber, je ne « vois personne de plus propre que vous à « monter sur son trône. » Pour dissiper les ombrages de son empereur, Fouché écrivit au prince royal une lettre dont Buonaparte parut content, et qu'il fit passer par le maréchal Ney. Le duc d'Otrante resta peu de temps à Prague. Si Napoléon l'eût employé comme négociateur, peut-être auroit-il pu le servir utilement. Il s'étoit, en 1809, concilié la reconnoissance de M. de Metternich, par un procédé officieux. Napoléon lui avoit ordonné de faire enlever cet ambassadeur par la gendarmerie, et de le conduire de brigade en brigade jusqu'à la frontière. Le ministre de la police tempéra officieusement cet ordre donné dans la colère, et se contenta de faire accepter à M. de Metternich un officier de gendarmerie dans sa

---

avoit écrit des lettres remplies de folies. On attribuoit cet état d'aliénation à la blessure qu'il avoit reçue au visage en Portugal, à l'âpreté du ciel de la Russie, et surtout aux confidences perfides de la reine de Naples sur la conduite de sa femme.

voiture; il eut même l'attention de choisir un homme distingué par sa politesse.

Il n'y avoit plus maintenant d'espérance de ramener Napoléon à un système de politique et de guerre différent de celui qu'il avoit adopté; de nouvelles conférences avoient lieu entre les puissances coalisées. L'empereur de Russie, le roi de Prusse, le prince royal de Suède, M. de Stadion pour l'Autriche, et lord Alberdeen pour l'Angleterre, s'étoient réunis à Trachemberg; et là on avoit déterminé les contingens que fourniroit chaque puissance, le plan de campagne et les mouvemens des armées : on avoit même poussé la confiance jusqu'à indiquer le rendez-vous général dans le quartier même de Napoléon. La conspiration contre lui étoit patente; cependant on osoit parler encore de paix, et l'on ouvroit le congrès, mais pour prendre Napoléon dans ce piége diplomatique, et le tuer plus sûrement.

Le duc d'Otrante ne put nouer aucune négociation secrète; à tout ce qu'il alléguoit, on opposoit qu'il étoit impossible de traiter avec Napoléon, qu'il faussoit toutes ses paroles; qu'au mois de décembre précédent, il avoit tout promis à l'Autriche, et tout révoqué ensuite, quand il s'étoit vu à la tête d'une armée puissante. On lui reprochoit aussi les outrages qu'il prodiguoit dans son *Moniteur*, non seulement à ses ennemis, mais à ceux qui ne se dévouoient pas aveuglément à sa cause. Sa tête, disoit-on, est un volcan dont les flammes incendieront l'Europe, si elle ne réunit pas toutes ses forces pour l'éteindre. Fouché quitta Prague avec les pressentimens les plus fâcheux pour Napoléon.

Le congrès n'avançoit point, les plénipotentiaires étoient en retard, on incidentoit sur la prolongation de l'armistice. Ce ne fut que le 26 juillet, que l'empereur d'Autriche et le roi de Prusse y consentirent. On perdit encore du temps en discussions frivoles. Napoléon n'ayant plus à se livrer aux jeux de la guerre, avoit fait venir les acteurs du Théâtre-Français, pour donner au roi de Saxe, aux habitans de Dresde et à ses officiers, quelques distractions; mais, quoiqu'il s'occupât lui-même du choix des représentations, il ne perdoit pas de vue des intérêts plus importans. Son âme active se répandoit non seulement sur toutes les places fortes nécessaires à sa défense, sur toutes les positions de son armée, sur les troupes qui se réunissoient, l'artillerie et les chevaux qui lui arrivoient, mais il tenoit encore une correspondance immense avec l'intérieur de la France, l'Italie, la confédération du Rhin, le Piémont, dont il avoit donné le gouvernement au prince Borghèse, la Hollande, qu'il avoit confiée à la vigilance de l'architrésorier Lebrun. Il faisoit élever des ouvrages sur tous les points qu'il jugeait à propos de fortifier; il avoit même ordonné la construction d'une nouvelle ville entre Hambourg et Magdebourg. Les finances de France ne suffisoient pas à l'immensité de ces travaux; toutes les caisses s'épuisoient; et il fut de nouveau obligé de puiser dans ses caves des Tuileries où il avoit entassé deux cents millions.

Sa tête active embrassoit tous ces soins. Il les étendit encore sur l'Espagne, où les affaires étoient dans un état désastreux, depuis qu'il en avoit retiré le maréchal Soult. Il résolut de l'y renvoyer, lui donna l'ordre de partir, et de défendre pied à pied les Pyrénées; car maintenant les propres frontières de la France étoient menacées. La duchesse de Dalmatie étoit à Dresde, partageant les honneurs que l'on décernoit à son mari. Désolée de quitter cette ville, elle se rendit à l'audience de Napoléon, et lui déclara qu'elle ne souffriroit pas que le duc partît. On prendra une idée de la courtoisie de Napoléon, dans la réponse qu'il lui fit : « Je ne « vous ai point admis chez moi pour entendre « vos algarades ; songez que les femmes doi-

« vent obéir; retournez chez vous : si j'étois
« votre mari, je vous apprendrois à vous com-
« porter autrement. Me prenez-vous pour
« une demoiselle Bourgoin (1)? » La duchesse
se retira, et partit le lendemain avec son
époux.

Lorsque Napoléon avoit quitté Paris pour
se rendre à son armée, il avoit dit : « L'Es-
« pagne est soumise, le sceptre de la pénin-
« sule est acquis à jamais à la dynastie du roi
« Joseph. » Il aimoit ces airs de forfanterie, et
croyoit en imposer ainsi à ses ennemis. Mais
Wellington étoit d'un caractère trop flegma-
tique pour s'en laisser émouvoir. L'Angleterre
crut devoir mettre à profit l'absence des meilleures troupes de Buonaparte, pour faire passer de nouvelles forces dans la péninsule. Si
elle n'avoit plus à combattre le maréchal Soult,
elle redoutoit encore l'habileté et le courage
du maréchal Suchet; elle crut qu'une puis-

---

(1) Ce mot faisoit allusion à une petite querelle de
ménage qu'avoit eue Mme Soult avec Mlle Bourgoin,
actrice du Théâtre-Français. Ces deux dames demeu-
roient dans la même maison. Quelque différend s'étant
élevé entre leurs domestiques, Mme Soult écrivit un
billet très-hautain à la jolie tragédienne, et signa *la
duchesse de Dalmatie*. La demoiselle Bourgoin lui répondit sur le même ton, et signa *la princesse Iphigénie*.

sante diversion en Catalogne l'obligeroit d'abandonner Valence, et chargea de cette expédition le général Murray. Peut-être eût-elle pu la confier à un officier plus habile. Le 30 mai, il mit à la voile d'Alicante, et se porta sur Tarragone, où il débarqua le 2 juin. La garnison de cette place fit une belle et noble résistance, et donna aux généraux français le temps de la secourir. Le maréchal Suchet forçant de marche, surprit le camp anglais, et, du haut des montagnes voisines, donna à la garnison le signal de son arrivée. Le général Maurice Mathieu accourut de son côté; les deux armées s'étant réunies, le général Murray, près d'être accablé, se hâta de remonter sur ses vaisseaux, après quinze jours de siége. Sa retraite fut si précipitée, qu'il abandonna ses canons, ses mortiers, et une grande partie de ses équipages. La tempête vint encore ajouter à son malheur: elle dispersa une partie de ses transports, qui allèrent échouer à l'embouchure de l'Ebre.

Wellington répara tout. Nul général jusqu'alors n'avoit montré plus de circonspection. Après l'échec qu'il avoit reçu à Burgos, il s'étoit prudemment retiré dans ses lignes de Portugal: on fut étonné de le voir tout à coup sortir comme d'un profond assoupissement, et se mettre en marche pour aller chercher l'armée française. Il recevoit alors les inspirations de deux généraux français : de Dumouriez, que Napoléon n'avoit point voulu rappeler de l'émigration, et du général Sarrasin, qui avoit émigré librement l'année précédente. L'occasion étoit favorable; car à la place du duc de Dalmatie, c'étoit le roi Joseph lui-même qui commandoit, ayant pour mentor le maréchal Jourdan.

L'armée française étoit de soixante mille hommes, l'armée anglaise de quatre-vingt mille. Si le roi Joseph, moins confiant, eût évité la bataille, et donné au général Clausel et au général Foy le temps d'arriver avec les corps qu'ils commandoient, il eût augmenté son armée de quarante mille hommes et de deux habiles capitaines : mais après avoir quitté la ligne de l'Èbre, il s'arrêta à Vittoria le 20 juin. Les Anglais arrivoient presque aussitôt que lui. Ils avoient l'avantage du nombre, et peu d'estime pour les talens militaires du roi Joseph : ils ne doutoient pas de la victoire, et ils la remportèrent en effet. Wellington lui-même étoit devenu audacieux. Avant la bataille, il fit circuler ces mots dans son armée : « Souvenez-vous, mes amis, que vous « êtes les frères des héros de Trafalgar, et

« que vous avez devant vous les vaincus de
« Salamanque. »

Il falloit être bien au dépourvu de glorieux faits d'armes, pour aller chercher une victoire navale gagnée par Nelson ; et si les Français étoient les vaincus de Salamanque, Wellington étoit lui-même le vaincu de Burgos. Le général Hill, qui commandoit la gauche des Anglais, engagea le combat en attaquant la droite des Français, sur les hauteurs de Puebla. Le général Reille se persuada que ce n'étoit qu'une feinte pour attirer le centre et l'affoiblir : il fit peu de résistance, et ne tarda pas à s'apercevoir de son erreur. Il voulut la réparer ; mais rien n'est plus fâcheux qu'un premier échec : sa division s'étoit repliée en désordre, et les troupes qui venoient à son secours ne purent la ramener au combat. Joseph et Jourdan vinrent inutilement encourager les soldats : quelle confiance pouvoit leur inspirer un roi qui n'avoit jamais tiré l'épée, et dont ils n'estimoient nullement les droits ? En ce moment, Wellington, devenu entreprenant, fit avancer son centre : Joseph en eut peur, et se replia sur Vittoria. Le reste de l'armée se battit avec acharnement, ici, pour occuper une position, là, pour la reprendre ; mais le défaut d'ensemble et la retraite précipitée de Joseph ruinèrent tout. L'ennemi fut vainqueur partout, et parvint même à couper au roi la route de Bayonne. Le prince se jeta avec son major-général sur la route de Pampelune, laissant au pouvoir des Anglais cent cinquante pièces de canon, quatre cents caissons, tous les bagages, et jusqu'au trésor de l'armée. Le bâton du maréchal Jourdan fut trouvé parmi les dépouilles. Un capitaine ennemi entra à Vittoria au moment où la voiture du monarque fugitif venoit d'en sortir : il se mit à sa poursuite, l'atteignit, et tira dessus un coup de pistolet. Joseph n'eut que le temps de sauter par une portière, de monter à cheval, et de fuir bride abattue, sous la protection de quelques dragons qui firent le coup de sabre avec les hussards anglais. Dans le désordre où il étoit, il n'avoit pas même songé à prendre d'argent ; ce fut un chirurgien de l'armée qui lui donna sa bourse. Jamais, depuis la révolution, les Français n'avoient éprouvé un pareil affront. Les Anglais s'en glorifièrent jusqu'à l'insolence, tant la victoire avoit pour eux quelque chose de nouveau !

« Les Français, écrivit un d'entre eux, ont
« été battus devant la ville, et dans la ville, et
« à travers la ville, et hors la ville, et derrière
« la ville, et tout autour de la ville. »

Napoléon ne pouvoit imputer ce désastre qu'à lui. S'il eût donné à l'Espagne un roi guerrier, s'il n'eût pas rappelé d'Espagne ses meilleurs lieutenans et ses meilleures troupes, le sceptre de son frère n'eût pas été irrévocablement brisé dans cette malheureuse journée. Trois mille hommes restèrent sur le champ de bataille; les Anglais en perdirent quatre mille; mais ils s'emparèrent d'environ trois mille malades ou blessés qu'on n'eut pas le temps d'enlever de Vittoria; et pour enfler leur victoire, ils élevèrent dans leurs rapports la perte des Français à six mille hommes. La trahison les servit aussi, et peut-être plus que leur savoir et leur courage (1).

Joseph comptoit si peu sur la victoire, qu'il traînoit à sa suite une multitude de voitures chargées d'effets précieux, et notamment des plus beaux tableaux enlevés aux palais impériaux d'Espagne. Il avoit emmené avec lui presque tous les seigneurs espagnols et fran-

---

(1) L'abbé de Montgaillard, dans son *Histoire chronologique de la révolution française*, rapporte textuellement une pétition adressée au roi Louis XVIII, par un ex-fournisseur de l'armée d'Espagne, à l'effet d'obtenir une récompense pour avoir trahi à Vittoria l'armée de son pays : et il obtint une récompense !

çais qui composoient sa cour, et jusqu'à leurs épouses, dont plusieurs éprouvèrent, de la part des soldats français, plus que de la courtoisie. Ce qu'il y eut de remarquable, c'est que les caisses du trésor étant tombées entre les mains des premiers occupans, les soldats anglais et français s'arrêtèrent tous, et, d'un bon accord, en prirent chacun leur part. Enfin, pour compléter le tableau, Joseph, aussi bon cavalier qu'habile général, tomba de cheval dans un fossé, et sa chute ne fit qu'exciter la gaieté de son escorte, qui l'auroit laissé s'y morfondre, si par pitié un soldat ne lui eût tendu la crosse de son fusil pour l'aider à s'en tirer. Il arriva à Bayonne dans le dénuement le plus absolu.

Ce jour fut le dernier de son règne. Si Napoléon, en ravissant des trônes, y eût assis des hommes habiles et courageux, peut-être eussent ils pu s'y soutenir; mais, occupé exclusivement de son agrandissement et de celui de sa famille, il couronna des têtes sans force, et donna des sceptres à des bras sans vigueur. Ses rois n'obtinrent de leurs sujets ni estime ni attachement. Ce qui peut les excuser, c'est qu'ils étoient rois malgré eux, comme le médecin de Molière.

La défaite de Vittoria mettoit dans la position la plus difficile les généraux Foy et Clausel, qui se trouvoient chacun à la tête de vingt mille hommes. Il étoit impossible d'en faire usage contre la grande armée de Wellington. Au bruit de la victoire des Anglais, les Espagnols investirent la forteresse de Pampelune; et le général Hill, avec la droite de l'armée, se mit à la poursuite du roi Joseph, qui gagnoit la France par la célèbre vallée de Roncevaux. L'aile gauche des alliés se jeta sur la route de Bayonne. Le général Foy l'arrêta devant Tolosa; mais il ne put sauver la place, qui fut emportée d'assaut. Le général Clausel, que Joseph n'avoit pas même instruit de sa retraite, parut le lendemain devant Vittoria. Il pouvoit être écrasé; mais il paya de tant de confiance, et ses soldats montrèrent tant d'ardeur, que le héros anglais n'osa l'attaquer. Par l'habileté de ses manœuvres, il gagna Sarragosse, et parvint à faire sa retraite en France sans avoir un seul combat à livrer.

La bataille de Vittoria avoit coûté quatre mille hommes aux Anglais; ils en perdirent encore trois au siége de Saint-Sébastien, qu'ils entreprirent. Le général Graham ayant pris un couvent qui dominoit la place, établit des batteries contre les remparts, et les fit si bien servir, qu'en peu de jours la brèche fut jugée praticable, et qu'il ordonna l'assaut. C'étoient les frères des héros de Trafalgar qui attaquoient, et les vaincus de Salamanque qui se défendoient; mais ces vaincus reçurent si bien les frères des héros, qu'ils leur tuèrent deux mille hommes, et les forcèrent de lever le siége. Le général Rey, qui commandoit la garnison, les poursuivit, et leur tua encore douze cents hommes.

Déjà le maréchal Soult étoit arrivé aux Pyrénées. Sa présence ranima promptement le courage des soldats; le général Cole fut battu à Ronceveaux, et le général Hill enfoncé et mis en déroute près de la vallée de Bastan. Le maréchal avoit le projet de ravitailler Pampelune, et les Anglais d'enlever cette place. Ils avoient pris des positions avantageuses sur la route d'Ostiz à Pampelune. Soult n'hésita pas à les y attaquer; mais la victoire avoit échauffé leur courage : ils se battirent bien sur un point, et se laissèrent battre sur un autre. Les deux armées passèrent la nuit sur le champ de bataille. Wellington avoit affaire à un ennemi un peu plus redoutable que le roi Joseph; il se hâta d'appeler à lui toutes les troupes dont il pouvoit disposer, et plaça un corps d'infanterie sur une hauteur d'où il pouvoit inquiéter les Français. Soult l'ayant fait inutilement attaquer, engagea le combat sur toute la ligne, et l'enfonça d'abord sur deux points. Mais les deux généraux qui avoient plié ayant reçu des renforts considérables, reprirent leurs positions. Cette journée n'eut donc rien de décisif. Mais le 30, l'armée française s'étant avancée sur Ostiz, dans le dessein de tourner la gauche du général Hill, lord Wellington l'attaqua à son tour sur toute la ligne, et parvint à lui enlever à la baïonnette une partie du terrain qu'elle occupoit. Le désordre se mit dans les rangs; et le général français, dont la tête étoit couronnée de tant de lauriers, fut obligé, cette fois, d'en abandonner une part à Wellington, et de renoncer au convoi qui devoit porter des munitions et des vivres à la garnison de Pampelune. Cette journée, connue sous le nom de *bataille des Pyrénées*, fut cruelle. Lord Wellington, le seul qui en ait publié les détails, porte la perte des Français à quinze mille hommes, et celle des Anglais à six mille. Mais des évaluations plus sûres établissent le nombre des victimes de cette malheureuse affaire à huit mille de chaque côté. On se battit dans les deux armées avec une égale intrépidité; les ennemis eux-mêmes admirèrent la savante tactique du maréchal.

Mais il n'avoit plus ses vieux soldats, et la victoire avoit exalté le courage des Espagnols et des Anglais. La journée du 30 juillet devoit entraîner la perte de Saint-Sébastien. Wellington fit attaquer de nouveau la ville, et l'emporta d'assaut; mais ce fut avec un horrible carnage de ses soldats : il avoua lui-même que tous ceux qui montèrent à la brèche y laissèrent la vie; qu'il ne parvint à se rendre maître de cette place qu'en la détruisant, et que cette conquête lui coûta trois mille hommes : il étoit à son tour devenu prodigue du sang humain. La garnison retirée dans le fort y auroit tenu long-temps, si elle eût pu conserver quelque espoir de secours. Le maréchal Soult essaya en vain de lui en porter, il eut le regret de voir des détachemens de son armée repoussés par des Espagnols devenus soldats, et toujours animés de l'enthousiasme du patriotisme. Les armées de Napoléon avoient appris à toute l'Europe l'art de se battre comme elles. Le général Rey fit offrir au général Graham une suspension d'armes : elle fut refusée; et le fort étant battu par terre et par mer, il capitula, et se rendit prisonnier avec la garnison, qui étoit de mille sept cents hommes. La péninsule fut donc perdue pour la France dans toute la partie du Nord.

Le maréchal Suchet restoit encore dans le Midi. Depuis son retour à Valence, il n'avoit point eu d'ennemis à combattre; mais Tarragone ne cessoit d'être l'objet de nouvelles tentatives de la part des Anglais. Lord Bentinck avoit succédé au général Murray; il avoit débarqué devant cette place, et la tenoit assiégée avec trente mille Anglo-Espagnols. Suchet vint de nouveau la secourir; le général Décaen se joignit à lui; ils avoient ensemble onze mille hommes. Lord Bentinck effrayé leva le siége. Ce maréchal ne pouvant tenir la campagne, fit sauter les fortifications de Tarragone, et se retira sur Barcelone. Ainsi cette malheureuse ville, après avoir subi tous les fléaux de la guerre, finit par n'offrir plus aux yeux des malheureux habitans de la péninsule, qu'un monceau de ruines; triste exemple des vicissitudes de la fortune! Elle avoit été sous les Romains une des plus puissantes et des plus populeuses cités de l'Espagne. Cependant l'avant-garde de lord Bentinck ayant osé reparoître et suivre l'armée française, le maréchal la surprit, et l'obligea de fuir précipitamment. Ici finit la guerre d'Espagne. Wellington passa la Bidassoa, qui ne put être suffisamment défendue, faute d'artillerie. Pampelune se rendit le 15 octobre; et la France, après cinq ans d'une guerre qu'elle abhorroit elle-même, eut la douleur de voir les ennemis venir l'insulter jusque sur son territoire. Triste et honteuse expédition, dont l'origine étoit impie, et dont la fin flétrit la gloire de nos armes. Cinq cent mille hommes, Français, Anglais, Espagnols, Portugais, Allemands, Italiens, Polonais y trouvèrent leur tombeau. Cent fois les Espagnols furent vaincus, mais jamais soumis. Peuple vraiment héroïque, qui, fidèle à sa religion, à son roi, justement indigné de la perfidie de son ennemi, ne se refusa à aucun sacrifice, versa son sang avec un dévouement surnaturel, et rappela ces temps de l'antiquité où il défendit sa liberté contre les Romains, et s'affranchit du joug des Arabes. Les généraux et les soldats français firent cette guerre avec répugnance; mais fidèles à l'honneur et à la gloire nationale, ils la firent avec une bravoure à toute épreuve. Si les soldats devinrent souvent féroces, le fanatisme de leur ennemi les y força; à des actes d'une sauvage barbarie, ils opposèrent des actes également barbares, et les commencemens de cette sanglante expédition ressemblèrent plus souvent à des expéditions de cannibales qu'à des guerres de peuples civilisés.

Souvent aussi le vainqueur abusa de la victoire. On reprochera éternellement au maréchal Augereau les actes de cruauté dont il souilla, en 1809, son gouvernement de Catalogne. Sous le prétexte d'une discipline sévère, on pendit tous les paysans pris les armes à la main, eux, leurs femmes, leurs pères, leurs mères, leurs fils et leurs filles : et telle fut l'inexorable rigueur dont il s'arma, que la duchesse de Bourbon, retirée en Espagne, et dont la bienfaisance étoit pour les malheureux comme une seconde providence, ne put obtenir la grâce de deux malheureux qui n'avoient d'autre tort que d'avoir annoncé la reprise de Tarragone!

Le général Suchet lui-même oublia ses promesses, en faisant conduire prisonniers en France des moines turbulens, et périr par la main du bourreau quelques chefs de sédition compris dans la capitulation de Valence. Ces actes de violence, loin d'intimider les Espagnols, les exaspéroient davantage; car le courroux et la haine d'un Espagnol sont inextinguibles comme les passions des Africains, qui leur ont laissé, dans leurs veines, quelques gouttes de leur sang. On avoit eu l'intention de donner au duc d'Orléans un commandement dans la Catalogne. La duchesse douairière sa mère, qui s'y étoit retirée depuis 1793, y étoit adorée. Dumouriez appuyoit de tout son crédit ce projet; mais Wellington ne vouloit point de rival, encore moins de supérieur. S'il est vrai qu'une partie des cortès avoit jeté les yeux sur lui pour en faire un roi constitutionnel, le duc d'Orléans auroit été un trop grand obstacle à son élévation. Il travailla si efficacement auprès du cabinet de Londres, qu'il fit rappeler ce prince, dont les talens militaires avoient brillé à Jemmapes : mais la Fortune, plus puissante que les combinaisons des hommes, trouvoit dans son urne d'autres desseins qui devoient bientôt s'accomplir (1).

_____

(1) *Voyez* à la fin de ce volume.

CHAPITRE XVI.

Difficultés qui précèdent l'ouverture du congrès. Dispositions hostiles de l'Autriche. Départ de Napoléon pour Mayence. Rupture du congrès; arrivée du roi de Naples Joachim. Déclaration de guerre de l'Autriche. Reprise des hostilités. Bataille de Dresde.

LE congrès de Prague n'étoit, de la part de l'Autriche, qu'un misérable artifice. Sa duplicité transpiroit de toutes parts. En laissant incertaine jusqu'au 26 de juillet la prolongation de l'armistice, elle avoit réduit la durée des négociations à un terme si court, qu'il étoit impossible d'y rien discuter et d'en attendre aucun résultat. Napoléon se voyoit avec dépit engagé dans ce piége. Quoi qu'il eût désigné le duc de Vicence et le comte de Narbonne pour ses plénipotentiaires, il se sentoit disposé à les retenir. « Mais, disoit-il, « si je me refusé aux embûches de mes enne- « mis, on m'accusera de ne vouloir que la « guerre. Cependant, dois-je faire une paix

« dont ils prétendent me dicter les conditions,
« quand je suis vainqueur ? Je connois tous
« les dangers de la foiblesse ; une concession
« en appelle une autre ; et de concession en
« concession, on m'amèneroit jusqu'à la porte
« des Tuileries. » Il se plaignoit ensuite vivement de la perfidie de l'Autriche, et rappeloit avec amertume tout ce qu'il avoit fait pour elle, et tout ce qu'il avoit pu faire contre elle.
« Que la Russie demande, ajoutoit-il, rien
« de plus raisonnable ; elle a tant perdu ! Mais
« l'Autriche !... »

Convaincu que le renouvellement des hostilités étoit imminent, il s'absenta de Dresde pendant quelques jours pour aller visiter les divers corps de son armée, et assurer sa ligne d'opérations. Il y revint ensuite, pour en repartir encore. Il avoit donné rendez-vous à l'impératrice à Mayence ; il alla l'y rejoindre, et ne lui cacha rien de sa situation. Il se plaignit amèrement de la conduite de son beau-père. Marie-Louise chercha à le justifier : elle opposoit les lois de la nature à celles de la politique, et ne pouvoit se persuader qu'un père pût jamais se faire, par de vils motifs, l'ennemi de sa fille et de son petit-fils : elle promit toutes ses instances auprès de lui, et obtint de Napoléon qu'il lui écriroit. Trois ans étoient à peine écoulés depuis qu'elle étoit venue, au milieu des acclamations et des fêtes, s'asseoir sur le trône de France, et déjà elle le voyoit prêt à s'écrouler! et c'étoit son père qui, la hache à la main, travailloit à l'abattre! L'entrevue des deux époux fut courte et douloureuse. Après six jours passés à Mayence, Napoléon retourna à Dresde. Sept jours seulement restoient encore avant le terme marqué pour la paix ou la guerre; le choix n'étoit pas douteux. Les ennemis avoient, comme lui, profité de l'armistice pour accroître leurs forces, former leurs plans, et prendre leurs positions. L'arrivée du prince royal de Suède à Berlin, et le débarquement du général Moreau à Gothembourg, les remplissoient d'enthousiasme : avec de pareils généraux, ils ne doutoient pas de la victoire. Barclay de Tolly avoit repris le commandement en chef de l'armée russe; Blücher, dont le zèle et l'activité démentoient l'âge, commandoit les Prussiens; on attendoit deux cent mille hommes de l'Autriche, et la jonction d'un corps considérable aux ordres du général Klenau. Ces forces réunies présentoient un corps de cinq cent mille hommes. Napoléon n'avoit pu en réunir que trois cent mille; mais il avoit une artillerie formidable. Jamais, depuis Attila, on n'avoit vu en plaine de pareilles masses prêtes à s'entr'égorger; c'étoit le retour des Vandales et des Huns.

Les alliés n'attendoient plus que le jour où ils pourroient essayer les moyens immenses dont ils se glorifioient de disposer. Ils savoient que toute la confédération du Rhin étoit prête à se dissoudre, que les Saxons ne tiendroient pas, et que l'Autriche pratiquoit des intelligences dans le camp bavarois : il ne restoit donc plus à Napoléon, dans toute l'Allemagne, que le Danemarck, qui étoit revenu à lui depuis le traité qui avoit promis la Norwége au prince royal de Suède. Le choix des plénipotentiaires envoyés au congrès par la Prusse et la Russie, annonçoit assez qu'on n'y attachoit aucun intérêt : c'étoit, d'une part, M. de Humboldt, savant d'une haute considération pour une académie, et de peu de poids dans des négociations diplomatiques ; c'étoit, d'autre part, M. d'Anstedt, dont les missions avoient appartenu, jusqu'alors, plus au ministère de la haute-police qu'à celui des relations extérieures. On multiplioit à dessein les difficultés : chaque jour en produisoit de nouvelles, et l'on touchoit au terme de l'armistice. Le 15 août devoit être le jour fatal; c'étoit la fête de Napoléon ; on l'avança de dix jours pour la célébrer; les spectacles, les bals, les illuminations ne manquèrent pas : mais la confiance et la joie en étoient absentes. Le dernier mot de l'Autriche étoit prononcé. Elle demandoit, pour rester fidèle, la dissolution du duché de Varsovie, et le partage de cette malheureuse contrée entre la Russie, l'Autriche et la Prusse; le rétablissement des villes anséatiques dans leur indépendance; celui de la Prusse dans sa première puissance; la cession à l'Autriche des provinces Illyriennes; la garantie réciproque de ne pouvoir plus dorénavant altérer la constitution de l'Allemagne, telle qu'elle seroit fixée par la paix. On ajournoit la question relative à la Hollande et à l'Espagne.

De toutes ces conditions, la plus pénible pour Napoléon devoit être la dissolution du duché de Varsovie. Il étoit cruel d'abandonner ainsi ses alliés les plus fidèles et les plus dignes d'intérêt; cependant ce fut la première à laquelle il accéda. Il consentoit à la cession des provinces Illyriennes, en se réservant Trieste : il vouloit que la confédération du Rhin s'étendît jusqu'à l'Oder; que Dantzick restât ville libre. Cette réponse fut remise le 10 août, jour même de l'expiration de l'armistice; mais on avoit cinq jours pour la dénonciation, et le congrès pouvoit tenir, malgré la reprise des hostilités. Les alliés, impatiens de mesurer leurs forces, déclarèrent, le 11, que le congrès étoit dissous. La guerre alloit donc rouvrir sa lice sanglante avec une nouvelle fureur. Les proclamations se multiplièrent. Ce jour-là même, le général Moreau, arrivé à Berlin, avoit répandu l'adresse suivante :

« Dans ce moment terrible où l'univers est
« conjuré contre son oppresseur, où toutes les
« nations indignées secouent le joug odieux
« qui les accable, je crois remplir le devoir
« d'un véritable citoyen en me rangeant au
« milieu des défenseurs de l'indépendance de
« tous les peuples, pour briser les fers de ma
« patrie. Je n'ai pu, sans frémir, la voir lan-
« guir tant d'années dans un esclavage plus
« affreux mille fois que celui des nègres. En
« vain des souverains magnanimes, avares du
« sang de l'humanité, présentent généreuse-
« ment la paix à Napoléon ; il méconnoît sa
« situation. Le Ciel, las de ses forfaits, lui
« met un bandeau épais sur les yeux ; son
« heure fatale est marquée ; lui-même se plaît
« à creuser l'abîme qui doit l'engloutir. C'est
« à nous, mes concitoyens, c'est à nous sur-
« tout à l'y précipiter. Le salut de la France,

« voilà quel sera le but de mes efforts. Oui,
« j'aime la France avec idolâtrie : elle a tout fait
« pour moi, je ferai tout pour elle. Ce n'est pas
« l'ambition, ce n'est pas le désir d'une juste
« vengeance qui me mettent aujourd'hui les
« armes à la main ; le Ciel m'en est témoin.
« J'ai trouvé plus de bonheur, depuis mon
« exil, dans l'intérieur de ma famille, que
« dans le tumulte des camps et au milieu des
« rêves les plus brillans de la gloire et des
« grandeurs. »

Trois jours après, le prince royal de Suède publioit une adresse pareille, à son quartier-général d'Oraniembourg :

« Soldats !

« Appelé par la confiance de mon roi, et par
« celle des souverains ses alliés, à vous gui-
« der dans la carrière qui va se rouvrir, je me
« repose, pour le succès de nos armes, dans
« la protection divine, dans la justice de notre
« cause, dans votre valeur et votre persévé-
« rance.

« Sans un concours d'évènemens extraordi-
« naires, qui ont rendu si cruellement célè-
« bres les douze années qui viennent de s'é-
« couler, vous ne seriez pas réunis sur le sol
« germanique ; mais vos souverains ont senti

« que l'Europe est une grande famille, et
« qu'aucun des Etats qui la composent ne peut
« rester indifférent aux malheurs que fait pe-
« ser sur l'un d'eux une puissance conqué-
« rante. L'empereur Napoléon ne peut vivre
« en paix avec l'Europe, qu'autant que l'Eu-
« rope lui sera asservie. Son audace a conduit
« quatre cent mille braves à sept cents lieues
« de leur patrie, et trois cent mille Fran-
« çais ont péri sur le territoire d'un grand em-
« pire, dont le souverain avoit tout essayé
« pour vivre en paix avec lui.

« On devoit espérer que ce grand désastre,
« effet visible de la colère céleste, ramèneroit
« l'empereur des Français à un système moins
« dépopulateur; et qu'enfin, éclairé par l'exem-
« ple du Nord et de l'Espagne, il renonceroit
« à l'idée de subjuguer le continent, et lais-
« seroit la paix au monde : mais cette espé-
« rance a été déçue; et cette paix, que tous
« les gouvernemens désirent, que tous les
« gouvernemens ont proposée, a été rejetée.

« Soldats ! c'est donc aux armes qu'il faut
« avoir recours, pour conquérir le repos et
« l'indépendance. Le rétablissement de l'Eu-
« rope dans son équilibre, la fin de cet état
« convulsif qui dure depuis vingt ans, la paix
« du monde, enfin, seront le résultat de vos

« efforts. Rendez-vous dignes, par votre
« union, votre discipline et votre courage,
« des belles destinées qui vous attendent. »

Il étoit pénible de voir ainsi deux illustres généraux français prêts à tremper leur épée dans le sang de leurs compatriotes. Quels que fussent les liens nouveaux sous lesquels le maréchal Bernadote fût engagé, on eût préféré tout autre général que lui à la tête des Suédois. Sans doute rien n'empêchoit que la Suède ne s'unît à la coalition, pour venger les nombreuses injures qu'elle avoit reçues; si Napoléon eût été seul en champ clos, il eût été beau d'engager un combat singulier avec lui : mais c'étoient des Français dont le sang alloit couler, et c'étoit le fer d'un Français qui devoit contribuer à le répandre! La position du général Moreau étoit encore plus défavorable.

Un écrivain qui, dans ces derniers temps, s'est fait une grande réputation de franchise et de liberté, a dit à son sujet :

« Il y a des actes d'une nature si haute,
« qu'on ne sauroit les assujettir au niveau de
« la morale, qui mesure les actions ordinaires
« de l'humanité; c'est à la postérité la plus
« reculée, qui apercevra dans le même fond

« de perspective les hommes de tous les siè-
« cles, à décider si Moreau ressembla au gé-
« néreux Camille, ou bien au vindicatif Co-
« riolan (1). » Mais, à quelque hauteur que
les hommes soient placés dans les rangs de la
hiérarchie sociale, les principes sont encore
plus hauts. On peut, par de brillans sophis-
mes, colorer la conduite de Moreau; on peut
dire, comme un autre écrivain (2) : « Arrêter
« dans leur vol sinistre et insensé les aigles et
« les armées de Napoléon, ce n'étoit pas met-
« tre des bornes aux triomphes de la France,
« mais à ses désastres. Il falloit que Moreau,
« en servant l'empereur de Russie, servît plus
« encore la France; il falloit, par la violation
« apparente de toutes les lois de la morale,
« s'élever à ce que la vertu a jamais eu de plus
« sublime... C'étoit pour arrêter l'effusion du
« sang français que Moreau vouloit assister aux
« batailles où il alloit couler. »

Il seroit difficile de jeter sur la mémoire de
Moreau un voile plus officieux et d'un tissu
plus riche; mais le besoin même qu'elle a de
ce voile n'est-il pas déjà un fâcheux préjugé
contre elle? Moreau étoit homme; il avoit

---

(1) L'abbé de Montgaillard.
(2) M. Garat.

des injures à venger : qui pourroit dire que ce motif n'entra pour rien dans ses déterminations? Et ne pourroit-on pas trouver, avec justice, deux pages à déchirer dans son histoire, la lettre au directeur Barthélemy, sur Pichegru, et son arrivée au camp de l'empereur de Russie?

Au reste, tout dans cette guerre devoit confondre les idées et les principes reçus parmi les hommes. Le général Jomini, chef de l'état-major du corps d'armée commandé par le maréchal Ney, passe à l'ennemi, et lui découvre les vues de son général sur Berlin. Le général Jomini étoit né en Suisse, mais il n'en servoit pas moins dans l'armée française; il pouvoit la quitter librement; les frontières de la Suisse lui étoient-elles fermées? n'avoit-il d'asile que dans le camp d'Alexandre? On a dit qu'arrivé sous la tente de ce prince, il se détourna du général Moreau, et qu'Alexandre ayant voulu le lui présenter, il répondit : « Si « j'étois Français, je n'aurois point quitté mon « pays, ni voulu porter les armes contre lui. » Mais Moreau ne sortoit point des rangs de l'armée française, il ne venoit point livrer ses plans de campagne. S'il se détourna du général Moreau, combien d'autres auroient pu se détourner de lui! Ainsi, d'un côté, deux illustres Français s'armoient contre la France ; un officier-général au service de la France alloit porter son épée à l'ennemi ; et l'empereur d'Autriche, doublement allié à la France, amenoit deux cent mille hommes pour achever d'accabler son gendre, sa fille et son petit-fils. Son manifeste parut le 12 du mois d'août, deux jours après l'expiration de l'armistice. On y lisoit :

« Aux yeux de l'univers, comme à ceux de la nation française, l'alliance de Napoléon à la plus ancienne famille impériale de la chrétienté affermissoit et fortifioit tellement le colosse de sa grandeur, que tout projet d'accroissement ne pouvoit que lui devenir funeste. L'an 1810 étoit à peine écoulé, que la guerre continuoit à ravager l'Espagne. Les armées d'Allemagne avoient eu à peine le temps de respirer, que Napoléon résolut, dans une heure malheureuse, d'unir à l'immense étendue de ce qu'on appelle *son empire*, une partie considérable du nord de l'Allemagne, et des États jusqu'alors indépendans. Ces usurpations ne tardèrent pas à réveiller les inquiétudes des puissances, et préparèrent la guerre qui s'est allumée en 1812, entre la France et la Russie.

« Le cabinet français sait mieux qu'aucun

autre combien S. M. l'empereur d'Autriche a eu à cœur d'en prévenir l'éclat. Ce n'est pas elle que l'Europe accusera des maux incalculables qui en ont été la suite.

« Sa Majesté ne pouvant conserver à ses peuples le bienfait de la paix au milieu du vaste champ de bataille qui, de tous côtés, environnoit ses États, elle ne consulta dans le parti qu'elle adopta que sa fidélité à des relations si récemment établies, et se persuada que son alliance avec la France, en lui offrant des moyens plus sûrs de faire écouter les conseils de la sagesse, mettroit des bornes à des maux irrémédiables, et serviroit la cause du retour de la paix en Europe.

« Il n'en a, malheureusement, pas été ainsi, etc. »

S. M. impériale s'attachoit à prouver ici qu'elle n'avoit rien négligé pour porter Napoléon à la paix, mais elle se gardoit bien de parler des conditions qu'elle avoit voulu lui imposer, et de la duplicité avec laquelle elle s'étoit conduite dans cette affaire. Elle vantoit son amour pour la paix; mais si Napoléon eût consenti à toutes ses prétentions, elle se seroit unie à lui pour faire la guerre. Buonaparte répondit péremptoirement à ce manifeste, et, malgré l'infériorité de ses forces, se prépara à faire la guerre avec vigueur. Il prit pour champ de bataille la plaine de Dresde, et pour point d'appui la ligne de l'Elbe. Mais avant que les grandes opérations pussent commencer sérieusement, il crut qu'il pouvoit à la fois menacer Berlin, entrer en Silésie, et se jeter sur les frontières de la Bohême pour s'opposer à la jonction des Autrichiens au reste de la confédération. Il donna donc ordre au maréchal Oudinot de s'emparer de Berlin, en le faisant soutenir par le maréchal Davoust et le général Lemarrois, qui commandoit à Magdebourg. Lui-même il porta son quartier en Lusace, laissa le commandement de Dresde au maréchal Gouvion Saint-Cyr, et le chargea d'y tenir assez long-temps pour qu'il pût se placer entre les alliés et la Bohême. Il partit de Dresde le 15 août, et passa la journée du 16 à Bautzen.

Là, il reçut un nouveau guerrier. Après les victoires de Lutzen et de Wurtschen, le roi de Naples Joachim, soit qu'il sentît renaître son humeur martiale, soit qu'il craignît de mettre son trône en danger s'il s'éloignoit irrévocablement de Napoléon, quitta sa capitale pour venir offrir son épée à l'empereur son beau-frère ; mais il ne lui amenoit aucun contingent, et probablement il se garda de lui faire confidence du traité secret qu'il avoit conclu avec l'Autriche.

Napoléon, qui prétendoit prévenir son ennemi, étoit déjà prévenu. Blücher, à la tête de cent mille hommes, avoit commencé la guerre en Silésie dès le 14 août, et surpris les avant-postes français, qui se reposoient encore sur la foi des traités. La Bohême avoit été envahie par quatre-vingt mille hommes russes ou prussiens, et le 15 août, l'empereur Alexandre et le roi de Prusse s'étoient réunis à Prague. L'Angleterre y avoit aussi envoyé ses agens, lord Catchart, sir Robert Wilson, le chevalier Ch. Stewart : on y attendoit le général Moreau. Dès qu'on eut appris que Napoléon avoit quitté Dresde, on résolut de s'y porter à la hâte : on se flattoit de vaincre partout où il ne seroit pas. L'armée de Bohême réunie aux alliés étoit de plus de deux cent mille hommes; les deux empereurs et le roi de Prusse se disposoient à suivre partout leurs colonnes. Blücher avoit déjà rejeté devant lui les quatre corps d'armée commandés par les maréchaux Ney, Macdonald, Marmont et le général Lauriston. A ces nouvelles, Napoléon se hâte de courir à leur secours. Sa présence ranime l'ardeur de ses légions; on se porte en avant, on chasse de toutes ses positions le général d'Yorck ; on oblige le général russe Sacken d'abandonner Buntzlau ; on pousse si vivement l'ennemi sur toutes les routes, qu'il ne peut s'arrêter sur aucune ; et Blücher, après plusieurs combats où ses troupes sont constamment battues, est réduit à rentrer dans ses lignes.

Mais ces succès étoient loin de garantir la ville de Dresde ; l'armée de Bohême marchoit toute entière sur cette capitale. Napoléon laissa le maréchal duc de Tarente en Silésie pour contenir Blücher, et regagna Bautzen avec le reste de son armée. Le retour de la guerre fut aussi celui des bulletins. Napoléon fit annoncer ses succès en Silésie, sa marche sur Dresde, et celle du duc de Reggio sur Berlin : « Il doit y être « entré, disoit-on, aujourd'hui, 24 août. » Napoléon aimoit ces sortes de prophéties, quoique l'évènement ne les confirmât presque jamais ; celle-ci ne se réalisa pas non plus. Cette campagne prenoit un caractère alarmant ; on se voyoit réduit à la défensive. La retraite de Blücher n'étoit point une défaite, son armée n'étoit point entamée ; c'étoit un homme qui ne vouloit rien donner au hasard, et garder ses forces pour un moment plus opportun. L'alarme étoit à Dresde. Avant que Napoléon y rentrât, tout paraissoit perdu ; il étoit impossible que le maréchal Saint-Cyr se soutînt avec le peu de forces qu'on lui avoit laissées : il n'avoit avec lui que quinze mille jeunes conscrits, et c'étoit à deux cent mille hommes qu'il falloit résister. Les avant-postes avoient été forcés de se replier, la ville se remplissoit de bagages et de blessés, les bruits les plus effrayans s'y répandoient ; le roi lui-même se trouvoit exposé. Napoléon lui envoya le roi de Naples pour le rassurer. Il avoit le dessein de se jeter entre la grande armée et la Bohême pour inquiéter les alliés ; mais le péril devint si grand pour la ville, qu'il fut obligé de renoncer à ce projet. Il se contenta de charger le général Vandamme d'opérer derrière l'armée de Bohême ; lui-même s'avança en toute hâte vers la ville. Du haut d'un plateau qui domine la plaine, il la vit occupée toute entière par les ennemis. Déjà ils se disposoient à l'attaque des faubourgs, et des batteries établies sur les bords du fleuve devoient arrêter la marche de l'armée. A l'exception d'un seul côté encore libre, la ville étoit cernée ; la foi des Allemands s'ébranloit ; deux régimens de Westphalie passèrent à l'ennemi : la terreur étoit au comble. Le roi et sa famille se disposoient à chercher un asile, lorsque Napoléon parut, franchit le pont à la vue des ennemis, et entra dans la ville avec toutes ses troupes. La confiance reparut avec lui : il avoit soixante-cinq mille hommes, qu'il distribua sur les points qui pouvoient le plus sérieusement être menacés.

L'ennemi ne tarda pas à attaquer, malgré l'artillerie française qui le foudroyoit de front et de flanc. Il courut à l'assaut avec impétuosité, enleva une redoute, fit taire une des batteries des portes de la ville, et pénétra dans un des faubourgs. La victoire lui paroissoit assurée; il se croyoit déjà à Paris, et faisoit retentir l'air du nom de cette capitale. Les premières colonnes enfoncent une porte; elle cède à leurs coups, mais elle vomit aussitôt des bataillons nombreux qui se précipitent sur l'ennemi : le feu des redoutes le prend en flanc; la garde impériale, commandée par les généraux Dumoustier, Tyndal et Cambrone, fond sur ses rangs en désordre, lui enlève son artillerie, et tue les canonniers sur leurs pièces. Les généraux Dumoustier et Tyndal sont blessés, le capitaine Béranger est tué. De toutes les portes de la ville sortent en même temps des légions de braves dont les alliés ne peuvent soutenir le choc. La redoute est reprise, l'ennemi poursuivi la baïonnette dans les reins, et rejeté sur ses lignes. Buonaparte étoit au milieu du feu, animoit tout de sa présence, bravoit partout le danger le plus imminent. La nuit mit fin au combat. Une seule division autrichienne ayant osé se reporter en avant, le général Cambrone la reçut avec vigueur, et lui prit un bataillon tout entier et un drapeau. Le reste de la nuit fut tranquille; mais le lendemain devoit éclairer une sanglante journée. L'ennemi, rentré dans ses positions, offroit le même spectacle que la veille; le temps étoit affreux; la pluie n'avoit cessé de tomber par torrens pendant toute la nuit; les bivouacs étoient inondés, le soldat secouoit l'eau dont il étoit pénétré; la terre étoit fangeuse. Napoléon, décidé à braver le temps et l'ennemi, jeta un coup-d'œil sur ce vaste tableau, reconnut une lacune au centre de l'armée ennemie; elle étoit réservée pour le corps du général Klenau, qui arrivoit à marches forcées. Napoléon résolut de profiter de cet avantage, et disposa tout pour la bataille. L'armée s'avança, avec une immense artillerie, sur le front des alliés. Le roi de Naples, à la tête de la cavalerie, se porta sur les hauteurs. L'infanterie de l'aile droite, sous les ordres du duc de Bellune, attaqua la droite de l'ennemi; l'aile gauche, commandée par le maréchal Gouvion-Saint-Cyr, et soutenue par une partie de la garde, fit reculer les Prussiens, et gagna du terrain. L'ennemi ne tenoit pas devant la terrible artillerie qui le foudroyoit; sa cavalerie, forcée de rétrograder, pouvoit à peine se soutenir sur le revers des collines.

Celle des Français faisoit de rapides progrès. Murat ayant rencontré l'avant-garde du corps de Klenau, qui venoit rejoindre, la sépara du centre, et, se portant avec son impétuosité ordinaire sur l'infanterie autrichienne, l'écrasa. L'aile gauche, animée par la présence de Napoléon, et rivalisant avec la droite, se précipita sur l'ennemi, lui enleva ses positions, le mit dans une déroute complète, et profitant du temps horrible, qui ne permettoit pas à l'infanterie de faire usage de ses armes, lui fit quinze mille prisonniers, lui tua plusieurs généraux, en blessa un plus grand nombre, et força le reste à battre en retraite.

Notre centre n'avoit encore fait aucun mouvement; il se contentoit de répondre par son artillerie à l'artillerie des alliés. Napoléon s'y rendit, dans le dessein d'achever cette grande journée; mais les alliés, frappés de leurs désastres, ne voulurent point en attendre de plus grands, et quittèrent à la hâte toutes leurs positions.

Le roi de Prusse et l'empereur Alexandre avoient été témoins de la bataille. Au milieu du feu, le soleil ayant percé les nuages, on aperçut près de leur quartier-général un mouvement extraordinaire, qui indiquoit la perte de quelque personnage important; c'étoit, en effet, un grand homme que la fortune venoit de frapper; mais quel étoit son nom, son rang? Un paysan rapporta qu'il avoit vu enlever de ce lieu, sur un brancard formé de lances de Cosaques, un général de haute distinction, qui venoit d'être frappé d'un boulet à côté de l'empereur Alexandre; il ajoutoit que ce prince et l'armée paroissoient prendre un grand intérêt à ce malheur; mais ce paysan ne pouvoit dire le nom du guerrier blessé. Les conjectures de Napoléon se portèrent d'abord sur le prince de Schwartzemberg. « C'est donc lui, dit-il, qui
« purge la fatalité! J'ai toujours eu sur le cœur
« l'évènement du bal, comme un présage si-
« nistre; maintenant il est évident que c'étoit
« à lui que le présage s'adressoit (1). »

Napoléon cherchoit à se reposer sur ces idées, qui exprimoient suffisamment ses dispositions naturelles à la superstition, lorsqu'on apprit que, loin d'être blessé, c'étoit le prince

---

(1) *Manuscrit de* 1813; par M. Fain, t. 11, p. 291.

de Schwartzemberg qui commandoit la retraite. Le mystère ne tarda pas à s'éclaircir. Des soldats recueillirent un levrier errant sur le champ de bataille, et l'amenèrent au roi de Saxe; il portoit un collier sur lequel étoit écrit : *J'appartiens au général Moreau.* C'étoit en effet cet illustre Français qui venoit d'être frappé par un boulet venu des batteries françaises. Il étoit à côté de l'empereur Alexandre, occupé à faire quelques observations sur la marche de la bataille, lorsque le globe meurtrier vint l'atteindre à la jambe, traversa la poitrine de son cheval, et lui enleva une partie de l'autre jambe. Moreau soutint stoïquement ce malheur; et le chirurgien lui ayant déclaré qu'il ne pouvoit sauver la jambe frappée la première : « Eh bien ! coupez-la donc, » dit-il. Bientôt il fallut amputer l'autre, et il se soumit à cette seconde opération avec le même sang-froid. Pendant quelques jours on eut de l'espoir; il écrivit une lettre à Mme Moreau.

« J'ai eu, lui dit-il, les deux jambes em-
« portées à la bataille de Dresde. Ce coquin
« de Buonaparte est toujours heureux. On m'a
« fait l'amputation aussi bien que possible.
« Quoique l'armée ait fait un mouvement ré-
« trograde, ce n'est nullement un revers, mais
« pour se rapprocher du général Blücher. Je

« t'aime et t'embrasse de tout mon cœur. »

Il étoit arrivé à Laun, petite ville de la Bohême; son esprit étoit sain; et la veille de sa mort, il s'occupoit à examiner, sur une carte, quel chemin par eau pourroit le conduire jusqu'à Prague, lorsqu'il entendit des cris dans la rue : c'étoit le général Vandame, poursuivi par les huées du peuple. « Il étoit bien temps, « dit-il, qu'on le mît hors d'état de nuire. »

Le lendemain, sentant les approches de la mort, il dicta la lettre suivante à l'empereur de Russie :

« Sire,

« Je descends au tombeau avec les mêmes
« sentimens d'admiration, de respect et de
« dévouement que Votre Majesté m'avoit ins-
« pirés dès le premier moment de notre entre-
« vue......... »

Il s'arrêta ici, ferma les yeux, et rendit le dernier soupir. Pendant les cinq jours qui suivirent sa blessure, il ne montra pas un instant de foiblesse ni de regret. « Ainsi, disoit-il à « ses amis, l'a voulu la divine Providence ; « il faut se soumettre sans murmurer. » Sa mort fit une impression profonde sur toute l'armée. L'empereur Alexandre écrivit une lettre de consolation à sa veuve, lui fit don de cinq cent mille roubles, et d'une pension de trente mille; ordonna que les restes mortels du général fussent transportés à Saint-Pétersbourg, et lui décerna un monument. Moreau étoit né en 1763. Lorsque le bulletin de Napoléon qui annonçoit cet évènement arriva en France, on refusa d'abord d'y croire, tant cette mort étoit de nature à frapper les esprits. Quel sujet, en effet, de profondes réflexions! Le général Moreau traverse les mers, après neuf ans d'exil, pour tirer vengeance de celui qui l'a chargé de fers et chassé de sa patrie; il se montre sur le champ de bataille, à côté des plus grands souverains de l'Europe, qui le comblent d'honneurs, et à l'instant même il est frappé de mort à leurs côtés, comme si le Ciel eût voulu donner aux hommes une grande leçon de ce qu'ils doivent à la patrie! Cependant sa mort n'avoit rien de plus extraordinaire que celle de Duroc et du maréchal Bessières. Napoléon en ressentit une joie mêlée de trouble, car la fatalité du bal n'étoit point détournée, elle pesoit encore toute entière sur sa tête.

Il attendoit des nouvelles de Vandamme. Il apprit bientôt que ce général avoit exécuté avec le plus grand succès les ordres qu'il avoit reçus, qu'il s'étoit battu avec avantage contre les troupes qu'on lui avoit opposées, et que saisis d'effroi, les alliés avoient précipité leur retraite. On amenoit en effet à chaque instant des prisonniers, des équipages russes, prussiens, autrichiens; les villages étoient encombrés de voitures abandonnées, et l'alarme étoit à Prague. Tous ceux qui avoient auparavant désapprouvé les plans de l'empereur, se groupoient maintenant autour de lui pour le féliciter. Cependant ce ciel si pur, cette étoile si brillante ne devoient pas tarder à s'obscurcir. Le duc de Reggio n'étoit point entré à Berlin ; le maréchal Macdonald avoit été vaincu en Silésie, et Vandamme n'avoit point répondu aux espérances qu'il avoit d'abord données.

Bernadotte, instruit des desseins du maréchal Oudinot sur Berlin, avoit fait marcher contre lui une armée de cent mille hommes. Cette force immense devoit faire reculer les Français ; mais ils brûloient du désir de visiter de nouveau la capitale de la Prusse ; ils en découvroient les clochers ; ils bravèrent tous les dangers, livrèrent la bataille, malgré l'infériorité du nombre, et la perdirent. L'ennemi fit quinze cents prisonniers, et prit treize pièces de canon. Les généraux français

Girard, Reynier, Guilleminot se signalèrent par leur intrépidité; mais le corps des Saxons, accablé par des forces supérieures, ne put tenir.

Du côté de la Silésie, Blücher s'étoit porté également avec des forces immenses sur l'armée du maréchal Macdonald, et le défaut d'ensemble et de précision dans les opérations, d'inévitables retards, les débordemens des rivières, les inondations des plaines, la destruction des routes avoient mis ses troupes dans une position si pénible, qu'il avoit été obligé de les concentrer sur Buntzlau. La division Puthod, séparée du centre, cherchant inutilement à passer la rivière de Bober, qui lui opposoit des rives impraticables, accablée par les forces considérables qui l'enveloppoient de tous côtés, fût ou noyée, ou détruite, ou obligée de se rendre. Ces malheureuses journées coûtèrent au maréchal Macdonald plus de quinze mille hommes et cent pièces de canon. Ici, comme en Russie, les élémens sembloient de nouveau prêter leur secours aux ennemis de Napoléon.

Vandamme avoit eu d'abord de brillans succès; sa marche avoit jeté l'alarme à Tœplitz, où étoient réunis le grand quartier-général allemand, le corps diplomatique, les cabinets des souverains alliés. Les plus grands personnages avoient pris la fuite, et l'empereur Alexandre s'étoit retiré à Dutch. Vandamme ne songeoit à rien moins qu'à s'emparer de Toeplitz, sur laquelle se précipitoient tous les corps épars de l'armée confédérée; les ennemis eux-mêmes conviennent que s'il y fût arrivé le premier, les alliés étoient perdus. Mais ils trouvèrent un Léonidas parmi les Russes. Le général Otterman, à la tête de ses grenadiers, se dévoua pour sauver les siens. Malgré l'infériorité du nombre, il arrêta la marche de Vandamme; presque tous ses soldats furent tués, lui-même eut un bras emporté; mais son héroïque résistance donna le temps au général Barclay de Tolly de lui envoyer des secours. Vandamme, arrêté dans sa course, se refusa à l'avis de ses généraux, qui l'engageoient à reprendre ses positions; il s'obstina à rester dans la plaine. Enveloppé bientôt par des forces immenses, n'ayant avec lui que quinze mille hommes, il se fit jour à travers les rangs des Russes; et cette journée auroit été couronnée pour lui d'une gloire extraordinaire, s'il ne fût tombé tout à coup dans un corps prussien, auquel il entreprit de disputer les hauteurs qu'il avoit eu l'imprudence d'abandonner. Ce corps fuyoit ; mais se voyant soutenu, il se rallia, et reprit son artillerie, que Vandamme lui avoit enlevée. Enveloppé de toutes parts, le général français se battant en désespéré, finit par tomber lui-même entre les mains de l'ennemi, laissant trente pièces de canon, et une immense quantité d'équipages, de caissons et de voitures. Le général Guyot et le général Haxo restèrent prisonniers.

Vandamme s'étoit fait par ses cruautés une horrible réputation. On oublia envers lui les droits de la guerre ; on l'exposa, dans une voiture ouverte, aux insultes de la populace. Le prince Constantin lui fit ôter son épée, que l'empereur Alexandre avoit eu la générosité de lui laisser. Etrange caprice de la fortune ! s'il eût réussi, cette main qu'on accusoit de tant de crimes eût été décorée du bâton de maréchal d'empire (1). Sa défaite releva le courage des alliés, qui, dans

---

(1) On prétend que Vandamme ayant été amené à l'empereur de Russie, ce prince l'accabla d'injures ; et lui dit : « Te voilà donc, brigand, pillard, etc. » On ajoute que celui-ci lui répondit : « Brigand et pillard « tant qu'il vous plaira ; mais il est des crimes qui « n'ont jamais souillé ma main. » Le récit que nous avons préféré nous paroît plus conforme au caractère d'Alexandre.

cette campagne de quelques jours, avoient perdu quarante mille hommes, et s'étoient vus sur le point d'être anéantis. Les souverains retournèrent à Tœplitz, et conclurent ensemble un nouveau traité, qui consomma l'accession de l'empereur d'Autriche à la coalition.

Ainsi, la victoire de Dresde étoit devenue inutile. Buonaparte se retrouvoit dans la position où il étoit précédemment. Loin d'être en état de repousser l'ennemi, il se voyoit réduit à l'attendre de nouveau, menacé de toutes parts; en arrière, par l'armée du prince royal de Suède; sur la route de Silésie, par l'armée de Blücher; sur la route de la Bohême, par celle du prince Schwartzemberg. Déconcerté dans tous ses projets, on l'entendit souvent répéter :

Du triomphe à la chute, il n'est souvent qu'un pas,

comme il avoit dit, après le désastre de Moscou: *Du sublime au ridicule, il n'y a qu'un pas.*

CHAPITRE XVII.

Suite de revers. Défaite du maréchal Ney. Défection de la Bavière. Bataille de Leipsick. Trahison des Saxons. Retraite et désastres de l'armée française.

Napoléon n'avoit point renoncé à ses projets sur Berlin. Après la défaite du maréchal Oudinot, il avoit envoyé le maréchal Ney prendre le commandement de la même armée, avec ordre de menacer de nouveau la capitale de la Prusse. Le maréchal se mit en mouvement. La plaine paraissoit libre ; on ne voyoit à combattre qu'un corps commandé par le général Tauentzien. On ne tarda pas à le rencontrer. Il céda, et se rejeta sur Donhewitz. Le général Bertrand fut chargé de le contenir ; mais il revint bientôt sur ses pas, et, se voyant en force, il attaqua le général français. Le combat devint sérieux. Le général Bulow, qui n'étoit qu'à deux lieues, accourut ; de leur côté, les généraux Reynier, Guilleminot et le corps du duc de Reggio vinrent prendre part à l'action. Les Prussiens, écrasés par l'artillerie, reculèrent; mais les réserves de la Suède et de la Russie s'avancèrent pour les soutenir : elles étoient composées de soixante-dix bataillons russes et suédois, de dix mille hommes de cavalerie, et d'une artillerie de cent cinquante canons. La lutte devint tout à fait inégale. Les Saxons, ou effrayés, ou prêts à trahir, lâchèrent pied, et causèrent dans le centre de l'armée une large brèche dans laquelle la cavalerie ennemie se précipita. Les deux ailes furent séparées, et, se trouvant enveloppées de poussière et de fumée, se jetèrent dans des directions différentes, et furent poursuivies jusqu'à la nuit. On perdit dix-huit mille hommes tués, blessés ou prisonniers, soixante pièces de canon, une grande partie des bagages et des munitions. Il faut dire que l'ennemi devoit une partie de son succès aux avis du transfuge Jomini. Les Prussiens perdirent, de leur côté, cinq mille hommes. On avoit vu le duc de Reggio charger lui-même, et le général Reynier braver la mort au milieu d'un feu terrible. Le maréchal prince de la Moscowa se retira sur Torgau. Le lendemain de la bataille, le prince royal lui adressa une lettre, où il l'assuroit que la différence de leur position ne changeoit rien aux sentimens qu'il avoit toujours professés pour lui. Il ajoutoit :

« Depuis long-temps nous ravageons la
« terre, et nous n'avons encore rien fait pour
« l'humanité. La confiance dont vous jouis-
« sez, à si juste titre, auprès de l'empereur
« Napoléon, pourroit, ce me semble, être de
« quelque poids pour déterminer ce souve-
« rain à accepter enfin la paix honorable et
« générale qu'on lui a offerte, et qu'il a re-
« poussée. Cette gloire, prince, est digne d'un
« guerrier tel que vous; et le peuple français
« rangeroit cet éminent service au nombre de
« ceux que nous lui rendions, il y a vingt ans,
« sous les murs de Saint-Quentin, en com-
« battant pour sa liberté et son indépen-
« dance (1). »

Si Napoléon eût écouté, en effet, les propositions qu'on lui avoit faites, il auroit sauvé son trône, sa dynastie, épargné le sang humain, et prévenu d'innombrables calamités: Le traité qu'on lui proposoit le laissoit encore maître du plus bel empire du monde; et en l'acceptant, il pouvoit aspirer à la gloire de pacificateur de l'Europe, après en avoir paru l'invincible dominateur : il le reconnut trop

---

(1) Campagne des Prussiens en 1792.

tard. « J'ai fait, a-t-il dit depuis, deux « grandes fautes à Dresde ; je ne devois pas « accepter l'armistice ; mais, après l'avoir ac-« cepté, je devois faire la paix. » Il avoit reçu alors les leçons du temps, de l'expérience et du malheur. Depuis la victoire de Lutzen, la fortune lui en donnoit chaque jour de nouvelles.

Après les échecs du maréchal Macdonald et du général Vandamme, Blücher s'avançoit sur Dresde. Napoléon en sortit pour le combattre ; mais à peine en étoit-il éloigné, qu'il fut obligé de revenir sur ses pas pour arrêter le prince Schwartzemberg, qui s'avançoit avec toutes ses forces, et répandoit l'alarme dans la ville. Il étoit évident que le plan des alliés étoit de le harceler sans cesse, et de l'exténuer de fatigues. Le jour de la bataille de Dresde, il avoit été tellement pénétré par la pluie, que les revers de son chapeau lui tomboient sur la figure, et que ses habits étoient collés sur son corps. Le lendemain, il éprouva un frissonnement si violent, qu'on eut de l'inquiétude pour sa vie ; mais la force de son tempérament triompha de la maladie. Jamais une crise pareille n'avoit exigé plus impérieusement le développement de tous ses moyens.

L'Autriche, d'alliée qu'elle étoit, s'étoit faite son ennemi le plus cruel; non contente d'avoir brisé tous les liens qui l'attachoient à l'empereur des Français; d'avoir, sans autre motif que sa propre ambition, armé contre lui deux cent mille hommes, elle travailloit encore à lui enlever l'appui de ses alliés : elle n'épargnoit rien auprès du roi de Bavière pour le détacher de la confédération, et l'engager à tourner ses armes contre celui qui lui avoit mis le sceptre à la main. Ce prince promettoit à Napoléon de résister aussi long-temps qu'il seroit possible; mais il étoit facile d'entrevoir qu'il ne tarderoit pas à céder. Le maréchal Augereau avoit contenu jusqu'alors la confédération. En quittant sa position pour se joindre à Napoléon, il avoit laissé le champ libre, et Maximilien ne tarda pas à déclarer sa défection. Napoléon en reçut la nouvelle sans émotion, et se persuada que jamais la Bavière ne prendroit les armes contre lui. Mais depuis qu'il étoit monté sur le trône, qu'il se voyoit entouré de courtisans comme les autres rois, la vérité n'approchoit plus de lui. Il ignoroit tout ce que des peuples, foulés par son orgueil et ses exactions, lui portoient de haine; jusqu'à quel point l'Europe entière, sans en excepter la France, appeloit de ses vœux l'heure de sa chute. La tête échauffée par ses triomphes, accoutumé à faire sortir des légions en frappant la terre du pied, il se regardoit comme invincible. Il ne comptoit d'ennemis que ceux qui étoient sous les armes; mais il en étoit d'autres plus redoutables qu'il ne voyoit pas. D'obscurs fanatiques souffloient partout le feu de l'insurrection, et, pour le perdre, *les Amis de la vertu*, ces membres de la *Tugend-bund* regardoient comme un patriotisme sublime de fouler aux pieds la foi des traités et des sermens, et de braver les lois les plus sacrées parmi les nations. Ces principes passoient jusque dans le camp des souverains; la trahison étoit devenue en honneur. Le 27 septembre, un bataillon saxon commandé par le major Bunau, préluda à la désertion de ses compatriotes en passant dans le camp des Suédois : quelques corps westphaliens suivirent cet exemple. Les camps étoient inondés de proclamations où l'on exhortoit les soldats à quitter leurs drapeaux : jamais on ne s'étoit livré à un genre de guerre si peu digne de la franchise militaire; les Polonais seuls et le roi de Saxe restoient inébranlables.

Quinze jours se passèrent à Dresde sans évènemens remarquables. On ne concevoit pas qu'un guerrier aussi renommé que Buona-

parte se tint dans une position si aventureuse, et y attendit l'orage qui se formoit de
toutes parts contre lui. Il étoit évident qu'incessamment il ne pourroit ni tourner ni enfoncer l'ennemi. Les alliés recevoient tous
les jours de nouvelles troupes; elles arrivoient
des extrémités de l'empire, du voisinage de
la Chine. On voyoit dans leur camp des Tar-
tares, des Baskirs armés de carquois et de
flèches, vivant, comme les anciens Scythes,
de la chair des animaux mortifiée sur leur
selle. La présence de ces nouveaux hôtes, répandoit la confiance, excitoit l'ardeur des alliés. Ils se croyoient maintenant en état d'envelopper les Français, et de les étouffer, en
quelque sorte à Dresde : tous voyoient la position périlleuse de Buonaparte, excepté lui-
même. Déjà l'ennemi se rapprochoit et res-
serroit le cercle dans lequel il prétendoit
l'enfermer; son artillerie étoit formidable,
sa cavalerie immense, son nombre plus que
double de celui des Français, ses soldats
pleins d'une ardeur qui tenoit du fanatisme.
Napoléon le voyoit, et continuoit de se tenir
paisiblement à Dresde. Le plus grand nombre de ses officiers murmuroit, et ne pouvoit
comprendre cette inexplicable sécurité; mais
elle n'étoit qu'apparente : il avoit le projet

d'abandonner Dresde, de faire de Magdebourg le centre de ses opérations, en continuant de menacer Berlin, de dégager les places fortes de l'Oder, et d'en réunir les garnisons à son armée. Ce plan étoit grand et hardi; il le communiqua à ses généraux, qui le désapprouvèrent, et se détermina à marcher sur Leipsick, pour y décider de ses destins par une grande bataille.

Le 7 octobre il quitta Dresde, en y laissant trente mille hommes sous les ordres du maréchal Saint-Cyr. Le roi de Saxe et sa famille suivirent sa fortune. Il comptoit sur une réunion de cent cinquante mille hommes : sa gauche étant à Dresde, son centre entre Magdebourg et Torgau, sa droite se formant de l'armée de Hambourg. La nouvelle s'étant répandue que Blücher et Bernadote s'étoient réunis, Napoléon se hâta d'aller à leur rencontre, et arriva le 10 à Duben; mais les Suédois étoient encore loin. La marche du prince de Suède laissant Berlin à découvert, Napoléon revint à son premier plan, et le communiqua de nouveau à ses généraux; mais il avoit perdu cette autorité qui faisoit de sa volonté la loi suprême; le prestige de son infaillibilité s'étoit évanoui; on désapprouva encore ce projet. On venoit, en effet, d'acquérir la certitude que la Bavière non seulement avoit renoncé à l'alliance de la France, mais qu'elle en avoit contracté une avec les alliés. Ainsi, le Rhin restoit sans défense, et tout indiquoit la nécessité d'en finir par un coup décisif. On reprit donc la résolution de combattre à Leipsick; mais on avoit perdu quatre jours à Duben, et ce délai devint fatal. Cependant la fortune sembloit s'annoncer sous un aspect moins défavorable. Le maréchal Augereau, en venant rejoindre l'armée française, s'étoit fait jour, l'épée à la main, à travers celle de Bohême. Murat, à la tête de la cavalerie du général Latour-Maubourg, et de l'infanterie du prince de Poniatouski, avoit remporté un avantage signalé sur les Russes. Enfin, tel était l'ensemble et l'activité des divers corps de l'armée, qu'il ne falloit plus que vingt-quatre heures pour les réunir sous les murs de Leipsick, et tenter le sort d'une grande bataille.

Cette ville, patrie du célèbre Leibnitz, n'est point une place de guerre; elle n'a d'importance que par sa richesse et son commerce : elle est située dans une plaine fertile et agréable, entre deux rivières, la Saale et la Mulde, au confluent de la Pleisse et de l'Elster. Les faubourgs du nord sont couverts par la Partha. Dès que Napoléon y fut arrivé, il fit établir son quartier-général dans le village de Rendnitz, et après avoir parcouru rapidement la plaine, il assigna les diverses positions de l'armée. Son centre correspondoit à l'armée du général Schwartzemberg, sur sa droite étoit le général Giulay, sur sa gauche les corps des généraux Benigsen et Colloredo, qui arrivoient; au nord, sur la Partha, le prince de Suède et le général Blücher. Napoléon leur opposa le maréchal Ney. Il se chargea de combattre lui-même le prince de Schwartzemberg; il donna en même temps ordre au général Bertrand de sortir de la ville pendant la bataille, de se porter sur Lutzen et Erfurt, et de s'en emparer. Tandis qu'il s'occupoit de ces soins, Schwartzemberg déployant toutes ses forces, s'avançoit avec deux cents pièces de canon. Napoléon courut au-devant de lui; mais les alliés chargèrent avec tant d'impétuosité, que les Français furent d'abord obligés de reculer, et que Napoléon se vit entraîné lui-même dans ce mouvement rétrograde. Effrayé de ce danger, il appelle à lui les deux divisions du général Souham, qui faisoient partie de l'armée du maréchal Ney sur la Partha; déjà l'on n'en avoit plus besoin. Les maréchaux Macdonald, Victor, Mortier, Oudinot, les généraux Lauriston et Sébastiani; le prince polonais Poniatowski avoient combattu avec tant de courage et d'habileté, que le général Schwartzemberg, déconcerté dans ses plans, s'étoit vu renvoyé sur ses premières positions. La victoire paroissoit donc revenue sous les enseignes françaises. Ces nouvelles, portées à Leipsick, y causèrent une joie si grande, que l'on s'empressa de sonner les cloches, et d'entonner des *Te Deum :* c'étoit se réjouir trop tôt.

Les deux divisions enlevées au général Ney l'avoient laissé, avec vingt-cinq mille hommes, exposé aux soixante-dix mille que commandoient Blücher et le prince de Suède. Cependant les Français soutinrent cette lutte inégale pendant cinq heures avec une intrépidité héroïque, et l'armée ne se retira qu'à l'entrée de la nuit; mais elle avoit fait des pertes cruelles et douloureuses. Le corps des marins, d'une valeur à toute épreuve, étoit détruit, le maréchal Marmont blessé, ainsi que tous les officiers-généraux sous ses ordres, à l'exception du général Lagrange.

Sur la route d'Erfurt, le général Bertrand avoit été vivement attaqué par les Autrichiens du général Giulay, et forcé d'abord de céder;

mais, il avoit repris ses avantages, et conservé sa position. Napoléon voyant le prince Schwartzemberg relancé en arrière, jugea le moment venu de prendre l'offensive, et se porta sur le centre des alliés. Le roi de Naples, à la tête de la cavalerie, ayant les généraux Latour-Maubourg et Kellerman sous ses ordres, aborda les lignes ennemies, et, soutenu de l'infanterie, les mit dans une déroute complète ; le général Rajeuski fut blessé ; et les alliés étoient sur le point de chercher leur salut dans la fuite, lorsque l'empereur Alexandre, effrayé du danger, lança les Cosaques de sa garde, la seule escorte qui lui restât ; et ce dévouement fit changer tout à coup la fortune. Le général Latour-Maubourg eut la cuisse emportée, le général Maison fut blessé. Les Cosaques reprirent les canons qu'on leur avoit enlevés, et le général Nostits, prenant en flanc les vainqueurs, parvint à dégager complètement les Russes. Les réserves françaises, d'une part, accoururent à la hâte, et rétablirent le combat. Les Autrichiens, de leur côté, volèrent au secours des Russes, et se précipitèrent sur les Français avec une impétuosité et des cris dont Napoléon fut lui-même étonné. En même temps, le prince Schwartzemberg, rejeté d'abord sur ses positions, les abandonne, se reporte en avant avec toutes ses forces, ordonne au général Meerfeld de franchir la Pleisse, et de prendre les Français à dos. Les valeureux Polonais qui défendent le passage, sont accablés par le nombre; l'aile droite est forcée. Napoléon dégarnit aussitôt son centre pour la secourir, et la garde impériale fondant sur l'ennemi, le rejette dans la Pleisse. On fait prisonnier tout ce qui a passé cette rivière; et le général Meerfeld lui-même subit le sort de ses soldats. Mais tandis que l'honneur des armes se rétablissoit de ce côté, le centre affoibli, fléchissoit à son tour, et l'ennemi reprenoit les positions qu'on lui avoit enlevées. Enfin, la nuit vint mettre un terme aux fureurs de la journée. Le sang y a été versé avec profusion. Les deux armées peuvent également réclamer l'honneur de la victoire; car si les Français ont eu l'avantage sur un point, les alliés l'ont obtenu sur un autre. Trente mille hommes ou morts ou mourans sont restés sur le champ de bataille, dix villages ont été embrasés. Cette bataille, livrée le 16 octobre, fut désignée sous le nom de *Vachau*, village à quelque distance de Leipsick. L'armée française s'y couvrit de gloire, les généraux ajoutèrent encore à leur renommée. Mais qu'importe leur noble dévouement? le spectacle de tant de victimes inutilement égorgées ne fera entrer dans le cœur des souverains aucune pensée de paix; et des deux côtés on s'apprête à renouveler ces sanglans sacrifices.

Napoléon, qui destinoit le bâton de maréchal au général Poniatowski, se hâta de le lui envoyer; ce prince ne devoit pas le conserver long-temps; mais, au moins, c'étoit le déposer dans des mains dignes de le porter.

Toutes les horreurs qui avoient fait gémir l'humanité dans la campagne de 1812, commençoient à se reproduire. Les malheureux habitans de la campagne, sans pain, sans asile, presque sans vêtemens, erroient dans les bois; la famine désoloit le camp des alliés; les blessés russes, prussiens, autrichiens restoient expirans sur la terre, faute d'asile pour les recevoir; ceux de l'armée française encombroient la ville de Leipsick, trop étroite pour les contenir; une partie d'entre eux n'avoit pour lit que le pavé nu, et pour ressource que la pitié des habitans, épuisés déjà par les charges qu'on leur avoit imposées. On évacua le magasin à blé pour en faire un hôpital, mais cet asile fut lui-même bientôt encombré. Alors des centaines de braves guerriers qui venoient de verser leur sang pour leur souverain (car il ne s'agissoit point de patrie), restèrent abandonnés sur la terre froide et humide, attendant ainsi la mort, sans qu'on fît plus d'attention à eux qu'aux pavés sur lesquels ils gisoient. Telle étoit la récompense d'une héroïque bravoure. Quoique la bataille de Vachau eût eu un résultat moins fâcheux pour les Français que pour les alliés, qui avoient perdu trente mille hommes, le roi de Saxe et les habitans de Leipsick n'en étoient pas moins dans les plus vives alarmes. On venoit d'apprendre que Napoléon n'étoit pas invincible; et quelque assurance qu'il affectât, le nombre des ennemis croissoit d'une manière effrayante. On portoit à cent mille hommes les renforts qu'ils avoient reçus depuis deux jours. Le 17 se passa tranquillement, soit que les deux armées eussent un égal besoin de repos, soit que le prince de Schwartzemberg voulût organiser les renforts qu'il avoit reçus. Prêt à s'engager dans de nouveaux combats, Napoléon essaya les voies tardives de pacification, et chargea le général Meerfeldt, son prisonnier, de présenter aux alliés ses propositions. Comme il avoit ramené ses positions sur la ville, il faisoit valoir ces changemens comme une disposition à la paix; mais les alliés se croyoient trop sûrs de la victoire pour l'écouter; ils avoient prononcé sur le sort de Napoléon, et déjà ils pratiquoient des intelligences dans l'intérieur de la France. Le général Meerfeld n'imita point Régulus; il ne revint pas, et l'on se prépara des deux côtés à rouvrir la lice sanglante que l'on venoit à peine de fermer.

Les alliés se montroient impatiens du combat. Dès que le jour parut, le bruit du canon se fit entendre, et annonça les nouvelles fureurs qui devoient signaler cette journée. L'armée française avoit sa droite sur la Pleisse : elle étoit composée du corps des Polonais, réduit à sept mille hommes, et de la division Léfol; le centre, composé des corps du roi de Naples, des maréchaux Victor et Augereau, du général Lauriston, étoit au village de Probstheida; il formoit la pointe d'un angle défendu sur les deux côtés par des batteries formidables; la gauche, où se trouvoit le maréchal Macdonald, étoit à Staeterits; les maréchaux Ney et Marmont défendoient la rivière de la Partha, au nord, et le général Reynier, à la tête des Saxons, entretenoit la communication de ce corps avec le reste de l'armée.

Dès que les ennemis se trouvèrent à portée d'engager le combat, il devint terrible. Le corps de l'armée autrichienne, composé des divisions de Hesse-Hombourg, Colloredo, Branchi, se précipita sur les Polonais, qui tenoient la droite; Barclay de Tolly, Wittgenstein, Kleitz attaquèrent le centre; Bénigsen, Klenau, Zieiten chargèrent la gauche; Blücher déploya toutes ses forces sur les maréchaux Ney et Marmont. De toutes parts la lutte s'engagea avec fureur. Le prince de Hesse-Hombourg fut blessé par les Polonais; mais cette troupe héroïque et fidèle, accablée par le nombre, fut bientôt forcée de reculer. Buonaparte la fit soutenir par des détachemens de la garde impériale, et le combat se rétablit. Au centre, on se disputoit avec acharnement le village de Probstheida; les alliés l'enlevèrent, le perdirent, l'enlevèrent de nouveau, et le perdirent encore. Il resta aux Français. Le carnage étoit horrible. Napoléon, présent partout où étoit le danger, envoyoit sa garde réparer les brèches que faisoient le fer et le canon ennemi. Sur la gauche, le combat n'étoit pas moins sanglant; mais, malgré l'extrême inégalité du nombre, les Français ne se laissèrent entamer nulle part. Sur la Partha, les maréchaux Ney et Marmont repoussoient tous les efforts de Blücher. Tout à coup, le prince de Suède se porte, avec toutes les forces qu'il commande, sur les Saxons du général Reynier. Depuis longtemps ces alliés manifestoient de mauvaises dispositions; elles cessèrent d'être douteuses; le corps entier passa à l'ennemi avec toute son artillerie, et le général Newman suivit leur exemple avec la cavalerie westphalienne. Cette horrible défection, qui fut reçue avec enthousiasme par les alliés, et que les principes de l'honneur ne sauroient manquer de flétrir, devoit causer la perte de la bataille. Napoléon en fut d'abord frappé. Cette désertion enlevoit dix mille hommes à l'armée, et laissoit un vide immense. Le prince de Suède s'y précipita, et le maréchal Ney lui opposa la division Delmas : ce général fut tué, sa colonne écrasée; mais Napoléon étant arrivé, la cavalerie de la garde impériale, aux ordres du général Nansouty, rétablit le combat, et les Suédois, qui s'avançoient avec confiance, furent aussitôt arrêtés. On a écrit que les Saxons, à peine reçus dans les rangs ennemis, tournèrent leurs armes contre les Français. Le fait n'est point exact : ils furent renvoyés sur les derrières de l'armée; mais le canon des Suédois n'étant point arrivé, on se servit de celui qu'ils avoient amené, et il fut, en effet, tourné contre les Français qu'il devoit défendre. Lorsque cette nouvelle parvint au roi de Saxe, cet excellent prince en fut consterné. L'indignation qu'elle excita parmi les Français redoubla leur ardeur. Ney et Marmont, restés sans appui, prirent une position moins avancée : ils avoient eu à soutenir une attaque sanglante contre les divisions russes des généraux Langeron, Saint-Priest, Kopcevitz ; deux fois l'ennemi avoit été repoussé ; mais enfin, le duc de Raguse manquant de munitions, fut obligé de se replier.

Au centre, le canon ennemi faisoit d'horribles ravages, et les Français le supportoient avec une héroïque immobilité. Enfin, indignés des pertes qu'ils éprouvent, ils s'élancent sur l'ennemi, livrent un combat furieux, et perdent les généraux Vial et Rochambeau; mais ils font un carnage horrible des alliés, et viennent reprendre leurs positions. Convaincus que tout effort étoit inutile pour enlever aux Français le terrain qu'ils occupoient, les alliés firent enfin replier leurs colonnes, et confièrent à l'artillerie seule le sort de la journée. Des deux côtés, le feu devint terrible. Le canon ennemi, placé sur des hauteurs, avoit un avantage considérable sur les Français, qui tiroient de bas en haut; et l'on s'aperçut, après la bataille, que les alliés avoient perdu beaucoup moins d'artilleurs que les Français; mais leurs rangs étant plus profonds, les boulets y faisoient des plaies plus cruelles. La nuit mit fin à cette terrible et sanglante tragédie, où trois cent trente mille hommes avoient été engagés pendant dix heures contre cent vingt-trois mille. Plus de cent mille victimes tuées ou blessées jonchoient le champ de bataille de leurs cadavres ou de leurs membres mutilés; trois généraux français y avoient perdu la vie: Rochambeau, Delmas et Vial; sept y avoient été blessés: les maréchaux Ney et Marmont, les généraux Souham, Compans, Latour-Maubourg, Frédéric et Maison. La perte des alliés s'élevoit à quatre-vingt mille hommes morts ou hors de combat, parmi lesquels huit généraux tués, onze blessés. Du côté des Français, on avoit tiré quatre-vingt-quinze mille coups de canon, et plus de deux cent vingt mille depuis cinq jours. Les munitions étoient épuisées, et l'unique résultat de cette journée avoit été d'avoir enivré la terre de flots de sang humain.

Les alliés pouvoient encore perdre quatre-vingt mille hommes le lendemain, car ils étoient devenus prodigues de sang comme Napoléon, et ne connoissoient plus d'autre moyen de succès que la force numérique des hommes et des armes. Mais Napoléon, hors d'état de réparer ses pertes, ne pouvoit pas perdre trente mille hommes dans chaque bataille; il ne pouvoit non plus tenir à Leipsick; les ouvrages qu'il avoit fait construire pour la défense de cette place étoient la plupart détruits. Il se décida à opérer enfin cette retraite que ses généraux lui avoient conseillée un mois auparavant. Près de la commencer, il revint encore aux voies de négociation, qui avoient été rejetées précédemment : elles le furent encore. Alors il donna les ordres nécessaires pour se retirer, et chargea les maréchaux Macdonald et Poniatowski de former l'arrière-garde, et de couvrir la retraite. On rapporte de lui un mot qui prouve avec quelle indifférence il sacrifioit le sang des braves. « Prince, dit-il au maréchal Poniatowski, vous défendrez le faubourg du midi. — Sire, j'ai bien peu de monde. — Eh bien! vous vous défendrez avec ce que vous avez. » Le prince répondit que toute sa troupe étoit prête à périr pour son service; et il ne tarda pas à en donner une preuve éclatante et douloureuse.

Dès que les alliés eurent appris que les Français effectuoient en effet leur retraite, ils se précipitèrent vers les portes de la ville, et repoussèrent dans son intérieur toutes les troupes qui se trouvoient au-dehors. Le canon brisa le reste des palissades et des foibles fortifications élevées par les Français. Une pluie de boulets et de bombes porta la terreur dans les faubourgs. Un hôpital voisin de la ville prit feu, et les malheureux blessés qu'on y avoit entassés périrent dans les flammes. Napoléon resta dans la ville jusqu'à dix heures et demie, exhortant le roi de Saxe à se résigner à son triste sort, l'engageant à traiter avec l'ennemi. Après une conversation animée et de pénibles adieux, il le quitta pour suivre le mouvement rétrograde (1) : il avoit ordonné la construction de trois ponts; on étoit si pressé, qu'on

―――――――――――――

(1) La *Gazette littéraire d'Iéna*, du mois d'octobre 1814, donne sur le roi de Saxe des détails qui ne sont point entièrement d'accord avec ceux-ci. Le roi restoit exposé aux boulets et aux bombes de l'ennemi. Les personnes qui l'environnoient l'ayant conjuré de se mettre en sûreté, il descendit dans un lieu à l'abri des bombes, et y resta jusqu'à l'entrée des princes alliés. Il reçut la visite du prince royal, et la lui rendit. Les autres souverains se dispensèrent de ces soins envers lui; et le roi de Prusse lui fit dire que, comme il ne seroit pas en sûreté à Dresde, il seroit conduit sous bonne escorte à Berlin. Il ne paroit nullement, d'après la *Gazette littéraire*, que Napoléon lui ait rendu visite avant de partir.

ne put en construire qu'un seul, qui fléchit quand on voulut l'éprouver. Il ne restoit donc plus que l'ancien pont. Tout le monde s'y précipita; la confusion et l'encombrement devinrent pareils aux désordres de la Bérésina, et l'ennemi pénétrant dans la ville, fit main-basse sur tout ce qui restoit de Français. L'arrière-garde, en combattant avec intrépidité, arriva pourtant sur les bords du fleuve; mais les Cosaques y arrivèrent presque aussitôt qu'elle. En ce moment le pont sauta, et laissa sur la rive le maréchal Macdonald, le prince Poniatowski, les généraux Reynier et Lauriston, et douze mille hommes qu'ils commandoient. Le maréchal Macdonald s'élança dans le fleuve, et le passa à la nage; le prince Poniatowski voulut suivre son exemple, et périt dans un gouffre. Les rives de l'Elster étant élevées, son lit bas, profond et vaseux, ceux qui se hasardèrent à le passer périrent presque tous. Ainsi l'arrière-garde, abandonnée à elle-même, resta prisonnière de guerre.

Par quel ordre le pont fut-il rompu? c'est un problème qui n'est point encore résolu. Les ennemis de Buonaparte l'accusent de cette lâcheté, et soutiennent qu'il sacrifia son arrière-garde pour se sauver lui-même. Ses amis racontent qu'excédé de fatigue, il dormoit dans un moulin au-delà du pont, lorsque l'explosion se fit entendre. Quant à lui, il en imputa la faute à un officier de génie qui ne se trouvoit point alors à l'armée. Il espère que, dans de pareils désastres, on ne cherche pas un grand coupable; mais dans la confusion où l'on se trouvoit, rien n'étoit plus facile à expliquer. A la vue de quelques Cosaques, qui sait si les soldats préposés à la garde du pont n'auront point perdu la tête? si, croyant le reste des Français détruit, ils ne se seront point armés de la mèche fatale? Méprise désastreuse, qui ajouta aux pertes immenses qu'on avoit faites dans les deux batailles précédentes, celle de douze mille hommes, d'une prodigieuse quantité d'artillerie, de caissons, d'équipages de tous les genres. Le roi de Saxe, resté à Leipsick, avoit envoyé proposer aux souverains de leur rendre la ville; mais ils en étoient plus maîtres que lui : ils y entrèrent peu de temps après, et le roi parut un instant à ses croisées, pour être témoin de leur entrée triomphante; il en reçut peu d'accueil. Le prince royal seul lui fit une visite. Les autres souverains, qui vouloient se partager ses Etats, l'envoyèrent prisonnier à Berlin. De toute cette armée de trois cent mille hommes dont Buonaparte avoit menacé la Russie quatre mois auparavant, à peine en ramena-t-il cinquante mille. Des milliers de malades et de blessés restèrent à Leipsick, et devinrent pour cette ville un fléau terrible; ils y introduisirent cette redoutable fièvre nerveuse connue sous le nom de *typhus*. La mort, après avoir si largement moissonné sur le champ de bataille, promena sa faux avec la même fureur dans l'intérieur des hospices, et les transforma en antres pestilentiels. La famine vint joindre ses fléaux à ceux de la contagion.

« C'étoit, dit un témoin oculaire, l'affreuse
« répétition de Smolensk et de Wilna. Une
« foule de malheureux venoient du champ de
« bataille chercher des secours dans les hô-
« pitaux ; on ne put pas même leur donner
« long-temps du pain. Plusieurs erroient çà
« et là sans aucun abri : on rencontroit dans
« les rues des milliers de spectres demandant
« l'aumône à chaque porte, et rarement la
« compassion avoit le pouvoir de donner. On
« voyoit ces infortunés, pâles et décharnés,
« dévorer avec avidité les os les plus secs ;
« ils ramassoient des pelures de pomme, des
« restes de choux. Plus de vingt témoins peu-
« vent attester que des soldats français blessés
« se traînoient vers des carcasses de chevaux
« déjà en putréfaction ; de leurs foibles mains

« ils essayoient de détacher avec un mauvais
« couteau les chairs des hanches, et se re-
« paissoient de cette nourriture fétide; ils en-
« levoient même la chair des membres hu-
« mains, et la faisoient griller pour apaiser
« leur faim dévorante; ils fouilloient les fu-
« miers, et les déjections humaines elles-
« mêmes devenoient.... Le cœur se soulève,
« on n'ose pas achever. » Voilà le prix du
sang qu'ils avoient versé au champ de l'honneur! Que de maux pour une querelle qui,
suivant Napoléon lui-même, *ne valoit pas
un coup de canon* (1).

---

(1) C'étoit le mot dont il s'étoit servi en parlant au ministre d'Autriche.

CHAPITRE XVIII.

Retraite de l'armée française sur Erfurt. Départ du roi de Naples. Bataille d'Hanau. Arrivée de Napoléon à Mayence. Horrible mortalité dans les hôpitaux. Coup d'œil sur les affaires d'Italie. Napoléon à Saint-Cloud. Disposition des esprits. Propositions de paix faites à Francfort par les alliés. Essai de négociations.

Rien n'étoit plus important pour le salut de l'armée que d'atteindre les murs de la ville d'Erfurt; elle offroit des ressources immenses, de nombreux magasins, un riche arsenal, la protection de ses remparts et de ses citadelles. L'armée s'y porta à marches forcées; mais l'ennemi, ardent à la poursuite, lui donnoit à peine le temps de respirer; il étoit sur ses pas, sur ses flancs, prêt à la déborder. Les Cosaques, répandus partout, enlevoient tout ce qui s'écartoit des colonnes; soldats, équipages, caissons. Bientôt même le général Czernicheff, à la tête de ceux qu'il commandoit, dépassa la tête de l'armée, et se portant en avant, détruisit les chemins, les ponts, brûla les moulins, n'oublia rien de ce qui pouvoit retarder la marche des Français. De son côté, le général Giulay arrive avant eux aux défilés de Naumbourg, et s'en empare. On ne pouvoit les lui enlever sans un combat sanglant; on aima mieux se jeter dans des routes de traverse, dans des sentiers peu pratiqués, et l'on y perdit encore des hommes, des bagages et des caissons: c'étoit la répétition de la triste retraite de Moscou; mais ces scènes pénibles furent égayées par une scène assez plaisante. Napoléon étant arrivé au village de Freybourg, son logement fut marqué chez le curé. Cet excès de faveur fit tourner la tête à ce bon pasteur; il rassembla à la hâte les jeunes filles de sa paroisse, qui toutes vêtues de blanc, et la tête couronnée de guirlandes, les mains chargées de corbeilles, vinrent répandre des fleurs sous les pas de Napoléon. Il ne put lui-même s'empêcher de sourire de l'à-propos. Mais au moment où les jeunes filles se retiroient, le canon de Giulay se faisoit entendre, et l'avant-garde du général Yorck se montroit sur les hauteurs. Napoléon fit, à la hâte, jeter un pont sur la rivière de l'Unstrutt, rassura le soldat, qui se troubloit, le força d'attendre le duc de Reggio, qui commandoit l'arrière-garde, et tandis que Bertrand contenoit par une manœuvre habile le général Giulay, il se disposa à passer le pont. Prêt à s'y engager, il dit au général Gourgaud : « Je vous charge de mettre vous-même « le feu au pont de Freybourg : songez à ce « qui vient d'arriver à Leipsick. » Ses ordres furent ponctuellement exécutés, et le pont ne fut rompu qu'après le passage entier de l'arrière-garde. Enfin, on arriva à Erfurt.

Napoléon s'étoit flatté que si le roi de Bavière étoit forcé d'abandonner sa cause, jamais, du moins, il ne prendroit les armes contre lui. Mais le roi de Bavière n'étoit plus le maître dans ses Etats; les alliés lui commandoient arbitrairement, et ses troupes venoient de se joindre aux Autrichiens. Quarante mille hommes sous les ordres du comte de Wrède, que Napoléon avoit comblé de biens et d'honneurs, l'attendoient pour lui fermer le retour en France. Napoléon se disposa aussitôt à quitter Erfurt. Cruel retour de la fortune! Ce n'est plus ce souverain puissant qui, si peu de temps auparavant, avoit reçu tant d'hommages dans cette ville, s'y étoit vu entouré de tant de rois, caressé par l'empereur de Russie, qui s'étoit glorifié publiquement de son amitié. On observa que se trouvant dans le cabinet où il s'étoit si souvent entretenu avec Alexandre, il parut éprouver un sentiment de déplaisir, et détourna les yeux de la place que ce prince avoit occupée.

Obligé de quitter cette ville, il fit prendre à la hâte, dans l'arsenal, l'artillerie qui manquoit, et l'on se remit en marche : on laissoit à la merci de l'ennemi une foule innombrable de blessés dans le dénuement le plus absolu. Napoléon avoit promis six mille francs sur sa cassette, pour les secourir, mais la cassette n'arriva point. On laissoit derrière soi le maréchal Saint-Cyr, avec trente mille hommes à Dresde, le général Rapp avec un nombre presqu'égal à Dantzick, les forteresses de Stettin, de Zamosk, de Glogau, de Custrin, de Magdebourg, de Virtemberg et Hambourg, où commandoit le maréchal prince d'Ekmulh : c'étoit abandonner à l'ennemi une immense armée. Mais Napoléon ne désespéroit point encore de reparoître sur ce théâtre de guerre, et de reporter ses enseignes jusqu'aux rives du Niémen. Cependant il expédia des courriers aux maréchaux Saint-Cyr et Davoust, pour les engager à venir le rejoindre, mais aucun de ces courriers n'arriva. Il partit d'Erfurt le 25 octobre.

Ce fut alors que Murat le quitta. Ce guerrier croyant tout perdu, n'ayant plus d'espoir de se signaler à la tête des escadrons français, craignant pour sa couronne, prétexta les affaires de son royaume, et se retira, en prodiguant à son beau-frère les marques de la plus sincère affection. Mais il avoit, deux jours avant, traité secrètement avec l'Autriche.

L'ennemi continuoit sa poursuite avec acharnement; chaque jour on faisoit des pertes nouvelles, le soldat étoit excédé de fatigues : « On étoit sans cesse en haleine, « dit un écrivain dont on ne sauroit trop « estimer l'exactitude et la véracité (1); on « ne dormoit que d'un œil; la nécessité prê- « toit des forces aux plus foibles. » Le 28 du mois, le général Excelmans découvrit et chassa les éclaireurs de l'armée bavaroise. Le lendemain, on apprit qu'elle occupoit en force la ville de Hanau, et qu'elle s'avançoit pour combattre. On n'arrive à cette place, de ce côté, que par une route resserrée entre des bois épais. L'armée française ne comptoit encore que deux divisions, formant ensemble dix mille hommes; mais elle n'hésita point

---

(1) *Manuscrit* de 1813, par M. le baron Fain.

à engager le combat, et poussant devant elle l'ennemi, qui cédoit à toutes les attaques, elle arriva dans la plaine. Là, quarante mille hommes attendoient avec quatre-vingts pièces de canon. Le général de Wrède, plein de confiance, et se promettant une victoire sur des troupes épuisées de fatigue, avoit pris une position qui annonçoit une extrême témérité : il avoit à dos une rivière, sur laquelle il ne s'étoit pas même ménagé des ponts. L'artillerie française n'avoit que quinze pièces, mais elles étoient commandées par le général Drouot; elle avoit à peine quelques soldats derrière elle, mais des soldats pleins de résolution : elle commença un feu qui couvrit de fumée le débouché de la forêt, et répandit l'effroi parmi les Bavarois : ils crurent toute l'armée présente; et quelques grenadiers de la garde s'étant montrés, augmentèrent la terreur. Cependant leur cavalerie se précipite sur les pièces; les canonniers l'attendent la carabine à la main, et tirent sur elle à bout portant. La cavalerie de la garde charge à son tour, et met les Bavarois en déroute; elle enfonce et sabre les carrés d'infanterie, et jette la ligne entière dans la plus grande confusion.

Le général de Wrède se vit alors dans la situation la plus difficile; en vain essaya-t-il une attaque désespérée sur sa droite; elle fut repoussée par la vieille garde, et dès ce moment la victoire fut à l'armée française. L'ennemi y perdit vingt-cinq mille hommes tués ou blessés. L'armée fugitive passa sur le corps des vainqueurs. Buonaparte s'était arrêté dans le bois avec le duc de Vicence; il y courut le plus grand danger, un obus étant tombé à ses pieds, mais heureusement sans éclater. Les généraux Nansouty et Sébastiani, les dragons du colonel Letort, les grenadiers de la Ferrière-l'Evêque, les cuirassiers du général Saint-Germain se signalèrent dans ce combat par une valeur héroïque. Napoléon passa la nuit dans la forêt, et l'on se dirigea sur Francfort, dont la route restoit ouverte. Le lendemain, il fallut combattre de nouveau. Humilié de sa défaite, le général de Wrède voulut la réparer : il attaqua l'armée à dos, et renouvela un combat sanglant que le maréchal Marmont et le général Bertrand soutinrent glorieusement; il y fut lui-même blessé; son gendre, le prince d'OEltingen, y fut tué; mais ces deux journées furent chèrement payées par l'armée française. La perte s'éleva à près de vingt-quatre mille hommes tués, blessés ou prisonniers : on ne put se maintenir à Hanau; et l'armée ainsi mutilée, réduite environ à cinquante mille hommes, arriva le 2 novembre à Mayence.

Deux fois Napoléon étoit parti de cette ville la tête remplie des plus fastueuses espérances; deux fois il y revenoit dépouillé de lauriers, frappé des plus rudes coups de la fortune.

Ses désastres devoient entraîner la chute du trône de Westphalie. Jamais les Westphaliens n'avoient éprouvé pour leur roi ces sentimens d'amour et de respect qui assurent la durée des empires; jamais il n'avoit rien fait lui-même pour gagner le cœur de ses sujets. Il étoit, le 24 octobre, dans la plus grande sécurité, ignorant les évènemens de Leipsick, ayant, pour uniques défenseurs de sa couronne, trois mille conscrits que Napoléon avoit bien voulu lui laisser. Lorsqu'il apprit la déroute de son frère, saisi d'un juste effroi, il ramassa un millier de chevaux, et partit précipitamment pour Francfort. Mais déjà les Cosaques atteignoient les portes de Cassel; ils poursuivirent son escorte, en détruisirent une partie, et le reste l'abandonna pour passer à l'ennemi.

La défense de sa capitale étoit confiée au général Alix : il y tint aussi long-temps et avec autant de fermeté qu'on pouvoit en attendre d'un des hommes les plus courageux de l'armée, et fit ensuite une capitulation honorable. Jérôme étoit le troisième roi de la famille de Buonaparte qu'on voyoit revenir sans couronne : triste présage pour celle de Napoléon ! Déjà les désastres de cette funeste campagne étoient connus à Paris. Il y arriva le 9 novembre; il y arriva seul, car cette armée qu'il avoit précipitée dans tant de combats, livrée à tant de périls, épuisée par tant de fatigues, ne pouvoit plus le suivre. Les hôpitaux se trouvèrent insuffisans pour recueillir les blessés et les malades; on les entassa dans les églises, sans linge, sans remèdes, et les églises elles-mêmes devinrent bientôt trop étroites. Une foule d'êtres mourans n'eurent d'asile que chez les hommes compatisans qui voulurent les recevoir; les autres restèrent étendus dans les rues et les carrefours, sur la terre nue, sans pain, sans secours, sans pitié. Une horrible contagion se répandit dans tous les lieux où ils gisoient, et passa dans l'intérieur des villes, et jusque dans les campagnes. La mortalité devint effrayante, les bras des vivans manquèrent pour enterrer les morts. La terreur et la désolation glacèrent le courage des plus intrépides; et la Mort, comme si le nombre des victimes qu'elle avoit moissonnées sur les champs de bataille, ne lui suffisoit pas, promenoit sa faux sur toutes les rives du Rhin. Bientôt des cadavres restèrent sans sépulture (1), et les miasmes pestilentiels qui s'en exhaloient, reportèrent le fléau jusque dans les campagnes. Telles étoient les suites effrayantes de cette funeste campagne.

Détournons la vue de cet affreux spectacle pour la porter sur un autre théâtre de guerre.

Le vice-roi, après avoir quitté l'armée française, qu'il avoit si glorieusement sauvée et conservée, s'étoit rendu en toute hâte à Milan. Il n'y étoit resté que le temps nécessaire pour conférer avec les ministres; il en étoit parti aussitôt pour Vérone, d'où il fit filer vers les frontières du Carniole et de la Carinthie les troupes qui se trouvoient rassemblées à Monte-Chiaro. Le 21 août, son quartier-général étoit à Adelsberg : il commandoit environ cinquante-quatre mille hommes français et italiens, une partie composée de nouvelles levées, le reste de vieilles bandes tirées

---

(1) Le froid étant survenu, et la terre manquant aux sépultures des victimes, on entassa les cadavres dans les cimetières, comme les bûches dans les chantiers; le nombre en étoit tel, que ces piles de morts dépassoient de beaucoup la hauteur des murailles.

d'Espagne. Il avoit sous ses ordres les généraux français Grenier, Mermet, Fressinet, et plusieurs officiers italiens, qui avoient fait la campagne de Russie.

Déjà la guerre étoit en Illyrie, l'armée autrichienne y étoit entrée sans déclaration de guerre préalable. Willach avoit d'abord ouvert ses portes ; elle n'avoit pour garnison que deux bataillons ; mais le commandant ayant reçu des renforts, y étoit rentré presqu'aussitôt. Fiume et Trieste s'étoient vues alternativement sous l'épée des Autrichiens et des Franco-Italiens. Quoique surpris, le prince Eugène déploya beaucoup de présence d'esprit et de courage ; mais les forces qu'il commandoit étoient insuffisantes pour lui assurer de grands succès. Il tint successivement la ligne de l'Isonzo et de la Piave, se battant souvent avec avantage, mais sans pouvoir rien tenter de décisif. Si Murat eût été fidèle, la victoire n'auroit pas été indécise. Le vice-roi ignoroit encore sa défection, et le roi de Naples la dissimuloit autant qu'il pouvoit. Eugène détacha près de lui son aide-de-camp Gifflenga, pour s'assurer de ses dispositions. Murat joua le même rôle que les Autrichiens, jura qu'il n'abandonneroit jamais la cause de Napoléon, et prépara tout pour la trahir. On rapporte qu'à son retour d'Allemagne s'étant arrêté à Milan pour changer de chevaux, et les autorités de la ville lui ayant demandé s'ils pouvoient compter sur son appui, il avoit répondu : « Oui, dans peu vous me verrez à la tête « de cinquante mille bons b..... » (Le mot dont il se servit ne sauroit être répété.)

Il rassembla en effet vingt-cinq à trente mille hommes, ramas impur de misérables sans discipline, sans courage, et s'en servit pour occuper la Marche d'Ancône et les Etats de Rome, sans rompre entièrement avec la France. Réduit à ses propres forces, Eugène n'en combattit pas avec moins de courage : il attaqua les Autrichiens, et s'empara de Bassano ; mais sa position ne lui permettoit guère de profiter de ses avantages. Les esprits commençoient à fermenter ; les peuples étoient disposés à un soulèvement prochain : il s'étoit formé, en Italie comme en Allemagne, des sociétés secrètes, dont le but étoit d'affranchir leur pays. Le clergé suscitoit partout des ennemis aux Français, qu'il représentoit comme des hommes sans foi et sans religion, et l'on commençoit à porter la peine des actes oppressifs exercés envers le chef de l'Eglise.

Le vice-roi lui-même, quoique d'un esprit

doux et équitable, avoit néanmoins un grand nombre d'ennemis. On lui reprochoit d'avoir traité avec hauteur, souvent avec dureté, quelques-uns des chefs de l'armée d'Italie, et notamment le général Pino, officier brave, habile, et qui s'étoit montré avec distinction dans la campagne de Moscou. Les Autrichiens inondoient les provinces de proclamations. « Le jour de votre affranchissement, disoient- « ils, est arrivé ; l'Autriche n'aspire point à « des conquêtes, elle n'est armée que pour la « liberté des nations. »

Un des lieutenans de Murat, Français de naissance (le fils du duc de la Vaug...), en répandoit de son côté, et insultoit les officiers de sa nation qui servoient dans l'armée du prince Eugène. Les Anglais se montroient sur les côtes d'Italie, et menaçoient la Toscane. Au milieu de tant d'embarras, le vice-roi se distinguoit par son courage et sa fidélité. Obligé de se retirer successivement sur la Piave et l'Adige, il remporta, le 15 novembre, un succès éclatant à Caldiero. Les ennemis y perdirent douze cents hommes tués ou blessés ; le général Nugent fut battu à Rovigo, et mis en pleine déroute, avec perte de quatre cents hommes et de huit cents prisonniers ; mais ces triomphes partiels ne décidoient rien. Eugène avoit demandé trente mille conscrits; la levée s'en faisoit difficilement; et la conduite équivoque de Murat obligeoit le vice-roi à beaucoup de prudence et de réserve.

C'étoit au milieu de ces circonstances que Buonaparte arrivoit dans sa capitale, le front dégarni de lauriers. Parti de Mayence le 8 novembre, il arriva le lendemain à Saint-Cloud. Ce n'étoit plus ce peuple enthousiaste qui s'enivroit à longs traits de la gloire de son empereur, qui, plein d'espérance dans l'avenir, se soumettoit sans murmurer à tous les sacrifices qu'on exigeoit de lui, qui se plaisoit à admirer les magnifiques travaux dont il décoroit ou enrichissoit la France.

Le sang de douze cent mille hommes livrés en si peu de temps, et presque tous sacrifiés sous le fer ennemi, parloit trop haut. La tyrannie qui pesoit sur la liberté de la pensée, la langueur du commerce, la dépopulation toujours croissante des campagnes, et avec elle la misère publique, les réquisitions sans fin d'hommes, de chevaux, de grains, de fourrages que le gouvernement ne payoit qu'en vaines promesses, la destruction de tant de marchandises et d'étoffes étrangères qui auroient si bien pu servir à l'habillement du pauvre (1), l'asservissement des tribunaux, dont les jugemens n'étoient respectés qu'autant qu'ils convenoient au prince ou à ses agens, l'orgueil des préfets, qui dans chaque département s'étoient érigés en despotes, toutes ces causes, jointes aux revers de l'armée dans les deux dernières campagnes, avoient changé le cœur des peuples, et l'on ne voyoit plus qu'avec effroi le retour d'un homme dont la présence étoit le présage de nouveaux sacrifices et de nouveaux malheurs. Les anciennes classes privilégiées, qui jamais n'avoient cessé de reporter leurs regards en arrière, croyant voir dans le lointain se lever l'astre des Bourbons, rêvoient déjà le retour de leur fortune et de leurs anciens priviléges. Tous les partis

---

(1) Les décrets de Berlin et de Milan s'exécutoient, dans les pays conquis, avec une extrême iniquité. On y saisissoit toutes les marchandises anglaises, au mépris du droit des nations, en donnant à ces décrets un effet rétroactif. En 1806, quand les Français entrèrent à Hambourg, on confisqua tous les magasins où se trouvoient des marchandises anglaises : c'étoient la propriété et la richesse d'un grand nombre de négocians qui avoient traité sous la protection des lois de leur pays. Le sénat, pénétré de ces considérations, donna un grand exemple d'équité. Il délibéra que les pertes éprouvées par les particuliers seroient supportées par le trésor public.

royalistes ou républicains se réunissoient dans une haine commune, et la chute de Napoléon étoit le vœu de tous.

Cependant, il avoit encore exécuté de grandes choses dans le cours de cette année. On avoit fait solennellement l'ouverture du canal de l'Ourcq ; l'amphithéâtre de Nîmes étoit sorti de ses ruines, et l'on y avoit donné à vingt mille individus le spectacle du combat du taureau. On creusoit à Paris les fondemens de plusieurs marchés. Marie-Louise s'étoit rendue à Cherbourg pour y voir le plus beau chef-d'œuvre de l'industrie humaine, ce port dont les premiers cônes ont été coulés sous les yeux de Louis XVI. Les Alpes avoient été percées, et la main de l'homme avoit ouvert une large route à travers un roc de neuf cents pieds d'épaisseur. On avoit célébré la fête de Napoléon avec la solennité accoutumée, et chanté des *Te Deum* dans toutes les églises après la bataille de Dresde (1).

---

(1) Les mandemens des évêques étoient remplis de formules d'adulation. Le cardinal Maury, après avoir énuméré dans le sien la perte des ennemis et le carnage de soixante mille hommes, disoit : « Tels sont « les mémorables bienfaits du Très-Haut qui appel- « lent en ce moment la reconnoissance des peuples aux « pieds de nos autels. »

que n'avoit-on point à opposer à ces nouveaux titres de reconnaissance envers Napoléon? Le 24 août, le Sénat lui avoit livré, sur sa demande, trente mille hommes pour l'armée des Pyrénées; et le 9 octobre, trois cents autres mille hommes. Le 28 août, ce même Sénat, foulant aux pieds toutes les garanties légales et constitutionnelles, avoit annulé un jugement par jury, et enjoint à la Cour de cassation de renvoyer les accusés devant une autre Cour d'assises, qui jugeroit sans jury. Cet acte inouï avoit excité une indignation générale.

Il s'agissoit du maire d'Anvers, d'un de ses adjoints nommé *Petit*, et d'un employé de bureau nommé *Biard* : on les accusoit de malversation. Traduits devant la Cour d'assises de Bruxelles, ils avoient été acquittés par le jury, suivant toutes les formes du Code pénal; mais Buonaparte les vouloit coupables, et depuis long-temps il méditoit la suppression du jury. L'archichancelier Cambacérès, qui autrefois avoit coopéré à cette institution, étoit tout prêt à détruire son ouvrage. Il fit un rapport à Napoléon, dans lequel il ne rougissoit pas de dire que rien ne lui paroissoit plus *anti-monarchique* que la manière dont le public attendoit l'issue

d'un jugement quand il s'agissoit de personnes en crédit. « Je crois nécessaire, ajou-
« toit-il, que Votre Majesté, après avoir
« terminé la guerre actuelle, se fasse rendre
« compte de ces scènes : elle sentira sans
« doute la nécessité de faire une révision du
« Code d'instruction et du Code pénal. » Sur l'avis de l'archichancelier, Napoléon s'adressa au Sénat, qui, pour complaire à son empereur, viola la plus sainte des lois, comme il l'avoit violée dans le procès du général Moreau. Mais devant quelle Cour enverra-t-on les accusés? Cambacérès proposa celle de Douai, et Douai fut accepté. Heureusement le temps approchoit où la justice devoit succéder à la violence. Les accusés, retenus en prison jusqu'au retour de Louis XVIII, présentèrent requête, et obtinrent une pleine satisfaction. Tous ces actes réunis irritoient contre Napoléon, un peuple naturellement franc et loyal; et lorsqu'il reparut à Saint-Cloud, il ne trouva plus que des cœurs ulcérés et disposés à la résistance.

Déjà des placards injurieux tapissoient les murs de son palais; et malgré tous les soins de la police, on lut un matin sur les arbres des Tuileries : « Nous avons bien été chercher
« le boulanger et la boulangère, nous irons

« bien chercher le boucher (1). » Le premier décret par lequel il signala son retour, fut un acte de despotisme. Il décréta, de sa propre autorité, l'augmentation de trente centimes au principal de la contribution foncière, des patentes, des portes et fenêtres; la contribution personnelle et la contribution mobiliaire superperçues, en principal, au double, pour l'année 1813; il augmenta aussi le prix du sel de vingt centimes par kilogramme (environ deux livres six gros), s'élevant ainsi au-dessus des lois constitutionnelles, qui attribuoient au seul Corps législatif le droit de voter les impôts; mais il étoit sûr de faire ratifier par le Sénat tous les actes arbitraires qu'il se permettroit. Le 14 novembre, il assembla cette compagnie pour lui demander une nouvelle levée de trois cent mille hommes, et il lui dit : « Toute l'Europe « marchoit avec nous, il y a un an, toute « l'Europe marche aujourd'hui contre nous. »

Il y avoit à peine un mois que ce Sénat avoit décrété la levée de trois cents autres mille hommes; toujours soumis, toujours prêt à

---

(1) On poussa la hardiesse et l'injure jusqu'à afficher, sur la porte des Tuileries, ces mots sauvages et révolutionnaires : *Maison à vendre, propriétaire à pendre.*

sacrifier le sang de ses concitoyens, pour conserver ses revenus et ses dignités, il accorda avec la même servilité ces trois derniers cent mille hommes; et son vice-président, détournant les yeux des maux immenses qui accabloient la France, ne vit pour son illustre compagnie d'autre objet d'intérêt que le salut de son empereur. « Le Sénat a frémi, « dit-il, des dangers que Votre Majesté a cou-« rus ; *Votre Majesté a tout surmonté, elle a* « *combattu pour la paix*. Nos ennemis, sire, « s'y sont opposés; c'est sur eux que doit re-« tomber tout le blâme de la guerre. Les Français « montreront par leur dévouement qu'aucune « nation n'a jamais mieux connu ses devoirs « envers la patrie, l'honneur et son souverain. »
Napoléon répondit : « La postérité dira que « si de grandes et critiques circonstances se « sont présentées, elles n'étoient pas au-dessus « de la France et de *moi*. » Mais ces paroles altières ne convenoient plus à sa situation. Déjà le Corps législatif, tant de fois humilié, se lassoit de son abjection. Napoléon, pour l'humilier davantage, lui enleva encore le choix de son président, et le Sénat, toujours complaisant, s'empressa de lui faire cette nouvelle concession. On pourvut de cette dignité le grand-juge Regnier, homme de bien, mais

d'un esprit borné, et d'un goût trop décidé pour les vins précieux de la Champagne.

Depuis les constitutions de l'an VIII, le Corps législatif se renouvelait par série, et la quatrième série devoit être renouvelée au 1ᵉʳ de janvier. Napoléon, craignant que cette réélection ne fît entrer dans le Corps législatif une trop forte opposition, s'adressa encore au Sénat, qui le garantit de cette crainte, en prorogeant arbitrairement les pouvoirs de la quatrième série. Il fit plus, il décréta que les sénateurs en corps et tous les membres du conseil d'Etat assisteroient à l'ouverture du Corps législatif.

Cependant toute espérance de paix n'étoit pas perdue. L'empereur Alexandre étoit arrivé à Francfort le 5 novembre. Le même jour, le prince régent d'Angleterre avoit déclaré dans le parlement « qu'il n'étoit ni dans l'intention de « la Grande-Bretagne ni dans celle des puissan- « ces alliées de demander aux Français aucun « sacrifice incompatible avec leur honneur. » M. de Saint-Aignan, ambassadeur de France à la cour de Weimar, y avoit été enlevé par un détachement de l'armée des alliés, et déclaré prisonnier de guerre. C'étoit une violation du droit des gens, contre laquelle il réclama, et dont il obtint une juste satisfaction. Cette circonstance lui ayant donné occasion de voir le prince de Schwartzemberg et le comte de Metternich, l'un et l'autre lui parlèrent de paix, et l'engagèrent à se rendre à Francfort, où l'empereur d'Autriche avoit rejoint l'empereur Alexandre. M. de Saint-Aignan accepta la proposition avec empressement, et M. de Metternich lui fit alors des ouvertures avec beaucoup plus de développement qu'auparavant.

« La supériorité des alliés, disoit-il, est
« évidente. Ils ne se désuniront pas; l'esprit
« de modération ne cessera de présider au
« conseil des souverains. Personne n'en veut
« à la dynastie de l'empereur Napoléon; l'An-
« gleterre partage la modération des alliés.
« On est tout prêt à s'entendre. Si l'empe-
« reur Napoléon le vouloit, on pourroit faire
« une paix solide, épargner bien des maux à
« l'humanité : l'Angleterre rendroit *à pleines*
« *mains.* »

On proposa donc, comme condition *sine quâ non*, l'indépendance de l'Allemagne, celle de l'Espagne, de l'Italie et de la Hollande, en laissant à la France ses limites naturelles, le Rhin, les Alpes et les Pyrénées. C'étoit renfermer la France dans les bornes qu'elle avoit acquises, lorsque Napoléon avoit pris les rênes du gouvernement. S'il eût été animé d'un sentiment réel de modération et d'humanité, il eût accepté ces conditions, et la France entière eût applaudi. Mais il avoit dit et répété que quand même l'ennemi seroit sur les hauteurs de Montmartre, il ne céderoit pas un pouce de terrain. Napoléon fit répondre que l'indépendance des nations avoit été l'objet constant de ses désirs et de sa politique, qu'il désiroit que le congrès s'ouvrît à Manheim; mais qu'il ne pouvoit s'expliquer sur les bases qui lui étoient proposées. La ville de Manheim fut adoptée. Napoléon rappela le duc de Bassano à la secrétairerie d'Etat, et remit le portefeuille des affaires étrangères au duc de Vicence, qu'il savoit s'être rendu agréable à l'empereur de Russie. Pressé par les circonstances, il déclara enfin, le 2 décembre, qu'il consentoit à ouvrir la négociation sur les bases de Francfort. Son retard inspira des défiances sur la sincérité de ses dispositions, et les alliés firent, le 1er décembre, une proclamation où ils exposoient leurs principes et leurs résolutions.

« Le gouvernement français vient d'arrêter
« une nouvelle levée de trois cent mille hom-
« mes. Les motifs du sénatus-consulte ren-
« ferment une provocation aux puissances al-

« liées : elles se trouvent appelées à promul-
« guer de nouveau, à la face du monde, les
« vues qui les guident dans la présente guerre...
« Les puissances alliées ne font point la guerre
« à la France, mais à cette prépondérance
« hautement annoncée, à cette prépondérance
« que, pour le malheur de l'Europe et de la
« France, l'empereur Napoléon a trop long-
« temps exercée hors des limites de son em-
« pire. La victoire a conduit les armées alliées
« sur le Rhin. Le premier usage que les alliés
« en ont fait, a été d'offrir la paix à S. M. l'em-
« pereur des Français. Ces conditions sont
« fondées sur l'indépendance de l'empire fran-
« çais comme sur l'indépendance des autres
« Etats de l'Europe. Les vues des puissances
« sont justes dans leur objet, généreuses et
« libérales dans leur application, rassurantes
« pour tous, honorables pour chacun.

« Les souverains alliés veulent que la France
« soit grande, forte et heureuse, parce que la
« puissance française grande et forte, est une
« des bases fondamentales de l'édifice social.
« Les puissances confirment à l'empire français
« une étendue de territoire que la France n'a
« jamais connue sous ses rois, parce qu'une
« nation valeureuse ne déchoit pas pour avoir,
« à son tour, éprouvé des revers dans une

« lutte opiniâtre et sanglante, où elle a com-
« battu avec son audace accoutumée. Mais les
« puissances aussi veulent être libres, heu-
« reuses et tranquilles..... Elles ne poseront
« point les armes sans avoir atteint ce grand
« et bienfaisant résultat; elles ne poseront
« pas les armes avant que l'état politique de
« l'Europe ne soit de nouveau raffermi, avant
« que les principes immuables n'aient repris
« leurs droits sur de vaines prétentions, avant
« que la sainteté des traités n'ait enfin as-
« suré une véritable paix à l'Europe. »

Il ne manquoit à cette proclamation que la sincérité. L'évènement prouva que si l'on pouvoit reprocher à Napoléon d'avoir violé habituellement la foi des traités, ces princes qui en parloient avec tant d'ostentation étoient prêts à la violer comme lui, et que sous ce langage, en apparence si désintéressé, ils cachoient des intentions bien différentes. Napoléon, excellent juge en ces matières, n'en doutoit pas. En donnant à M. de Caulaincourt l'ordre de se rendre au congrès, il lui écrivit : « J'ai accepté les bases de Francfort; mais
« il est plus que probable que les alliés ont
« d'autres idées : leurs propositions n'ont été
« qu'un masque. La politique de l'Angleterre,
« la haine de la Russie entraîneront l'Autri-

« che. Veut-on réduire la France à ses an-
« ciennes limites ? c'est l'avilir..... On se
« trompe, si l'on croit que les malheurs de la
« guerre puissent faire désirer à la nation une
« telle paix. Il n'est pas un cœur français
« qui n'en sentît l'opprobre au bout de six
« mois, et qui ne la reprochât au gouverne-
« ment assez lâche pour la signer. »

Il parloit ensuite de ses ressources : « L'I-
« talie est intacte ; avant huit jours, j'aurai
« réuni de quoi livrer plusieurs batailles. Si
« la nation me seconde, l'ennemi marche à sa
« perte ; si la fortune me trahit, mon parti
« est pris : je ne tiens pas au trône ; je n'a-
« vilirai ni la nation ni moi, en souscrivant
« à des conditions honteuses. »

Ces paroles étoient nobles et trop généreuses peut-être pour qu'on les crût bien sincères. L'Angleterre, dont on vantoit la modération, justifia les craintes de Napoléon, et
tempéra promptement le premier mouvement
des alliés. D'ailleurs, les avis qu'ils recevoient
de l'intérieur de la France sur les dispositions
de la nation exaltoient leurs espérances et
leurs prétentions. Napoléon avoit eu l'intention de publier toutes les pièces diplomatiques dans les journaux ; s'il l'eût fait, il eût
peut-être ramené les esprits à lui. La fierté

des Français se seroit réveillée, et ils n'eussent pas souffert tranquillement qu'on voulût dépouiller la France de ses conquêtes, et la réduire à ses anciennes limites de 1789; mais d'arrière-pensées le détournèrent de ce projet. Il crut qu'il n'étoit pas prudent de faire une profession de foi si solennelle, et ne voulut point s'enchaîner.

Il étoit entouré de traîtres et de piéges; il comptoit des ennemis jusque dans ses propres conseils; et des hommes puissans dont il avoit médité la perte, méditoient maintenant la sienne. Ces hommes entretenoient une correspondance secrète avec les ennemis, et leur assuroient que toutes les portes leur seroient ouvertes. L'empereur d'Autriche avoit remis à M. de Saint-Aignan une lettre pour l'impératrice sa fille. S. M. autrichienne y protestoit de nouveau que, quels que fussent les évènemens, elle ne sépareroit jamais la cause de sa fille et de son petit-fils de celle de la France. Expression ambiguë dont elle donna l'explication, en abandonnant également et sa fille, et son petit-fils et la France.

Déjà les alliés reportoient les yeux sur les Bourbons. La proclamation de Louis XVIII rappeloit aux cabinets de l'Europe les titres héréditaires de cette famille malheureuse.

L'Angleterre se déclaroit pour elle, mais les autres puissances étoient encore incertaines. En France, leur souvenir presque effacé dans les générations nées depuis trente ans, s'étoit conservé comme un feu sacré dans le cœur de ceux qui avoient vécu sous leur sceptre doux et paternel; mais ils étoient redoutés des hommes de la révolution, et de tous ceux dont la fortune s'étoit formée ou agrandie en leur absence. « Si l'on parle des Bourbons, di-
« soit M. de la Besnardière en écrivant à
« M. de Caulaincourt, dont il tenoit provi-
« soirement le portefeuille, il importe de faire
« entendre que les Bourbons mis en avant,
« ne serviroient qu'à réveiller des sentimens
« bien opposés aux espérances de leurs par-
« tisans, et que si un parti pouvoit se former
« en France, ce seroit uniquement celui de
« la révolution, vulgairement appelé des *ja-*
« *cobins.* »

M. de la Besnardière se trompoit, et les alliés, mieux instruits que lui, rassurés sur les dispositions de Murat, et la bonne volonté des Suisses, ne s'occupèrent plus que de l'invasion du territoire français; et sous le prétexte d'attendre le plénipotentiaire anglais lord Castelreagh, M. de Vicence fut retenu aux avant-postes français.

CHAPITRE XIX.

Dislocation complète de la confédération du Rhin. Capitulation de la plupart des garnisons françaises dans les forteresses d'Allemagne. Révolution de Hollande. Insurrection de l'Illyrie. Occupation de la Marche d'Ancône par Murat. Affaires d'Espagne. Traité de Valençay avec le prince Ferdinand. Ouverture du Corps législatif. Passage du Rhin par les alliés.

Napoléon portoit maintenant la peine de toutes les fautes que l'excès de la prospérité lui avoit fait commettre; il avoit donné des couronnes, mais il avoit opprimé les rois qui les portoient; il avoit réuni des peuples à son empire, mais il leur avoit imposé la conscription, ses décrets de Berlin, et toutes les lois oppressives de la liberté; il avoit fait insulter le prince royal de Suède dans ses journaux, outragé les Russes dans des libelles (1), hu-

---

(1) Voyez *Les Russes en Pologne.* Chez Delaunay, Martinet, etc., libraires. Septembre 1812.

milié la noblesse et le roi de Prusse, retenu ses citadelles contre la foi des traités, et prodigué le dédain à l'aimable et belle reine qui faisoit l'ornement de l'Allemagne; il avoit défié l'Angleterre, et dédaigné l'avis des sages de son conseil qui le détournoient d'entreprendre à la fois deux guerres aussi redoutables que celles de l'Espagne et de la Russie; il avoit ravi à la Hollande un roi dont elle chérissoit la douceur et les bonnes intentions; il avoit fait arracher de son palais un vieillard révéré par la sainteté de son caractère et ses vertus personnelles; il l'avoit dépouillé de ses Etats, traîné en captivité; il avoit attiré dans ses piéges la famille royale d'Espagne, pour lui ravir sa couronne, et l'héritier légitime du trône gémissoit encore sous les fers dont il l'avoit chargé; la fortune avoit semblé sourire à tous ces excès, et maintenant la masse d'inimitiés qu'il avoit amassée retomboit de tout son poids sur sa tête; la terre entière l'abandonnoit depuis qu'il étoit malheureux; l'Angleterre avoit répondu à ses provocations en forçant ses armées à évacuer la péninsule; les rois opprimés tournoient leurs armes contre lui; le prince royal venoit deux fois de battre ses armées; les Russes se vengeoient de l'incendie de leurs villes en menaçant les siennes;

le roi de Prusse voyoit chaque jour ses citadelles rentrer sous ses lois, par la valeur de ses soldats et des troupes ses alliées; Joseph, deux fois couronné, étoit retombé dans la vie privée d'où son frère l'avoit tiré; le roi de Westphalie, dépouillé de son diadême et de ses Etats, n'étoit plus que Jérôme Buonaparte; Dresde recevoit la loi des princes alliés.

Le général Gouvion Saint-Cyr, laissé dans cette ville avec trente mille hommes, abandonné à lui-même après la bataille de Leipsick, avoit essayé un mouvement sur Torgau, dans l'intention d'en tirer la garnison, d'y joindre celle de Wittemberg, et d'opérer une forte diversion; mais malgré son courage et son habileté, il avoit été forcé de rentrer à Dresde, et d'y capituler. La convention, signée des généraux Klenau et Tolstoï, portoit que la garnison rentreroit en France, où elle ne pourroit servir qu'après avoir été échangée, et déjà une partie des troupes étoit dehors de la place, lorsqu'au mépris de la foi jurée, on lui signifia que le traité n'avoit point été ratifié par le prince de Schwartzemberg; le maréchal protesta contre cette odieuse surprise, mais son immense garnison n'en fut pas moins conduite en Autriche. Peu de temps après,

Dantzick ouvrit ses portes : cette place étoit défendue par le général Rapp, l'un des plus braves guerriers de l'armée. Après avoir soutenu le siége contre le prince de Wurtemberg, avec sa valeur accoutumée, il capitula aux mêmes conditions que le maréchal Saint-Cyr. Sa capitulation eut le même sort. « Cependant, dit un écrivain anglais, dont le « témoignage n'est pas suspect (1), ces deux « officiers se fussent plutôt coupé la main, « que d'apposer leur signature à une convention faite dans l'intention de tromper. »

Stettin, Zamosk, Modlin, subirent successivement le même sort. Le comte de Narbonne étant mort en défendant Torgau, fut remplacé par le général Dutaillis, qui tint honorablement jusqu'à la fin de décembre. Il restoit, sur l'Oder, Custrin et Glogau; sur l'Elbe, Magdebourg, Wittemberg et Hambourg : les citadelles d'Erfurt et de Wurtzbourg tenoient encore; mais elles ne tardèrent pas à être entièrement perdues pour la France.

Chaque jour, s'achevoit la dissolution de la

---

(1) Sir Robert Wilson.

confédération du Rhin : le roi de Wurtemberg l'avoit abandonnée peu de temps après la Bavière. Le 27 octobre, le conseil intime du grand-duc de Wurtzbourg déclara y renoncer; le 31 octobre, le duc de Saxe-Weimar la quitta; le 8 novembre, le prince de Hesse-Cassel prit possession de l'électorat au nom de son père; le 16, le duc de Nassau s'en retira; le 20, le grand-duc de Bade suivit son exemple.

La Hollande n'attendoit qu'un moment pour se déclarer; nulle part, peut-être, le joug des Français n'étoit porté avec plus d'impatience. Dès que les armées alliées approchèrent du territoire, l'insurrection fut générale : tous les membres des administrations françaises, des tribunaux, des académies, n'eurent que le temps de se retirer précipitamment. Le 24 novembre, Amsterdam ouvrit ses portes aux Prussiens. Le général Molitor, chargé de la défense de toutes les provinces, n'avoit à sa disposition que quatorze mille hommes de nouvelles levées, et de soldats très-mal disposés. Une partie de cette armée l'abandonna, et le força de se replier sur Utrecht, où l'ennemi entra le 2 décembre. Amsterdam se donna un gouvernement, proclama son indépendance, et rappela le prince d'Orange. Les 9 et 10 décembre, les Français évacuèrent Breda et Wilhemstadt, dont on avoit entièrement négligé la défense. Le 24, l'évacuation du pays étoit complète, et la Belgique menacée. Napoléon avoit employé des liens de fer pour retenir les peuples sous sa puissance : il apprit alors que plus les chaînes sont pesantes, plus ceux qui les portent sont impatiens de les rompre. La conquête de la Hollande étoit l'ouvrage du général Pichegru, que Napoléon avoit immolé à sa jalousie : nulle défection ne fut plus rapide et plus méritée.

Tandis que les peuples soulevoient leurs chaînes au Nord, Murat entamoit l'empire de son beau-frère au Midi. Fouché, en arrivant dans son gouvernement des provinces Illyriennes, les avoit trouvées sous le régime de la conquête : elles n'étoient néanmoins gardées que par quelques foibles détachemens. L'état militaire de l'Italie étoit à peu près nul, Buonaparte en ayant retiré, depuis sa campagne de 1812, tout ce qui pouvoit servir utilement à sa défense. Mais les cadres de la conscription commençoient à peine à se remplir, ils étoient sans organisation et sans matériel, et c'étoit avec ces ressources que Napoléon vouloit que l'armée d'Italie marchât sur Vienne. Le général autrichien Hiller avoit au contraire sous ses ordres quarante mille hommes de troupes exercées. Des agens secrets parcouroient les provinces pour les détacher de l'obéissance française. La Croatie s'insurgea de toutes parts, et fut sur le point de massacrer son gouverneur. Les soldats croates abandonnèrent le général Jeannin ; les villes de Zara, Raguse et Cattaro furent assiégées par les ennemis, et des bandes de Dalmates se joignirent à eux. Fouché jugea très-bien les dangers que couroit son gouvernement et l'Italie : partout on perdoit cette haute idée qu'on s'étoit faite de la puissance de Napoléon et de la grandeur de son génie. Eugène, qui connoissoit son caractère ombrageux et jaloux, ne voulant pas finir comme le roi de Hollande, craignoit de se populariser, levoit des hommes, faisoit des réquisitions, et pour conserver l'amitié de son père adoptif, perdoit celle des peuples.

Murat suivoit une politique toute différente ; il se faisoit Napolitain ; et sa femme, dont M. de T... disoit qu'elle portoit la tête de Cromwell sur le cou d'une jolie femme, contrefaisoit la dévote, et ne manquoit pas d'aller, avec la foule, admirer le miracle de la liquéfaction du sang de saint Janvier. Fouché étoit chargé d'observer cette cour, et de sonder ses dispositions : il avoit ordre d'offrir les Marches d'Ancône et de Fermo pour la retenir dans ses intérêts; mais il arriva trop tard. On attendoit le comte de Nepper, plénipotentiaire de l'Autriche, chargé de la conclusion d'un traité d'alliance : il vit Murat dans un extrême embarras, partagé entre ses obligations envers Napoléon, les intérêts de son trône qu'il vouloit conserver, et les instances que lui faisoient les chefs de l'Italie pour travailler à leur indépendance. Le duc d'Otrante, qui, malgré ses titres, sa fortune et ses cordons, conservoit un penchant secret pour les révolutions, lui conseilla de suivre ce dernier parti, et de protéger les *carbonari* et les *crivellari*, au lieu de les persécuter; et ne voyant rien à faire ni pour Napoléon ni pour les *carbonari*, il partit pour Rome, où se manifestoient tous les germes d'une prochaine insurrection. Les écrits et les proclamations étoient répandus avec profusion dans les Etats romains. Un prêtre fanatique nommé *Bataglia*, parcouroit les campagnes à la tête d'une troupe de révoltés, pillant les caisses publiques, levant des contributions sur toutes les personnes attachées au parti français. Dès les premiers jours de décembre, les Napolitains étoient entrés à Rome, sous la conduite du général Carascosa, et ce mouvement avoit mis les généraux français dans une extrême perplexité. Eugène Beauharnais croyoit encore aux bonnes intentions de Joachim, et recommandoit de bien traiter ses soldats; mais le général Miollis avoit provisoirement mis les citadelles en état de défense. Dans le même temps, Murat s'emparoit de la Marche d'Ancône, et annonçoit le dessein d'envoyer une armée vers l'embouchure du Pô. Son armée étoit moins considérable qu'on ne l'avoit cru : elle ne montoit qu'à vingt mille hommes, avec quarante pièces de canon. Elle avoit pour généraux, outre Carascosa, Magdonaldo, officier sans renommée, qui n'avoit pu obtenir de service ni dans l'armée française ni dans l'armée italienne; Lecchi, trop connu par ses cruautés et ses exactions en Espagne, et un jeune Lavauguyon, qui avoit d'abord commandé les vélites de Murat, s'étoit, disoit-on, fait remarquer de la reine, et passoit pour avoir eu plus de succès dans les boudoirs de Vénus que dans les camps de Mars. Mais cette armée n'en effrayoit pas moins l'Italie, non par l'idée qu'on avoit de sa valeur, mais par le mauvais choix qui avoit présidé à sa composition.

La terreur étoit en Toscane ; les Anglais y avoient fait un débarquement le 10 décembre, et s'étoient présentés à Livourne, d'où ils s'étoient retirés, en voyant la garnison prête à les recevoir.

Fouché voulant juger de tout par ses yeux, se rendit auprès de la grande-duchesse de Lucques : elle étoit elle-même dans les alarmes. Cette femme sans beauté, dure, hautaine, s'étoit fait haïr dans ses Etats : elle avoit renoncé à ce goût pour les lettres dont elle sembloit ambitionner la protection à Paris.

Depuis que Napoléon en avoit fait une souveraine, elle faisoit consister sa grandeur à imiter le despotisme et la brusquerie de son frère, à se faire une cour servile, à s'entourer d'histrions et de baladins. L'invasion de Rome et de la Marche d'Ancône annonçoient assez les dispositions de Murat : il commençoit à lever une partie du masque dont il se couvroit. Son aide-de-camp prit possession de Rome, fit des proclamations, et somma le général Miollis de lui remettre le château Saint-Ange. Ainsi, la guerre entre Naples et la France n'étoit plus douteuse. Ces nouvelles, qui arrivoient successivement à Napoléon, augmentoient ses soucis : il voyoit l'avenir sous le voile le plus sinistre; malgré les efforts qu'il faisoit pour dissimuler, son front se couvroit de tristesse et d'anxiété.

Les affaires d'Espagne n'étoient pas de nature à le rassurer; l'armée anglaise étoit sur ses frontières; la Guyenne et le Poitou commençoient à s'agiter. Le maréchal Soult défendoit le terrain pied à pied; mais on lui avoit enlevé, pour les armées d'Allemagne et d'Italie, quinze mille hommes de la garde impériale, et cinquante mille hommes de troupes exercées et choisies, en promettant de les lui rendre, quand Napoléon auroit forcé les Russes à faire la paix. Après la malheureuse journée de Vittoria, il s'étoit renfermé dans les lignes de Saint-Jean-de-Luz. Wellington disposant alors de toutes les forces de la péninsule, étoit venu l'y attaquer, et lui avoit tué deux mille hommes, parmi lesquels le général Conroux. Forcé d'abandonner cette position, il avoit eu de nouveaux combats à soutenir sur la Nive, petite rivière dont l'embouchure est à Bayonne. Les Anglais avoient soixante-douze mille hommes de soldats aguerris; Soult en comptoit soixante mille; mais le tiers composé de jeunes conscrits, qu'on avoit eu à peine le temps d'habiller. Ces combats lui coûtèrent six mille hommes tués ou blessés. La fortune sembloit se lasser partout de favoriser les armes françaises; les meilleurs officiers périssoient successivement dans des guerres qui sembloient devoir être éternelles; enfin, Napoléon se lassa. Accablé de tant de revers, désespérant de rétablir jamais sa famille sur le trône des Bourbons d'Espagne, il prit une grande résolution. Dans les propositions de Francfort, les puissances alliées avoient indiqué, comme une des conditions absolues, le rétablissement de la maison de Bourbon sur le trône d'Espagne. Soit que Napoléon voulût se faire auprès d'elles un mérite de cet acte de générosité, soit qu'il craignît de voir placer la couronne sur la tête de Wellington, qui, à pareil prix, auroit peut-être de la meilleure grâce du monde embrassé la religion du pape, soit enfin qu'il se flattât de retirer, par ces arrangemens, une partie de l'armée d'Espagne pour fortifier la sienne et celle d'Italie, il écrivit, le 12 novembre, à Ferdinand VII, qu'il vouloit enfin terminer les affaires de la péninsule; qu'il voyoit avec peine l'Angleterre y fomenter le jacobinisme et l'anarchie; essayer d'anéantir la monarchie pour y substituer la république. Il exprima le désir de rétablir les liens d'alliance et d'amitié qui avoient existé si long-temps entre les deux nations ; et pour y parvenir, il lui adressa le comte de Laforêt.

Ferdinand étoit loin de s'attendre à une si prompte conversion. Guidé par des sages conseillers, il montra, dans cette occasion, une réserve qu'on n'avoit pas lieu d'attendre de sa conduite antérieure. Il remercia Napoléon, en termes respectueux, de l'intérêt qu'il vouloit bien lui témoigner, s'annonça comme prêt à coopérer à l'accomplissement de ses vues, mais se retrancha dans la nécessité de faire part des propositions de l'empereur à la régence et aux cortès.

Un mois s'écoula dans ces délais : Napoléon, toujours pressé de finir, Ferdinand, craignant toujours de s'engager avec un homme dont il avoit éprouvé toute la finesse et la duplicité. Cependant, il étoit loin de vouloir repousser des propositions que la nécessité arrachoit à son oppresseur. Après quelques conférences, on finit par s'entendre, et le 11 décembre on signa, des deux côtés, un traité en quinze articles, dont les principaux portoient : 1° qu'il y auroit, à l'avenir, paix et amitié entre S. M. Ferdinand VII et ses successeurs, et S. M. l'empereur et roi et ses successeurs ; 2° qu'à dater du jour de la ratification du présent traité, toutes les hostilités, tant sur terre que sur mer, cesseroient entre les deux nations; 3° que S. M. l'empereur des Français, roi d'Italie, reconnoissoit Ferdinand et ses successeurs, selon l'ordre d'hérédité établi par les lois fondamentales de l'Etat, comme rois des Espagnes et des Indes; 4° que S. M. impériale reconnoissoit l'intégrité du territoire d'Espagne telle qu'elle existoit avant la guerre; 5° que les villes et citadelles d'Espagne occupées par les Français, seroient remises au gouvernement espagnol dans l'état où elles se trouvoient; 6° que Ferdinand s'engageoit à maintenir également l'intégrité du territoire espagnol, des places et possessions adjacentes, et notamment de Mahon et Ceuta, à faire évacuer les places et provinces de ses Etats occupées par les Anglais; 7° que tous les Espagnols qui avoient été attachés au roi Joseph, et l'avoient servi dans les emplois civils, politiques et militaires, ou qui l'avoient suivi en France, rentreroient dans les honneurs, droits et prérogatives dont ils jouissoient; que les biens dont ils auroient été privés leur seroient rendus, et que ceux qui voudroient rester hors d'Espagne, auroient dix ans pour vendre leurs biens, etc.; 8° que toutes les propriétés mobiliaires et immobiliaires appartenant à des Français ou à des Italiens, leur seroient restituées telles qu'elles existoient avant la guerre; 9° que les prisonniers, de part et d'autre, seroient rendus; 10° que S. M. Ferdinand s'engageoit à faire payer au roi Charles IV et à la reine, son épouse, une somme annuelle de 30 millions de réaux, et que tous les Espagnols à leur service auroient le droit de résider hors du territoire espagnol, partout où LL. MM. le trouveroient convenable; 11° qu'il seroit conclu un traité de commerce entre les deux puissances, et que jusqu'à la conclusion de cet acte, le commerce resteroit sur le pied où il étoit avant la guerre; 12° que les ratifications du traité actuel seroient échangées à Paris dans le terme d'un mois.

La régence espagnole et les cortès étoient déjà transférées à Madrid; les cortès constituantes avoient fini leur session; celle des cortès législatives venoit de commencer; la régence étoit présidée par le cardinal de Bourbon. Ferdinand VII s'empressa de leur donner connoissance de ce qui venoit de se passer à Valençay.

« La divine Providence, dit-il, qui, par un
« de ses desseins secrets, a permis que je fusse
« transporté du palais de Madrid au château
« de Valençay, a daigné m'accorder la santé

« et la force dont j'avois besoin, et la con-
« solation de n'avoir pas été un seul moment
« séparé de mon très-cher oncle, ni de mon
« bien-aimé frère l'infant don Carlos.

« Nous avons trouvé une noble hospitalité
« dans ce château : les seules nouvelles que
« j'ai pu recevoir de ma chère Espagne me
« sont parvenues par les gazettes françaises;
« elles m'ont fait connoître ses sacrifices pour
« moi, la généreuse et inaltérable constance
« de mes fidèles sujets, la persévérante as-
« sistance de l'Angleterre, l'admirable con-
« duite du général en chef lord Wellington,
« et le nom des généraux espagnols et alliés
« qui se sont distingués.....

« L'empereur des Français, roi d'Italie,
« m'ayant fait faire, spontanément, des pro-
« positions de paix fondées sur mon rétablis-
« sement au trône, l'intégrité et l'indépen-
« dance de mes domaines, sans aucune clause
« qui ne fût conforme à l'honneur, à la gloire
« et à l'intérêt de la nation espagnole, per-
« suadé que l'Espagne ne pourroit, même
« après une longue suite de victoires, obtenir
« une paix plus avantageuse, j'ai autorisé le
« duc de San-Carlos à traiter en mon nom...
« Quelle satisfaction pour moi, de faire enfin
« cesser l'effusion du sang ! de voir le terme

« de tant de maux! et combien je soupire
« après le moment où je me verrai de retour
« au milieu d'une nation qui vient de don-
« ner à l'univers l'exemple de la plus pure
« loyauté ! »

La régence répondit au roi « qu'elle ne pouvoit exprimer la consolation et la joie qu'elle
avoit éprouvées en voyant la signature de
Sa Majesté; qu'elle auroit plus de peine encore
à peindre les sentimens du peuple; qu'il étoit
le bien-aimé et le désiré de la nation ; mais
que les cortès avoient rendu un décret par
lequel elles déclaroient nul et non avenu
tout ce que signeroit le roi pendant sa captivité : elle lui envoya copie de ce décret, en
l'assurant qu'elle se félicitoit de voir enfin
approcher le jour où elle auroit l'inexprimable
bonheur de remettre entre ses mains l'autorité
royale, qu'elle lui avoit conservée comme un
dépôt sacré. »

Mais ce jour étoit encore éloigné ; l'esprit
révolutionnaire et démocratique étoit entré
dans les cortès; la souveraineté du peuple en
étoit devenue le dogme suprême, et ces cortès
étoient décidées à ne reconnoître le roi que
lorsqu'il auroit prêté serment de fidélité à la
Constitution qu'elles s'étoient donnée. Elles
avoient d'ailleurs banni à jamais ceux qui

avoient suivi le parti du roi Joseph, et paroissoient disposées à n'admettre aucune transaction sur cet article.

On a vu qu'après l'enlèvement de la famille royale, il se forma dans chaque province une junte suprême, qui se qualifioit de *junte de défense et d'armement* : chacune de ces juntes agissant séparément, il en étoit résulté une anarchie complète; et l'on avoit senti la nécessité d'établir une *junte centrale* qui siégea d'abord à Madrid, puis à Séville, et qui, chassée de Séville en 1810, se réfugia dans l'île de Léon, près de Cadix. Ses communications fréquentes avec les Français, la lecture de leurs livres philosophiques et de l'histoire de leur révolution, avoient déjà répandu dans une grande partie de l'Espagne le goût de la réforme et l'esprit d'innovation. Il se forma bientôt dans la junte centrale, un parti libéral qui se proposa de réformer la législation. Ferdinand VII, peu de temps après son départ de Bayonne, avoit autorisé, par un décret spécial, le conseil de Castille à convoquer les cortès conformément aux lois existantes.

La junte centrale crut pouvoir s'emparer de ce décret, et en abroger ce qu'il avoit de contraire aux vues dont elle étoit animée.

Remplie de toutes les idées qui avoient présidé à la Constitution française de 1791, elle divisa le pouvoir législatif et le pouvoir exécutif : elle délégua celui-ci à une régence, et convoqua les cortès pour exercer l'autre.

Mais il étoit difficile de réunir dans les cortès les députés des provinces, qui se trouvoient presque toutes occupées par les Français, et encore plus d'y appeler les députés des possessions espagnoles. Les esprits ardens qui dominoient alors, trouvèrent moyen d'aplanir cet obstacle, en introduisant dans les cortès les individus qui étoient nés dans ces provinces, et qui se trouvoient alors dans l'île de Léon. On en fit des suppléans : c'étoient, pour la plupart, des gens obscurs, sans propriétés, sans garantie du côté des principes et de la morale.

Cette informe assemblée se réunit le 24 février 1810. Il se trouvoit néanmoins dans son sein quelques députés d'Alicante et de Carthagène, qui, n'étant point sous la main des Français, étoient venus avec des mandats qui les autorisoient uniquement à repousser l'agression de Buonaparte, à rassembler les moyens de soutenir la guerre, afin de conserver le trône au roi Ferdinand, jusqu'à ce qu'il fût rendu à ses peuples. Ces députés étoient donc sans mission pour réformer les lois, et donner une Constitution à l'Espagne; mais les députés des états-généraux français étoient aussi sans mission pour abroger les lois fondamentales, et en donner de nouvelles à la France. Les cortès espagnoles imitèrent leur exemple, et, comme eux, se constituèrent en assemblée nationale, et se saisirent de tous les pouvoirs. On nomma une commission de dix membres pour rédiger un projet de Constitution, et l'on s'aida particulièrement des lumières de don Antonio Romanillos, qui avoit, sous les yeux de Buonaparte, rédigé cette prétendue Constitution de Bayonne, dont Joseph devoit faire présent à ses sujets.

Avant la révolution d'Aranjuez, le roi Charles IV avoit chargé une réunion de jurisconsultes de lui présenter un travail sur les réformes à faire dans la législation. Ce travail, qui ne fut point achevé, devoit être précédé d'une préface, où les idées de liberté se montroient assez ouvertement. Les cortès s'en emparèrent, et en décorèrent le frontispice de leur Constitution. Rien n'est plus arrogant que les hommes nouveaux qui, de l'état d'obéissance, passent tout à coup au pouvoir. Les membres des cortès, fiers de leur subite élévation, prétendoient faire plier sous leurs lois tout ce qui avoit jusqu'alors exercé quelque domination en Espagne, et jusqu'au roi lui-même; ils lui imposèrent donc un serment, sans lequel ils étoient disposés à lui disputer la couronne; mais en même temps, ils lancèrent des décrets fulminans contre les Espagnols qui avoient servi Joseph, sans distinction et sans réserve : on remplit les gazettes de listes de prétendus traîtres, et on ne négligea rien pour exalter contre eux les passions du peuple.

Mieux inspiré, le roi Ferdinand avoit compris qu'après de longues et violentes agitations civiles, rien n'est plus sage qu'une amnistie ; mais le sang africain qui coule encore dans les veines des Espagnols, ne connoît ni le pardon ni les ménagemens. La régence et les cortès, dans une conférence secrète, déclarèrent le traité de Ferdinand VII nul, attendu son état de captivité. Rien n'empêchoit que ces autorités ne lui donnassent, par leur consentement, une existence légale. On ne le fit point; mais on cacha au peuple espagnol la décision prise dans cette conférence. Ferdinand écrivit de nouveau, envoya une seconde copie du traité par don Joseph Palafox, auquel Napoléon avoit rendu la liberté : il en reçut une réponse conforme à la première, pleine de protestations fastueuses, d'amour et de respect, mais qui renvoyoit au Congrès général des puissances alliées la décision des affaires d'Espagne. Ferdinand se vit donc de nouveau confiné dans le château de Valençay, et réduit à attendre une occasion meilleure; mais c'étoit un grand avantage pour lui, que d'être enfin reconnu roi d'Espagne par celui même qui lui avoit enlevé sa couronne; c'étoit toucher à la fin de cette guerre horrible qui avoit coûté à l'humanité près d'un million d'hommes.

Les ennemis de Napoléon se rappelèrent alors avec une insultante satisfaction ces promesses fastueuses qu'il avoit faites si peu de temps auparavant : « Dans un mois, mes « aigles planeront sur tous les clochers de « Lisbonne; les Anglais, je les écraserai ; le « trône d'Espagne est irrévocablement acquis « à la dynastie du roi Joseph. » Maintenant plus de Portugal, plus d'Espagne, plus de confédération du Rhin; son dernier allié, le roi de Danemarck, venoit de traiter avec la Suède. Pour comble de malheur, il prévoyoit des orages jusque dans le sein des deux autorités suprêmes qui s'étoient, jusqu'à ce jour, si humblement prosternées à ses pieds. Le Corps législatif surtout se montroit vivement indisposé contre ses actes d'autorité. Il en avoit ordonné la convocation par un décret rendu en Saxe : il en fit l'ouverture le 19 de décembre. Mais sous quels auspices défavorables il se présentoit! Il paroissoit entouré des membres du Sénat et du conseil d'Etat, et suivi d'un cortége plus digne d'un despote oriental que d'un empereur constitutionnel. En adressant la parole à cette assemblée, il affecta de ne donner aux députés que le troisième rang.

« Sénateurs, conseillers d'Etat, députés,

« D'éclatantes victoire ont illustré les armes
« françaises dans cette campagne. Des défec-
« tions sans exemples ont rendu ces victoires
« inutiles : tout a tourné contre nous. La
« France même seroit en danger, sans l'éner-
« gie et l'union des Français. Dans ces gran-
« des circonstances, ma première pensée a
« été de vous appeler près de moi : mon
« cœur a besoin de la présence et de l'affec-
« tion de mes sujets. *Je n'ai jamais été séduit*
« *par la prospérité*. L'adversité me trouvera
« au-dessus de ses atteintes. J'ai plusieurs fois
« donné la paix aux nations, lorsqu'elles
« avoient tout perdu. D'une part de mes con-

« quêtes, j'ai élevé des trônes pour des rois
« qui m'ont abandonné. J'avois conçu et exé-
« cuté de grands desseins pour la prospérité et
« le bonheur du monde... Monarque et père,
« je sens ce que la paix ajoute à la sécurité
« des trônes et à celle des familles. Des négo-
« ciations ont été entamées avec les puissances
« coalisées. J'ai ordonné qu'on vous commu-
« niquât toutes les pièces qui se trouvent au
« portefeuille de mon département des affai-
« res étrangères. Vous en prendrez connois-
« sance par l'intermédiaire d'une commission.
« Les orateurs du gouvernement vous feront
« connoître ma volonté sur cet objet. Rien ne
« s'oppose, de ma part, au rétablissement de
« la paix. Je connois et je partage tous les
« sentimens des Français. Je dis des Fran-
« çais, parce qu'il n'en est aucun qui dési-
« rât la paix au prix de l'honneur. C'est à re-
« gret que je demande à ce peuple généreux
« de nouveaux sacrifices... Mais ils sont com-
« mandés par les plus nobles et les plus chers
« intérêts. J'ai dû renforcer mes armées par
« de nombreuses levées. Les nations ne trai-
« tent bien que par le développement de tou-
« tes leurs forces. Un accroissement dans les
« recettes devient indispensable. Nous ferons
« face à tout sans emprunt, qui consomme

« l'avenir, et sans papier-monnaie, qui est le
« plus grand ennemi de l'ordre social.

« Sénateurs, conseillers d'Etat, députés des
« départemens, *vous êtes les organes natu-*
« *rels de ce trône*, c'est à vous de donner
« l'exemple d'une énergie qui recommande
« cette génération aux générations futures.
« Qu'elles ne disent pas de nous : Ils ont sa-
« crifié les premiers intérêts du pays; ils ont
« reconnu les lois que l'Angleterre a cherché
« en vain, pendant quatre siècles, à imposer
« à la France. Mes peuples ne peuvent pas
« craindre que la politique de leur empereur
« trahisse jamais la gloire nationale. »

Il finit ce discours en disant : « Je suis sa-
« tisfait des sentimens de mes peuples d'Ita-
« lie. Le Danemarck et Naples sont seuls res-
« tés fidèles à mon alliance. » Il ignoroit encore la défection récente de ces deux Etats.
Ce discours n'offroit aux Français rien qui pût
les rassurer contre les usurpations toujours
croissantes du pouvoir. Deux jours avant l'ouverture du Corps législatif, il avoit, par un
décret émané de son bon plaisir, mobilisé
cent soixante mille hommes de gardes nationales pour occuper les garnisons. On n'apercevoit, dans toute sa harangue, que les droits

du trône et les devoirs du peuple ; le Sénat, le conseil d'Etat, le Corps législatif n'existoient que pour le trône ; le devoir de la nation étoit de donner, la prérogative du trône d'accepter et de disposer. La plus légère promesse, le moindre mot en faveur des libertés publiques eussent peut-être électrisé les esprits, et disposé les Français à une guerre nationale ; mais il ne put se résoudre à le prononcer ; et la nation voyant que Buonaparte ne comptoit que lui seul, crut qu'il lui étoit permis de songer aussi à elle-même, et de se compter pour quelque chose.

Les deux autorités nommèrent chacune une commission. MM. de Lacépède, Fontanes, Talleyrand, Saint-Marsan, Barbé-Marbois et Beurnonville, composèrent la commission du Sénat. Le Corps législatif forma la sienne de MM. Lainé, Raynouard, Gallois, Flaugergues et Maine de Biran : c'étoient des hommes de bien, d'un esprit libre et indépendant. Le Sénat déclara, par la voix de M. de Lacépède, « que la paix étoit le vœu de la France et le « besoin de l'humanité. Mais si l'ennemi, « ajouta l'orateur, persiste dans son refus, « nous combattrons pour la patrie, entre les « tombeaux de nos pères et les berceaux de « nos enfans. »

M. de Fontanes, chargé du rapport de la commission, se montra fidèle à sa courtoisie ordinaire, mais avec plus de réserve et de précaution. Il annonça que le Sénat approuvoit tout, et finit par cette phrase, rivale brillante de celle de M. de Lacépède : « Ral-
« lions-nous autour de ce diadême où l'éclat
« de cinquante victoires brille au travers d'un
« nuage passager. La fortune ne manque pas
« long-temps aux nations qui ne se manquent
« pas à elles-mêmes. »

Napoléon répondit « que sa vie n'avoit qu'un
« but, le bonheur des Français; que déjà
« l'Alsace et la Franche-Comté étoient enva-
« hies; que les cris de cette partie de sa fa-
« mille lui déchiroient l'âme; qu'il appeloit
« les Français au secours des Français. Paix
« et délivrance de notre territoire, ajoutoit-il,
« doit être notre cri de ralliement. A l'aspect
« de tout ce peuple en armes, l'étranger fuira
« ou signera la paix. Il n'est plus question de
« recouvrer les conquêtes que nous avons
« faites. »

Ces derniers mots lui échappèrent avec peine. Ses traits portoient l'empreinte des anxiétés dont son âme étoit tourmentée, et son front commençoit visiblement à se charger de douleur.

L'adresse et le rapport du Corps législatif étoient moins riches de style, de fleurs et de figures, mais se distinguoient par une franchise et une liberté dont les exemples manquoient depuis long-temps. La discussion avoit été vive et animée; et dans la chaleur des débats, le président Regnier ayant dit à M. Raynouard que les propositions qu'il faisoit étoient inconstitutionnelles, ce député lui répondit avec une grande liberté : « Je ne vois ici d'in-
« constitutionnel que vous, qui n'avez pas
« même le droit de vous asseoir sur ces bancs; »
et il continua son discours. « Ne dissimulons
« rien, dit-il; nos maux sont à leur comble.
« Il n'est pas un Français qui n'ait dans sa fa-
« mille une plaie à guérir. La conscription
« est devenue, pour toute la France, un
« odieux fléau. Depuis deux ans on moissonne
« les hommes trois fois l'année. Les larmes
« des mères et les sueurs des peuples sont-ils
« donc le patrimoine des rois? Il est temps
« que les nations respirent. Notre auguste
« souverain, qui partage le zèle qui nous
« anime, et qui brûle de consolider le bon-
« heur des peuples, est le seul digne d'ache-
« ver ce grand ouvrage. Les monarques fran-
« çais se sont toujours glorifiés de tenir leur
« couronne *de Dieu, du peuple et de leur*

« *épée*, parce que la religion, la morale et la
« force sont, avec la liberté des peuples, le
« plus ferme soutien des empires. »

M. Lainé, rapporteur de la commission, après avoir exprimé ses regrets qu'on n'eût remis à ses collègues que des pièces informes, déclara que la commission admettoit la nécessité de faire la guerre pour obtenir la paix; mais elle exprimoit le désir que l'empereur opposât à la déclaration des puissances, une déclaration propre à désabuser la France et l'Europe du dessein qu'on lui prêtoit de vouloir conserver un territoire trop étendu, ou une prépondérance contraire à l'indépendance des nations. « Suivant les lois, disoit
« le rapporteur, c'est au gouvernement à pro-
« poser les moyens qu'il croira les plus prompts
« et les plus efficaces pour repousser l'ennemi
« et asseoir la paix sur des bases durables.
« Ces moyens auront des effets assurés, si les
« Français sont convaincus que leur sang ne
« sera versé que pour défendre une patrie et
« des lois protectrices : mais ces mots con-
« solateurs de *paix* et de *patrie* retentiroient
« en vain, si l'on ne garantit les institutions
« qui promettent les bienfaits de l'une et de
« l'autre. Il paroît donc indispensable à votre
« commission, qu'en même temps que le gou-

« vernement proposera les mesures les plus
« promptes pour la sûreté de l'Etat, Sa Ma-
« jesté soit suppliée de maintenir l'entière et
« constante exécution des lois qui garantis-
« sent aux Français les droits de la liberté,
« de la sûreté, de la propriété, et à la nation
« le libre exercice de ses droits politiques.
« Cette garantie a paru à votre commission le
« plus efficace moyen de rendre aux Français
« l'énergie nécessaire à leur propre défense. »

Ce rapport, écouté avec un grand intérêt, fut adopté à une majorité de deux cent-vingt-cinq voix contre trente-deux. C'étoit la première fois que le Corps législatif osoit se tenir debout devant le trône de Napoléon; la première fois qu'il refusoit l'encens à ses images, et qu'il substituoit aux plus fades éloges quelques courageuses vérités. Elles étoient cependant bien éloignées encore de la noble liberté avec laquelle les parlemens avoient quelquefois fait des remontrances au roi; mais Napoléon ne vouloit point de remontrances. Dès qu'il connut le rapport, il se livra à un violent accès de colère, et en fit enlever les épreuves à l'imprimerie. Il fit plus : il décréta l'ajournement du Corps législatif, fit fermer et entourer de ses gendarmes la salle de ses séances. C'étoit le 31 décembre qu'il se livroit

à ces actes de violence; et le lendemain s'ouvroit l'année fatale qui devoit voir tomber un trône où chaque année les autorités venoient déposer l'hommage de leurs vœux. Quand la députation du Corps législatif se présenta, ses yeux s'animèrent, son front se chargea de colère, et il lui dit avec emportement : «Je vous avois ap-
« pelés autour de moi pour faire le bien, et vous
« avez fait le mal. J'ai supprimé l'impression
« de votre adresse; elle étoit incendiaire. Vous
« avez parmi vous des gens dévoués à l'An-
« gleterre, à l'étranger : votre commission et
« son rapporteur sont de ce nombre. M. Lainé
« est un méchant homme, qui correspond
« avec le prince régent par l'intermédiaire de
« l'avocat Desèze : je le sais, j'en ai la preuve.
« Les onze douzièmes d'entre vous sont com-
« posés de bons citoyens; je les reconnoîtrai,
« je saurai avoir des égards pour eux : les au-
« tres sont des factieux. Retournez dans vos
« départemens ; je suivrai de l'œil ceux qui
« ont de mauvaises intentions. Vous avez
« cherché à m'humilier! Je suis un homme
« qu'on peut tuer, mais qu'on ne sauroit dés-
« honorer. Quel est celui d'entre vous qui
« pourroit supporter le fardeau du pouvoir?
« Vous avez voulu me barbouiller aux yeux
« de la France; c'est un attentat. Vous avez

« cherché, dans votre adresse, à séparer le
« trône de la nation. Qu'est-ce que le trône ?
« quatre morceaux de bois couverts de ve-
« lours. Le trône, c'est moi. Je sais qu'il y a
« eu des abus ; jamais je n'ai souffert ceux que
« j'ai connus. Est-ce le moment de me faire
« des remontrances, quand deux cent mille
« Cosaques franchissent nos frontières? Est-ce
« le moment de venir disputer sur les libertés
« et les sûretés individuelles, quand il s'agit
« de sauver la liberté politique et l'indépen-
« dance nationale ? M. Raynouard a dit que le
« prince Masséna avoit volé la Bastide à Mar-
« seille ; il a menti : le maréchal a pris pos-
« session d'une maison vacante, et le ministre
« fera indemniser le propriétaire. Est-ce ainsi
« qu'on traite un maréchal de France ? Je
« vous avois indiqué un comité secret : c'étoit
« là qu'il falloit présenter vos doléances ; c'é-
« toit en famille qu'*il falloit laver votre linge*
« *sale*, et non sous les yeux du public. J'ai
« été appelé deux fois au trône par le vœu de
« vingt-quatre millions de Français. J'ai un
« titre, vous n'en avez pas. Qu'êtes-vous dans
« la Constitution ? vous n'êtes rien. La Consti-
« tution, c'est moi. Dans quatre mois, j'aurai
« la paix, et les ennemis seront chassés *ou je*
« *serai mort*. La nature m'a doué d'un cou-

« rage fort ; il peut résister à tout. Je suis au-
« dessus de vos misérables déclamations. J'a-
« vois besoin de consolations, et vous avez
« voulu me déshonorer..... Mais, non ; mes
« victoires écrasent vos criailleries : je suis de
« ces gens qui triomphent ou qui meurent.
« Je ferai quelque jour imprimer le rapport
« de vos commissions, et il sera jugé ce qu'il
« est. S'il paroît dans vos départemens, je le
« ferai imprimer dans le *Moniteur*, avec des
« notes. Les habitans de la Franche-Comté et
« de l'Alsace ont un meilleur esprit que vous.
« Ils me demandent des armes. Je leur en fais
« donner ; je leur envoie mes aides-de-camp
« pour les armer en partisans. C'est contre
« moi que les ennemis s'acharnent plus encore
« que contre les Français. Mais par cela seul,
« faut-il qu'il me soit permis de démembrer
« l'Etat ? L'adresse étoit indigne de moi et du
« Corps législatif. »

Après ce discours, où le désordre des idées
et l'oubli de toute dignité se disputoient la
préférence, il entra tout ému au conseil d'E-
tat, et répéta une partie de ce qu'il venoit de
dire. « Vous connoissez la situation des cho-
« ses. J'ai voulu, sans y être obligé, associer
« les députés du Corps législatif à leurs inté-
« rêts les plus chers : ils ont fait de cet acte

« de confiance une arme contre moi. Au lieu
« de me seconder de leurs efforts, ils gênent
« les miens. Ils me demandent la paix, la
« paix à grands cris, lorsque le seul moyen
« de l'obtenir étoit de me pousser à la guerre.
« Ils se plaignent de moi; ils parlent de leurs
« griefs. Mais quel temps, quel lieu pren-
« nent-ils? Le Corps législatif, au lieu de
« m'aider à sauver la France, concourt à pré-
« cipiter sa ruine. Il trahit ses devoirs, je
« remplis les miens en le renvoyant. Me
« prend-on pour un Louis XVI? attend-on
« de moi ses oscillations et ses foiblesses jour-
« nalières? voudroit-on rétablir la souverai-
« neté du peuple? Dans ce cas, je me fais
« peuple, pour aller dans la foule jouir de
« ma part de souveraineté.... Si tous aujour-
« d'hui vouloient faire leur devoir, je serois
« invincible. »

Il disoit vrai; mais les passions parloient
un autre langage. Les sages du conseil restèrent muets; les autres proposèrent de faire
arrêter les membres de la commission : Napoléon s'y refusa. Mais les députés se hâtèrent de quitter Paris, et M. Lainé passa en
Angleterre. Les copies du discours de l'empereur se répandirent promptement dans Paris, et y produisirent la plus fâcheuse impres-

sion. On s'étonnoit que, dans une circonstance si critique, Napoléon eût préféré l'injure et la violence aux voies de conciliation, et se fût privé de la seule autorité dont il pouvoit attendre du secours. Mais dès lors il nourrissoit le singulier projet de se proclamer dictateur, titre qui flattoit singulièrement son amour pour la puissance absolue, comme si celui dont il étoit revêtu n'en renfermoit pas tous les élémens.

Par une particularité remarquable, le même jour où il prononçoit cette violente invective, Louis XVIII adressoit aux Français une proclamation où il promettoit la paix et la liberté.

« Le moment est enfin arrivé où la divine
« Providence semble prête à briser l'instru-
« ment de sa colère. L'usurpateur du trône de
« saint Louis et de Henri IV, le dévastateur
« de l'Europe a éprouvé à son retour des re-
« vers. Ne feront-ils qu'aggraver les maux de
« la France, et n'osera-t-elle renverser un
« pouvoir odieux que ne protègent plus les
« prestiges de la victoire? Quelles préventions
« et quelles craintes pourroient aujourd'hui
« l'empêcher de se jeter dans les bras de son
« roi? Quel doute pourroit-elle élever sur ses
« intentions paternelles? Le roi réitère au-
« jourd'hui l'assurance que tous les corps ad-

« ministratifs et judiciaires seront maintenus
« dans la plénitude de leurs attributions; que
« les tribunaux dépositaires des lois s'interdi-
« ront toutes poursuites relatives à des temps
« malheureux dont son retour aura scellé
« l'oubli pour jamais. Le roi prend de nou-
« veau l'engagement d'abolir cette conscrip-
« tion funeste qui détruit le bonheur des
« familles et l'espoir de la patrie. Son réta-
« blissement sur le trône de ses ancêtres ne
« sera pour la France que l'heureuse transi-
« tion d'une guerre que perpétue la tyrannie,
« aux bienfaits d'une paix solide dont les puis-
« sances étrangères ne peuvent trouver la ga-
« rantie que dans la parole du souverain lé-
« gitime. »

Des exemplaires manuscrits de cette proclamation circuloient dans la capitale et la province, et préparoient les esprits à un nouvel ordre de choses. La police les poursuivoit avec ardeur, emprisonnoit ceux qu'elle soupçonnoit de les distribuer; mais il en échappoit un grand nombre à sa vigilance. Déjà l'empire de Napoléon ne paraissoit plus à certains esprits qu'un édifice miné dans ses fondemens, et cette classe de gens prudens qui sait dire suivant le temps: *Vive le roi! vive la ligue!* faisoit en secret ses préparatifs pour passer dans le camp où se trouveroient encore les honneurs et la fortune.

Les ennemis poussoient leurs succès avec ardeur. Le 21 décembre, cent mille hommes aux ordres du prince de Schwartzemberg, après avoir traversé les cantons suisses, passèrent le Rhin depuis Bâle jusqu'à Schaffhouse. Ils se faisoient précéder d'une proclamation, où ils protestoient de nouveau qu'ils ne venoient point faire la guerre à la France; qu'ils ne vouloient que repousser loin d'eux le joug de Napoléon; que la seule conquête qu'ils ambitionnassent étoit celle de la paix, mais d'une paix qui assurât à leur pays, à la France, à l'Europe un repos réel et durable; que n'ayant pu la trouver hors de la France, ils venoient l'y chercher.

Ces proclamations étoient un coup mortel porté à Buonaparte; car en le séparant de la nation, on disposoit la nation à se séparer de lui; et il ne faisoit rien pour la ramener. La Suisse avoit précédemment déclaré sa neutralité, et pour l'obtenir, Napoléon avoit renoncé à son titre de *médiateur;* mais les intrigues et l'or l'emportèrent sur la franchise du peuple le plus loyal. Avant de tenter le passage, on avoit envoyé quelques officiers de confiance pour reconnoître les lieux et sonder les dispositions de la Suisse. Ils revinrent avec les renseignemens les plus satisfaisans ; et quelques détachemens d'infanterie s'étant introduits en silence dans l'ombre de la nuit, les Suisses les reçurent à bras ouverts. Il est vrai que le mulet de Philippe, richement chargé par l'Angleterre, avoit préparé les voies. L'on viola donc sans scrupule la neutralité helvétique, en déclarant néanmoins qu'on n'en étoit pas moins disposé à la respecter. Napoléon s'en plaignit amèrement; mais dans sa guerre avec l'Autriche, avoit-il mieux respecté la neutralité de la Prusse?

C'étoit en effet pour les alliés une grande victoire; ils entroient à l'improviste dans un pays sans défense; ils n'avoient ni places fortes ni citadelles à assiéger. La France s'étoit toujours crue suffisamment protégée, de ce côté, par ses traités et la foi de ceux qui les avoient jurés. Mais la loi du talion étoit devenue le droit public des nations; et parce que Napoléon avoit violé les traités, on se croyoit dispensé de les respecter soi-même. Il falloit maintenant que l'empereur se battît sur son propre terrain, après avoir traversé des milliers de lieues pour aller chercher l'ennemi. La Hollande venoit d'être évacuée définitivement; les Autrichiens étoient maîtres de toutes les côtes orientales de l'Adriatique ; Genève leur avoit ouvert ses portes (1). Blücher, à la tête de l'armée de Silésie, avoit franchi le Rhin, depuis Manheim jusqu'à Coblentz. Jamais les levées ne s'étoient faites plus difficilement ; les administrations étoient réduites aux moyens les plus violens pour les opérer (2). Napoléon envoya, comme au temps de la Convention, des commissaires dans tous les départemens, pour presser les levées et faire insurger les provinces : ils étoient revêtus de pouvoirs effrayans, mais ils n'en usèrent qu'avec ménagement.

Près d'un million d'hommes de toutes les nations marchoient sous les étendards de la coalition : on en comptoit cent quatre-vingt-dix mille sous ceux du prince de Schwartzemberg ; cent soixante mille sous les enseignes de Blücher ; cent trente mille sous les drapeaux

---

(1) Le commandant de la place étoit mort subitement à l'approche de l'ennemi, et le préfet n'avoit sauvé sa vie que par une fuite précipitée. Cette conquête, favorisée par les habitans, ouvroit la route de Lyon, et coupoit la communication entre l'Italie et la France.

(2) Une partie de ces levées se faisoit sur des classes solennellement libérées, et cette levée ne paroissoit plus qu'un acte illégal et tyrannique.

du prince de Suède; l'armée de Wellington étoit de cent quarante mille hommes; cinquante mille Autrichiens s'organisoient en réserve sur les bords de l'Inn, et soixante mille Russes en Pologne. Cent mille étoient employés au blocus des places fortes que Napoléon avoit laissées en Allemagne, et enfin l'Autriche comptoit encore soixante-dix mille hommes en Italie. Napoléon n'avoit à opposer à ces innombrables bataillons, que cinquante mille hommes, sous les ordres du prince Eugène; quatre-vingt-dix mille en Espagne et aux Pyrénées, et sa grande armée, composée de cent soixante-dix mille hommes répartis de la manière suivante: cinquante-six mille commandés par le maréchal Macdonald; trente-huit mille par les maréchaux Victor et Marmont; douze mille par le maréchal Ney, dans les Vosges; douze mille par le général Mortier, dans la Bourgogne, et deux mille sur le Rhône, par le maréchal Augereau. Dans ce nombre, à la vérité, n'étoient pas comprises les cohortes de garde nationale rendues mobiles; mais on n'a pas compris non plus dans le compte des forces ennemies, la landwher, la landsturn et les guerillas espagnoles. C'est avec des forces si inégales que Buonaparte se proposoit de soutenir la lutte redoutable qui alloit s'engager dans le cœur de ses propres États, aux portes de sa capitale. S'il eût recherché l'amour de ses peuples autant que leur obéissance, s'il eût mis sous la protection de son sceptre ces libertés publiques acquises par tant de sacrifices, de désastres et de sang, le peuple se seroit levé dans ses jours de détresse pour défendre son trône et sauver son indépendance. Mais l'étranger se présentoit en ami; il promettoit la paix et la liberté; et les trente-cinq millions de Français qui avoient mis la couronne sur la tête de Napoléon, n'avoient obtenu d'autre prix de leur dévouement que la servitude et la guerre. Quels efforts pouvoit-on s'en promettre? Cependant on essaya de ranimer l'esprit public et l'amour de la patrie. On appela ceux des hommes de lettres qui avoient montré quelque indépendance, et qu'on avoit jusqu'alors négligés. On les exhorta à éclairer les Français sur leurs véritables intérêts, à réchauffer leur courage; mais la haine publique étoit trop forte pour la vaincre, et la nation ne voyoit, dans le danger qui menaçoit son empereur, qu'un intérêt privé auquel elle se reprochoit d'avoir sacrifié si long-temps et si inutilement. Il ne resta donc à Napoléon que ses journalistes : ils couvrirent en vain leurs pages de déclamations violentes; la nation ne vit dans leur langage que celui de la police, qu'elle abhorroit.

Chaque jour de la nouvelle année étoit marqué par une invasion nouvelle. Le 2 janvier, le corps de Wittgenstein passa le Rhin, et s'empara du fort Louis; le 3, Bruges se rendit au général Langeron; le même jour, Colmar ouvrit ses portes au général de Wrède; le fort l'Ecluse fut occupé par le général Zechmeister; Vesoul reçut une garnison autrichienne; le 4, le prince Schwartzemberg établit son quartier-général à Altkirch, et Blücher le sien à Kreutzaack; le 6, le général Yorck entra à Trèves; le 7, à Clèves; le 10, à Forbach; le 12, les Autrichiens, qui déclaroient ne point faire la guerre à la France, livroient au pillage la ville de Bourg; Cologne, Nanci, le fort de Joux tombèrent successivement au pouvoir des alliés; le 17 et le 19, ils entrèrent à Langres et à Dijon; Toul fut pris le 20; Chambéri reçut le même jour les Autrichiens; le 21, ils étoient à Châlons-sur-Saône; et le même jour, l'armée confédérée passoit la Meuse; le 25, les Prussiens étoient à Saint-Dizier, à Joinville et à Bar-sur-Aube. Ainsi, l'ennemi marchoit sans obstacle dans le cœur de la France. Les Vosges n'avoient point été défendues; et sur toutes les frontières de la France, les plus braves de nos généraux étoient obligés de se retirer devant les forces immenses qui s'avançoient de toutes parts. La Belgique avoit accueilli les alliés avec transport, et tout ce qui se trouvoit de soldats belges dans l'armée française passoit à l'ennemi. Le maréchal Marmont avoit inutilement soutenu quelques combats honorables; les forces insuffisantes qu'on lui avoit données ne lui permettoient pas de tenir la campagne. Ces nouvelles arrivoient chaque jour à Paris; et malgré les soins de la police et les démentis imposés aux journaux de Paris, on s'effrayoit de l'espèce de sommeil dans lequel Napoléon sembloit affecter de se tenir. Cependant il s'éveilla; et près de partir, il voulut se montrer dans les divers quartiers de sa capitale. Il les parcourut à pied, n'ayant en apparence pour garde que quelques-uns de ses aides-de-camp, mais suivi en effet de nombreux agens de la police et de gendarmes déguisés. Il ne négligea rien pour se populariser, s'arrêtant pour causer avec de simples citoyens, distribuant des consolations et de l'argent aux pauvres. Quelques acclamations salariées se firent entendre sur son passage, mais le peuple resta muet.

CHAPITRE XX.

Réorganisation de la garde nationale. Départ du souverain pontife pour Rome. Institution d'une régence. Départ de Napoléon pour l'armée. Ouverture de la campagne de 1814. Bataille de Brienne. Défaite de la Rothière.

DEPUIS long-temps la garde nationale, si puissante au commencement de la révolution, avoit perdu l'influence dont elle jouissoit. Napoléon ne l'avoit point licenciée, mais il l'avoit réduite à un service obscur et facile qui lui prenoit peu de temps et lui laissoit peu d'autorité. Habile à conserver ses ressources, il l'avoit affoiblie sans la détruire, et n'avoit pas cru devoir se séparer d'une armée riche, nombreuse, patriotique, dont il pouvoit tirer un secours immense dans des circonstances difficiles. Déjà cent cohortes défendoient les places fortes; et s'il eût su tempérer sa puissance et gagner le cœur de ses peuples, cent autres cohortes pouvoient,

d'un mot, remplir ses camps et représenter la population française sous les armes. Avant de quitter les Tuileries, il n'étoit pas sans inquiétude pour la conservation de la capitale : il savoit avec quelle rapidité les Cosaques franchissent les distances; ils pouvoient en quelques jours se montrer jusqu'aux portes de Paris, et y porter l'inquiétude. Rien n'étoit plus propre à les retenir, que la réorganisation de la garde nationale; il l'ordonna, et les Français, naturellement portés aux exercices et à la vie militaire, répondirent avec empressement à son appel. On vit aussitôt les légions se former, s'armer, s'habiller, et présenter le spectacle d'une force aussi nombreuse que brillante. Napoléon, après en avoir passé la revue, en rassembla les chefs dans son palais. Il ne leur dissimula point le danger où se trouvoit l'intérieur de la France : « L'ennemi,
« leur dit-il, a passé le Rhin; il n'avoit an-
« noncé d'abord d'autre prétention que de ré-
« duire la France à ses limites naturelles, le
« Rhin, les Alpes, les Pyrénées. Aujourd'hui
« il en médite la conquête; il marche sur
« Paris, mais il n'y arrivera qu'en passant sur
« mon cadavre. J'ai des forces suffisantes pour
« le repousser; et si je suis secondé par mon
« peuple, les alliés se repentiront d'être venus

« insulter la nation française jusque dans ses « foyers. »

Il présenta ensuite aux chefs de la garde nationale l'impératrice son épouse et le roi de Rome son fils : « Je vous confie, dit-il, je « confie à votre fidélité, à votre courage, ce que « j'ai de plus cher au monde; je ne saurois re- « mettre ce dépôt sacré à des mains plus sûres. « Au milieu des combats, ma pensée se re- « portera sur la garde nationale, et les objets « chéris que je remets à son amour et à ses « soins. »

Ce discours, prononcé avec émotion, produisit un effet électrique. Le cri de *vive l'empereur!* s'éleva de toutes parts; les cœurs français ne purent voir sans attendrissement un grand homme si long-temps couronné par la victoire, une jeune impératrice, naguère environnée de tant d'éclat et de prospérité, un jeune enfant destiné à une si haute fortune, accablés maintenant par l'adversité, et se remettant avec confiance à la générosité de leurs sujets; tous jurèrent de garder fidèlement l'auguste dépôt que Napoléon venoit de leur remettre.

La conjuration de Mallet, le risque que sa couronne avoit couru dans cette audacieuse entreprise, avoient laissé de profondes impressions dans la mémoire de Napoléon. Il ne voulut pas laisser Paris sans une représentation du gouvernement impérial : il confia les rênes de l'Etat à l'impératrice, à laquelle il donna pour la forme un conseil, se réservant d'envoyer ses décrets du milieu de ses camps.

La captivité du pape à Fontainebleau étoit pour lui un autre sujet d'inquiétude; l'Italie le réclamoit, et son nom étoit dans la bouche de tous les insurgés des Etats romains. Napoléon ne vouloit pas dépouiller son fils de la couronne qu'il avoit déposée sur son berceau; il ne vouloit pas non plus retenir le pape : il adopta un terme moyen; et sans faire de traité avec le souverain pontife, il ordonna qu'on le reconduisît à Rome. Mais il avoit donné l'ordre secret de marcher lentement, et de s'arrêter dans une des villes du Midi. Le 22 janvier, M. de Beaumont, évêque de Plaisance, et nommé à l'archevêché de Bourges, le cardinal Mauri, l'archevêque de Tours (de Barral) et l'évêque d'Evreux se rendirent à Fontainebleau. Pie VII refusa de voir le cardinal Mauri, et reçut les autres. La conférence s'engagea sur de nouvelles bases. L'empereur consentoit à rendre à Pie VII une partie de ses Etats, pourvu que le Saint-Père consentît à abandonner l'autre ; mais il répondit avec fermeté : « Les domaines de saint « Pierre ne sont pas ma propriété ; ils appar- « tiennent à l'Eglise ; je ne saurois donc con- « sentir à aucune cesssion. Dites, au reste, à « votre empereur, que quels que soient ses « efforts, la chaire de saint Pierre ne restera « pas vacante. » Il avoit en effet pourvu avec ses cardinaux à son remplacement en cas de mort, choisi son successeur dans un des Etats indépendans de Napoléon, et porté la précaution, en cas d'obstacle, jusqu'à désigner des prélats résidant en Amérique. L'évêque de Plaisance ayant cherché à le rassurer sur les intentions de Buonaparte, le Saint-Père répondit : « Si cela est vrai, je partirai « donc avec tout le sacré collége ; » et le prélat lui ayant représenté que cela étoit impossible pour le moment : « Si votre empereur, reprit « le pape, veut me traiter en simple religieux « (et je n'oublie point que je le suis), je n'ai « besoin que d'une seule voiture : tout ce que « je désire, c'est d'être à Rome, pour remplir « les fonctions de ma charge pastorale. — « L'empereur, lui répliqua l'évêque, veut « vous traiter avec les égards dus à votre di- « gnité, et vous donner une escorte honorable, « sous le commandement d'un colonel. —

Dans ce cas, il ne sera pas dans ma voiture. »

Là se termina la conférence. Le colonel se présenta aussitôt pour prendre les ordres de Sa Sainteté. Pie VII remit son départ au lendemain ; mais le colonel s'établit dans son appartement, et ne lui permit de conférer avec personne. Le lendemain, le Saint-Père convoqua les cardinaux pour leur faire ses adieux et leur donner sa bénédiction. L'entrevue fut touchante ; des larmes coulèrent des yeux de ces vénérables vieillards : ils reçurent à genoux la bénédiction de leur auguste souverain ; et le 23 janvier, le colonel s'étant présenté pour annoncer que les voitures étoient prêtes, le Saint-Père monta dans celle qui lui étoit destinée ; et voyageant sous le nom de l'*évêque d'Imola*, il arriva le soir à Orléans. Quelques jours après, on fit partir chaque cardinal avec un gendarme. Les cardinaux Dugnani, Ruffa, Doria eurent la permission de rester à Paris ; le cardinal Mattei fut relégué à Aix ; le cardinal Opizani à Carpentras ; l'archevêque de Naples, à Grasse ; d'autres furent gardés en prison (1).

---

(1) Le docteur O'Meara, dans l'ouvrage qu'il a intitulé l'*Echo de Sainte-Hélène*, prétend que Napoléon lui dit en parlant du pape : « J'avois envie de lui

Ces violences, dans un temps où Napoléon avoit besoin de ménager les opinions, étoient également blâmées de tous les partis. On trouvoit cette guerre de prêtres peu digne du vainqueur d'Austerlitz et d'Iéna; la Belgique s'en indignoit surtout. Le peuple de cette province, plus religieux que celui de France, prenoit une part très-vive aux infortunes du chef de la religion, gémissoit des mauvais traitemens faits à ses pasteurs, et n'oublioit pas le jour où, par ordre de Napoléon, de jeunes ecclésiastiques avoient été arrachés de leur séminaire par des gendarmes, traînés ensuite dans des casernes comme conscrits, et revêtus de l'habit militaire, quoique déjà engagés la plupart dans les ordres. Les esprits fermentoient dans cette partie de l'empire français, et appeloient de leurs vœux la chute de Napoléon et le jour de la vengeance. Elle n'étoit pas éloignée. Le jour même où le pape quittoit Fontainebleau, Napoléon disposoit son propre départ pour aller confier au sort des armes celui de sa couronne. Les évènemens se pressoient. L'empereur d'Au-

---

« ôter tout son pouvoir temporel, et d'en faire mon
« aumônier. » Il est difficile de croire que ce mot soit échappé à Napoléon.

triche et le roi de Prusse étoient à Langres ; la principauté de Neufchâtel rentroit sous les lois de son ancien souverain ; le roi de Naples, Murat, faisoit son entrée à Rome, et Monsieur, frère du roi Louis XVIII, débarquoit à Kattwick, et se rendoit à la Haye. Le monde politique étoit dans une commotion générale. Partout où la domination française s'étoit étendue, le peuple se soulevoit, s'armoit, et les administrations terrifiées fuyoient de toutes parts pour regagner la France. Murat ne gardant plus aucun ménagement, annonça, dans une proclamation datée de Bologne, les motifs qui l'avoient déterminé à s'armer contre la France.

« Soldats, aussi long-temps que j'ai pu
« croire que l'empereur Napoléon combattoit
« pour la paix et le bonheur de la France,
« j'ai combattu à ses côtés ; mais aujourd'hui
« il ne m'est plus permis de conserver aucune
« illusion. L'empereur ne veut que la guerre ;
« je trahirois les intérêts de mon ancienne
« patrie, ceux de mes Etats et les vôtres, si
« je ne séparois mes armes des siennes pour
« les joindre à celles des puissances alliées,
« dont les intentions magnanimes sont de
« rétablir la dignité des trônes et l'indépen-
« dance des nations.

« Je sais qu'on cherche à égarer le patrio-
« tisme des Français qui sont dans mon armée,
« par de faux sentimens d'honneur et de fidé-
« lité ; comme s'il y avoit de l'honneur et de
« la fidélité à assujettir le monde à la folle
« ambition de Napoléon.

« Soldats ! il n'y a plus que deux bannières
« en Europe ; sur l'une vous lisez : *Religion,*
« *morale, justice ;* sur l'autre : *Persécutions,*
« *artifices, violences, tyrannie, guerre et*
« *deuil dans toutes les familles.* Choisissez. »

Murat fit en même temps insérer dans *le Moniteur* napolitain le traité qu'il avoit fait avec les alliés. Les articles principaux étoient : 1° que l'empereur d'Autriche garantissoit à S. M. le roi de Naples, et à ses héritiers et successeurs, la libre et paisible possession, la pleine et entière souveraineté de tous les Etats que Sa Majesté possédoit actuellement en Italie ; 2° que S. M. l'empereur d'Autriche, roi de Bohême et de Hongrie, s'engageoit à tenir toujours en campagne cent cinquante mille hommes, dont soixante mille au moins agiroient en Italie ; 3° que S. M. napolitaine s'engageoit, de son côté, à tenir en campagne un corps effectif de trente mille hommes, qui seroit constamment tenu au complet pendant toute la durée de la guerre actuelle ;

4° que dans le cas où ces forces ne suffiroient pas, LL. MM. respectives s'engageoient à les augmenter suivant les circonstances, et dans la proportion établie par l'article précédent, etc.

Ce ne fut pas sans exciter beaucoup de murmures parmi les officiers français, que ce traité fut publié; et lorsque le prince prit possession de Rome, des soldats, du haut du château Saint-Ange, le saluèrent du nom de *traître*.

Mais la grande-duchesse de Lucques ne s'en effraya pas; elle envia même les avantages que son beau-frère venoit d'obtenir, et ne pouvant supporter l'idée de rentrer dans la vie commune, tandis que sa sœur Caroline conservoit sa couronne, elle essaya de négocier avec les Anglais : elle fit précéder cette démarche d'une lettre à Napoléon : « Sire, lui
« disoit-elle, c'est le cœur navré de douleur que
« j'écris à Votre Majesté. Environnée d'enne-
« mis puissans, menacée par mer et par terre,
« trahie par le roi de Naples, qui déserte votre
« cause, je reste seule au milieu des armées
« nombreuses qui m'environnent, sans argent,
« sans troupes, sans munitions. Dans ces cir-
« constances désespérantes, que puis-je faire
« pour Votre Majesté ? Ne pense-t-elle pas
« elle-même qu'il est temps que je songe à

« mes intérêts personnels ? que je conserve à
« ma famille les Etats que je vous dois ? Me
« jugerez-vous enfin coupable, pour avoir
« traité avec vos ennemis dans ce concours
« de circonstances plus malheureuses les unes
« que des autres ? Si le trône de Naples me
« fût tombé en partage, je n'eusse pas trahi
« la cause de la nation française, à laquelle
« je fais gloire d'appartenir. Pardonnez-moi
« donc de plier sous le joug de la nécessité;
« croyez que dans quelque situation que je
« me trouve, je serai toujours votre sœur, et
« même votre sujette. »

Ce n'étoit pas seulement avec l'Angleterre qu'elle pressoit le cours de ses négociations; elle s'étoit aussi adressée à l'Autriche; mais ces deux puissances dédaignèrent également son alliance : elle n'avoit pas à offrir, comme son beau-frère, une armée de trente mille hommes, et une épée exercée aux combats. Le dernier jour de janvier, elle reçut ordre de quitter Florence et la Toscane, dont son frère lui avoit donné l'administration. Elle sortit au milieu des imprécations, des sifflets et des outrages du peuple, qui dansa devant sa voiture, en l'accablant de malédictions. Elle alla cacher son désespoir à Lucques. Les aigles impériales y furent traînées dans la boue; et

M. d'Osmond, archevêque de Florence, attaché à la cause des Français, fut sur le point d'être lapidé. Quelques prêtres l'ayant reconnu pendant sa fuite, ameutèrent charitablement la populace, qui s'arma de cailloux, et les lui lança avec tant de fureur, que sans la vîtesse de ses chevaux il eût péri immanquablement. La princesse fut obligée d'abandonner Lucques, comme elle avoit abandonné Florence; lord Bentinck ne lui donna que vingt-quatre heures; et malgré toutes ses supplications, il fallut déposer la couronne, et reprendre la coiffure modeste qu'elle avoit apportée de sa terre natale. Elle partit pendant la nuit, dans la crainte du peuple; mais elle avoit eu soin précédemment de faire enlever les richesses de ses palais, ses vaisselles d'or et d'argent, et ses diamans. Cette femme altière s'étoit rendue odieuse par son luxe, son orgueil et la corruption de ses mœurs. Oubliant d'où elle étoit sortie, elle affectoit une hauteur insultante pour les officiers de sa cour et les premières maisons de ses États. Lorsqu'elle étoit à Florence, et qu'elle faisoit à Dieu l'honneur de le visiter dans son temple, et de s'y rendre à pied, elle faisoit couvrir de riches tapis le pavé sur lequel elle devoit marcher. Jamais l'orgueil d'une parvenue ne s'étoit montré avec plus d'impudeur. Personne ne la plaignit ; c'étoit la quatrième tête couronnée par Napoléon qui descendoit du trône depuis 1812 : chaque jour celui de son frère étoit plus vivement menacé.

Il s'étoit pénétré de l'idée que les alliés s'arrêteroient sur les bords du Rhin, et que s'ils se décidoient à s'engager dans le sein de la France, ils ne traverseroient le fleuve qu'au mois de mars. Plein de confiance dans ce calcul, il n'avoit pris aucune mesure de défense sur cette frontière.

L'ennemi, mieux servi en France qu'il ne pensoit, profita de cette négligence, et déconcerta toutes ses mesures. Le général Sacken étoit encore, à la fin de janvier, sur le Nepper; il avoit avec lui deux divisions, et brûloit d'entrer en France : il réunit un nombre considérable d'embarcations, et profitant d'un épais brouillard, s'élança sur le territoire français.

Les troupes qui se trouvoient sur ce point, malgré leur petit nombre, lui opposèrent une vive et courageuse résistance ; mais forcées bientôt dans leurs retranchemens, elles eurent le regret d'abandonner à l'ennemi cinq cents prisonniers et six pièces de canon.

Le maréchal Marmont se trouvoit hors

d'état d'apporter quelque remède à cette surprise; il n'avoit avec lui que quelques cadres incomplets, des conscrits sans instruction, et la plupart même sans habits. Il essaya néanmoins d'arrêter l'ennemi; mais malgré la bravoure de sa jeune armée, il fut obligé d'abandonner ses positions, et de faire une retraite, où il perdit encore mille cinq cents hommes et plusieurs pièces de canon, perte immense, dans un temps où il étoit d'une si haute importance de ne point affoiblir l'armée.

On se battoit partout où paraissoit l'ennemi : le général Montélégier le chargea à Rambervilliers, et le mit d'abord en déroute; puis accablé par de nouvelles troupes, il fut obligé de se replier. Saint-Dié devint le théâtre d'un combat sanglant : le général Milhaud chargea les alliés avec sa cavalerie, les rejeta sur un village voisin, les y suivit, et les rejeta encore de cette position. Le général bavarois Deroi fut blessé; on disputoit vaillamment les passages des Vosges, et jamais ils n'auroient été forcés, si la bravoure eût été secondée par le nombre; mais les généraux français n'avoient que des forces insuffisantes. Napoléon, occupé de sa propre armée, avoit manqué à sa vigilance accoutumée. Saint-Dié fut repris par l'ennemi. A mesure que les alliés avançoient, ils inondoient les villes et les campagnes de proclamations toutes rédigées dans le même esprit. « Ce n'étoit point à la France, « ce n'étoit point aux Français qu'ils venoient « faire la guerre, c'étoit à Napoléon seul. » Mais aucune n'étoit plus chrétienne que celle de l'empereur Alexandre : « Oublions, disoit- « il à son armée, oublions le mal que nous « a fait l'ennemi, et offrons-lui paix et amitié. « Aimez vos ennemis, et faites-leur tout le « bien que vous pourrez, c'est le principe que « notre sainte religion a gravé dans nos cœurs, « c'est un précepte divin. Oui, soldats, votre « valeur contre ceux qui résisteront, et votre « charité chrétienne envers les paisibles habi- « tans, mettront un terme à vos longues fati- « gues, et vous acquerront la réputation d'un « peuple brave et vertueux. »

Le duc de Raguse s'étant mis en retraite entre la Sarre et la Meuse, se dirigea en toute hâte sur Metz; le maréchal duc de Bellune prit position derrière le même fleuve et sur la même ligne. La saison étoit rigoureuse, les chemins devenus impraticables, les bivouacs à peine tenables; les routes se couvroient de chevaux morts, tout s'annonçoit sous les plus sinistres auspices. Sur les bords de l'Escaut, le général Maison s'étoit battu avec intrépidité, et, malgré tous ses efforts, n'avoit pu parvenir qu'à rassembler vingt mille hommes pour couvrir Anvers. Les soldats belges passoient à l'ennemi. Napoléon faisoit ses efforts pour rassurer la France et pallier les progrès de l'ennemi. Les écrivains à ses ordres assuroient que le mouvement rétrograde de l'armée française étoit le résultat d'une forte combinaison, d'un vaste plan conçu dans la tête du plus grand capitaine de l'univers. Les papiers publics parloient avec exagération des levées immenses qui s'opéroient dans tous les départemens; la police redoubloit de vigilance et multiplioit ses agens; l'espionnage se faisoit jusque dans les bureaux de la poste, où les lettres venues des provinces occupées par l'ennemi étoient ouvertes sans pudeur; les fonds publics tomboient avec une rapidité alarmante, et les créanciers de l'Etat, désespérés, se hâtoient de mettre leurs rentes sur la place, ce qui les faisoit tomber encore; le prix en étoit descendu jusqu'à quarante-sept francs. Plus de commerce, plus d'affaires, plus d'entreprises d'aucun genre; les ateliers se fermoient; les rues et les places publiques se remplissoient d'ouvriers sans occupation; les plus jeunes s'enrôloient de désespoir pour avoir du pain. La ville de Langres, bâtie sur l'un des points les plus élevés de la France, offroit une position de la plus haute importance : les alliés marchoient pour s'en emparer; les trois souverains étoient présens à l'armée. Napoléon se hâta d'y envoyer le maréchal Mortier avec douze mille hommes, formant trois divisions de la vieille garde : c'étoit l'élite de l'armée. Dès le lendemain de son arrivée, le maréchal attaqua les premiers postes de l'ennemi, et les força de se replier. Mais le prince de Schwartzemberg, qui sentoit toute l'importance de cette conquête, quitta aussitôt Vesoul, et s'avança avec toutes ses forces : douze mille hommes ne pouvoient tenir contre elles. Le maréchal Mortier attendoit les secours que Napoléon lui avoit promis, et ses secours n'arrivoient point. Il se retira sur Chaumont, et laissa deux cents hommes à Langres, pour obtenir, s'il étoit possible, une capitulation. Cette ville, hors d'état de se défendre, avoit eu précédemment le tort de répondre aux sommations de l'ennemi, en tirant sur le parlementaire. La capitulation lui fut refusée; et les habitans consternés s'attendoient à toutes les rigueurs de la guerre, lorsque le vainqueur, usant de clémence, se contenta de leur imposer une forte contribution pour laquelle ils donnèrent des otages. Quelques jours après, la ville reçut les trois souverains dans ses murs.

Le maréchal Mortier n'ayant pu défendre ni Langres ni Chaumont, s'étoit replié à Bar-sur-Aube, après avoir, durant sa marche, écrasé deux bataillons wurtembergeois. Il s'empara des positions de cette ville, et se détermina à les défendre. Il avoit quarante pièces de canon, mais peu de munitions. Il fut bientôt attaqué avec audace par trente mille hommes autrichiens et wurtembergeois; il n'en avoit que treize mille, y compris une foible division italienne qui étoit venue le rejoindre. Loin de s'effrayer de la supériorité de l'ennemi, il soutint l'attaque avec intrépidité ; et la vieille garde prenant à son tour l'offensive, enfonça partout les Autrichiens. Le major Keck tomba dans la mêlée, percé de coups de baïonnettes. Si dans ce moment les secours promis fussent arrivés, les ennemis eussent été mis dans une déroute complète ; mais leurs forces s'accroissoient sans cesse, celles du maréchal s'affaiblissoient : il avoit perdu deux mille hommes; et pendant le combat, une partie des Italiens et des soldats belges avoit passé à l'ennemi. Dans cette situation, ne voulant pas sacrifier inutilement les braves qui venoient de combattre si glorieusement, il abandonna ses positions, et se replia en bon ordre sur Troyes, où il ne trouva qu'une garnison de deux cents hommes. Les alliés n'étoient plus qu'à quarante lieues de Paris, et Napoléon ne paroissoit pas. On raconta alors que la veille de son départ, renfermé dans un cabinet, entouré des cartes du théâtre de la guerre, il en avoit tout à coup ouvert la porte, et que jetant son compas, il s'étoit écrié, comme dans une sorte d'inspiration : *Je les tiens*. Ceux qui connaissoient le mieux Napoléon, regardèrent cette petite scène comme une jonglerie; mais le mot circula parmi les courtisans, et l'on ne douta point qu'à sa première apparition sur le champ de bataille, l'ennemi ne fût anéanti. Le 26 janvier, il arriva à Châlons-sur-Marne, à onze heures du soir. Tous les généraux avoient reçu ordre de se replier sur ce point. L'ennemi occupoit Saint-Dizier; Napoléon l'y fit attaquer le lendemain, et après deux combats successifs, le général Lanskoi, qui commandoit dans cette place, en fut rejeté avec perte, et se retira si précipitamment, qu'il n'eut pas même le temps de faire sauter le pont. Cette première action ranima la confiance du soldat, et rendit à Napoléon le prestige de son ancienne renommée; mais il n'avoit que soixante mille hommes, et il étoit difficile de faire face partout aux six cent mille soldats qui le menaçoient de toutes parts. Napoléon ne songea plus qu'à défendre les points les plus importans, et se décida à se porter sur Troyes pour prévenir la jonction de l'armée prussienne et de l'armée autrichienne. Il apprit bientôt que le maréchal Blücher étoit à Brienne; il se décida à marcher sur lui, en passant par la forêt de Montierender, qui ne demandoit que deux marches : c'étoit un chemin de traverse très-difficile dans tous les temps; mais le ciel paraissoit se mettre à la gelée, et Napoléon reprit confiance en son étoile : il s'engagea dans la forêt, où le dégel qui survint tout à coup, transforma la route en lac de boue : on n'y marcha qu'avec la plus grande peine; et le maréchal Blücher, averti de l'arrivée de Buonaparte, réunit ses forces : c'étoit de tous les ennemis, le plus actif, le plus animé dans sa haine pour Napoléon : il étoit déjà en communication avec le prince de Schwartzemberg; il vouloit tenir à Brienne jusqu'à l'arrivée des Autrichiens, et, dans tous les cas, se replier sur eux. C'étoit à Brienne que Buonaparte avoit reçu sa première éducation; c'étoit dans l'école militaire de cette ville qu'il avoit appris les premiers élémens de l'art de la guerre. Ce lieu étoit pour lui plein de souvenirs; et le magnifique château qui dominoit la colline lui avoit souvent été ouvert pour y recevoir les marques de la protection et de la bienveillance du comte de Brienne : c'étoit là qu'il venoit livrer une bataille pour sauver sa couronne. Deux mille chevaux, commandés par le général comte Pahlen, en défendoient les approches ; le général russe Asuffief occupoit le pied de la colline ; Blücher la hauteur, et Sacken se tenoit en arrière, sur la route de Brienne à la Rothière. La cavalerie de Pahlen fut bientôt mise en déroute par celle des généraux Grouchy, Milhaud et Lefèvre-Desnouettes. Le général Château, gendre du duc de Bellune, s'introduisit dans le parc, à la faveur de l'inégalité du terrain, et les grenadiers se glissant jusqu'au château même avec une admirarable résolution, jetèrent tout à coup l'effroi dans l'état-major de Blücher, qui n'eut que le temps de monter à cheval, et de se jeter précipitamment sur les colonnes du général Sacken. Le jeune d'Hardemberg, neveu du chancelier de Prusse, fut fait prisonnier à côté du feld-maréchal. En même temps, les ennemis furent forcés au pied de la colline, et les Français se trouvèrent en peu de temps maîtres de la position. Blücher croyant son honneur compromis, donna les ordres pour reprendre la ville et le château. Le combat devint alors sanglant; les rues, les places, les jardins se couvrirent de cadavres. Napoléon, voulant à tout prix chasser les alliés, fit jeter des obus dans la ville; et quelques maisons ayant pris feu, les Russes favorisèrent l'incendie pour arrêter la marche des Français. Tout devint meurtre et désastre; le combat dura jusqu'à onze heures du soir. Napoléon parcouroit les rangs avec toute l'intrépidité de la jeunesse, s'exposant au milieu des balles pour entretenir ou ranimer l'ardeur de ses soldats; car les jeunes conscrits, excédés des fatigues de la route, couverts de boue et sans distribution, commençoient à montrer du découragement. Les ennemis eux-mêmes, fatigués des efforts inutiles qu'ils venoient de faire, cédant à l'intrépidité des Français, se retirèrent en arrière de Brienne, à la Rothière. Napoléon retourna à son quartier-général de Mezières, à une lieue et demie du champ de bataille.

La nuit étoit très-obscure. Napoléon précédoit de quelques pas ses aides-de-camp, et causoit avec le général Gourgaud, lorsque tout à coup une bande de Cosaques vient traverser le groupe; un d'entre eux se jette sur Napoléon; le général Gourgaud l'abat d'un coup de pistolet aux pieds de son empereur.

L'escorte accourt, mais les Cosaques disparoissent. Le danger avoit été imminent, et l'ennemi bien plus près du succès que dans le fameux *hourra* de la campagne de 1812.

On attendoit à Paris avec une grande impatience des nouvelles de l'armée. La régence présenta l'affaire de Brienne comme une grande victoire : on parla de quinze mille prisonniers, et de quarante pièces de canon enlevées à l'ennemi ; le reste de son artillerie étoit perdu dans les boues de la forêt de Vassy. « Le peuple des campagnes, disoit-on, « se lève en masse. » Les poëtes de la police furent aussitôt mis en réquisition, et M. Baour de Lormian célébra ce nouveau triomphe dans les chants d'un grand opéra intitulé l'*Oriflamme*. Le lendemain de la bataille, Napoléon revint à Brienne ; la ville n'étoit plus qu'un monceau de ruines ; le château étoit dévasté : il fit, dit-on, le projet de rebâtir la ville, d'acheter le château, et d'y établir une résidence impériale. Le sort en avoit décidé autrement.

Les alliés, battus à Brienne, étoient loin d'être vaincus. L'armée de Silésie sous le général Blücher, et celle d'Autriche sous le généralissime Schwartzemberg, étoient maintenant réunies ; le général Yorck avoit repris Saint-

Dizier, le corps du maréchal duc de Raguse avoit été repoussé près de Vassy : il falloit une grande bataille pour fixer le destin des deux armées. Blücher la présenta le 1ᵉʳ février : il avoit cent mille hommes à opposer à cinquante mille. Les souverains étoient à la tête de leurs soldats; Napoléon commandoit aussi les siens. Le combat s'engagea avec une égale ardeur des deux parts. Les jeunes conscrits, guidés par des vétérans, se signalèrent par des efforts inouïs. Depuis trois heures jusqu'à huit heures du soir, la victoire se balança entre les deux armées ; deux fois les alliés firent reculer les Français, autant de fois les Français enfoncèrent leurs ennemis : on se disputa avec acharnement le village de la Rothière; Napoléon marcha lui-même à la tête de sa garde ; la terre se couvrit de morts, de mourans et de blessés. Enfin, le nombre l'emporta ; les deux positions si long-temps disputées restèrent au pouvoir de l'ennemi, et Napoléon ordonna la retraite sur Troyes. Cette action prit le nom de *bataille de la Rothière*. Ce n'étoit pas seulement à la supériorité du nombre que les alliés devoient leur victoire, ils la devoient aussi à l'habileté de leurs manœuvres et à l'assurance de leurs troupes. Napoléon, en prolongeant la guerre, en avoit appris les secrets à ses ennemis. Ce n'étoient plus ces officiers timides qui redoutoient son astre invincible; après avoir osé l'attendre, ils osèrent l'attaquer, et leurs soldats cessèrent de trembler devant ses aigles.

Le 2 février, Napoléon, l'âme obsédée de soucis, quitta la ville et le château de Brienne, qu'il ne devoit plus revoir. Les voiles de la nuit couvrirent sa marche, et ce ne fut que le lendemain que les alliés s'aperçurent de sa retraite. Maintenant il étoit séparé de l'ennemi par le cours de l'Aube; après avoir passé le pont de Lesmont, il l'avoit fait couper, et le duc de Raguse se trouvoit abandonné sur l'autre rive : c'étoit une répétition de la malheureuse affaire de Leipsick. Vingt-cinq mille Bavarois se flattoient de couper la retraite au maréchal, et de l'arrêter sur les bords de la Voire, petite rivière qui se jette dans l'Aube, au-dessus de Lesmont; mais Marmont, par l'habileté de ses manœuvres, l'intrépidité de ses soldats, à la tête desquels il se mit, l'épée à la main, passa sur le corps des Bavarois, et parvint à rejoindre la grande armée. Sa brillante résistance arrêta l'ennemi, et donna aux Français vingt-quatre heures pour continuer leur retraite : on évalua à quatre mille hommes et à soixante pièces de canon la perte des Français à la bataille de la Rothière, et à six mille celle des alliés. Le prince de Schwartzemberg reçut une épée de la main de l'empereur Alexandre, sur le champ de bataille; le prince de Wurtemberg et le général comte de Wrède reçurent la décoration de l'ordre de Saint-Georges. Quelques villages, rassurés par la présence de Buonaparte, ayant pris les armes contre les alliés, furent impitoyablement mis à exécution. Leur position étoit extrêmement difficile : d'une part, Napoléon avoit par un décret ordonné qu'ils s'armassent; de l'autre, le prince de Schwartzemberg les avoit menacés, dans une proclamation, de leur faire subir les rigueurs de la guerre s'ils s'armoient; les malheureux se voyoient, quelque parti qu'ils prissent, dans un égal danger.

On n'avoit point encore envoyé de bulletin à Paris. Napoléon vouloit débuter dans ses correspondances par une grande victoire : il éprouva la plus pénible mortification d'être réduit à pallier une défaite; mais il s'y résigna.

CHAPITRE XXI.

Entrée des alliés à Troyes. Retraite de Buonaparte à Nogent-sur-Seine. Ouverture du congrès à Châtillon-sur-Seine. Proposition d'un armistice adressée par Napoléon au congrès. Refus des alliés. Prise de Châlons et de Vitry par l'armée confédérée. Arrivée de quelques renforts à l'armée française. Combats glorieux de Champ-Aubert, de Montmirail, de Château-Thierry. Sérieuses inquiétudes des puissances alliées.

Napoléon, fatigué de sa mauvaise fortune, ne sembloit plus animé de cette ardeur guerrière, de ces grandes et vigoureuses résolutions, de ces brillantes espérances qui enfloient son courage, quand la victoire planoit sur ses enseignes. Arrivé à Troyes, son unique dessein étoit de défendre cette ville, et d'y terminer sa carrière politique les armes à la main, si le sort continuoit à l'accabler. Il attendoit, à la vérité, des détachemens de l'armée d'Espagne et de la Normandie; mais il voyoit aussi l'armée ennemie étendant ses vastes bras autour de lui, comme pour l'étouffer. Dans cette situation embarrassante, il résolut d'attendre encore, et de donner quelque chose à la fortune. Ses troupes, excédées de fatigues, couchant dans la boue, manquant habituellement de distributions, murmuroient. Le découragement gagnoit tous les rangs; la désertion devenoit effrayante : les jeunes conscrits, se voyant près des lieux qu'habitoient leurs familles, jetoient leurs armes et leurs shakos pour se cacher sous le toit paternel. Napoléon, frappé de cet abattement, qui l'atteignoit lui-même, n'osant plus livrer de bataille, prit enfin le parti d'abandonner Troyes, et de se replier sur la petite ville de Nogent-sur-Seine. Il venoit, d'ailleurs, de recevoir de Paris des nouvelles peu rassurantes. On y avoit appris la défaite de la Rothière; et son frère Joseph, qu'il venoit de nommer son lieutenant-général, ne lui dissimuloit pas que les esprits y étoient dans une grande fermentation, et qu'il étoit urgent de les rassurer.

Le congrès, après de longs délais, venoit enfin de s'ouvrir à Châtillon-sur-Seine. Le comte de Stadion y représentoit l'Autriche, le comte Razumowski la Russie, le baron de Humboldt la Prusse, lord Castlereagh l'Angleterre, le duc de Vicence la France. Napoléon l'avoit chargé de faire, auprès du congrès, tous les sacrifices nécessaires pour éviter une bataille et sauver la capitale. Il avoit fait plus : après quelques momens d'irrésolution, il l'avoit laissé maître de signer tout ce qu'il jugeroit convenable. Soit qu'il jugeât que l'étendue de ces pouvoirs étoit de nature à justifier de sa bonne foi auprès des puissances réunies, soit qu'il redoutât vivement l'issue d'une nouvelle action générale, il chargea son ministre plénipotentiaire de demander un armistice sur les bases que les puissances elles-mêmes détermineroient.

Des écrivains détracteurs ont prétendu que Napoléon n'avoit demandé cet armistice que dans l'intention de tromper l'ennemi, et de recommencer la guerre avec plus d'avantage. Mais si l'on considère la situation où il se trouvoit, le découragement et la désertion d'une partie de son armée, l'impression que devoient faire sur lui les coups obstinés de la mauvaise fortune, on se persuadera facilement que son plus pressant intérêt étoit d'être sincère. On se trouve, en lisant la vie de Napoléon, entre deux écueils : les uns veulent tout admirer, les autres tout blâmer ; ceux-ci ne voient que génie et loyauté, ceux-là que mensonge et charlatanisme : quelques-uns même ont porté l'injustice jusqu'à lui refuser le courage. Il n'en manqua jamais; et si, dans quelques occasions mémorables, il parut abandonner son armée, c'est que, subordonnant tout à ses intérêts personnels, voulant saisir la fortune que lui montroient les destins, ou la conserver après l'avoir acquise, il crut sa présence plus utile loin de son armée qu'au milieu d'elle. Ce n'étoit pas la perte de la vie qu'il redoutoit, mais la perte de sa couronne, qu'il estimoit plus que la vie. Si les alliés eussent souscrit à l'armistice qu'il demandoit, il est probable qu'il eût posé les armes, et travaillé sincèrement à la paix, sauf, par la suite, à brouiller les cabinets, et à reprendre ce qu'il auroit perdu.

En laissant aux puissances alliées la faculté de fixer elles-mêmes les bases de l'armistice, Napoléon devoit s'attendre à retrouver les propositions de Francfort; mais ses revers avoient excité l'appétit des souverains; et ces puissances si désintéressées, qui n'étoient armées que pour la liberté des peuples, qui ne faisoient point la guerre aux Français, ne leur demandoient rien moins que la cession des plus belles provinces de leur empire; et lorsque le duc de Vicence proposa l'armistice, on lui signifia qu'il falloit maintenant que la France se resserrât dans ses anciennes frontières. Jamais l'abus de la victoire n'avoit été poussé plus loin. Quand ces propositions furent apportées à Napoléon, il en parut frappé comme d'un coup de foudre; il se jeta sur un lit de repos, et garda quelque temps un profond silence. Le prince de Neufchâtel et le duc de Bassano étoient auprès de lui; il leur passa la note fatale, sans proférer une seule parole : ils la lurent, et la lui remirent en silence.

Les nouvelles les plus fâcheuses arrivoient de toutes parts. Aix-la-Chapelle, Liége, Bruxelles étoient au pouvoir de l'ennemi; la Belgique perdue, Châlons-sur-Marne occupée par les alliés; aucun point n'avoit pu être défendu. Napoléon, frappé de ces coups imprévus, continuoit de garder le plus morne silence. Le prince et le duc osèrent hasarder quelques mots : « Il est des temps où il faut « se soumettre à la rigueur des destins..... » Mais tout à coup Napoléon se lève : « Eh « quoi! vous me conseilleriez de signer un « pareil traité! Des revers inouïs pourroient « me forcer à faire le sacrifice de mes con- « quêtes; mais abandonner celles qui ont été

« faites avant moi! Après tant d'efforts, de
« sang répandu et de victoires, laisser la France
« plus petite que je ne l'ai trouvée! jamais.
« Le pourrois-je sans honte, sans lâcheté,
« sans trahison? Que serois-je pour les Fran-
« çais, quand j'aurois signé leur humiliation?...
« Dieu me préserve de tels affronts!... Répon-
« dez à Caulaincourt, et dites-lui que je re-
« jette ce traité. »

Il fortifia ce discours en rappelant ses sermens : « Puis-je les fouler aux pieds?
« N'ai-je pas, en prenant les rênes de l'E-
« tat, juré de maintenir l'intégrité du ter-
« ritoire de la république?... Puis-je violer
« le dépôt qui m'a été remis avec tant de con-
« fiance?... »

Mais il avoit juré aussi, à son couronnement, de gouverner dans la *seule vue de l'intérêt, du bonheur et de la gloire du peuple français;* et ce serment étoit-il moins sacré que l'autre? Le duc de Bassano passa une partie de la nuit auprès de lui, et obtint enfin la permission de faire une réponse qui offrît encore l'espoir d'une réconciliation. Napoléon voulut néanmoins qu'on envoyât les propositions à son conseil privé, et qu'il se réunît pour donner son avis. Peut-être étoit-ce à la France toute entière qu'il falloit les communiquer : le noble orgueil de la nation l'eût mieux servi qu'un conseil pusillanime, et dont plus d'un membre étoit déjà disposé à la défection.

Sa position n'étoit point encore désespérée. Sa retraite s'étoit faite paisiblement. Quelques avantages remportés par ses généraux, depuis la bataille de la Rothière, avoient contenu les alliés; ils avoient même reculé de plus d'une lieue. Napoléon profita de ce délai pour rassurer ses troupes, et les préparer à de nouveaux combats. On quitta Troyes; quelques moyens de défense furent employés pour mettre Nogent à l'abri d'une surprise, et l'on attendit que les alliés fournissent une occasion favorable pour reprendre l'offensive. Les trois souverains continuoient de suivre la marche de leurs armées; ils se plaisoient à promener leurs frêles lauriers au milieu de cet empire dont le chef avoit envahi leurs capitales et jusqu'à leurs propres palais. Dès que la ville de Troyes fut évacuée, ils y firent leur entrée triomphale. Jusqu'alors aucune province, aucune ville n'avoit paru se souvenir de cette race antique qui, pendant huit cents ans, avoit donné des rois à la France; la légitimité de Napoléon n'étoit contestée que par les Français qui avoient vu les dernières années de cette dynastie foible et pacifique; le reste du peuple ne soupçonnoit pas qu'il pût avoir un autre maître. Ce fut à Troyes que le nom des *Bourbons* fut prononcé pour la première fois. Les esprits sages, les hommes éclairés ne croyoient pas que le moment de leur rappel fût encore arrivé, et les alliés n'annonçoient publiquement aucune disposition en leur faveur. On pensoit avec raison que, quel que fût l'évènement, l'empereur d'Autriche prêteroit difficilement la main pour détacher du front de sa propre fille le diadême dont Napoléon l'avoit décoré; mais les esprits inconsidérés, ces restes de l'émigration, qui avoient si étourdiment perdu la monarchie à Coblentz, s'indignoient de cette retenue, et, dans leur zèle aveugle, croyoient ne pouvoir provoquer trop tôt le retour de leurs anciens maîtres. Deux gentilshommes de Troyes, le marquis de Vidranges et le chevalier de Gouault, présentèrent une supplique aux monarques pour le rappel des Bourbons, et, croyant le règne de Napoléon terminé, se décorèrent de la croix de Saint-Louis. Les princes déclarèrent que leurs vues n'étoient point d'imposer aux Français des maîtres qu'ils n'auroient pas choisis eux-mêmes. Ils n'avoient, en effet, manifesté aucune intention qui pût faire trembler Napoléon pour sa couronne; et quelques jours après, il prouva qu'il étoit encore capable de la défendre.

Tandis que les souverains et le prince de Schwartzemberg s'occupoient à Troyes de leur marche sur Paris, par les rives de la Seine, Blücher étoit à Châlons, se disposant à marcher aussi sur cette capitale, par les rives de la Marne. Napoléon conçut alors le projet hardi d'aller le battre dans ses positions, et de revenir ensuite tomber sur l'armée autrichienne; mais avant de quitter Nogent, instruit des excès auxquels se portoient ses propres troupes, il voulut les rappeler à la discipline par un ordre du jour.

« L'empereur témoigne son mécontente-
« ment à l'armée, sur les excès auxquels elle
« se livre. Ces excès, qui sont blâmables dans
« toutes les circonstances, deviennent le plus
« grand crime lorsqu'ils sont commis sur notre
« propre territoire. Les chefs de corps et les
« généraux sont prévenus qu'ils sont respon-
« sables de tous les désordres. Les habitans
« fuient partout; et l'armée, qui doit défendre
« le pays, en devient le fléau. Les trains d'ar-
« tillerie et les équipages sont désignés comme
« se portant aux plus grands excès. Les chefs
« de ces corps doivent spécialement pren-

« dre des mesures pour les faire cesser. »

Napoléon ne pouvoit trop se presser d'exécuter ses plans. Le duc de Tarente, obligé de se replier devant les armées russe et prussienne, avoit pris position à Meaux; l'ennemi marchoit avec confiance sur les bords de la Marne, tandis que le prince de Schwartzemberg, se portant de Troyes sur Sens, envoyoit des éclaireurs jusqu'aux portes de Melun. Paris étoit dans la plus grande confusion : on créneloit ses murs, on élevoit au-devant de ses barrières des palissades, on faisoit des dispositions pour fortifier les hauteurs de Belleville, de Saint-Chaumont, de Montmartre. Les habitans riches se retiroient en Normandie et en Bretagne; les négocians s'occupoient de sauver leurs magasins; tout le monde enfouissoit son trésor. Le gouvernement lui-même emballoit ses archives; on encaissoit les objets d'arts les plus précieux, et l'on brûloit à la police les registres secrets et ces amas de délations, vils monumens de la perversité humaine.

Mais dans l'espace de quelques jours, la face des affaires changea tout à coup. Napoléon, illuminé par une de ces inspirations soudaines qui lui étoient si fréquentes dans ses jours de gloire, partit de Nogent le 9 février, et se porta sur les Prussiens et les Russes par la route de Sésanne. C'étoit un chemin de traverse : les pluies, les dégels en avoient défoncé le terrain; les chevaux y entroient jusqu'au poitrail; l'artillerie s'embourboit à chaque pas. Rebuté des difficultés de cette route, le maréchal Marmont étoit revenu sur ses pas; mais rien ne rebute Napoléon : il renvoie le maréchal en avant, il met en réquisition tous les chevaux du pays, et l'on avance. L'ennemi, enivré de ses succès, étoit loin de s'attendre à ce mouvement. Les généraux Yorck et Sacken se portoient, pleins de confiance, de Château-Thierry sur Meaux : le premier étoit à la Ferté-sous-Jouarre, le second à Montmirail. Le duc de Raguse parvient à franchir le défilé bourbeux de Saint-Gond, enlève le village de Baye, et surprend à Champ-Aubert le général russe Alsufieff, dont le corps entretenoit la communication entre Blücher et les généraux Sacken et Yorck. Alsufieff n'avoit que quatre mille hommes; et dans l'impossibilité de tenir contre des forces supérieures, il se mettoit en retraite, lorsque la cavalerie française tournant sa position, et l'infanterie l'attaquant sur tous les points, jetèrent ses soldats dans une déroute complète : de quelque côté qu'ils cherchassent à fuir, ils se trouvoient prévenus. Les uns se précipitèrent dans les bois, les autres dans les marécages, où ils périrent : un petit nombre se forma en carré pour vendre chèrement sa vie; ils furent enfoncés et détruits. Le général en chef, plusieurs colonels et deux mille hommes mirent bas les armes, et se rendirent prisonniers.

Cette journée pouvoit avoir les suites les plus heureuses pour Napoléon. La communication entre Blücher et les généraux Yorck et Sacken étoit coupée; eux-mêmes se trouvoient dans le plus grand danger. Effrayés de leur position, ils revinrent précipitamment sur leurs pas; mais Napoléon, prévoyant leur mouvement, n'avoit pas perdu de temps : de Champ-Aubert, il avoit marché sur Montmirail, laissant le duc de Raguse pour contenir Blücher. Il venoit d'arriver avec la division Ricard et la vieille garde, lorsque le général Sacken parut avec son armée, qui n'excédoit pas vingt mille hommes. Il lui étoit impossible d'éviter le combat; il fit aussitôt ses dispositions, et vint attaquer le village de Marchais, qu'occupoit la division Ricard, sous les ordres du maréchal Ney. L'action y devint opiniâtre et sanglante; trois fois on prit et reprit le village; enfin il resta aux Français, et, après cinq heures de combat, les deux armées se retrouvèrent dans leurs premières positions. Napoléon attendoit sa garde ; elle arriva avec son artillerie : alors il engagea de nouveau le combat. La lutte fut acharnée et longtemps indécise : les Russes se battoient vaillamment ; les soldats des deux armées se fusilloient avec fureur, lorsque les grenadiers à cheval, les lanciers et les dragons de la garde, prenant l'ennemi à dos, le jetèrent dans la plus extrême confusion. Ce ne fut plus un combat, mais une affreuse déroute. L'ennemi, épouvanté, se jeta sur la route de Château-Thierry, après avoir perdu une partie de son artillerie et six mille hommes tués ou blessés ; les Français n'avoient à regretter que douze cents hommes. La bataille de Champ-Aubert ne leur en avoit coûté que quatre cents.

Cette bataille eut lieu le 11 février. Le lendemain, le duc de Trévise se mit à la poursuite de l'ennemi. Napoléon, de son côté, se dirigea sur Château-Thierry. Huit bataillons couvroient la retraite des Russes. Ils voulurent tenir au village de Coquerets, et furent culbutés. De position en position, ils arrivèrent jusqu'à Château-Thierry, et se formèrent en avant de la ville, sur les hauteurs de Nesle. Attaqués par six bataillons de la vieille garde, tournés par la cavalerie, enfoncés sur tous les points, ils laissent, après un horrible carnage, une partie de leur artillerie et deux mille prisonniers : le reste fuit précipitamment pour se jeter dans la ville. En ce moment, le corps du général Yorck, rappelé de Meaux par les mauvaises nouvelles qu'il venoit de recevoir, se présentoit aux portes de Château-Thierry. Il essaya en vain de rallier les fuyards : la terreur se mit dans ses propres troupes, et les deux armées entrèrent avec une égale confusion dans l'intérieur de la ville, encombrèrent les rues de leurs équipages et de leurs voitures, et se mirent en fuite sur la rive opposée, où les ponts se trouvoient heureusement conservés. Les alliés, avant de se retirer, avoient tellement maltraité la ville de Château-Thierry et les campagnes voisines, que les habitans étoient occupés à rompre le pont lorsqu'ils se présentèrent pour y passer. Un peu plus tard, les deux armées de Sacken et d'Yorck étoient prisonnières. Peu s'en fallut que le prince Guillaume de Prusse ne tombât entre les mains du vainqueur. Les paysans poursuivirent l'ennemi partout, le traquèrent comme une bande d'animaux malfaisans : les femmes elles-mêmes se mirent à sa poursuite ; d'autres insultoient les blessés, et, méconnoissant les lois sacrées de l'humanité, elles en jetèrent plusieurs dans la rivière.

Ces victoires tenoient du prodige. Jamais l'armée russe n'avoit livré autant de prisonniers; jamais les Prussiens n'avoient fui avec tant de confusion; et tandis que les Français recouvroient toute leur confiance et leur audace, leurs ennemis tomboient dans un découragement inexprimable.

Au bruit de la défaite de Champ-Aubert, le maréchal Blücher avoit appelé à son secours les divisions Langeron et Kleist, et s'étoit mis en marche pour combattre Napoléon. Le 13, il rencontra le maréchal duc de Raguse, qui, trop inférieur en forces, se retira sur Montmirail. Blücher continua sa marche, et poursuivit le maréchal jusqu'au village de Vauchamps. A la nouvelle de ce mouvement, Napoléon quitte subitement Château-Thierry, fait une marche forcée pour soutenir le duc de Raguse et combattre le fougueux Blücher. Le 14, à huit heures du matin, son avant-garde arrive au champ de bataille, se jette sur six pièces de canon que les Prussiens avoient postées en avant, et s'en empare. La cavalerie prusienne charge la cavalerie française, et l'infanterie ennemie s'avance pour la soutenir. En ce moment la garde arrive; le général Grouchy fond sur les Prussiens, et les disperse. Elle attaque aussitôt l'infanterie, qui se forme en carrés, se couvre d'une formidable artillerie, et repousse vaillamment les Français. Mais de nouvelles forces arrivent successivement, l'ennemi se voit enveloppé de toutes parts; et Blücher désespérant du succès, se met en retraite.

Il la fit avec beaucoup de courage et de sang-froid. Ses colonnes, serrées et toujours pressées par la cavalerie française, soutinrent le feu ennemi avec une constance inébranlable, et sans se laisser entamer. Cette affaire coûta au général Blücher quatre ou cinq mille hommes tués ou blessés, et neuf pièces de canon. La perte des Français fut d'environ mille cavaliers et autant de chevaux. Blücher se retira à Châlons, Yorck et Sacken à Reims, où leurs réserves leur assuroient des renforts considérables. Dans la retraite, le feld-maréchal Blücher avoit failli être prisonnier. Un détachement de la cavalerie de la garde s'étant jeté pendant la nuit à travers l'armée prussienne, tomba sur l'état-major, et l'auroit enlevé, si les cavaliers eussent été aussi sobres que courageux. Mais les ténèbres de la nuit et les fumées du vin de Champagne ne leur permirent pas de reconnoître de quel prix eût été leur capture.

Cette suite de victoires couvroit l'armée de gloire, mais ne terminoit rien : elle reculoit le sort définitif de la campagne, sans le fixer. Cependant elle imprima un salutaire effroi aux puissances alliées, et leur fit craindre de se trouver bientôt renfermées en France, sans moyen d'en sortir.

Napoléon en avoit le projet et l'espérance. Enflé de ses victoires, il fit passer au duc de Vicence l'ordre de refuser absolument les conditions proposées précédemment. « Je n'y « avois consenti, écrivoit Napoléon, que pour « sauver la France, et elle est sauvée; que « pour éviter une bataille, et la bataille est « donnée : je retire mes dernières instruc- « tions. » Détermination présomptueuse et prématurée, qui décida de son sort!

Il s'en falloit bien que les généraux de son armée partageassent sa confiance. Ils voyoient à la suite de ces victoires, d'autres victoires à remporter, sans qu'on pût en prévoir le terme; ils voyoient l'armée se consumer peu à peu dans les fatigues, les maladies et les combats. La paix étoit l'unique objet de leurs vœux, et, suivant eux, la seule ancre de salut. A Paris, on partageoit l'opinion des généraux.

On s'obstinoit à voir Napoléon perdu ; on se refusoit à croire à ses succès ; le gouvernement étoit sans puissance et sans action ; on ne voyoit dans le lieutenant-général Joseph Buonaparte, qu'un homme incapable, qui, n'ayant pu soutenir sa couronne en Espagne, paroissoit bien peu propre à sauver celle de son frère en France ; on se croyoit revenu aux derniers jours de la monarchie. Le petit roi de Rome rappeloit ce jeune dauphin que sa mère présentoit au peuple dans ses momens de détresse. L'impératrice le promenoit sur la terrasse des Tuileries, en habit de garde national. Il passoit ses petites mains à travers les barreaux de la rampe, en disant à la foule des promeneurs : *Vous aurez la paix*. On croyoit voir approcher la chute de son père, comme on avoit vu approcher celle de la dynastie des Bourbons ; en vain les bulletins de Napoléon promettoient-ils la destruction inévitable des alliés ; on le regardoit comme perdu lui-même sans ressource.

Ce fut un jour de parade que le courrier expédié de Champ-Aubert arriva aux Tuileries : il étoit couronné de lauriers. Soixante coups de canon annoncèrent la victoire. Le lendemain, nouveau triomphe : *Sacken a été défait à Montmirail, Blücher à Vau-*

champ ; toute l'armée de Silésie est anéantie.

« La victoire, disoit Napoléon dans ses
« bulletins, la victoire a reconnu nos ensei-
« gnes; l'ennemi présomptueux qui se parta-
« geoit déjà nos dépouilles, l'ennemi qui
« marchoit audacieusement sur la capitale,
« qui sembloit se repaître de notre humilia-
« tion, l'ennemi est vaincu : il est poursuivi;
« il fuit devant nos aigles... Oui, les armées
« de Sacken et de Blücher sont détruites ;
« plus de cent régimens russes et prussiens
« ont été anéantis dans trois combats : vingt
« mille prisonniers, cent quatre-vingts pièces
« de canon, deux généraux en chef pris ou
« blessés mortellement, sont les trophées de
« ces journées immortelles : il n'est échappé
« que des débris; les bois, les villages, les
« campagnes sont encombrés de cadavres
« russes et prussiens, de caissons, d'équi-
« pages, de voitures brisées; les paysans font
« une guerre cruelle aux fuyards : tout s'a-
« nime au bruit de nos succès, et tout Fran-
« çais s'associe à la gloire de l'armée fran-
« çaise. »

Pour ajouter à l'impression que devoient
faire ces bulletins, on imagina de donner aux
Parisiens un spectacle semblable à ceux que
les triomphateurs romains donnoient au peu-

ple; il n'y manquoit que le char du vainqueur. Le 18 février, on fit entrer en plein jour, et défiler par les boulevards, les colonnes de prisonniers faits dans les derniers combats. A leur tête étoient le général Alsufieff, et d'autres officiers russes. Six mille hommes russes, prussiens, mal vêtus, excédés de fatigue, suivoient leurs généraux; un ciel pur, un soleil brillant favorisa cette pompe militaire. Des agens de la police essayèrent en vain d'insulter ces malheureux par de misérables huées. Quelle fut leur surprise, en voyant que le peuple, loin de s'associer à leurs outrages, couroit au-devant de ces colonnes désarmées, s'apitoyoit sur leur misère, et leur prodiguoit tous les soulagemens qu'il pouvoit leur donner! Les uns apportoient des corbeilles de pain, les autres des pièces de rôti ; ceux-ci de l'argent, ceux-là des souliers et des vêtemens. Ces malheureux, touchés de tant de bonté, ne pouvoient exprimer leur reconnoissance. Le gouvernement avoit attendu des acclamations, de l'exaltation dans les esprits, il ne trouva que de la pitié dans les cœurs. Le lendemain, les feuilles stipendiées par la police déclamèrent contre l'incivisme des Parisiens. Les Parisiens répondirent : « Puisse l'étranger traiter ainsi nos

« enfans ! » On assure que pour grossir le cortége, on y avoit joint les prisonniers russes et prussiens ramenés de la campagne de 1813, et distribués dans les villages voisins de Paris pour y travailler. Paris n'avoit plus cette crédulité dont Napoléon s'étoit autrefois si habilement servi pour enfler ses triomphes et grandir l'idée qu'on avoit de son génie.

CHAPITRE XXII.

Marche des alliés sur les bords de la Seine et de l'Yonne. Siége de Sens, et prise de cette ville. Retraite des maréchaux ducs de Reggio et de Bellune sur la rive droite de la Seine. Ils font sauter les ponts de Nogent, Bray-sur-Seine, Montereau. Prise de ces trois villes par les alliés. Ils se jettent dans la Brie, et s'avancent sur Paris par Nangis. Marche de Napoléon pour combattre la grande armée austro-russe. Défaite des Russes à Nangis et à Mormant. Combat et reprise de Montereau. Retraite des alliés. Proposition d'armistice. Retour de Napoléon à Troyes. Nouvelle alliance des puissances coalisées.

NAPOLÉON venoit de recouvrer toute son activité. En parcourant cette époque de son histoire, on croit lire les Commentaires de César ; c'est la même promptitude dans les délibérations, la même justesse dans les calculs, la même célérité dans l'exécution. Vai queur de Blücher, il court chercher les Russes et les Autrichiens de Schwartzemberg ; il abandonne le général prussien aux maréchaux ducs de Trévise et de Raguse, et prenant le corps du duc de Tarente et sa garde infatigable, il arrive en toute hâte à Meaux. Il avoit laissé à Nogent le duc de Bellune, et à Provins le duc de Reggio. Un corps d'armée, sous les ordres des généraux Pacrod et Pajol, occupoit la route de Montereau à Melun.

En l'absence de Napoléon, le prince de Schwartzemberg avoit fait marcher ses troupes par les routes de Nogent-sur-Seine, de Sens, et même d'Orléans, pour surprendre Paris. Mais Sens résista. Napoléon en avoit confié la défense au général Alix, officier brave, brutal et dévoué : il n'avoit que sept à huit cents hommes de garnison ; mais la ville de Sens ayant de bonnes murailles de construction romaine, il étoit facile de la défendre contre un coup de main. Les Cosaques de l'hetman Platow ayant essayé inutilement de la surprendre, se jetèrent dans le Gatinois, sur Courtenay et Montargis. Le 10 février, le prince royal de Wurtemberg se présenta devant la place avec six mille Wurtembergeois et quelques bataillons russes et bavarois. Maître des faubourgs, il envoya un parlementaire sommer le général Alix de se retirer. Le général répondit que la ville étant en état de défense, il s'y maintiendroit jusqu'à ce qu'on l'y forçât. On essaya en vain d'enfoncer les portes avec du canon : elles étoient barricadées et murées. On y jeta des obus, on incendia quelques maisons; le général Alix continua de résister; et le prince de Wurtemberg n'ayant point d'artillerie de siége, se disposoit à se retirer, lorsqu'un paysan lui indiqua une petite poterne qui communiquoit au collége de cette ville : il la fit enfoncer, pénétra dans l'intérieur de l'édifice, et après un combat meurtrier, où l'un des professeurs fut tué, il se rendit maître de la ville, qu'il livra pendant quelques heures au pillage. Le général Alix sortit par la porte la plus voisine de l'Yonne, passa cette rivière sur le pont, le rompit, et se retira sur la rive droite. Cette affaire coûta aux alliés mille à douze cents hommes, et les retint douze jours au pied des murailles.

De Sens, le prince de Wurtemberg se porta à Montereau, qu'il occupa sans difficulté. Cette position importante domine la Seine et l'Yonne, qui se réunissent au pied de la montagne de Surville, laquelle commande les deux routes de Paris. Dans le même temps, l'armée du prince de Schwartzemberg se porta sur Nogent et

Brai-sur-Seine. Nogent étoit défendue par le général Bourmont; il avoit ordre d'y arrêter l'ennemi : il l'arrêta en effet par une vigoureuse défense, que cette petite ville paya de sa ruine toute entière. Le duc de Bellune s'étoit jeté sur Provins, et le duc de Reggio sur la petite rivière d'Ières, près de Guignes, l'un et l'autre se trouvant trop foibles pour se mesurer avec la grande armée austro-russe.

Guignes n'est qu'à douze lieues de Paris. Les gros équipages et les voitures du grand parc des ducs de Bellune et de Reggio s'étoient repliés jusqu'à Charenton : l'alarme étoit dans la capitale, et tout le faste de la promenade des prisonniers de guerre ne paraissoit plus qu'une vaine parade. Napoléon, instruit de la retraite de ses deux généraux, de l'occupation de Montereau et de la marche des alliés par Nangis d'un côté, et par Fontainebleau de l'autre, fidèle à son projet de combattre et de détruire successivement les deux plus grands corps de la coalition, partit de Meaux le 16 février, et se porta sur Guignes, ses troupes arrivant en toute hâte sur les voitures que fournissoient les habitans des campagnes. Les deux maréchaux faisoient tous leurs efforts pour arrêter les ennemis, qui se précipitoient comme un torrent sur la capitale.

La présence de Napoléon ranima l'ardeur de la petite armée de la Seine. Napoléon coucha à Guignes, et le lendemain courut au-devant de l'ennemi, qui s'étoit porté de Provins et Nangis sur le riche village de Mormant (1). En ce moment, un régiment de dragons arrivant d'Espagne, vint se joindre à lui. Mormant étoit occupée par l'avant-garde du comte de Wittgenstein et la nombreuse cavalerie du général Pahlen. En arrière sur Nangis, étoient trois divisions russes.

Le général Gérard ouvrant le combat avec vigueur, pénétra dans le village; la cavalerie des généraux Milhaud et Kellerman tourna la position; l'artillerie fit un feu redoutable sur les carrés russes, et les entama. La cavalerie s'y précipita aussitôt, et l'ennemi, saisi d'effroi, prit la fuite par les routes de Provins et de Montereau, laissant au vainqueur quatorze pièces de canon, quatre mille prisonniers, et six cents morts sur le champ de bataille. Le

---

(1) Mormant, dont la paroisse avoit un revenu considérable, compte parmi ses pasteurs deux hommes lettrés, l'un nommé *Bachot*, auteur d'un livre assez curieux intitulé : *Noctes mormantinæ*, l'autre nommé *Thomas*, auquel on doit des recherches savantes sur la ville et le diocèse de Sens.

général Wittgenstein avoit failli être pris en quittant Provins. Il avoit dit à un riche propriétaire de moulins, que le 8 il seroit à Paris. En repassant, il eut la franchise de lui dire : « C'est partie remise; j'ai été bien battu. « Dans deux heures vous verrez les Français; « ils m'ont pris deux divisions. » Après cette action glorieuse, Napoléon distribua un grand nombre de décorations.

Sa victoire de Mormant lui causa une extrême satisfaction. Il dépêcha aussitôt des courriers à la capitale pour la rassurer. On exagéra les avantages qu'on venoit de remporter. « L'armée autrichienne, disoit-on, « est en pleine déroute; il ne lui est plus « possible de se rallier. En quelques jours, « Blücher et Schwartzemberg ont été dé- « truits. »

Napoléon faisoit en effet poursuivre les vaincus avec une extrême ardeur; le maréchal Oudinot marchoit sur Provins, le maréchal Macdonald sur Donnemarie, le maréchal Victor sur Montereau, par Villeneuve-le-Comte. Le général de Wrède occupoit cette position avec deux divisions bavaroises. Loin de fuir, il attend l'ennemi, soutient son attaque avec vigueur, et fait sa retraite en bon ordre sur Montereau. Le maréchal duc de Bellune avoit ordre de s'emparer, dans le jour même, des ponts de cette petite ville. Le combat de Villeneuve-le-Comte retarda sa marche, et il coucha à Salins. Instruit de ce retard, Buonaparte court lui-même à Montereau, le cœur plein de colère : il accuse ses généraux de lâcheté ou d'indifférence, accable d'injures le général Lhéritier, pour n'avoir pas chargé lui-même les Bavarois à la tête de ses dragons. (Cet officier étoit un des hommes les plus intrépides de l'armée.) Il s'exhale en reproches violens contre le duc de Bellune, pour s'être arrêté à Salins : il ordonne l'attaque de Montereau pour le lendemain. Le prince de Wurtemberg y commandoit : le prince de Schwartzemberg y avoit laissé vingt mille hommes pour disputer le passage. L'ennemi occupoit les hauteurs de Surville.

Le général Château, gendre du duc de Bellune, jeune guerrier plein d'ardeur, et d'une haute espérance, entreprend d'enlever la position; mais n'étant pas soutenu, il est repoussé : trois fois il revient à la charge, trois fois il est obligé de revenir sur ses pas : il ne se décourage point ; il parvient à se glisser avec un petit nombre de braves sur le pont même de Montereau, dans l'espoir de tourner la position : elle étoit défendue par quarante bouches à feu ; le jeune général est blessé mortellement ; le général Gérard lui succède, et, pendant toute la matinée, s'efforce inutilement d'enlever la hauteur : il ne falloit rien moins qu'une armée entière pour y réussir. A trois heures, Buonaparte ayant réuni toutes ses forces, fait marcher vingt-huit mille hommes, et avancer soixante pièces de canon ; et tandis que le général Pajol arrive avec des troupes fraîches par la route de Melun, et qu'il exécute une charge de cavalerie sur le flanc des alliés, l'armée de Napoléon se précipitant de toutes parts sur l'ennemi, le déborde, le pousse de la hauteur sur la ville, l'oblige de s'y jeter en désordre ; et Napoléon commandant lui-même l'artillerie, foudroie les Russes avec tant de furie, qu'ils n'ont pas même le temps de rompre les ponts. Ce fut dans ce moment que les soldats de l'artillerie le voyant s'exposer sans précaution, et témoignant de l'inquiétude pour ses jours, il leur dit ce mot si connu : « Soyez tranquilles, « mes amis : le boulet qui doit me tuer n'est « pas encore fondu. » Les deux affaires de Mormant et de Montereau n'avoient pas coûté aux Français plus de six à sept cents hommes ; mais à Montereau, l'ennemi avoit perdu quatre à cinq mille hommes, quatre drapeaux et six pièces de canon (1). Quelques jours après, on vit flotter à Paris, dans les eaux de la Seine, les cadavres des morts.

Napoléon vainqueur, passa la nuit à Surville; mais le plaisir de la victoire n'avoit point encore étouffé sa colère. Irrité contre le maréchal duc de Bellune, il lui enleva son commandement pour le donner au général Gérard; et quand le maréchal se présenta pour se justifier, il le traita avec un extrême emportement, sans vouloir le laisser parler. « Vous avez, lui dit-il, la permission de quit-
« ter l'armée; vous n'aimez pas les bivouacs.
« Eh bien ! allez dormir tant qu'il vous plaira
« dans votre lit : il ne me faut pas de généraux
« dont la prudence s'accroisse avec la fortune. »
Ce ne fut qu'au nom du général Château, gendre du maréchal, que Napoléon se radoucit. Le duc de Bellune pleuroit ce jeune et brave officier. Napoléon lui en demanda des nouvelles, et ajouta : « Je ne puis vous rendre
« votre armée, puisque je l'ai donnée au gé-
« néral Gérard; mais je vous donne le com-
« mandement des deux divisions de ma garde. »

---

(1) Le bulletin des alliés ne parle que de trois mille hommes tués, blessés ou prisonniers, et ajoute : « Nous n'avons perdu ni caissons ni pièces. »

Au milieu de l'effroyable décharge de l'artillerie française sur l'ennemi, Napoléon, qui la commandoit, s'étoit vu sur le point de la cesser, faute de poudres et de munitions. Après le combat, il ne put retenir son courroux; et s'en prenant au général d'artillerie Digeon, il lui fit écrire : « Un général d'artillerie qui n'a « pas de poudre dans ses caissons, mérite la « mort; je vais vous livrer à une commission « militaire : vous êtes indigne de ma con- « fiance. » Avant d'envoyer cette lettre, il manda le général en chef Sorbier. « Vous me « faites, lui dit-il en le voyant, des réputa- « tions à la diable; la poudre manquoit hier « dans les caissons, et votre général Digeon « mérite d'être fusillé. — Sire, répondit le « général Sorbier sans s'émouvoir, le général « Digeon est un brave officier; je doute que « le reproche qu'on lui fait soit fondé; vous « pouvez lui retirer votre confiance, mais « celle de l'armée lui restera. » Cette réponse courageuse calma Napoléon; il fit déchirer la lettre. Le général Guyot eut aussi sa part de ses violences.

Buonaparte, qui connoissoit le prix du temps, voulant achever l'ennemi, le fit poursuivre sur toutes les directions : le général Duhesme sur le chemin de Sens, le duc de Tarente à Bray, de Reggio à Provins et à Nogent, le général *** à Moret. Après l'affaire de Mormant, le général Bianchi avoit quitté Fontainebleau pour se retirer sur Montereau. Le général Montbrun, qui, avec dix-huit cents hommes, avoit été chargé de défendre Moret et la forêt de Fontainebleau, s'étoit retiré sur Essonne : c'étoit un des plus braves et des plus habiles officiers de l'armée. Il ne put échapper à la colère de Napoléon, qui, sans examen, l'envoya devant un conseil d'enquête, et l'exposa, dans son bulletin, à la déconsidération publique : ces brusqueries lui aliénoient le cœur de ses meilleurs officiers ; ils se taisoient, mais ils n'oublioient pas, et ce souvenir porta ses fruits dans un autre temps.

Au moment où l'on attaquoit Montereau, l'empereur de Russie et le roi de Prusse venoient de porter leur quartier-général de Nogent à Bray. Après la bataille, ils en partirent précipitamment pour se reporter sur Troyes : ils n'avoient dû leur salut qu'à la vitesse de leurs chevaux. Napoléon, enivré de tant de brillans succès, voulut pousser lui-même ses victoires. Le 20 février, il partit de Montereau, déjeuna à Bray, dans la maison même que l'empereur Alexandre et le roi de

Prusse avoient occupée la veille, et s'avança jusqu'à Nogent, où il ne trouva plus que des ruines. Les Autrichiens se retiroient précipitamment ; l'effroi étoit dans leur camp, et déjà ils songeoient à regagner le Rhin. Le *** les pressoit de toutes parts. Le maréchal Augereau, après avoir repoussé les Autrichiens de Lyon, et reçu quelques renforts de la levée en masse du Dauphiné; après avoir rétabli les communications avec l'armée d'Italie, s'avançoit par la Bourgogne pour rejoindre l'armée de Buonaparte. Le prince de Schwartzemberg lui-même regardoit la campagne comme manquée, et avoit dit en parlant de Napoléon : *Ce n'est plus l'empereur de* 1813, *mais le général de* 1796 : *il a retrouvé tout son génie.*

Napoléon, peu de jours avant ses succès, avoit demandé un armistice dont les bases n'avoient point été admises. Le prince de Schwartzemberg vint à son tour en solliciter un ; et le quartier-général étoit encore à Montereau, lorsque le général comte de Paar vint s'y présenter. Par un concours singulier, M. de Rumigny, secrétaire du cabinet, arrivoit au même instant du congrès de Châtillon, avec un projet de traité. On y demandoit que non seulement la France rentrât dans ses anciennes limites, mais encore que l'armée alliée occupât la capitale jusqu'à la signature du traité.

Après tant de défaites, et dans l'état de trouble où se trouvoient les puissances coalisées, c'étoit une insulte qui ne pouvoit manquer d'être reçue avec indignation; Buonaparte ne put contenir la sienne. Après avoir lu le papier qui renfermoit ces propositions, il le déchira avec emportement, et s'écria : « Je ne reçois point la loi de mes prison-« niers. Je suis peut-être plus près de Vienne « qu'ils ne le sont de Paris. »

Cependant, ne voulant pas qu'on imputât à lui seul ce brusque refus, il fit convoquer à Paris un conseil de régence extraordinaire, et lui soumit le projet de Châtillon. Le désir de la paix étoit si impérieux, que tous les membres du conseil, à l'exception d'un seul, furent d'avis d'y souscrire; mais Napoléon s'indigna de tant de foiblesse; et ne pouvant s'abaisser à des conditions qui blessoient si vivement son amour-propre, il essaya une autre voie de conciliation, dont l'Autriche lui fournit encore l'occasion peu de jours après.

Tandis qu'après ses défaites sur la Seine, cette puissance paroissoit abattue et découragée, Blücher essayant de réparer les siennes sur la Marne, rassembloit de nouvelles forces, et se disposoit à de nouveaux combats. Napoléon se flattoit de l'avoir mis hors d'état de reparoître de long-temps sur le champ de bataille; mais il étoit difficile de détruire une armée d'une aussi forte constitution que celle des alliés : c'étoit une hydre à laquelle on ne pouvoit couper une tête qu'elle ne se reproduisît aussitôt. La Russie et l'Allemagne étoient loin d'être épuisées; de nouvelles troupes remplaçoient chaque jour les cadres que le fer des combats avoit élargis. Le général Bulow, après avoir envahi la Belgique, étoit entré en France par les frontières du Nord, et s'étoit porté sur Soissons. Cette ville étoit sous les ordres du général Rusca, qui la défendit vivement, et perdit la vie en la défendant. Sa mort ayant découragé la garnison, la ville avoit été rendue; et les généraux Yorck et Sacken étant venus, après leur défaite, s'y rallier, se trouvèrent bientôt en état de marcher sur Troyes avec cinquante mille hommes. Cette ville venoit d'être désignée pour le rendez-vous des deux grandes armées; car les alliés ne doutoient pas que, désunies, elles ne fussent toujours battues. Ils avoient donc résolu de rassembler toutes leurs forces en une seule armée, et de la faire tomber de tout son poids sur l'armée très-inférieure de Napoléon.

Pour exécuter ce plan, l'ordre avoit été donné de faire partir de tous les points les troupes disponibles. Blücher s'étoit mis en marche lui-même sur Mery-sur-Seine, et avoit fait occuper cette petite ville par son avant-garde, sous les ordres du général Wittgenstein. Mery n'est qu'à cinq cinq lieues d'Arcis-sur-Aube, et sept lieues de Troyes. Napoléon, instruit de ce mouvement, se porta aussitôt sur cette position, et ordonna au général Boyer de l'enlever. Le bataillon prussien qui défendoit le pont fut aussitôt culbuté, et n'eut pas même le temps de le rompre. Les Français s'y précipitèrent; et la ville alloit tomber entre leurs mains, lorsque le feu, éclatant de toutes parts, menaça de les envelopper, et les força de revenir sur leurs pas. A qui ce malheureux évènement doit-il être imputé? Les Prussiens en accusèrent les Français, et ceux-ci les Prussiens. Il est probable que le hasard et l'imprudence y eurent plus de part que les combattans. Un vent impétueux portoit les flammes de tous côtés, et en peu de temps cette malheureuse petite cité fut réduite en cendres. Cependant le pont, quoiqu'il ne fût qu'en bois, résistoit; des deux parts on se le disputoit avec acharnement; enfin, il resta aux Français : leurs tirailleurs s'élancèrent sur l'autre rive, parvinrent à cinq cents pas du quartier-général de l'ennemi, blessèrent le général Valentine, et frappèrent Blücher lui-même d'une balle morte qui ne lui fit qu'une légère contusion. Enveloppés bientôt par l'armée prussienne, ils se rejetèrent sur la ville, la traversèrent au milieu des flammes, et vinrent rejoindre le corps d'armée. On étoit en carnaval. Avant l'incendie, les soldats français ayant trouvé des masques dans quelques boutiques, se masquèrent, et combattirent avec ce déguisement.

Napoléon, qui avoit eu d'abord l'intention d'établir son quartier-général à Mery, s'arrêta à Châtres, petit village, où la cabane d'un charron lui servit de palais : il y étoit encore lorsqu'on lui annonça le prince de Lichtenstein, aide-de-camp du prince de Schwartzemberg. Cet envoyé étoit porteur d'une réponse de l'empereur d'Autriche à une lettre que Napoléon lui avoit écrite à Nangis. Le langage de l'auguste beau-père étoit doux et pacifique. Il convenoit que les derniers évènemens avoient porté un coup presque mortel aux plans de la coalition; il félicitoit son gendre des brillantes opérations où l'on avoit retrouvé tout l'éclat de son génie militaire; mais il s'expliquoit peu sur les dernières intentions des puissances alliées.

Ce point étoit de la plus haute importance pour Napoléon, car il étoit peut-être moins occupé des dangers de la guerre que de la protection qu'une des puissances sembloit accorder à l'ancienne dynastie des Bourbons. Ce nom seul le remplissoit d'effroi. Le duc d'Angoulême avoit été reçu au quartier-général de lord Wellington; MONSIEUR, comte d'Artois, débarqué depuis près d'un mois en Allemagne, étoit en Suisse; le duc de Berry à Jersey, attendant un mouvement de l'Ouest; Bordeaux étoit en agitation; tout le Midi paroissoit contraire à la dynastie napoléonienne. Impatient d'obtenir des renseignemens sur tant de sujets inquiétans, Napoléon ouvrit une sorte de conférence avec le prince de Lichtenstein, lui demanda « si la politique des alliés étoit chan-
« gée; si c'étoit à sa personne et à sa dynastie
« qu'on en vouloit maintenant; s'ils avoient
« enfin conçu le projet de le détrôner? » Il exprima combien il avoit de répugnance à supposer que l'empereur d'Autriche se fût armé avec un pareil dessein, et qu'il eût l'intention de renoncer à toutes les affections de la nature, pour arracher le diadême du front de sa fille et de son petit-fils.

Le prince répondit qu'on n'avoit nul dessein semblable ; que le nom et la présence des Bourbons n'étoient qu'un moyen de guerre, un simple épouvantail ; qu'il étoit convaincu que jamais l'empereur d'Autriche ne se prêteroit à dépouiller l'empereur Napoléon des titres que la victoire lui avoit acquis, et que l'Europe entière avoit reconnus ; qu'il désiroit uniquement la paix, et que la mission qu'il venoit remplir auprès de lui en étoit la preuve la plus évidente. Napoléon annonça alors que le soir même il iroit coucher à Troyes, et que le lendemain il enverroit aux avant-postes autrichiens un officier-général pour traiter de l'armistice. Quoique Napoléon eût été trompé tant de fois par la duplicité du cabinet de Vienne, il crut néanmoins entrevoir dans cette conjoncture un moyen plus prompt et plus avantageux d'arriver à la paix, que par le congrès de Châtillon ; car si l'Autriche se détachoit de la coalition, nul doute que les autres puissances n'achetassent la paix à un prix bien différent de celui qu'elles avoient proposé : mais le comte de Narbonne n'existoit plus.

En ce moment même, le baron de Saint-Aignan, celui qui précédemment avoit été chargé des ouvertures de Francfort, arriva à la chaumière de Napoléon. Il venoit de la part du conseil et des ministres. A Paris, on souhaitoit ardemment la paix ; et malgré les succès récents de l'armée française, on nourrissoit la crainte la plus vive, et en apparence la mieux fondée, que cette campagne ne se terminât par une catastrophe. Quelques victoires que remportât Napoléon, on ne cessoit de voir l'ennemi aux portes de Paris. S'il étoit chassé de Troyes et de Nogent, il reparoissoit à Meaux ; si de Meaux, il se remontroit à Troyes, à Nogent, à Montereau. Paris et les conseils désiroient qu'enfin Napoléon donnât moins aux chances de la guerre, cédât quelque chose à la fortune, et ne fît pas uniquement dépendre le sort de la France de son épée. L'envoyé présenta des lettres des ministres, et finit par dire que la paix seroit toujours assez bonne, si elle arrivoit assez promptement. « Elle arrivera assez tôt, répondit « Napoléon, si elle est honteuse. » Il écrivit une lettre de reproches au ministre de la guerre : « Le conseil que vous me donnez de « faire la paix est trop ridicule. C'est en s'a- « bandonnant à de pareilles idées qu'on gâte « l'esprit public. C'est, au reste, me suppo- « ser bien fou ou bien bête, de croire que, « si je pouvois faire la paix, je ne la ferois

« pas..... C'est à cette opinion propagée, que je pouvois faire la paix depuis quatre mois, mais que je ne la veux pas, que sont dus tous les malheurs de la France. Je pensois mériter qu'on m'épargnât au moins la démonstration de pareils sentimens. »

Plein de ses nouvelles espérances, Napoléon se rendit à Troyes. Cette ville n'étoit point encore entièrement évacuée par l'ennemi. On alloit en briser les portes, lorsque les alliés offrirent de les remettre le lendemain, à la naissance du jour. Avant l'évacuation, la ville fut dévastée. Ces alliés qui venoient en amis, qui ne faisoient point la guerre à la France, brûlèrent un des faubourgs, incendièrent plusieurs villages voisins pour couvrir leur retraite. La Champagne, la Brie, tous les lieux qu'ils avoient parcourus offroient le spectacle le plus douloureux. Les châteaux étoient déserts, les chaumières du pauvre brûlées ou détruites; les habitans réfugiés dans les bois avec leurs bestiaux, cachés dans des souterrains. Les Cosaques pilloient les maisons, violoient les femmes, se permettoient tout ce que peuvent se permettre des barbares sans lois et sans frein. Leur aspect étoit hideux, leur malpropreté repoussante. Vétus de haillons et de quelques lambeaux de peaux d'animaux, armés de longues lances et de pistolets, ils courroient avec une extrême rapidité sur de petits chevaux, accoutumés comme eux aux intempéries des saisons, vivant de quelques racines et d'écorces d'arbres. Ils les pressoient avec un petit fouet, et leurs cris de bêtes sauvages répandoient l'épouvante partout. Point de selle, point d'étriers, rien qui pût les embarrasser. Tels étoient apparemment ces Sicambres que Clovis et Mérovée conduisirent dans les Gaules, qui ruinèrent la civilisation, et dont la noblesse française se glorifie de descendre.

Napoléon n'avoit pas oublié que le nom des *Bourbons* avoit été prononcé à Troyes; qu'il s'étoit trouvé des hommes assez imprudens pour se parer de leurs couleurs, et reprendre les décorations qu'ils en avoient reçues. L'un de ces deux gentilshommes avoit pris la fuite; l'autre avoit ajouté à sa première folie celle de rester. Peut-être eût-il été noble et généreux de leur pardonner; mais ce qui se passoit à l'armée de Wellington, où le duc d'Angoulême marchoit sous les enseignes britanniques; la crainte de voir se réveiller d'antiques souvenirs; l'Adresse de Louis XVIII à la nation française et au Sénat, lui donnèrent d'autres conseils. Il voulut joindre à la terreur de ses armes la terreur de ses décrets, et il se hâta d'en rendre un qui annonçoit l'effroi dont il étoit lui-même frappé : « Tout Français au « service d'une des puissances dont les troupes « envahissent le territoire de l'empire, et tout « Français qui aura porté les signes ou les dé- « corations de l'ancienne dynastie, seront dé- « clarés traîtres, jugés par des commissions « militaires, condamnés à mort, et leurs biens « seront confisqués. » M. de Gouaut fut saisi, emprisonné, traduit devant une commission militaire, et fusillé. Sa famille vint inutilement solliciter sa grâce; il avoit cessé d'exister lorsqu'elle fut présentée à Napoléon.

Tout annonçoit que l'empereur d'Autriche attachoit un grand prix à la suspension d'armes qu'il avoit proposée. Soit qu'il songeât réellement à la paix, soit qu'il ne voulût que gagner du temps pour écraser plus sûrement l'armée française et son empereur, un nouvel aide-de-camp du prince Schwartzemberg arriva, et désigna le village de Lusigny, près de Vandœuvres, pour la réunion des généraux qui devoient traiter de l'armistice. C'étoit, pour la Russie, le général Schouvaloff; pour la Prusse, le général Rauch; pour l'Autriche, le général Duca : Napoléon désigna de son côté le général de Flahaut, son aide-de-camp. Cet officier étoit fils d'une femme célèbre par son esprit et ses liaisons avec M. de T....., et l'on supposoit généralement que ce ministre avoit des motifs très-particuliers de lui porter beaucoup d'intérêt; mais les sentimens de l'un et de l'autre pour Napoléon étoient bien différens.

S'il n'eût été question à Lusigny que d'un simple armistice, les deux armées n'auroient pas tardé à respirer; mais les prétentions de Napoléon s'étendoient plus loin. Il voulut profiter de l'absence des commissaires anglais, qui refusoient obstinément la cession d'Anvers, pour poser les bases d'une paix plus conforme à sa gloire et à ses intérêts; il demandoit Anvers et les côtes maritimes de la Belgique; il en faisoit la condition essentielle de l'armistice; et pour ne pas perdre ses avantages sur les Autrichiens, ses troupes marchoient en avant, tandis qu'on délibéroit; elles poursuivoient les ennemis l'épée dans les reins, les poussoient sur Langres, rejetoient le corps de Wittgenstein sur Dijon; elles vinrent même occuper Lusigny. Ces actes d'hostilité et les prétentions de Napoléon rompirent tout projet d'accommodement; et les puissances alliées jugèrent que le caractère de Napoléon étoit toujours le même; qu'il étoit impossible de traiter de bonne foi avec lui.

Quelques jours après, réunies à Chaumont, l'Autriche, la Grande-Bretagne, la Prusse, la Russie contractèrent une nouvelle alliance, et s'engagèrent à ne faire avec Napoléon aucune paix séparée. Ainsi Buonaparte resserra lui-même les liens de la coalition, et accéléra sa chute par les moyens mêmes qu'il venoit d'employer pour hâter la perte des alliés. Ici va commencer le dernier acte du grand drame qui doit lui ravir le sceptre, et remettre jusqu'à sa personne à la disposition des alliés.

CHAPITRE XXIII.

Position des armées belligérantes. Prise de la Fère par les Prussiens. Combats de Bar et de la Ferté-sur-Aube. Prise de Soissons. Evacuation de Troyes. Décret de Napoléon pour une guerre d'extermination. Batailles de Craonne et de Laon. Prise de Reims par les alliés. Reprise de cette ville par Napoléon. Rupture du congrès de Châtillon. Entrée à Bordeaux du duc d'Angoulême. Départ de Ferdinand VII, roi d'Espagne, pour les Pyrénées.

Quelque glorieux que fussent les avantages que Napoléon venoit de remporter sur les alliés, ils ne pouvoient encore décider le sort de la campagne. L'armée de Napoléon faisoit des prodiges ; elle sembloit transportée dans les airs pour se trouver sur tous les points où sa présence étoit nécessaire ; elle ne redoutoit ni les fatigues, ni les privations, ni les sacrifices de tous les genres ; et quelque nombreux que fussent ses ennemis, elle combattoit avec intrépidité, ne pâlissoit devant aucun danger. Elle avoit vu fuir devant elle cent mille hommes épouvantés de son audace; mais tandis que le prince de Schwartzemberg se retiroit effrayé devant les aigles françaises, le maréchal Blücher, ennemi implacable, rassembloit de nouvelles forces. Le théâtre de la guerre venoit de s'agrandir. Vainqueurs en Belgique, les généraux Bulow, Wintzingerode, Woronzoff, avoient, au nord, envahi les anciennes frontières de France, et s'étoient avancés jusqu'à Reims et Soissons. La scène des combats avoit été jusqu'alors renfermée dans les bassins de la Seine, de l'Aube, de la Marne; il falloit la reporter jusque sur les bords de l'Aisne. Blücher pouvoit maintenant disposer de cent mille hommes, et l'armée française n'en comptoit pas soixante mille, disséminés sur plusieurs points. Les maréchaux duc de Trévise et duc de Raguse défendoient la Marne avec moins de vingt mille hommes; les maréchaux Macdonald et Oudinot surveilloient les mouvemens du prince de Schwartzemberg; et Napoléon, gardant avec lui huit mille hommes d'élite pour se porter partout où l'on auroit besoin de son secours, avoit détaché sur la gauche de Blücher les maréchaux prince de la Moscowa et le duc de Bellune avec vingt-deux mille hommes. Au nord, le général Maison disputoit, avec une poignée de jeunes soldats, les frontières à l'armée du prince de Weimar, soutenu par le prince royal de Suède, qui jusqu'à ce jour avoit respecté la terre où il étoit né. Au midi, le maréchal Augereau avoit sous ses ordres trente mille hommes venus, les uns d'Espagne, les autres formés de conscrits rassemblés, avant l'âge, dans le Lyonnais et le Dauphiné. Vingt à trente mille hommes, sous les ordres du prince Eugène, balançoient en Italie la défection de Murat et les forces de l'armée autrichienne. Si, par une résolution hardie, le vice-roi, abandonnant l'Italie, fût venu se réunir au maréchal Augereau, les alliés se seroient trouvés sur ce point dans le plus grand danger, et les six cent mille hommes dont les légions inondoient la France se fussent peut-être dissipés devant Napoléon comme les flots d'une vaine fumée. Mais de toutes parts l'intérêt personnel parloit plus haut que l'intérêt public; l'inquiétude succédoit à la confiance; le présent paroissoit incertain, et l'on se rejetoit sur l'avenir; l'exemple de Murat tournoit les cœurs les plus belliqueux vers d'autres sentimens que ceux de la gloire et du devoir; l'âme élevée du vice-roi lui-même commençoit à s'affaisser sous le

poids des circonstances ; et le maréchal Augereau, qui s'étoit jusqu'alors signalé par son activité et la glorieuse défense de Lyon, paroissoit disposé à partager le découragement général, et à remettre dans le fourreau ce sabre redoutable qui lui avoit valu tant de renommée, de fortune et de dignités. Cependant il étoit dans une position avantageuse ; il avoit une artillerie formidable ; le général Marchand venoit de rentrer à Chambéry, dont les alliés s'étoient emparé ; le général Musnier étoit à Mâcon ; le général Desaix marchoit sur Genève ; et Napoléon avoit dit, dans son bulletin de Montereau : « Le maré-
« chal Augereau, qui a réuni une armée d'é-
« lite, marche pour fermer la retraite aux en-
« nemis. »

C'étoit dans cette situation que Napoléon quittoit Troyes pour courir de nouveaux hasards. Il marcha donc sur le maréchal Blücher, en laissant aux maréchaux ducs de Reggio et de Tarente le soin de continuer la poursuite des Autrichiens ; mais les Autrichiens ne reculoient plus : rassurés par l'attitude de Blücher, ils revenoient au combat avec quarante mille hommes, pleins d'espoir dans la supériorité de leurs forces. Le maréchal Oudinot et le général Gérard, avec quinze mille hommes, allèrent chercher l'ennemi à Bar-sur-Aube. Leur avant-garde, commandée par le général Duhesme, l'un des officiers les plus distingués de l'armée, s'empara facilement de cette ville. Rejeté de cette position, l'ennemi en prit d'autres autour de la place, et, développant toutes ses forces, présenta le combat. Il s'engagea des deux parts avec une extrême ardeur. Les troupes françaises firent des prodiges; mais les jeunes conscrits, excédés des fatigues précédentes, ayant fléchi, le désordre se répandit dans le reste de l'armée. Les deux maréchaux firent leur retraite, et l'ennemi vainqueur rentra dans Bar-sur-Aube, après avoir éprouvé des pertes considérables. Dans la chaleur de l'action, le prince de Schwartzemberg et le comte de Wittgenstein furent blessés; et tout ce qu'ils obtinrent de ce combat meurtrier, fut le champ de bataille. Le général Kellermann y fit des prodiges de valeur, et le général Gérard donna de nouvelles preuves de son habileté; mais on reprocha, sans doute à tort, au maréchal Oudinot d'avoir laissé son artillerie en arrière.

Cet échec ramena les vaincus à Troyes, et compromit le duc de Tarente, qui, avec vingt mille hommes, s'étoit avancé vers Bar-sur-

Seine, et avoit remporté quelques avantages auprès de la petite ville de Mussy-l'Evêque. Entraîné par la retraite du maréchal Oudinot, il se vit obligé de revenir sur Troyes. Les plans de Napoléon se trouvèrent déconcertés; il avoit voulu intimider l'armée de Schwartzemberg, en lui faisant croire qu'elle étoit attaquée par toutes les forces de l'armée française; on avoit même usé d'un petit stratagème qui en avoit imposé un instant. C'étoit l'usage, quand Napoléon arrivoit à l'armée, qu'on le saluât par de grandes acclamations sur toute la ligne: on fit retentir ce cri sur la ligne du maréchal Oudinot; mais sa retraite dissipa l'illusion, et le prince de Schwartzemberg sut bientôt qu'il n'avoit à combattre que de foibles divisions, et que Napoléon, avec toutes ses forces, étoit allé chercher le maréchal Blücher. Plein de confiance dans les avantages de sa situation, il crut pouvoir, sans danger, détacher de son armée les généraux Bianchi et de Hesse-Hombourg, pour aller au-devant du maréchal Augereau. La retraite des ducs de Tarente et de Reggio le laissoit maintenant maître d'opérer sur la Seine et l'Aube; et dans peu, il se flattoit de faire sa jonction avec l'armée de Silésie. Napoléon marchera-t-il sur lui ou sur Blücher? Il se

détermine pour Blücher, en se promettant de
le battre, et de revenir ensuite sur Schwartzemberg. Les ducs de Raguse et de Trévise,
chargés de défendre la rive gauche de la
Marne, avec dix-sept mille hommes, avoient
été obligés de se replier sur Meaux pour sauver
cette ville, que menaçoit Blücher avec toutes
ses forces. Le moment étoit critique; Blücher
occupoit les deux rives de la Marne; mais à
l'approche de Napoléon, il rompit les ponts,
et se retira sur la rive droite. Il fallut rétablir
les ponts, et perdre du temps. Le 3 mars,
Buonaparte étoit sur la même rive que Blücher, et les Prussiens effrayés fuyoient devant
lui. Il les poussoit avec activité; il parvient
à leur couper la route de Reims, et les presse
sur celle de Soissons. Les maréchaux Mortier
et Marmont s'avancent de leur côté, et tout
annonce que l'ennemi foulé, serré de toutes
parts, rendra les armes aux pieds des murs de
Soissons. Cette ville avoit quatorze cents Polonais de garnison, ses murs avoient été relevés; elle pouvoit tenir; et en arrêtant les
Prussiens, elle les livroit jusqu'au dernier à
l'armée française. De cette journée dépendoit
le sort de Napoléon et des alliés; mais au moment où les troupes de Blücher fuyoient, les
généraux Bulow et Wintzingerode, après avoir

enlevé sur nos frontières du Nord la place de la Fère, restée sans défense, se présentoient devant Soissons. Quelle terreur panique s'empara du gouverneur de Soissons? Quelle foiblesse l'engagea à entrer en pourparler avec l'ennemi? On l'ignore; mais Soissons se rendit; et quand les soldats fugitifs de Blücher se présentèrent devant cette ville, qui devoit être témoin de leur reddition, les ponts-levis s'abaissèrent, les portes s'ouvrirent de toute leur largeur, et ils se trouvèrent au milieu de leurs amis. De quelle importance, dans les diverses fortunes de la guerre, n'est pas la détermination d'un seul homme! Le 4 mars, Napoléon continuoit de pousser son ennemi; il goûtoit d'avance la joie du triomphe, lorsqu'en arrivant à Fisme, il apprit avec dépit l'évènement de Soissons. Ce fut sans doute dans ce moment de colère, qu'il rendit ce redoutable décret, moins digne de lui que des fureurs de la Convention nationale. Ce décret portoit « que tous les citoyens français étoient « non seulement autorisés, mais requis de « courir aux armes, de sonner le tocsin aussi-« tôt qu'ils entendroient le canon de l'armée « française s'approcher d'eux; de se rassem-« bler, de fouiller les bois, de couper les « ponts, d'intercepter les routes, de tomber

« sur les flancs et sur les derrières de l'en-
« nemi ; de désobéir aux maires, aux fonc-
« tionnaires publics qui essaieroient de re-
« froidir l'élan patriotique du peuple ; de les
« traduire devant les tribunaux, pour y être
« jugés et exécutés comme traîtres. »

Cet acte de violence ne produisit aucun effet ; on le regarda comme le testament d'un homme désespéré, qui vouloit engloutir dans sa ruine la nation toute entière. On rapporta de lui un mot qui annonçoit tout ce qu'il étoit capable d'entreprendre pour se sauver. *On saura*, dit-il, *ce que coûte la chute d'un grand homme*. Mais il étoit possible que ce mot et le décret de Fisme ne fussent qu'un épouvantail pour intimider l'ennemi.

Cependant Soissons étoit pris, et l'armée de Blücher sauvée ; Reims avoit subi le même sort que Soissons. Ces deux villes, berceau de la monarchie française, n'appartenoient plus à la France ; Troyes n'étoit plus au pouvoir des Français. Le maréchal Macdonald, hors d'état de résister, avec moins de trente mille hommes, à la grande armée de Schwartzemberg, s'étoit replié sur Nogent et Montereau. Paris étoit menacé de nouveau, et Napoléon attachoit le plus grand prix à ne pas laisser entrer l'ennemi dans sa capitale. L'armée s'étoit gnoit avec regret des bords de la Seine et de la Marne ; elle se voyoit avec inquiétude reportée aux débouchés des Ardennes. Napoléon, de son côté, attendoit avec anxiété des nouvelles de Lusigny et de Châtillon. Il reconnut alors que ses prétentions, loin de lui être avantageuses, n'avoient fait que resserrer plus vivement les liens de la coalition, et que dans la situation où il se trouvoit, il avoit moins à espérer que jamais ; mais il ne pouvoit plus s'arrêter. Dans la nuit du 4 au 5 mars, il envoya le général Corbineau reprendre Reims. A quatre heures du matin, cette place rentre au pouvoir des Français. Napoléon traverse l'Aisne à Mery-au-Bac, sur un pont nouvellement construit ; il envoie des courriers à Mézières, à Metz, à Verdun pour exciter le zèle des garnisons, leur ordonner de fermer les routes de la Lorraine et des Ardennes, et de seconder les mouvemens de l'armée impériale, qui doit s'avancer dans cette direction. On marche sur Laon.

Mais l'ennemi, qui observoit les mouvemens de Napoléon, vient le prévenir, et prendre position sur les hauteurs de Craohne. Ce bourg est situé à quatre lieues de Laon et de Fisme, et à six lieues de Reims. La montagne sur laquelle il est assis est le commencement d'une chaîne de collines qui s'étend entre le cours de la rivière et la route de Laon. La position en est longue, étroite, inaccessible sur ses flancs, presque inabordable de front; mais rien n'intimide la valeur française. L'avant-garde monte cette côte ardue, et s'établit dans le village au milieu de la colline; le maréchal Ney porte plus haut encore les divisions qu'il commande, et le 7, l'armée française est sur le plateau de la montagne. Alors le combat s'engage avec une égale ardeur des deux parts; les maréchaux Ney et Victor marchent à la tête de l'infanterie, qui se signale par la plus audacieuse résolution; mais l'ennemi ne recule pas; Victor est blessé; les généraux de cavalerie Grouchy et Nansouty sont mis hors de combat. Le général Belliard prend leur place; le général Drouot dirige l'artillerie, et fait enfin reculer celle de l'ennemi; c'est le seul avantage qu'on obtienne dans cette journée. L'ennemi se retire, sans laisser au vainqueur d'autres trophées que ses morts. Huit mille Français étoient aussi restés sur le champ de bataille, perte énorme pour une armée de trente mille hommes. Les soldats descendirent dans la plaine, mais sans aucun de ces élans, de ces transports de confiance et de joie qu'inspire la victoire. Napoléon lui-même parut triste, abattu, découragé; deux victoires pareilles suffisoient pour le perdre. Ses regards affligés se fixoient en silence sur cet amas de cadavres et de blessés dont il étoit entouré, lorsqu'on lui annonça un courrier de Châtillon. Les alliés demandoient impérieusement que Napoléon consentît à rentrer dans les anciennes limites de la France, et menaçoient, s'il s'y refusoit, de rompre les conférences. Les propositions de Lusigny avoient été regardées comme une infraction aux bases de la négociation; on refusoit absolument d'en admettre d'autres.

Le duc de Vicence demandoit une réponse précise; mais Napoléon, absorbé dans un profond chagrin, ne voulut d'abord rien écrire: *Si je dois*, dit-il à l'envoyé du congrès, *recevoir les étrivières, c'est bien le moins qu'on me fasse violence.* Son cœur altier se soulevoit contre cet abaissement. L'envoyé attendit jusqu'au lendemain. Alors quelque espérance rentra dans le cœur de Napoléon: il se persuada qu'on ne le pressoit si vivement que pour obtenir plus qu'on ne vouloit réellement; et plein de cette idée, il dicta un contre-projet. Pressé ensuite par les évènemens, il se remit à la tête de ses colonnes, et marcha sur Laon. Il espéroit y arriver le soir;

mais à deux lieues de la ville, l'ennemi disputa la route, serrée entre des marais d'un abord difficile ; il passa la nuit dans un village voisin, et y reçut du général Flahaut, son aide-de-camp, la nouvelle assurance que l'empereur d'Autriche se trouvant en forces, ne vouloit plus d'armistice. Soissons avoit été évacué par l'ennemi, et le duc de Trévise y étoit entré. Ce maréchal venoit joindre l'armée. Le lendemain, le général Gourgaud s'étant jeté avec quelques braves dans un chemin de traverse qui tournoit ce défilé, surprit les grand'gardes des alliés, et répandit l'alarme dans leur camp : profitant de cette diversion, le maréchal Ney arriva au pied des hauteurs de Laon. Le maréchal duc de Raguse arrivoit en ce moment par la route de Reims. Le 9 mars, au soir, tous les corps de l'armée étoient réunis, et l'on se disposa au combat pour le lendemain. En ce moment, Bernadote vint faire sa jonction avec Blücher. Les écrivains qui ont tracé le récit de cette campagne, et dont l'affection pour Napoléon n'est pas douteuse, avouent que ce ne fut pas sans répugnance qu'il se détermina à tirer l'épée sur le sol de cette patrie où il avoit laissé ses parens, ses amis, pour laquelle il avoit porté les armes avec tant d'honneur; qui l'avoit élevé aux plus hautes dignités, qui lui avoit enfin ouvert les routes du trône; mais il ne pouvoit plus, sans danger, se permettre un pas en arrière; car les puissances avec lesquelles il s'étoit lié, lui reprochoient déjà d'être trop Français, et lui témoignoient une méfiance qui eût été insultante, si elle n'avoit eu un motif moins noble.

Étonnante vicissitude des choses humaines! cette étoile protectrice de Napoléon, qui sembloit n'avoir pas assez de trésors de bienveillance pour les verser sur sa tête, les prodiguoit maintenant sur celle de ses ennemis. Blücher fuit-il vers Soissons, Bulow, Wintzingerode viennent le recueillir. Se retire-t-il avec effroi sur Laon, Bernadote arrive à son secours.

Laon est située sur un plateau élevé qui domine une vaste plaine entrecoupée de villages et de bois; les flancs de la montagne sont escarpés, et d'un difficile abord. Le corps du général Bulow occupoit la ville, le reste de l'armée étoit distribué au pied de la colline et sur les côtés. A une lieue de la ville, la plaine est rétrécie, bordée du sud à l'ouest par une chaîne de hautes collines séparées par un vallon humide que traverse la petite rivière de Lette: c'étoit par cette avenue seule que l'armée française pouvoit arriver au pied de la ville. Le 9 mars, elle avança, s'empara de plusieurs villages, et, malgré la difficulté du terrain, continua de marcher en avant. Napoléon espéroit attirer l'armée ennemie dans la plaine; mais elle se borna à disputer un ou deux villages, et garda ses positions. Buonaparte jugeant alors ces positions inattaquables, fit rétrograder ses troupes, et l'ennemi ne jugea pas à propos de le suivre. Il ne lui restoit donc d'autre parti que de tourner les alliés, et il chargea le maréchal Marmont de s'avancer, par la chaussée de Reims à Laon, sur l'extrême gauche de l'ennemi, et de lui couper la retraite du nord. Le mouvement fut d'abord exécuté avec un grand succès. A son approche, les Prussiens évacuèrent le village de Veslud; et le maréchal, marchant intrépidement sur les divisions commandées par le général Yorck, et défendues par quarante pièces de canon, mit le désordre dans ce corps; pour couvrir sa retraite, Yorck brûla le village d'Athies. Les Français s'y établirent, se croyant en sûreté contre un ennemi qui fuyoit, mais qui ne fuyoit qu'à dessein de revenir. A sept heures du soir, les Cosaques surprirent le parc d'artillerie de réserve, et jetèrent la confusion dans l'aile droite. En vain le duc de Raguse vole au secours de son artillerie, trente pièces avoient déjà disparu ; et tandis que les Français sont occupés de ce côté, les divisions de Kleist et d'Yorck manœuvrent en flanc et en arrière, et, sans tirer un coup de fusil, arrivent sur le camp ennemi, et jettent l'effroi parmi les conscrits, qui se dispersent dans les bois. Cette surprise coûta à l'armée du maréchal Marmont cinquante chariots, quarante pièces d'artillerie, et deux mille soldats faits prisonniers : elle déconcertoit entièrement le plan de Napoléon ; car il vouloit tourner la position des alliés sur la droite et la gauche, et, tandis que ce mouvement l'inquiéteroit, le faire attaquer de front. Il ne lui restoit plus d'autre parti que de garder sa position, en attendant que Marmont eût rallié ses troupes, ou de battre en retraite, ou de tenter une attaque désespérée. Napoléon se décida pour ce dernier parti. Le 10, au matin, il fait marcher son armée sur le front de la position. Le général Charpentier enlève un village, et s'y maintient : on se dispute un bois voisin qui, pris et repris plusieurs fois, reste long-temps au pouvoir des Français. La gauche et le centre se maintenoient avec intrépidité contre tous les efforts de l'ennemi ; mais il falloit le repousser. Napoléon essaya de lancer en avant un corps de tirailleurs soutenu par deux bataillons d'infanterie; mais pris entre deux feux par les troupes du général Bulow, ils furent obligés de rétrograder. La nuit étoit venue. Napoléon vit de nouveau la nécessité de céder à la mauvaise fortune, et ordonna la retraite; mais son âme étoit intérieurement dévorée d'un noir chagrin. Il avoit annoncé dans ses bulletins le combat de Craonne comme une éclatante victoire; il promettoit d'anéantir incessamment l'armée de Blücher, et maintenant il avoit la douleur de se retirer devant elle. Cependant, il ne fût point vivement poursuivi par l'ennemi; il l'occupa par des démonstrations, dans la journée du 10 mars, et eut le temps de faire prendre à ses troupes position dans les défilés qui couvrent Soissons. C'étoit, dans la circonstance actuelle, la seule place qui pût encore arrêter l'ennemi. Napoléon passa une partie de la journée du 11, et la journée toute entière du 12 à pourvoir à sa défense, y laissa le maréchal Mortier, et se remit en marche. Son dessein étoit de revenir sur la Seine par Château-Thierri, de combattre l'armée de Schwartzemberg, et d'empêcher sa jonction avec les Prussiens de Blücher; mais de nouveaux évènemens l'obligèrent de renoncer à ce projet. Il avoit laissé à Reims le général Corbineau, officier aussi habile que courageux; malheureusement le courage est souvent impuissant contre le nombre. Le général français Saint-Priest, au service de la Russie, étoit venu l'attaquer. Corbineau, soutenu de la cavalerie du général Defrance, l'avoit d'abord repoussé jusqu'à Sillery; mais des renforts survenus à temps avoient mis le général russe en état de reprendre l'offensive. La foible garnison française, attaquée par quinze mille hommes, avoit été obligée de céder : on annonçoit le général ou tué ou fait prisonnier. Napoléon marche aussitôt sur Reims, et y arrive le soir. On se bat avec acharnement; les Russes disputent le terrain avec intrépidité; le général Saint-Priest est tué, et son armée, frappée de ce coup, abandonne la ville aux Français, avec huit pièces de canon et un grand nombre de prisonniers.

Marmont étoit, depuis sa défaite, parvenu à rallier ses soldats; il vint prendre part à l'attaque de Reims, et justifier ensuite sa conduite. Il fut reçu avec une extrême hauteur. Napoléon lui adressa les reproches les plus sanglans; et quoique cet officier fût son maréchal de prédilection, il le traita avec une

rigueur, dont le duc de Raguse garda peut-
être un souvenir amer et profond; mais Napoléon ne savoit point retenir son courroux;
ses premières explosions annonçoient une âme
incapable de se gouverner elle-même. Cependant il s'apaisa, et retint même à dîner celui
qu'il venoit de rassasier d'injures. Napoléon
rédigea le bulletin de Reims avec autant de
faste que s'il eût été question d'une grande
victoire : on y fut frappé d'une phrase qui ne
parut qu'une triste jonglerie. Buonaparte y
disoit que le coup de canon qui venoit d'enlever la vie au général Saint-Priest, étoit parti
de la même batterie qui avoit tué le général
Moreau; comme si, dans cette lutte si malheureuse pour Buonaparte, la Providence eût
pris soin de le délivrer de ses ennemis! mais
en ce moment, elle paraissoit ne pas l'abandonner entièrement. Le général Jaussens,
officier hollandais, ancien gouverneur du cap
de Bonne-Espérance, et chargé du commandement de la frontière des Ardennes, lui
amena six mille hommes qu'il avoit retirés
de ses garnisons, sans les trop affoiblir. On
passa trois jours à Reims ; et Napoléon les
employa à former de nouveaux plans et à signer le travail de ses ministres; car, malgré la
régence, c'étoit toujours lui qui gouvernoit

dans l'intérieur comme au-dehors. Son vaste esprit, qu'on ne sauroit méconnoître, même au milieu de ses revers et de ses fautes, suffisoit à tout; et quelque fatigué qu'il fût, il ne permettoit au sommeil d'aborder sa couche que lorsqu'il ne lui restoit plus rien à régler. On ne connoît dans toutes les annales de l'histoire humaine que César qu'on puisse lui comparer : on déploroit sa fatale ambition, mais on étoit forcé d'admirer les moyens dont il la soutenoit.

En ce moment, la France offroit un spectacle qui la montroit encore grande sous les coups de la mauvaise fortune. Au Nord, le général Maison défendoit avec une admirable contenance les frontières de l'antique France, et manœuvroit habilement entre Tournai, Lille et Courtray; le général Carnot, si célèbre dans la révolution française, qui seul, dans la tribune, s'étoit opposé à mettre la couronne impériale sur la tête de Buonaparte, commandoit à Anvers, et tenoit les Anglais à une distance respectueuse de la ville; ces Anglais qui, au moyen d'intelligences et de trahison, s'étoient introduits dans la place de Berg-op-Zoom, la nuit du 8 au 9 mars, au nombre de quatre mille hommes, y avoient été cernés, dans l'intérieur même de la ville, détruits ou faits prisonniers par le général Bizanet, qui s'étoit couvert de gloire. Ainsi, l'esprit, le courage et le génie français étaient toujours le même.

Mais au Midi, la fortune étoit moins favorable. Le maréchal Augereau, qui pouvoit, par une marche rapide sur les bords de la Saône, mettre les alliés dans un danger imminent, avoit mieux aimé combattre le général Bubna, et le rejeter sur Genève. La Franche-Comté étoit restée aux alliés; et les généraux Bianchi et de Hesse-Hombourg, que le prince de Schwartzemberg avoit détachés de son armée, s'étant portés en avant, le maréchal s'étoit vu réduit à défendre Lyon. Napoléon irrité, crut devoir retirer le commandement à cet officier-général; et dans le premier mouvement de sa colère, il désigna son frère Jérôme pour le remplacer. Il revint sur le champ de ce projet irréfléchi, et fixa son choix sur le maréchal Suchet; mais ce maréchal étoit encore en Espagne, où il s'étoit acquis une gloire immortelle.

L'Espagne! de quelles pensées ce mot ne devoit-il pas remplir l'esprit de Buonaparte! Il avoit voulu en chasser la race royale des Bourbons; et c'est de l'Espagne que les Bourbons de France viennent lui disputer son trône!

Nous avons vu, au commencement de décembre 1813, le maréchal Soult livrer des combats fréquens et vifs au duc de Wellington, avec des forces très-inférieures à celles de l'armée anglo-espagnole. Depuis ce temps, le général français avoit eu le temps de s'établir à Bayonne, de s'y retrancher, et d'y préparer sa défense. Deux mois se passèrent dans des chicanes de postes, dans des engagemens sans importance et sans résultat. Cependant lord Wellington avoit reçu des renforts considérables ; et quelque difficile que fût la situation du maréchal duc de Dalmatie, Napoléon avoit retiré de son armée trois divisions de sa meilleure infanterie et six régimens de cavalerie. Rien n'empêchoit donc le valeureux lord anglais de se porter en avant; mais prêt à entrer en France, sa circonspection naturelle l'arrêta. Son gouvernement cherchoit en ce moment à se donner des avantages d'un autre genre que ceux de la force.

Au bruit des défaites de Napoléon, les princes de la maison de Bourbon s'étoient éveillés. Le roi Louis XVIII avoit adressé, de sa retraite d'Hartwell, une proclamation aux Français; Monsieur, comte d'Artois, avoit quitté Edimbourg, pour passer sur le continent; il étoit arrivé à travers l'Allemagne, d'abord en Suisse, et, de là, s'étoit hasardé jusqu'à Vesoul ; le jeune duc de Berri étoit prêt à s'élancer dans les provinces de l'Ouest, et le duc d'Angoulême avoit rejoint à Saint-Jean-de-Luz l'armée anglaise ; les royalistes de l'intérieur s'agitoient, se donnoient des rendez-vous, délibéroient sur les moyens de ranimer leur parti. Ces conférences commençoient à inquiéter la police ; on soupçonnoit surtout les dispositions de Bordeaux, où la cause royale comptoit des partisans dévoués, et, avant tout, M. le comte Lynch, maire de la ville. Les ordres avoient été donnés d'arrêter le marquis de Larochejaquelein, dont l'influence sur la Vendée donnoit de sérieuses inquiétudes ; mais il avoit été prévenu par M. Lynch, et s'étoit soustrait aux recherches de la police. Le 1er février, le général anglais Wellington avoit adressé une proclamation aux Français :

« Au moment d'entrer sur votre territoire,
« les généraux des armées alliées espagnole
« et britannique croient devoir vous faire
« connoître leurs intentions et les vues qui
« les dirigent ; la liberté et la conquête de
« leur roi est le noble but des Espagnols.
« Français de tous les ordres et de tous les
« états, au nom de l'humanité, réunissez vos

« efforts aux nôtres; ils parviendront, n'en
« doutez pas, à briser le joug oppresseur sous
« lequel vous fait gémir l'ambition démesurée
« d'un nouvel Attila. Ce n'est qu'au prix de
« votre sang qu'il achète ses triomphes, ce
« n'est que sur la destruction de vos généra-
« tions qu'il prétend fonder la grandeur de
« son horrible race; il ne vit et n'existe que
« pour détruire. Venez donc tous vous ran-
« ger sous la bannière sacrée de vos princes
« légitimes; que le nom de *Bourbon* soit votre
« cri de ralliement. »

Cependant ce général, qui proclamoit les Bourbons, arboroit partout le drapeau de son souverain, et son gouvernement lui donnoit en secret l'ordre de ne rien changer à la dynastie de Napoléon; car, alors même qu'il faisoit cette proclamation, les souverains alliés négocioient avec lui à Châtillon et s'il eût pu se soumettre aux conditions qu'ils lui imposoient, tous les royalistes qui s'étoient déclarés pour la maison de Bourbon auroient indubitablement subi le sort de M. de Gouault, et les rigueurs du décret impérial rendu à Troyes contre eux; mais dans les grandes révolutions des Etats, les passions conseillent, et la raison se tait. Le duc d'Angoulême ayant fait à Saint-Jean-de-Luz une adresse à l'armée française, les royalistes se l'arrachèrent, et la répandirent avec profusion.

« Soldats, disoit le prince, j'arrive; je suis
« en France, dans cette France qui m'est si
« chère. Je viens briser vos fers; je viens dé-
« ployer le drapeau blanc, le drapeau sans
« tache, que vos pères déployoient avec tant
« d'ardeur. Ralliez-vous autour de lui, braves
« Français! et marchons tous ensemble au
« renversement de la tyrannie. Soldats, c'est
« le petit-fils de Henri IV, c'est l'époux d'une
« princesse dont les malheurs sont sans égal,
« mais dont tous les vœux sont pour le bon-
« heur de la France. Officiers, soldats, qui
« vous rangerez sous l'antique bannière des
« lys, au nom du roi, mon oncle, qui m'a
« chargé de vous faire connoître ses intentions
« paternelles, je vous garantis vos grades, vos
« traitemens, et des récompenses proportion-
« nées à la fidélité de vos services. »

Cette proclamation ne détacha pas un seul soldat de l'armée de Suchet. On s'indignoit contre l'obstination de Buonaparte, on le haïssoit, mais on redoutoit plus encore le retour des Bourbons que l'excès de son ambition. Depuis plus de vingt-cinq ans on avoit inspiré à la jeunesse de l'horreur pour le drapeau blanc; on le lui représentoit comme le signal de la contre-révolution, du despotisme, et de tous les abus de l'ancien régime; les détenteurs des biens des émigrés et du clergé frémissoient au seul nom de l'*ancienne dynastie;* le peuple trembloit qu'on ne voulût l'enchaîner de nouveau sous les fers qu'il avoit brisés; qu'on ne l'assujettît à la dîme, à la corvée, à toutes les vexations de la vieille féodalité. Les Bourbons n'avoient de partisans réels que ceux dont les intérêts s'accordoient avec leur retour; mais une masse d'intérêts différens s'opposoient à leur rétablissement. La garde nationale de Bordeaux, la garde municipale même, étoient peu disposées à recevoir les petits-fils de Henri IV.

Lord Wellington trouva donc peu de secours dans la présence du duc d'Angoulême; et l'armée du maréchal Soult restant fidèle à ses drapeaux, il fallut en venir à de nouveaux combats. Wellington avoit des avantages infinis sur le maréchal; son armée étoit de soixante-dix mille hommes, et Soult n'en avoit pas quarante mille; il étoit approvisionné de tout, et le maréchal avoit à lutter contre la disette, le défaut de munitions, et plus encore contre le cabinet de la régence, qui lui envoyoit souvent les ordres les plus absurdes. Cependant il sut se soutenir contre son ennemi, ne céda le terrain que pas à pas, fit une retraite digne de sa réputation militaire, et se replia sur Orthez, petite ville des Basses-Pyrénées, située au penchant d'une colline sur le Gave. Là, quelle que fût l'infériorité de ses forces, il fut obligé d'accepter la bataille. Il la perdit; le nombre l'emporta sur la valeur; le général Foy y fut blessé : il laissa à l'ennemi trois mille tués, blessés ou prisonniers avec cinq pièces de canon; mais il fit essuyer une perte beaucoup plus grande au marquis de Torrès-Vedras, fit sa retraite avec beaucoup d'ordre, et alla prendre de nouvelles positions.

Cependant on travailloit dans l'intérieur de Bordeaux à faire triompher la cause de l'ancienne dynastie. M. le comte Lynch, maire de la ville, attendoit le moment favorable : il étoit secondé en secret par MM. Taffard de Saint-Germain et Mondenard. La ville de Bordeaux avoit la plus grande confiance en lui; il l'avoit bien méritée par la noblesse de son caractère et la sagesse de son administration. Lord Wellington, vainqueur à Orthez, approchoit de Bordeaux; plusieurs familles riches se disposoient à fuir dans la campagne; M. Lynch les rassura, et elles restèrent. Enfin, le 12 mars au matin, un aide-de-camp du maréchal Beresford se présenta en parlementaire, et demanda le maire de la ville: il lui dit qu'il étoit chargé de savoir de lui quelles étoient les dispositions des Bordelais pour l'armée anglaise. « J'irai moi-« même, dit M. Lynch, porter ma réponse au « maréchal. » M. Lynch avoit à redouter, en se déclarant dans l'intérieur de la ville, toutes les oppositions qui se manifestoient, et particulièrement celle de la garde nationale. Il avoit pour adjoints MM. de Puységur, de Tauzia et de Labroue, qui partageoient ses sentimens: il leur recommanda de veiller, en son absence, au maintien du bon ordre, et partit.

Les membres de l'association royaliste se pourvurent de cocardes blanches cachées sous leur habit, et se réunirent à la municipalité, tandis que d'autres se plaçoient sur la tour de Saint-Michel, avec un drapeau blanc qu'ils ne montroient point encore. M. Lynch avoit dans sa voiture M. de Mondenard, animé des mêmes sentimens que lui, et un adjoint dont les dispositions étoient bien différentes: il gardoit avec lui le plus profond silence. Ce ne fut qu'à quelque distance de la ville, près de joindre les Anglais, qu'il lui révéla son projet. L'adjoint surpris cria à la trahison, voulut descendre de la voiture, mais on le retint.

Dès que le détachement anglais se présenta, M. Lynch monta à cheval, et déclara que la ville de Bordeaux, regardant les Anglais comme les alliés de leur roi légitime Louis XVIII, ne mettoit aucune opposition à l'entrée de leur armée.

« Monsieur le général, dit le loyal maire de
« Bordeaux, la nation généreuse qui vient de
« donner de si grandes preuves de sa magna-
« nimité, en secourant avec une constance
« inébranlable ses alliés opprimés, se pré-
« sente aujourd'hui aux portes de la ville de
« Bordeaux, comme l'alliée de notre auguste
« souverain Louis XVIII.

« Nous venons au-devant de vous, général,
« manifester, au nom de tous nos concitoyens,
« les sentimens qu'il leur tarde de proclamer.

« Vous allez être le témoin des marques qui
« éclateront de toutes parts de notre amour
« pour notre roi. Ces acclamations seront
« aussi celles de la reconnoissance.

« Qu'aucun obstacle ne s'oppose désormais
« à l'union de nos pays ! que vos vaisseaux
« apportent vos productions dans nos ports !
« que vos ports soient ouverts à nos denrées !
« que par ces heureux échanges notre com-

« merce mutuel fleurisse! C'est sur l'alliance
« de l'Angleterre et de la France que repose
« la paix du monde. »

En achevant ces mots, il éleva la voix, jeta le cri de *vive le roi!* Ce cri fut répété de toutes parts, et avec une si vive acclamation, qu'on n'entendit point la réponse du commandant anglais : elle étoit très-équivoque; car le ministère britannique travailloit encore avec Buonaparte; mais il falloit prendre son parti. Au signal convenu, le drapeau blanc fut arboré sur la tour Saint-Michel, et tous les associés prirent la cocarde blanche. M. Lynch revint paré des mêmes couleurs; la ville étoit muette, mais confiante. M. Lynch n'aperçut qu'une légère agitation sur la place d'Aquitaine : il rassura tous les esprits par une proclamation toute française.

« Habitans de Bordeaux!

« Le magistrat paternel de votre ville a été appelé, par les plus heureuses circonstances, à se rendre l'interprète de vos vœux trop long-temps opprimés, et l'organe de votre intérêt, pour accueillir en votre nom, le neveu, le gendre de Louis XVI, dont la présence change en alliés des peuples irrités qui, jusqu'à vos portes, ont eu le nom d'*ennemis*.

« Déjà, Bordelais, les proclamations que, dans l'impuissance de la presse, vos plumes impatientes ont multipliées, vous ont rassurés sur les intentions de notre roi et les projets des alliés.

« Ce n'est pas pour assujettir nos contrées à une domination étrangère que les Anglais, les Espagnols et les Portugais y apparoissent : ils se sont réunis dans le Midi, comme d'autres peuples se sont réunis au Nord, pour détruire le fléau commun des nations, et le remplacer par un monarque père du peuple. Ce n'est même que par lui que nous pouvons apaiser le ressentiment d'une nation voisine, contre laquelle nous a lancés le despotisme le plus perfide.

« Si je n'avois été convaincu que la présence des Bourbons, conduits par leurs généreux alliés, devoit amener la fin de vos maux, je n'aurois sans doute jamais déserté votre ville; mais j'aurois courbé la tête en silence sous un joug passager. On ne m'eût point vu arborer cette couleur qui présage un gouvernement pur, si l'on ne m'avoit garanti que toutes les classes des citoyens jouiront de ce bienfait que les progrès de l'esprit humain promettoient à notre siècle.

« Les mains des Bourbons sont pures du

sang français. Le testament de Louis XVI à la main, ils oublient tous les ressentimens; partout ils proclament et ils prouvent que la tolérance est le premier besoin de leur âme. Instruits que les ministres d'une religion différente de celle qu'ils professent ont gémi sur le sort des rois et des pontifes, ils promettent une égale protection à tous les cultes qui invoquent un Dieu de paix, de réconciliation.

« C'est en déplorant les horribles ravages de la tyrannie qu'amena la licence, qu'ils oublient les erreurs causées par les illusions de la liberté. Loin d'en vouloir à ceux qui avec une ardeur, trop punie, en ont poursuivi le vain fantôme, ils viennent leur restituer cette liberté véritable qui laisse à la fois le peuple et le monarque sans défiance. Toutes les institutions libérales sont maintenues. Effrayé de la facilité des Français à voter les impôts, soutiens du despotisme, le prince sera le premier à concerter, avec vos représentans, le mode le plus légal, la répartition la plus équitable pour que le peuple ne soit pas foulé.

« Ces courtes et consolantes paroles que vient de vous adresser l'époux de la fille de Louis XVI : « Plus de tyran! plus de guerre! « plus de conscription! plus d'impôts vexa- « toires! » ont déjà rassuré vos familles.

« Déjà Sa Majesté a deux fois proclamé, à la face de l'Europe, que l'intérêt de l'Etat lui feroit une loi de consolider des ventes qui, par d'innombrables mutations, ont intéressé des familles à des propriétés désormais garanties.

« Bordelais ! je me suis assuré que la ferme volonté de Sa Majesté étoit de favoriser l'industrie, et de ramener parmi nous cette impartiale liberté de commerce qui, avant 1789, avoit répandu l'aisance dans toutes les classes laborieuses. Vos récoltes vont cesser d'être ruineuses. Les colonies, trop long-temps séparées de la mère-patrie, vous seront rendues ; la mer, qui étoit devenue comme inutile pour vous, va ramener dans votre port des pavillons amis. L'ouvrier laborieux ne verra plus ses mains oisives ; et le marin, rendu à sa noble profession, va naviguer de nouveau pour acheter le repos de sa vieillesse, et léguer son expérience à ses fils.

« L'époux de la fille de Louis XVI est dans vos murs ; il vous fera bientôt entendre luimême l'expression des sentimens qui l'animent, et ceux du monarque dont il est le représentant et l'interprète.

« L'espoir des jours de bonheur qu'il nous assure a soutenu mes forces.

« Je n'ai pas besoin de vous inviter à la concorde : tous nos vœux ne tendent-ils pas au même but, la destruction de la tyrannie sous laquelle nous avons tous également gémi? Mais chacun de nous doit y concourir avec autant d'ordre que d'ardeur. Amsterdam n'a point attendu la présence de ses libérateurs pour se prononcer et rétablir l'ancien gouvernement, seul capable de rappeler son commerce et sa prospérité. C'est au patriotisme des négocians que le stathouder a dû son rétablissement et la prompte création de l'armée qui défend par ses mains la liberté hollandaise.

« Les premiers vous avez donné un semblable exemple à la France; la gloire et l'avantage qu'en retirera notre ville la rendront à jamais heureuse et célèbre entre les cités.

« Tout nous promet d'espérer qu'à l'excès des maux vont succéder enfin les temps désirés par la sagesse, où doivent cesser les rivalités des nations; et peut-être est-il réservé au grand capitaine qui a déjà mérité le titre de *libérateur des peuples,* d'attacher son nom glorieux à l'époque de cet heureux prodige.

« Tels sont, ô mes concitoyens! les motifs, les espérances qui ont guidé mes démarches, et m'ont déterminé à faire pour vous, s'il le falloit, le sacrifice de ma vie. Dieu m'est témoin que je n'ai en vue que le bonheur de notre patrie. »

VIVE LE ROI !

A Bordeaux, en l'Hôtel-de-Ville, le 12 mars 1814.

Le maire, LYNCH.

Le détachement anglais entra, et le cri de *vive le roi!* fut répété. On annonça l'arrivée de M. le duc d'Angoulême dans la journée même; on disposa tout pour le recevoir, et M. l'archevêque de Bordeaux réunit son clergé pour chanter le *Te Deum*. Lorsque M. Lynch fut instruit de la présence du prince, il alla au-devant de lui, et l'accompagna à cheval lorsqu'il fit son entrée. En un moment tout étoit changé; au calme le plus profond succéda la plus vive émotion; au silence, les acclamations les plus nombreuses. L'opposition n'osoit plus se montrer; mais elle existoit encore, et l'on disoit sourdement que M. Lynch avoit livré la ville aux Anglais : elle ne l'étoit qu'aux Bourbons. M. le duc d'Angoulême fut reçu au milieu des fêtes, des chants d'allégresse, et des félicitations de tous les genres. Le trône des Bourbons se relevoit dans la ville qui lui avoit porté les coups les plus redoutables : la république étoit sortie de Bordeaux, et la monarchie s'y rétablissoit sur les tombes des Vergniaud, des Guadet, des Ducos, des Boyer-Fonfrède et de tous les girondins.

Depuis cette époque célèbre, il est des personnes qui ont prétendu réclamer pour elles l'honneur d'avoir relevé la monarchie. On l'a contesté à M. Lynch dans les Mémoires de Mme Laroche-Jaquelein; mais ses titres sont incontestables. M. Lynch n'a jamais pu être un instrument dans la main de personne; son caractère et sa dignité s'y opposoient trop fortement : les sentimens de fidélité à ses rois ne pouvoient lui être étrangers; il appartenoit à ces familles de l'Irlande qui avoient servi leur roi jusque dans ses infortunes les plus désespérées, et partagé courageusement son exil. Si Napoléon eût traité à Châtillon, si ses armées fussent rentrées à Bordeaux, la première personne sur laquelle fût tombée sa vengeance eût été celle du maire de cette ville; et dans ce cas, il est probable que personne ne lui eût disputé cette préférence.

En ce moment, la Providence opéroit de grands changemens dans la fortune des souverains. Les fers du roi Ferdinand VII se brisoient; et tandis que son successeur, déchu du trône, se trouvoit heureux d'être décoré du titre de lieutenant-général de son frère Napoléon, près comme lui de perdre sa couronne, Ferdinand quittoit Valençay, accompagné d'une escorte royale, et se dirigeoit vers les Pyrénées. Ses sujets étoient dans la plus vive attente. Il avoit passé près de six ans dans la captivité; dix fois il s'étoit abaissé aux pieds de son vainqueur et s'étoit dit lui-même le sujet de Joseph; dix fois Napoléon avoit proclamé que la couronne des Espagnes étoit à jamais assurée sur le front de son frère; mais les rois ont au-dessus d'eux une puissance qui se joue de leurs arrêts. Il venoit de se voir obligé de replacer lui-même le sceptre dans les mains qu'il en avoit dépouillées. Après tant de grandeur, il étoit réduit à disputer le sien aux plénipotentiaires de ses ennemis, maîtres de ses Etats. Le 19 mars, le congrès de Châtillon fut rompu.

Des historiens, ou passionnés ou mal instruits, lui ont reproché une invincible opposition à tout traité de paix : mais ces puissances, qui se glorifioient de la noblesse et de la générosité de leurs intentions, étoient-elles sincères? A Francfort, elles lui offrent la conservation des limites de la France depuis le Rhin jusqu'aux Alpes et aux Pyrénées; elles les appellent elles-mêmes des *limites naturelles* : Napoléon les accepte; et alors elles proposent de renfermer la France dans ses limites de 1789. Napoléon, après quelques débats, accepte encore; mais ces propositions ne leur suffisent plus : il faut qu'il livre en garantie, ou sa capitale, ou les citadelles les plus importantes du Haut-Rhin et de la Franche-Comté; il faut qu'il abandonne les îles de France et de Bourbon, Cayenne et la Guiane française; qu'il renonce à tous les grands établissemens de commerce hors de son territoire; qu'il les transforme en simples comptoirs; qu'il ne puisse jamais y entretenir de soldats. Les pièces justificatives du congrès seront à jamais, pour tout esprit libre de préjugés, la justification de Napoléon; car la fortune, qui l'avoit d'abord abandonné, qui lui étoit revenue ensuite, qui avoit de nouveau déserté ses enseignes, pouvoit y retourner encore, et lui faire obtenir des conditions moins humiliantes et moins oppressives. Si l'on peut faire un reproche à Napoléon, c'est d'avoir licencié le Corps législatif. S'il eût été assemblé, on auroit pu lui soumettre les propositions de l'ennemi; et s'il les eût approuvées, ce qu'on ne sauroit croire, c'eût été la nation, et non lui, qui eût décidé cette grande question.

Napoléon avoit présenté aux dernières propositions du congrès un contre-projet. Il consentoit aux anciennes limites; mais il demandoit la possession de la Savoie, de Nice, de l'île d'Elbe : il vouloit que la couronne d'Italie fût posée sur la tête d'Eugène Beauharnais, et que les principautés de Lucques, de Neufchâtel, et le grand-duché de Berg, fussent restitués à leurs derniers possesseurs. Il est évident qu'il demandoit plus, pour obtenir moins ; et il n'est pas moins évident que les puissances alliées ne vouloient plus de paix avec Napoléon. Le congrès rompu, c'étoit au sort des armes qu'étoit remise en définitive la décision de cette longue et terrible lutte.

CHAPITRE XXIV.

Terreur panique des alliés après la prise de Reims. Combats d'Arcis-sur-Aube, de la Fère-Champenoise, de Saint-Dizier. Mouvement rétrograde des maréchaux Marmont et Mortier. Marche des alliés sur Paris. Fuite de l'impératrice-régente et de son conseil. Combat du 30 mars, sous les murs de la capitale. Départ de Joseph Buonaparte. Arrivée de l'armée de Napoléon à Fontainebleau, et de sa personne à la Cour-de-France. Capitulation de Paris. Entrée des alliés.

Depuis trois mois que les souverains alliés étoient entrés en France, ils se trouvoient alternativement placés entre la victoire et la défaite. Jamais Napoléon n'avoit montré plus d'activité, opéré de plus grands effets avec de plus foibles moyens; son courage étoit au-dessus des évènemens. Il n'en étoit pas de même des alliés. Dès que Napoléon obtenoit quelques avantages, ils se sentoient saisis de crainte; ils regrettoient de s'être jetés avec tant d'imprudence dans une terre si belliqueuse et si peuplée; chaque jour leur position devenoit plus périlleuse. Les ravages de la guerre irritoient la nation ; la misère aigrissoit les esprits les plus pacifiques ; et l'on pouvoit aisément prévoir que les excès où se précipitoient les armées étrangères opéreroient ce que n'avoient pu faire les exhortations, les encouragemens et les menaces de Napoléon. Des soulèvemens se manifestoient dans l'Alsace, la Lorraine, la Franche-Comté, et menaçoient de s'étendre dans les provinces voisines.

Ces considérations frappoient l'empereur Alexandre; sa constance se lassoit; l'éloignement où il étoit de sa capitale le portoit à de sérieuses réflexions : il avoit couru de sa personne les plus grands dangers, et l'on a vu que peu s'en étoit fallu qu'il n'eût été enlevé à Bray-sur-Seine, avec le roi de Prusse.

Ses inquiétudes se réveillèrent plus vivement que jamais, lorsqu'il apprit les succès de Napoléon à Reims, et sa marche victorieuse dans la Champagne. Dans l'agitation qu'il éprouva, il fit dire à quatre heures du matin, au prince de Schwartzenberg, qu'il falloit décidément envoyer un courrier à Châtillon, et signer le traité que demanderoit le duc de Vicence. Ce prince ne goûtoit plus de repos, et disoit lui-même que sa tête en grisonnoit. Si la France, moins indifférente à la fortune de Napoléon, et mieux éclairée sur ses propres intérêts, se fût levée, nul doute que toutes les forces des souverains n'eussent été étouffées par son immense population, ou qu'ils n'eussent été forcés de regagner l'Allemagne dans le plus grand désordre; mais le despotisme de Napoléon avoit éteint l'amour de la patrie, et c'étoit lui-même qui avoit versé la glace sur ce feu sacré.

Depuis long-temps il n'avoit plus que des notions imparfaites sur les plans et la marche de l'ennemi. Lorsqu'il étoit entré à Reims, tous les renseignemens qu'il s'étoit procurés lui montroient l'ennemi se précipitant sur Paris, et il avoit aussitôt fait ses dispositions pour le prévenir ou l'arrêter dans sa course; mais au moment où il se hâtoit de revenir sur la Seine, les alliés n'y étoient plus; ils venoient d'évacuer Nogent, d'en rompre les ponts, et de se replier sur Troyes : Paris paroissoit donc encore une fois sauvé. L'ennemi étoit en pleine retraite; mais il pouvoit revenir sur ses pas. Napoléon, pour épargner à sa capitale de nouvelles alarmes, changea décidément ses plans, et revint au projet qu'il avoit eu précédemment de manœuvrer en arrière des armées ennemies, de les inquiéter sur leurs moyens de retraite. Ce genre de guerre lui paroissoit plus sûr que les hasards d'une bataille; car, quoiqu'il eût été rejoint par les maréchaux Macdonald et Oudinot, il ne se voyoit pas en état de lutter avec avantage contre les forces immenses qu'il avoit à combattre. Dans cette intention, il commença à remonter l'Aube, et se mit en marche le 20 mars; mais déjà tout étoit changé dans les plans des coalisés. Après un conseil de guerre, où des affidés de Louis XVIII avoient annoncé que tout étoit prêt à Paris, on résolut de renoncer à la retraite, et de se porter en avant. Napoléon ignoroit ce changement.

Son armée étant arrivée à Arcis-sur-Aube, on aperçut sur la route de Troyes quelques détachemens ennemis. On courut sur eux pour les dissiper; ils résistèrent. L'avantgarde se mêla du combat; elle trouva des forces qu'elle étoit loin d'attendre. L'armée entière s'engagea, et découvrit avec la dernière surprise qu'elle avoit affaire à toutes les forces du général Schwartzemberg. Napoléon accourt; la lutte devient terrible; lui-même se mêle au combat, se jette à travers les rangs ennemis, l'épée à la main, et court les plus grands dangers. Loin de les éviter, il les cherche; il semble qu'il veuille terminer dans cette journée sa carrière militaire et politique. Un obus tombe à ses pieds, son escorte s'écarte; il reste intrépidement, et, faisant flairer l'obus à son cheval : « Depuis quand, dit-il, « des soldats éprouvés ont-ils peur de pareil « acoident? » Son cheval et lui disparoissent dans un nuage de terre et de fumée; on les croit perdus, mais ils reparoissent sans la moindre blessure. *La mort,* dit Napoléon, *ne veut point de moi,* et il va de nouveau affronter le feu des batteries. Que ceux qui ont osé lui disputer l'honneur de la bravoure répondent à ce trait.

Les alliés formoient autour de son armée un vaste cercle dont ils resserroient graduellement la circonférence. Napoléon se rejette sous les murs crénelés d'Arcis; il y soutient un feu terrible; la nuit vient enfin le couvrir de ses ombres : il en profite pour commencer sa retraite.

Il avoit fait jeter un second pont sur l'Aube; l'armée marchoit, les équipages étoient en mouvement : tout à coup l'ennemi revient attaquer la ligne. Alors le combat devient furieux; le soldat français se signale par une héroïque ardeur; chacun combat pour son propre salut : l'ennemi s'étonne, s'arrête, et la retraite continue. Les ducs de Reggio et de Tarente, qui étoient restés les derniers sur la rive gauche, passèrent sans être inquiétés, et l'armée se dirigea sur Saint-Dizier.

Parmi tant de combats livrés en tant d'années, nul ne fit plus d'honneur à la vaillance des soldats français, à celle de Napoléon et à sa générosité ; il envoya 2000 francs aux sœurs de la charité pour prendre soin des blessés. Heureux s'il eût pu donner de pareils exemples dans les champs de la Russie et dans ces hôpitaux de Mayence, qu'on appela justement les *sépulcres de la grande armée* (1)! Cette sanglante journée lui coûta quatre mille hommes ; plaie immense dans un temps où il avoit si peu de moyens de réparer ses pertes.

En s'éloignant de la capitale, Napoléon se flattoit-il de la sauver ? Il le crut sans doute ; il espéra que l'ennemi, menacé sur ses derrières, n'oseroit se porter en avant ; il voulut le mettre entre Paris et son armée. On l'assuroit que la population de cette grande ville se leveroit toute entière ; on lui parloit avec enthousiasme du dévouement de la garde natio-

---

(1) *Voyez*, sous ce titre, une brochure de M. Hapdé, témoin oculaire.

nale, et de l'état imposant de défense où l'on avoit mis les positions les plus importantes et les remparts de la ville; on lui cachoit les complots qui se tramoient contre lui, car son lieutenant-général Joseph se montroit aussi inhabile à Paris qu'à Madrid. On essayoit, avec la même impéritie, de tromper les Parisiens. Les journaux, qui auroient pu jeter quelques lueurs de vérité sur la scène de ce grand drame, étoient rigoureusement comprimés; et l'on disoit plaisamment que les nouvelles des frontières ne nous arrivoient plus que par les laitières : car dans quel temps ne rit-on point à Paris? Les courriers n'avoient en effet plus de route assurée, et le bulletin d'Arcis ne put arriver jusqu'à la capitale.

On se berçoit, à l'armée de Napoléon, dans de vaines illusions; on ne doutoit pas que les alliés, entraînés par le mouvement rétrograde de l'armée française, ne se missent à sa poursuite : les maréchaux Macdonald et Oudinot, qui formoient l'arrière-garde, en furent si persuadés, qu'ayant aperçu derrière eux quelques corps ennemis, ils firent dire que toutes les forces de la coalition les poursuivoient. Les ennemis étoient mieux servis dans la capitale que Napoléon lui-même. Du sein des conseils sortoient des trahisons qui leur révéloient tous les secrets de l'Etat; qui les rassuroient sur les dispositions de l'esprit public, qui les invitoient à marcher, à finir la guerre par des résolutions promptes et décidées.

Napoléon, continuant de suivre son dernier plan, ignorant ceux de l'ennemi, venoit d'arriver à Saint-Dizier, lorsque le duc de Vicence, de retour de Châtillon, se présenta avec les dernières nouvelles : le congrès étoit dissous; le contre-projet avoit tout brouillé. Le duc ignoroit que Buonaparte, inquiet de ses destinées à venir, effrayé de l'entrée des Bourbons, redoutant les coups de foudre qui menaçoient son trône, lui avoit envoyé, par un de ses auditeurs, l'autorisation de consentir à tout. Cet envoyé n'étoit arrivé qu'après la rupture, et le départ du plénipotentiaire français. Ainsi, plus de ressource. Au bruit de ces nouvelles, presque tous les états-majors éclatèrent en rumeurs et en plaintes. « Qu'alloit-on chercher aux frontières, « quand l'ennemi étoit au cœur de la France ? « Quel espoir restoit-il à l'armée, quand le « trésor public étoit épuisé, les villes et les « campagnes ruinées, les communications in- « terrompues, les contributions anéanties ? « Jusqu'alors on avoit pu réparer les pertes de

« l'armée par des levées nouvelles; mais où
« chercher maintenant des soldats? Que peu-
« vent les décrets du Sénat? Quels succès
« peut-on se promettre de quelques troupes
« tirées des garnisons de l'Alsace et de la Lor-
« raine? Et parce que Napoléon, par son in-
« vincible obstination, veut se perdre, faut-il
« s'ensevelir avec lui? »

Ces paroles retentissoient autour de la salle
où l'empereur étoit enfermé; elles arrivoient
jusqu'à lui, et l'on attendoit avec impatience
le parti qu'il alloit prendre. S'il marche sur
Paris, il arrivera trop tard; s'il exécute son
projet de manœuvrer en arrière des alliés, est-
il sûr qu'ils voudront le suivre? Napoléon lui-
même étoit incertain; il vouloit avoir des notions fixes sur les résolutions de l'ennemi, et
ses courriers étant interceptés partout, ne
pouvoient lui en donner. Dans cette incertitude, il résolut de parcourir toutes les routes.
Le duc de Reggio se jeta du côté de la Lorraine, le général Piré du côté de Langres et
de la Franche-Comté, le corps d'armée s'établit sur la route de communication entre Saint-
Dizier et Bar-sur-Aube, le quartier impérial
à Doulevent, bourg de la Haute-Marne, à
trois lieues de Vassy. C'étoit le commencement d'une guerre de partisans; et peut-être

en eût-il tiré les plus grands services, s'il l'eût entreprise plus tôt; mais sa ruine étoit trop avancée. Tourmenté de l'avenir, effrayé de la rupture du congrès, il consentit alors à descendre de sa hauteur, et autorisa le duc de Vicence à écrire au ministre autrichien prince de Metternich; et le colonel d'état-major Gallebois fut chargé de remettre cette dépêche. Le duc de Vicence annonçoit affirmativement qu'il étoit chargé de consentir à toutes les conditions de la paix; qu'il étoit prêt à se rendre aux avant-postes, et qu'il attendoit une réponse avec le plus grand empressement. Dans une seconde lettre, il disoit à M. de Metternich : « Ne laissez pas à d'autre, « mon prince, le soin de rendre la paix au « monde; il n'y a pas de raison pour qu'elle « ne soit pas faite dans quatre jours, si votre « bon esprit y préside. Votre tâche, mon « prince, est glorieuse; la mienne sera bien « pénible : mais puisque le repos et le bon-« heur de tant de peuples en peuvent résulter, « je n'y apporterai pas moins de zèle et de dé-« vouement que vous. »

Pendant ces négociations, le général Piré parcouroit les districts de Langres et de Chaumont. Il entra dans cette dernière ville, enleva des estafettes et des courriers, souleva des paysans, et répandit l'alarme jusqu'à Vesoul. L'arrière-garde de l'armée française étoit restée à Saint-Dizier; elle étoit toujours persuadée que l'armée entière de Blücher étoit sur ses traces : elle fut en effet attaquée dans sa position, et forcée de l'évacuer. Napoléon accourut aussitôt, plein de l'illusion qu'il alloit avoir à combattre toute l'armée du prince de Schwartzemberg; il repoussa l'ennemi, le chassa à son tour de Saint-Dizier, et y passa la nuit.

Mais il acquit bientôt la conviction que les alliés continuoient leur marche sur Paris, et que le corps qu'il venoit de combattre n'étoit que celui du général Wittgenstein, qu'on avoit envoyé pour l'inquiéter et le tromper. Toute sa pénétration se trouva en défaut. Pour s'éclairer entièrement, il poussa une forte reconnoissance sur Vitry, et il apprit que Blücher s'étoit porté sur la Marne, qu'il avoit rejeté les ducs de Raguse et de Trévise sur Château-Thierry, opéré sa jonction avec le prince de Schwartzemberg, et qu'ils marchoient l'un et l'autre sur Paris.

Cette capitale étoit presque sans garnison; Napoléon n'avoit laissé aucune armée pour la couvrir. L'enceinte de la ville étoit trop vaste pour être défendue sur tous les points; on avoit peu d'artillerie, et point d'artilleurs ; les ouvrages, qu'on avoit faits à la hâte, ne pouvoient pas même tenir contre un coup de main. Le gouvernement de Napoléon n'avoit plus de partisans que parmi les gens qu'il soudoyoit, et la majorité du Sénat, toujours vile, étoit prête à tous les genres d'accommodement. Il ne s'agissoit donc, pour les armées ennemies, que de marcher en diligence : ils en prirent la résolution, et la fortune vint encore à leur secours.

Le rendez-vous des deux généraux Blücher et Schwartzemberg étoit à la Fère-Champenoise. Ils y arrivoient lorsque les ducs de Raguse et de Trévise, trompés par de fausses notions, parurent de leur côté. Leur surprise fut extrême. Le désordre se mit dans leur armée; les conducteurs et les soldats du train coupèrent les traits de leurs chevaux, et abandonnèrent vingt pièces d'artillerie; mille hommes furent faits prisonniers. Le prince Constantin, à la tête de la cavalerie légère de la garde, fit tous ses efforts pour envelopper les deux maréchaux, mais ils lui échappèrent par des manœuvres aussi savantes que rapides, se firent jour l'épée à la main à travers l'ennemi, et, après avoir éprouvé de nouvelles pertes, regagnèrent la Marne pour couvrir la capitale avec le peu de forces qui leur restoient.

Un malheur non moins sensible fut l'enlèvement d'un convoi considérable d'artillerie, de munitions, de vivres, que les généraux Amey et Pactod amenoient à Napoléon avec cinq mille hommes. A peine cette colonne fut-elle aperçue, que Blücher envoya contre elle deux divisions de cavalerie; le prince de Schwartzenberg rassembla, de son côté, la sienne à la hâte; l'empereur Alexandre fit avancer l'artillerie, et ce détachement de braves se trouva enveloppé, pressé, chargé, accablé par des forces contre lesquelles il paroissoit impossible de lutter. Cependant il ne recula point, se forma en carrés, continua sa marche intrépidement, soutint le feu de l'ennemi, rejeta toute sommation, jusqu'au moment où le colonel Rapatel, ancien aide-de-camp du général Moreau, alors aide-de-camp de l'empereur de Russie, se jeta au-devant des rangs, en leur criant qu'il étoit Français comme eux, qu'ils avoient fait assez pour la gloire, et que, s'ils vouloient mettre bas les armes, l'empereur Alexandre leur rendroit aussitôt la liberté. En ce moment, une balle partie d'un des carrés l'atteignit, et il tomba mortellement blessé sur le champ de bataille. L'artillerie seule put entamer la légion héroïque; la cavalerie parvint à y pénétrer : le carnage devint horrible. Enfin les deux généraux consentirent à rendre les armes; et l'empereur Alexandre, rempli d'admiration, s'écria : « Quels soldats! quel bon-« heur pour Napoléon de commander à un « pareil peuple! » Un bivouac de deux mille hommes, surpris et fait prisonnier à la Ferté-sous-Jouare, mit le comble à toutes ces pertes.

Cependant on remplissoit la capitale de cris de triomphe; et quoiqu'il ne fût plus possible de dissimuler l'approche des alliés, que l'on sût que leur quartier-général étoit à Coulommiers, qu'ils se disposoient à passer la Marne à Lagny, la police n'en fit pas moins répandre le bruit qu'il ne s'agissoit que d'une colonne ennemie, battue, chassée, poursuivie, ne sachant où donner de la tête. Cependant l'armée avançoit; un corps de dix mille hommes de troupes nationales, mêlé à quelques troupes de ligne, ayant essayé de lui tenir tête entre la Ferté-sous-Jouare et Meaux, fut chargé brusquement, enfoncé, et mis en déroute. Les maréchaux Marmont et Mortier, se repliant toujours, le 28 mars l'ennemi entra à Meaux; le lendemain, leur canon se faisoit entendre des hauteurs de Montmartre : les habitans des campagnes rentroient dans la capitale avec leurs femmes, leurs enfans, leurs meubles, leurs troupeaux; une foule de blessés arrivoient, les uns à pied, les autres sur des voitures; on évacuoit tous les villages aux environs de Paris : la police ne pouvoit plus mentir. On garnissoit de canons les hauteurs de Belleville, de Saint-Chaumont, de Montmartre; on mettoit en réquisition les vieux soldats d'artillerie de l'hôtel des Invalides; les élèves de l'Ecole polytechnique accouroient pour servir les batteries; quarante mille hommes de la garde nationale, fidèles au sentiment de l'honneur, se montroient prêts à défendre courageusement leurs murailles. Napoléon, en les quittant, leur avoit confié sa femme et son fils, et ils étoient résolus à ne point livrer ce dépôt sacré. Outre la garde nationale, Paris avoit encore une garnison de cinq à six mille hommes, sous les ordres du général Compans. Le 29, Joseph Buonaparte, nommé général en chef de toutes les forces disponibles, passa la revue de cette troupe et de la garde nationale. Sa présence inspiroit peu de confiance; mais il avoit sous lui les maréchaux Mortier et Marmont, qui venoient d'arriver. On tira des arsenaux les pièces de canon jugées nécessaires. On travailloit depuis plusieurs jours à faire des gargousses et des cartouches; ceux qu'on y employoit avoient-ils des ordres secrets? Plusieurs de ces cartouches se trouvèrent remplies de son ou de cendres. La garde nationale étoit hors d'état de sortir toute entière ; la meilleure partie n'étoit propre qu'à défendre les murailles, les palissades et l'intérieur de la ville. En comptant ce qu'elle pouvoit fournir pour combattre au-dehors, en y ajoutant la garnison et les forces des maréchaux ducs de Raguse et de Trévise, la capitale n'avoit pas pour sa défense trente mille hommes. Le gouvernement inondoit la ville d'écrits et de proclamations pour animer les esprits; mais tout à coup on apprit que ce gouvernement, qui demandoit les plus généreux sacrifices, venoit de prendre la fuite. Napoléon avoit en effet donné l'ordre de mettre en sûreté l'impératrice et son fils, dans le cas où ils courroient des dangers. Ils n'en couroient aucun réellement ; car en supposant Paris réduit à capituler, c'étoit l'impératrice qui devoit présider à la capitulation : mais cette jeune princesse, sans expérience, sans aucune des qualités qui distinguèrent autrefois la courageuse Marie-Thérèse, n'hésita pas à se retirer. Son fils, enfant de trois ans, comme s'il eût pressenti, par une singularité remarquable, son malheur, se mutina et se débattit long-temps entre les mains de ceux qui vouloient le conduire, et l'on ne put le faire sortir de sa chambre qu'en le portant à bras dans la voiture. La fuite de la famille impériale excita l'indignation de la capitale; elle se regarda comme dégagée de ses sermens; et la plupart de ceux qui se proposoient de se joindre à l'armée des maréchaux, restèrent dans l'intérieur pour maintenir l'ordre et protéger leurs familles (1). On crut généralement que l'archichancelier Cambacérès, voulant sauver ses richesses, fut un de ceux qui appuyèrent le plus fortement pour le départ, et que M. de Talleyrand, pour d'autres raisons, fut du même avis.

L'ordre de Napoléon portoit que le gouvernement se retireroit sur la Loire. Joseph Buonaparte avoit préparé son départ, et fait emballer ce qu'il avoit de plus précieux; mais pour couvrir son dessein, il répandit

___

(1) Les places publiques, les quais, les carrefours étoient couverts d'une multitude d'ouvriers que les manufactures ne pouvoient plus nourrir, et qui demandoient des armes. On eut la prudence de ne point leur en donner, et de les surveiller. Ils avoient tenu précédemment des conciliabules où l'on avoit médité le pillage des riches et des marchands : on avoit même des voitures toutes prêtes pour enlever le butin.

une proclamation dans laquelle il s'efforçoit de pallier la désertion de l'impératrice, exhortoit les Parisiens à se défendre avec vigueur, leur promettant de combattre à leur tête et de ne pas les abandonner. Le mardi 30 mars, les ennemis étoient sous les murs de Paris, et à cinq heures du matin le canon se fit entendre. L'armée française avoit pris une position concentrée : la droite sur les hauteurs de Belleville, Menil-Montant et Saint-Chaumont, s'appuyant sur Vincennes; la gauche s'étendant de Monceau à Neuilly; le centre sur les rives du canal de l'Ourcq. Des parlementaires s'étant présentés aux ducs de Trévise et de Raguse, furent renvoyés sans être entendus. Vingt-cinq à vingt-six mille hommes alloient se battre contre cent mille; ils se battirent avec la plus rare intrépidité : le village de Pantin fut pris et repris plusieurs fois; les positions furent défendues avec le courage le plus héroïque; le champ de bataille se couvrit de morts et de blessés. Les ennemis s'étonnoient de tant de résistance; ils réunirent leurs tirailleurs pour augmenter leurs masses. Joseph Buonaparte étoit à Montmartre, expédiant sans cesse ses aides-de-camp pour entretenir dans l'armée un courage qu'il n'avoit pas : il ignoroit la force réelle des alliés, et soutenoit constamment qu'il ne s'agissoit que de chasser un corps de vingt-cinq à trente mille hommes, coupé de la grande armée. Quand il eut l'assurance que c'étoit la grande armée elle-même qu'il s'agissoit de combattre, son héroïsme s'évanouit. Un capitaine de la garnison française avoit reçu du général Hullin, commandant de Paris, l'ordre de se rendre aux avant-postes pour savoir quels motifs avoient décidé les généraux français à refuser les parlementaires de l'armée ennemie; cet officier, enveloppé par un détachement de Cosaques, avoit été conduit à la tente de l'empereur Alexandre. Ce prince lui avoit montré les sentimens les plus pacifiques, les dispositions les plus amicales pour la ville de Paris; il l'avoit renvoyé avec des proclamations, en lui recommandant surtout de tout faire pour éviter une plus longue effusion de sang, et persuader aux généraux français que la lutte étoit trop inégale pour pouvoir la soutenir plus long-temps.

Le retour du capitaine décida Joseph Buonaparte. Convaincu maintenant que c'étoit toute l'armée ennemie qui se trouvoit devant la capitale, il autorisa les maréchaux Marmont et Mortier à traiter avec les alliés, quitta son poste, fit charger ses malles, et partit. Cependant l'armée française, la garde nationale et la garnison continuoient de se défendre héroïquement; mais le nombre devoit enfin l'emporter sur la valeur : les hauteurs de Belleville et de Montmartre furent emportées. Les barrières étoient sur le point d'être forcées, lorsque des deux parts on entra en pourparler; les généraux respectifs des deux armées consentirent une suspension d'armes. Bientôt les maires de Paris proposèrent une capitulation qui fut acceptée sur les bases suivantes : que les troupes alliées occuperoient le lendemain les barrières et l'arsenal; qu'elles feroient leur entrée dans la ville; que les maréchaux Marmont et Mortier en sortiroient à la tête de leurs corps, avec leurs armes et leur artillerie; que, dans aucun cas, les hostilités contre eux ne pourroient recommencer que deux heures après l'évacuation. La ville de Paris étoit recommandée à la générosité des princes alliés. Le soir, les bivouacs s'allumèrent sur toutes les hauteurs qui environnoient la capitale, et la tranquillité régna dans l'intérieur, comme dans la paix la plus profonde.

Pendant tout le temps du combat, Paris n'avoit cessé d'être calme : les boutiques étoient ouvertes; on circuloit partout librement; on alloit de l'intérieur aux barrières, on revenoit des barrières rapporter des nouvelles à l'intérieur. Ce qu'il y eut de plus remarquable, ce fut la légèreté des femmes; elles étoient sur les boulevards, parées comme aux jours de fêtes, se promenant avec une inconcevable sécurité, comme si elles eussent été impatientes de remporter aussi leur victoire sur l'ennemi. La fuite honteuse de Joseph Buonaparte acheva de le perdre dans l'opinion publique : il alla rejoindre sur la Loire le gouvernement expirant de son frère. Les ministres imitèrent cet exemple, et la ville resta livrée à elle-même.

La journée du 30 mars coûta aux ennemis sept à huit mille hommes; aux Français trois à quatre mille; mais les alliés ne firent pas un seul prisonnier, n'enlevèrent pas une seule pièce de canon. Les élèves de l'école polytechnique y firent des prodiges de valeur.

Le lendemain, tous les habitans de Paris étoient sur pied, attendant l'entrée de l'armée alliée. Les maires de Paris étoient allés au-devant d'elle; l'empereur Alexandre les reçut avec une courtoisie toute française. « Le sort « des armes, leur dit-il, m'a conduit jus- « qu'ici; votre empereur, qui étoit mon allié, « m'a trompé trois fois; il est venu, jusque « dans le cœur de mes Etats, y apporter des

« maux dont les traces dureront long-temps ;
« je suis loin de vouloir rendre à la France
« les maux que j'en ai reçus. Les Français sont
« mes amis, et je veux leur prouver que je
« viens rendre le bien pour le mal. Napoléon
« est mon seul ennemi ; je promets ma pro-
« tection spéciale à la ville de Paris ; je pro-
« tégerai, je conserverai tous ses établisse-
« mens publics ; je n'y ferai séjourner que des
« troupes d'élite ; j'y conserverai votre garde
« nationale, qui est l'élite de vos citoyens ; c'est
« à vous à assurer votre bonheur à venir. Il
« vous faut un gouvernement qui vous donne
« le repos, qui le donne à l'Europe ; c'est à
« vous à émettre votre vœu ; vous me trou-
« verez prêt à seconder vos efforts. »

A midi, les barrières s'ouvrirent pour recevoir les souverains : ils étoient à la tête
d'une armée formidable, qui se déploya sur
un vaste front à la porte Saint-Martin, et
marcha par les boulevards jusqu'aux Champs-
Elysées. La foule étoit immense ; elle admiroit ces innombrables bataillons qu'on lui
avoit représentés comme de misérables débris qui venoient expirer sous les murs de
la capitale : tous les yeux se portoient
sur l'empereur Alexandre, dont la taille élevée, la figure pleine de grâce et le noble

maintien respiroient la grandeur et la bonté. A ses côtés étoient le roi de Prusse, le prince Constantin, le généralissime prince de Schwartzemberg. L'empereur d'Autriche étoit encore à Dijon. Les cris de *vive Alexandre! vivent les souverains alliés!* retentissoient de toutes parts; celui de *vivent les Bourbons* étoit encore rare. L'armée marchoit au milieu des flots d'une population dont l'empereur Alexandre fut étonné lui-même. « Il « y a ici, dit-il, de quoi étouffer une armée de « cent mille hommes. » Arrivés aux Champs-Elysées, les souverains se laissèrent approcher avec une extrême affabilité : on voyoit briller dans leurs yeux la satisfaction de se trouver dans la capitale du peuple le plus civilisé et le plus poli du monde. Ils disoient à tous : « Nous ne venons point en conquérans, « mais en amis. Nous n'aurions jamais dû « nous faire la guerre, ajoutoit l'empereur « Alexandre; je porte les Français dans mon « cœur. » Lui-même paraissoit très-sensible aux hommages dont il étoit l'objet.

Des Champs-Elysées, les souverains se rendirent aux hôtels qui leur étoient préparés. L'empereur Alexandre descendit à celui de M. de Talleyrand, qui avoit trouvé un prétexte pour ne pas suivre la régence. Avant et après l'entrée des souverains, on avoit vu quelques groupes royalistes courir les rues, et se répandre sur les boulevards avec de petites bannières blanches, criant *vivent les Bourbons!* M. Sosthènes de la Rochefoucauld précédoit la marche des alliés, à cheval, avec une cocarde blanche; mais ces mouvemens ne produisirent encore qu'un médiocre effet : la garde nationale y répondit peu, et garda ses couleurs. Les journaux reprirent leur liberté ; celui *de Paris* se signala surtout par son zèle pour l'ancienne dynastie. Comme tous les officiers et les soldats de l'armée alliée portoient au bras une écharpe blanche, des personnes zélées prirent cette écharpe, et se disant commissaires du roi, parcoururent la ville, et donnèrent des ordres au nom des Bourbons, qui attendoient leur sort de la décision des souverains. Le jour finit sans aucun trouble, et la nuit fut une des plus paisibles qu'on eût passées depuis long-temps. La garde nationale seule fit le service militaire, et répondit à la confiance des souverains alliés, avec autant de zèle que d'ordre et de prudence.

CHAPITRE XXV.

Marche de Buonaparte sur Paris. Sa situation à Fontainebleau. Déclaration des souverains contre lui et sa famille. Acte de la commune de Paris qui renonce à son empire. Gouvernement provisoire. Acte du sénat qui prononce sa déchéance, et rappelle la maison de Bourbon. Abdication de Napoléon à Fontainebleau.

L'ARMÉE de Napoléon étoit encore échelonnée entre Saint-Dizier et Doulevent, lorsqu'il acquit la certitude que les deux armées de Silésie et du prince de Schwartzemberg étoient réunies, et qu'elles marchoient sur Paris sans trouver d'obstacle. Ses plans se trouvèrent donc déconcertés ; ce qu'il avoit fait pour sauver la capitale, alloit évidemment la perdre : elle n'avoit plus pour sa défense que le zèle de la garde nationale, et les corps des ducs de Raguse et de Trévise, qui venoient d'être écrasés. La couronne de Napoléon couroit le plus grand danger ; mais elle pouvoit être sauvée, s'il arrivoit à temps sur Paris, et que l'empereur d'Autriche lui prêtât son appui. Une circonstance particulière lui fournit l'occasion de se recommander à sa tendresse paternelle.

Des paysans avoient enlevé, entre Langres et Nanci, quelques personnages importans, et les avoient amenés au camp; le bruit s'étoit même répandu que M. le comte d'Artois étoit du nombre; mais c'étoit M. de Vitrolles qu'on avait pris pour lui, et qui avoit trouvé le moyen de s'évader. Les autres étoient le général suédois de Brandt, MM. de Tolstoi et de Markoff, officiers russes, et M. de Weissemberg, ambassadeur d'Autriche en Angleterre. Napoléon ordonna qu'on les remît en liberté; retint M. de Weissemberg à déjeûner, et après un long entretien, le chargea d'une commission confidentielle auprès de l'empereur d'Autriche: il lui rappeloit son titre de père et d'aïeul; il ne demandoit plus de conquêtes, il renonçoit aux limites naturelles, il se soumettoit à toutes les conditions, il ne défendoit plus que sa couronne.

Mais l'empereur d'Autriche n'étoit plus aux armées, il avoit été séparé de ses alliés; et les courses du général Piré avoient répandu tant d'effroi dans ce pays, que S. M. impériale avoit fui précipitamment avec un seul gentilhomme et un domestique, dans un droska allemand. Il s'étoit réfugié à Dijon, où il étoit resté trente heures réellement prisonnier. M. de Weissemberg ne put donc remplir sa mission; et Napoléon se trouvant abandonné aux hasards de sa fortune, courut en diligence au secours de la capitale. Jamais, dans ces sortes de circonstances, l'activité ne lui avoit manqué : il part de Doulevent le 29 mars, jour où les alliés quittoient Meaux pour se porter sur Paris. Il arrive à Troyes; il expédie un de ses aides-de-camp à Paris pour y annoncer son retour. Il prend en toute hâte la route de Sens, et se dirige sur Fontainebleau. C'étoit le 30 mars, jour où Paris étoit attaqué. Il arrive de sa personne, à six lieues de Paris, aux fontaines de Juvisy; mais il étoit dix heures du soir. Il expédie le duc de Vicence, pour s'assurer s'il est encore possible d'intervenir au traité avec les souverains. Le duc lui envoie un courrier à quatre heures du matin, lui annoncer que tout est consommé, que les souverains doivent entrer le lendemain. Napoléon reste comme frappé de la foudre, et retourne à Fontainebleau. Une partie de son armée y étoit arrivée; le reste s'y rendoit par la route de Sens : vingt-quatre heures avoient suffi pour décider du sort d'un homme que la postérité regardera comme l'un des génies les plus extraordinaires qui aient paru sur la scène du monde, d'un homme devant lequel l'Europe toute entière s'étoit abaissée, qui avoit fait trembler d'Angleterre elle-même, et qui, frappé des coups redoublés de la mauvaise fortune, victime d'une ambition sans bornes, se voyoit maintenant poursuivi par la vengeance de ces rois qui avoient recherché son amitié et son alliance, et trahi de ceux mêmes qu'il avoit assis sur le trône. Cependant quelques hommes d'un plus noble caractère lui restèrent fidèles : le maréchal Moncey, qui commandoit la garde nationale de Paris, vint le rejoindre; le vieux maréchal Lefèvre, qui ne l'avoit point quitté dans cette campagne; le maréchal Ney, les ducs de Tarente, de Reggio, le prince de Neufchâtel, tous ces guerriers qui avoient rempli le monde du bruit de leur renommée, étoient autour de lui; les maréchaux Mortier et Marmont, sortis de Paris, s'étoient aussi réunis à Fontainebleau. Napoléon fit prendre des positions; il pouvoit disposer encore de cinquante mille hommes, et l'on n'étoit point sans inquiétude, à Paris, sur le parti qu'il prendroit. Le duc de Vicence avoit, dans la nuit du 30 au 31, été admis en présence de l'empereur

Alexandre; il en avoit été reçu avec l'affabilité qui distinguoit ce prince, mais sans obtenir de réponse satisfaisante. Le lendemain, les plus zélés partisans de la maison de Bourbon avoient été admis. M. de Caulaincourt n'avoit pu se faire entendre; et lorsqu'il y parvint, et qu'il put plaider la cause de la régence, on lui demanda l'abdication de Napoléon. Trois jours se passèrent ainsi dans les incertitudes; l'armée de Fontainebleau gardant son immobilité.

Quel espoir restoit-il à Napoléon? l'armée d'Italie, depuis la défection de Murat, étoit hors d'état de se soutenir; Eugène n'agissoit plus qu'avec une timide réserve, et usoit de toute sa prudence pour se ménager avec le vainqueur. L'armée de Lyon? A la suite d'un engagement sérieux, le maréchal Augereau avoit fait sa retraite sur Valence, laissé Lyon à découvert; les Autrichiens y étoient entrés sans résistance. Augereau défendoit avec regret une cause qu'il voyoit perdue, et ne songeoit plus qu'à conserver ce qu'il avoit acquis. Ses souvenirs se réveilloient, maintenant qu'il n'avoit plus rien à craindre; et les outrages qu'il avoit reçus plus d'une fois de Napoléon se présentoient à sa mémoire, avec toutes les circonstances qui pouvoient en augmenter l'amertume.

Quarante à cinquante mille hommes rassemblés autour de Napoléon, voilà donc maintenant l'unique fortune du dominateur de ce grand empire qu'il aimoit à comparer à celui de Charlemagne.

Depuis son départ de Paris, combien de bras réunis en secret pour ébranler son trône ! Les plus entreprenans étoient ceux des hommes qu'il n'avoit pas su ménager dans sa haute fortune. Alors il avoit bravé les ressentimens et les haines, il les avoit multipliés sans réflexion ; sa force et sa puissance lui paraissoient au-dessus de tous les évènemens. Ces ressentimens et ces haines gardés long-temps dans les derniers replis du cœur humain, s'en échappoient maintenant comme ces feux souterrains qui éclatent avec d'autant plus d'énergie qu'ils ont été plus long-temps comprimés. Fouché se ressouvenoit de ses disgrâces, et M. de Talleyrand avoit couru trop de risques pour ne pas saisir l'occasion d'anéantir un pouvoir dont il pouvoit être tous les jours la victime. Le général Dessolle, l'archevêque de Malines avoient aussi des injures à venger. Ah ! c'est trop abuser de sa puissance, que fouler aux pieds les hommes capables de sentir l'injure ; on peut braver des âmes communes, mais non pas des esprits élevés : il faut, suivant Machiavel, les perdre tout à fait, ou s'attendre à être perdu soi-même.

A Paris comme à Bordeaux on méditoit, dans de secrètes réunions, la perte de Buonaparte, et les plus ardens étoient des personnages qu'il avoit comblés de faveurs, de dignités et de fortune, et qui vouloient les conserver à tout prix. Les commissaires que la maison de Bourbon n'avoit cessé d'entretenir en France se réveillèrent; les anciens chefs de la Vendée commencèrent à parcourir de nouveau les lieux où ils avoient autrefois livré de glorieux combats pour la cause de la monarchie. Le marquis de la Rochejaquelein étoit parvenu à se rendre auprès de M. le duc d'Angoulême. Il se formoit quelques réunions dans la Touraine et le Poitou; le baron de Vitrolles déployoit une extraordinaire activité : il s'étoit rendu à Vesoul, auprès de M. le comte d'Artois, après avoir tout préparé avec ses amis de Paris; mais c'étoit surtout des souverains que dépendoit le sort de la maison de Bourbon, car celui de la quatrième dynastie n'étoit pas encore décidé : les vainqueurs avoient, jusqu'à leur entrée à Paris, refusé constamment de s'expliquer, et n'avoient repoussé aucun des envoyés de Napoléon. L'empereur de Russie étoit revenu à pied des Champs-Elysées ; et M. Sosthènes de Larochefoucauld s'étoit approché de lui pour lui exprimer le désir de voir les princes de la maison de Bourbon remonter sur leur trône, il n'en reçut qu'une réponse obligeante, mais indécise. Quelques esprits ardens, parmi lesquels se trouvoit le comte de Maubreuil, devenu depuis si fameux par son procès, avoient insulté la statue de Buonaparte sur la place Vendôme ; un d'entre eux avoit même commis la lâcheté de lui donner un soufflet ; mais l'attroupement qui s'étoit permis cette honteuse action étoit peu nombreux, et le peuple n'avoit point répondu à cette insulte. M. le duc de d'Alberg et M. l'abbé Louis, qui travailloient d'intelligence avec M. de Talleyrand, se rendirent chez lui immédiatement après l'arrivée de l'empereur de Russie. L'archevêque de Malines voulut y être aussi. Ce n'étoit plus maintenant l'aumônier du dieu Mars, il avoit, depuis l'ambassade de Varsovie, brisé son encensoir, et n'aspiroit qu'à renverser l'idole.

Napoléon comptoit encore sur l'intervention de son auguste beau-père ; mais ce prince se laissa entraîner au mouvement général ; et ses mains paternelles ne se refusèrent point à briser le diadême de sa fille.

Le jour même de l'entrée des alliés, le duc de d'Alberg ayant entamé une conversation avec le prince de Schwartzemberg, le généralissime, muni des pleins pouvoirs de son empereur, lui dit que son avis à lui et celui de M. de Metternich, étoient que l'Europe ne pouvoit se promettre une année de paix tant que Buonaparte régneroit, et qu'il ne voyoit rien de plus expédient que de rappeler l'ancienne dynastie, si le peuple et l'armée y consentoient. Telle étoit la bonne foi de cette cour, qui, tout récemment encore, protestoit que la dynastie de Napoléon n'avoit rien à craindre d'elle. La situation de Paris exigeoit de la part des souverains une déclaration qui fixât les incertitudes; car une nation de trente millions d'hommes ne pouvoit rester sans gouvernement; la capitale étoit sans chef, et l'ordre ne s'y soutenoit que par l'habitude du devoir.

A peine rendus à l'hôtel de M. de Talleyrand, les souverains tinrent conseil, l'empereur d'Autriche étant représenté par le prince de Schwartzemberg; l'empereur de Russie voulut que M. de Talleyrand fût présent, et donnât son avis. La délibération s'ouvrit sur trois chefs :

La paix avec Napoléon, en prenant toutes les sûretés contre lui;

La régence;

Le rappel de la maison de Bourbon;

Détrôner Buonaparte étoit un parti violent, mais non sans exemple; son nom, son caractère inspiroient une telle frayeur aux souverains, qu'il n'étoit guère possible qu'ils renonçassent à l'avantage inouï de calmer leur effroi en le renversant. La régence avoit de nombreux partisans, et pouvoit s'appuyer sur de nombreuses considérations : on éviteroit le passage dangereux et brusque d'un gouvernement à un autre; l'autorité resteroit aux mains à qui Napoléon l'avoit confiée; on n'auroit point à redouter le conflit d'intérêts nouveaux avec les intérêts anciens; on inspireroit de la sécurité à ceux qui avoient acquis leur fortune par la révolution; elle ne donneroit aucune inquiétude à l'armée; elle reporteroit sur l'épouse et le fils l'affection qu'elle avoit pour l'époux et le père. Quelles craintes pourroient inspirer une femme timide et un enfant ?

Il n'en étoit pas de même de la maison de Bourbon; elle reviendroit avec tous ses préjugés et ses souvenirs; elle amèneroit à sa suite une foule d'hommes avides, besogneux et irrités par leurs malheurs; elle rapporteroit toutes les prétentions de Coblentz et de l'émigration ; elle feroit trembler, pour, ses intérêts quiconque s'étoit enrichi des dépouilles du clergé et de la noblesse. Il restoit encore un grand nombre de ceux qui avoient pris une part active aux excès de la révolution ; tout régicide frémiroit à l'aspect d'un frère de Louis XVI. Comment supporteroit-il la présence de sa fille ? L'armée s'inquiéteroit pour la conservation de ses grades; l'idée de l'ancien régime porteroit l'alarme partout ; la personne même des princes offroit peu d'espoir et de garantie. Leur chef avoit de l'esprit, de l'instruction, mais il étoit vieux, infirme, incapable de monter un cheval, de manier une épée, de passer une simple revue. On rappeloit malignement la jeunesse de son frère, sa légèreté, ses dissipations, son éloignement pour le travail, son attachement superstitieux pour les formes antiques de la monarchie. On prétendoit que s'il s'étoit opéré quelque changement dans ses mœurs, ce n'avoit été que pour substituer à de brillans écarts une dévotion étroite et méticuleuse ; mais il étoit juste cependant de tenir compte de la bonté de son cœur, de son affabilité, de son penchant à la munificence. L'aîné de ses fils, doux et pieux, ne possédoit, disoit-on, aucun de ces grands moyens, de ces vues élevées qui promettent au peuple un grand roi. Le second avoit de la vivacité, annonçoit un caractère plus décidé, mais violent; mais on n'avoit encore à son égard que des notions très-imparfaites. Les infortunes de la fille de Louis XVI, ses vertus, le besoin de réparer les injures inouïes dont elle avoit été l'objet, de la combler de respects et d'honneur pour venger la nation du reproche d'avoir participé aux malheurs de sa famille, étoient les motifs qui plaidoient le plus fortement en sa faveur.

M. de Talleyrand usa de tout son esprit pour les faire valoir, et combattre surtout le projet de la régence : il redoutoit trop le père pour consentir à laisser le gouvernement à son fils. Il représenta que le retour des Bourbons étoit le vœu unanime des Français; que jamais cette auguste famille n'avoit été oubliée; que vingt-sept années passées dans tous les orages de la révolution et sous le sceptre victorieux de Buonaparte, n'avoient pu effacer le souvenir de leur gouvernement doux et paternel; que si Louis XVIII étoit incapable de manier un cheval et une épée, on avoit assez fait la guerre; qu'il étoit temps de porter les esprits vers les arts de la paix, et qu'aucun prince n'étoit plus capable de les faire fleurir que Louis XVIII; qu'il étoit ami de la liberté, et que sa haute sagesse promettoit qu'aucune commotion, aucun retour vers les idées vieillies, ne signaleroient son élévation sur le trône; que la France posséderoit ce que Platon regardoit comme le plus grand bienfait, un roi philosophe. Il écarta, avec toutes les ressources de son esprit, les autres objections; et pour prouver que le retour des Bourbons étoit le vœu de la nation française, il pria l'empereur d'interroger les hommes d'Etat qui se trouvoient en ce moment réunis chez lui, et d'écouter les cris de ce peuple qui entouroit son hôtel, et attendoit son sort de la décision des souverains.

M. de Talleyrand eut un succès complet. MM. le duc de d'Alberg, l'archevêque de Malines, le baron Louis, assurèrent le prince que M. de Talleyrand n'avoit été que l'interprète du vœu national, et les cris de *vivent les Bourbons!* qui retentissoient autour de l'hôtel, achevèrent le reste. Le lendemain, on vit paroître une déclaration solennelle des souverains, qui annonçoit qu'ils ne traiteroient plus ni avec Buonaparte ni avec qui que ce fût de sa famille. Ainsi, ce fut un prêtre, un évêque marié, un des plus ardens zélateurs de la révolution de 1789, un ancien ministre du Directoire, presqu'entièrement composé de régicides, un des ministres de Napoléon, à qui l'on attribuoit la plus grande part au meurtre du duc d'Enghien, ce fut lui qui plaida la cause des Bourbons, et décida leur rappel. Il avoit pour appui deux autres ecclésiastiques qui, comme lui, avoient des ressentimens à satisfaire; s'ils n'appartenoient pas au clergé le plus dévot, ils appartenoient à la classe des hommes les plus capables et les plus instruits de la capitale. Après cette conférence, ils sortirent pour mettre dans leurs intérêts un des généraux les plus influens, et ils jetèrent les yeux sur le général Dessolle.

Mais il falloit un gouvernement à Paris et à la France. L'empereur Alexandre ayant adressé à M. de Talleyrand quelques questions à ce sujet, il répondit que tout étoit prêt, et que si Sa Majesté vouloit autoriser le Sénat, le gouvernement provisoire seroit nommé sur le champ. Le Sénat étoit haï et méprisé, mais c'étoit la seule autorité qui restât. M. de Talleyrand le convoqua, s'y rendit, présenta les membres qu'il avoit choisis pour former le gouvernement provisoire, les fit agréer sans difficulté; et ces sénateurs si rampans aux pieds de Buonaparte, ces sénateurs qui étoient venus pâles et défaits comme des coupables qui attendent leur jugement, retournèrent satisfaits de se voir rendus à leurs fonctions, et se disposèrent à ramper devant la nouvelle puissance. On leur indiqua pour former le gouvernement provisoire, le prince de Talleyrand, le général Beurnonville, le comte de Jaucourt, le duc de d'Alberg et l'abbé de Montesquiou, ancien membre de l'Assemblée constituante, et le correspondant le plus affectionné de Louis XVIII. Le premier acte du nouveau gouvernement fut de dégager l'armée française de ses sermens :

« Soldats,

« La France vient de briser le joug sous lequel elle gémissoit avec vous depuis tant d'années. Vous n'avez jamais combattu que pour la patrie ; vous ne pouvez plus combattre que contre elle sous les drapeaux de l'homme qui vous conduit.

« Vous étiez naguère un million de soldats; presque tous ont péri : on les a livrés au fer de l'ennemi, sans subsistances, sans hôpitaux ; ils ont été condamnés à périr de misère et de faim : il est temps de finir les maux de la patrie : la paix est dans vos mains ; la refuserez-vous à la France désolée ? les ennemis même vous la demandent : ils regrettent de ravager ces belles contrées. Seriez-vous sourds à la voix de la patrie ! vous êtes ses plus nobles enfans ; vous ne pouvez appartenir à celui qui l'a ravagée, qui l'a livrée sans armes, sans défense, qui auroit peut-être compromis votre gloire, si un homme, qui n'est pas même Français, pouvoit affoiblir l'honneur de vos armes, la bravoure de nos guerriers. Vous n'êtes plus les soldats de Napoléon, le Sénat et la France entière vous dégagent de vos sermens. »

En même temps, le nouveau gouvernement rendit un décret qui autorisoit tous les conscrits nouvellement rassemblés à retourner sous le toit paternel, et ceux qui n'en étoient pas sortis à y rester. On ordonna que tous les emblêmes qui rappeloient Napoléon disparussent. Les alliés annoncèrent à leurs soldats que les Français étoient devenus leurs amis, qu'ils devoient les traiter comme des frères, et leur épargner les maux de la guerre.

Ces actes électrisèrent promptement les esprits; les cocardes blanches se multiplièrent; le nom des *Bourbons* retentit partout; les murs se couvrirent d'éloges pour eux, d'injures pour Napoléon, effet ordinaire des grandes révolutions dans la fortune des hommes. Mais l'ardeur des royalistes ne connut plus de bornes, lorsque le conseil-général de la ville s'étant assemblé, déclara solennellement qu'il rejetoit à jamais le joug de Napoléon. Cet acte, proposé par M. Bellart, l'un des plus célèbres avocats de Paris, étoit rédigé avec une éloquente énergie.

« Habitans de Paris,

« Vos magistrats seroient traîtres envers
« vous et la patrie, si, par de viles considéra-
« tions personnelles, ils comprimoient plus
« long-temps la voix de leur conscience : elle
« leur crie que vous devez tous les maux qui
« vous accablent à un seul homme ; c'est lui
« qui, chaque année, par la conscription, dé-
« cime nos familles. Qui de nous n'a perdu
« un fils, un père, des parens, des amis ?
« Pourquoi tous ces braves sont-ils morts ?
« pour lui seul, et non pour le pays. Pour
« quelle cause? ils ont été immolés, unique-
« ment immolés à la démence de laisser après
« lui le souvenir du plus épouvantable oppres-
« seur qui ait pesé sur le genre humain.

« C'est lui qui, au lieu de quatre cents mil-
« lions que la France payoit sous nos bons et
« anciens rois pour être libre, heureuse et
« tranquille, nous a surchargés de plus de

« quinze cents millions d'impôts, auxquels il
« menaçoit d'ajouter encore (1) : c'est lui qui
« nous a fermé les mers des deux mondes,
« qui a tari toutes les sources de l'industrie
« nationale, arraché à nos champs les culti-
« vateurs, les ouvriers à nos manufactures. »

« A lui, nous devons la haine de tous les
« peuples. N'est-ce pas lui qui, violant ce que
« les hommes ont de plus sacré, a retenu cap-
« tif le vénérable chef de la religion, a privé
« de ses États, par une détestable perfidie, un
« roi son allié, et livré à la dévastation la
« nation espagnole, notre antique et toujours
« fidèle amie? N'est-ce pas lui encore qui,
« ennemi de ses propres sujets, long-temps
« trompés par lui, après avoir tout à l'heure
« refusé une paix honorable dans laquelle
« notre malheureux pays eût pu du moins
« respirer, a fini par donner l'ordre parricide
« d'exposer inutilement la garde nationale,
« pour la défense impossible de la capitale,
« sur laquelle il appeloit ainsi toutes les ven-
« geances de l'ennemi?

« N'est-ce pas lui enfin qui, redoutant par-

---

(1) La France comptoit alors cent douze départemens. Elle est aujourd'hui de quatre-vingt-six, et paie
un milliard.

« dessus tout la vérité, a chassé outrageuse-
« ment, à la face de l'Europe, nos législa-
« teurs, parce qu'une fois ils ont tenté de la
« lui dire avec autant de ménagement que de
« dignité? Qu'importe qu'il n'ait sacrifié qu'un
« petit nombre de personnes à ses haines ou
« bien à ses vengeances particulières, s'il a
« sacrifié la France, que disons-nous, la
« France? toute l'Europe à son ambition sans
« mesure? Ambition ou vengeance, la cause
« n'est rien; quelle que soit cette cause, voyez
« l'effet.

« Voyez ce vaste continent partout couvert
« des ossemens confondus de Français et de
« peuples qui n'avoient rien à se demander
« les uns aux autres, qui ne se haïssoient pas;
« que les distances affranchissoient de que-
« relles, et qu'il n'a précipités dans la guerre
« que pour remplir la terre du bruit de son
« nom.

« Que nous parle-t-on de ses victoires pas-
« sées? quel bien nous ont-elles fait ces funestes
« victoires? La haine des peuples, les larmes
« de nos familles, le célibat forcé de nos filles,
« la ruine de toutes les fortunes, le veuvage
« prématuré de nos femmes, le désespoir des
« pères et des mères, à qui d'une malheureuse
« postérité, il ne reste plus la main d'un en-

« fant pour leur fermer les yeux, voilà ce que
« nous ont produit ses victoires! Ce sont elles
« qui amènent aujourd'hui jusque dans nos
« murs, toujours restés vierges sous la pater-
« nelle administration de nos rois, les étran-
« gers, dont la généreuse protection nous com-
« mande la reconnoissance, lorsqu'il nous eût
« été si doux de leur offrir une alliance dé-
« sintéressée.

« Il n'est pas un d'entre nous qui, dans le
« secret de son cœur, ne le déteste comme un
« ennemi public; pas un qui, dans ses plus in-
« times communications, n'ait formé le vœu
« de voir arriver un terme à tant d'inutiles
« cruautés. Ce vœu de nos cœurs et des vôtres,
« nous serions des déserteurs de la cause pu-
« blique, si nous tardions à l'exprimer.

« L'Europe en armes nous le demande; elle
« l'implore comme un bienfait envers l'huma-
« nité, comme le garant d'une réconciliation
« universelle et durable. Parisiens, l'Europe
« entière ne l'obtiendroit pas de vos magis-
« trats, s'il n'étoit pas conforme à leurs de-
« voirs; c'est au nom de ces devoirs mêmes
« que nous abjurons toute obéissance envers
« l'usurpateur, pour retourner à nos maîtres
« légitimes.

« S'il y a des périls à suivre ces mouvemens

« du cœur et de la conscience, nous les ac-
« ceptons. L'histoire et la reconnoissance des
« Français recueilleront nos noms ; elles les
« légueront à l'estime de la postérité.

« En conséquence, le conseil-général du
« département de la Seine déclare à l'unani-
« mité qu'il renonce formellement à toute
« obéissance envers Napoléon Buonaparte, ex-
« prime le vœu le plus ardent que le gouver-
« nement monarchique soit rétabli dans la
« personne de Louis XVIII et de ses succes-
« seurs légitimes; arrête que la présente dé-
« claration sera imprimée, etc. »

Cet acte d'un courage d'autant plus louable
qu'il n'étoit pas sans danger, étoit signé, suivant l'ordre alphabétique : Badenier, Bellart,
Barthélemy, Bonhommet, Bocheron, Delaître,
Gauthier, d'Harcourt, de Lamoignon, Le-
beau, président ; Montament, secrétaire ;
Perignon, Vial. Tous les reproches qu'il renfermoit étoient vrais; c'étoit l'expression des
sentimens publics. Les dernières années de
Napoléon avoient effacé le mérite des premières années de son consulat; on ne voyoit
que le mal présent ; on oublioit qu'il avoit
établi le règne des lois sur le chaos de l'anarchie, relevé les autels, donné le Code civil,
le Code pénal, le Code de commerce, qu'il

avoit abattu les factions, réconcilié les intérêts et les partis, ouvert la France aux émigrés, orné la capitale de monumens, fondé des établissemens chers à l'humanité, percé des canaux, des routes, étonné l'Europe par tous les genres de grandeur et de magnificence. Vainqueur, il avoit vu à ses pieds jusqu'aux têtes couronnées ; vaincu, il subissoit le sort du lion mourant; mais il appartenoit au Sénat, en lui portant le dernier coup, d'arriver au dernier degré de l'avilissement.

Prêt à tout faire contre Napoléon, comme il avoit tout fait pour lui, encouragé par l'exemple des magistrats municipaux, rassuré par les deux cent mille soldats qui occupoient la capitale, il se réunit le 2 avril, et prononça la déchéance de Napoléon Buonaparte, plus vil encore dans ce dernier acte de son existence que dans tous ceux dont il l'avoit déshonorée précédemment. Reproduisons ce honteux monument.

« Le Sénat conservateur considérant que, dans une monarchie constitutionnelle, le monarque n'existe qu'en vertu de la Constitution ;

« Que Napoléon Buonaparte, pendant quelque temps d'un gouvernement ferme et prudent, avoit donné à la nation des sujets de compter, pour l'avenir, sur des actes de sagesse et de justice, mais qu'ensuite il a, déchiré le pacte qui l'unissoit au peuple français, notamment en levant des impôts, en établissant des taxes autrement qu'en vertu de la loi, contre la teneur formelle du serment qu'il avoit prêté à son avènement au trône;

« Qu'il a commis cet attentat aux droits du peuple, lors même qu'il venoit d'ajourner, sans nécessité, le Corps législatif, et de faire supprimer comme criminel un rapport de ce corps auquel il contestoit son titre et sa part à la représentation nationale;

« Qu'il a entrepris une suite de guerres en violation de l'article 50 de l'acte des Constitutions du 22 frimaire an VIII, qui veut que la déclaration de guerre soit proposée, discutée, décrétée et promulguée comme des lois;

« Qu'il a inconstitutionnellement rendu plusieurs décrets portant peine de mort, nommément les deux décrets du 5 mars dernier, tendant à faire considérer comme nationale une guerre qui n'avoit lieu que dans l'intérêt de son ambition démesurée; qu'il a violé les lois constitutionnelles par ses décrets sur les prisons d'État;

« Qu'il a anéanti la responsabilité des ministres, confondu tous les pouvoirs, et détruit l'indépendance des corps judiciaires;

« Considérant que la liberté de la presse, établie et consacrée comme l'un des droits de la nation, a été constamment soumise à la censure arbitraire de sa police, et qu'en même temps il s'est toujours servi de la presse pour remplir la France et l'Europe de faits controuvés, de maximes fausses, de doctrines favorables au despotisme et d'outrages contre les gouvernemens étrangers; que des actes et rapports entendus par le Sénat ont subi des altérations dans la publication qui en a été faite;

« Considérant qu'au lieu de régner dans la seule vue de l'intérêt du bonheur et de la gloire du peuple français, aux termes de son serment, Napoléon a mis le comble aux malheurs de la patrie, par son refus de traiter à des conditions que l'intérêt national obligeoit d'accepter, et qui ne compromettoient pas l'honneur français; par l'abus qu'il a fait de tous les moyens qu'on lui a confiés en hommes et en argent; par l'abandon des blessés sans pansemens, sans secours, sans subsistance; par différentes mesures dont la suite étoit la ruine des villes, la dépopulation des campagnes, la famine et les maladies contagieuses;

« Considérant que, par toutes ces causes, le gouvernement impérial établi par le sénatus-consulte du 28 floréal an XII a cessé d'exister, et que le vœu manifeste de tous les Français appelle un ordre de choses dont le premier résultat soit le rétablissement de la paix générale, et qui soit aussi l'époque d'une réconciliation solennelle entre tous les Etats de la grande famille européenne ;

« Le Sénat déclare et décrète ce qui suit :

« Article 1er. Napoléon Buonaparte est déchu du trône, et le droit d'hérédité établi dans sa famille est aboli.

« Art. 2. Le peuple français et l'armée sont déliés du serment de fidélité envers Napoléon Buonaparte.

« Art. 3. Le présent décret sera transmis par un message au gouvernement provisoire de la France, envoyé à tous les départemens et aux armées, et proclamé incessamment dans tous les quartiers de la capitale. »

A peine une vingtaine de sénateurs étoient-ils présens à cette séance : le plus grand nombre s'étoit caché prudemment ; mais lorsqu'ils virent qu'ils pouvoient se montrer sans danger, ils accoururent signer ce décret. C'étoit un véritable acte d'accusation contre eux-mêmes ; car n'étoient-ils pas évidemment les complices de tous les reproches qu'ils osoient faire à Napoléon? ne les avoient-ils pas consacrés tous par leur suffrage? n'en avoient-ils pas remercié Napoléon? ne lui avoient-ils pas prodigué les plus lâches adulations?

Napoléon en appela à son armée. « Sol-
« dats, lui dit-il, le Sénat s'est permis de
« disposer du gouvernement français : il a ou-
« blié qu'il doit à l'empereur le pouvoir dont il
« abuse maintenant; que c'est l'empereur qui
« a sauvé une partie de ses membres des orages
« de la révolution, tiré de l'obscurité, et
« protégé l'autre contre la haine de la nation.
« Le Sénat se fonde sur les articles de la
« Constitution pour la renverser; il ne rougit
« pas de faire des reproches à l'empereur,
« sans remarquer que, comme premier corps
« de l'Etat, il a pris part à tous les évènemens.
« Un signe étoit un ordre pour le Sénat, qui
« toujours faisoit plus qu'on ne désiroit. L'em-
« pereur a toujours été accessible aux re-
« montrances. Si l'enthousiasme s'est mêlé
« dans les adresses et les discours publics du
« Sénat, alors l'empereur a été trompé; mais
« ceux qui ont tenu ce langage doivent s'at-
« tribuer à eux-mêmes les suites de leurs
« flatteries. Le Sénat ne rougit pas de parler
« de libelles publiés contre les gouvernemens

« étrangers; il oublie qu'ils furent rédigés
« dans son sein : si long-temps que la fortune
« s'est montrée fidèle à leur souverain, ces
« hommes sont restés fidèles, et nulle plainte
« n'a été entendue sur les abus du pouvoir.
« Si l'empereur avoit méprisé les hommes,
« comme on le lui a reproché, alors le monde
« reconnoîtroit aujourd'hui qu'il a eu des rai-
« sons qui motivoient son mépris : il tenoit
« sa dignité de Dieu et de la nation; eux seuls
« pouvoient l'en priver. Il l'a toujours consi-
« dérée comme un fardeau; et lorsqu'il l'ac-
« cepta, ce fut dans la conviction que lui seul
« étoit à même de la porter dignement. Le
« bonheur de la France paraissoit être dans
« la destinée de l'empereur. Aujourd'hui que
« la fortune s'est déclarée contre lui, la vo-
« lonté de la nation seule pourroit le persua-
« der de rester plus long-temps sur le trône.
« S'il se doit considérer comme le seul obs-
« tacle à la paix, il fait volontiers ce dernier
« sacrifice à la France : il a, en conséquence,
« envoyé le prince de la Moscowa et les ducs
« de Vicence et de Tarente à Paris pour en-
« tamer la négociation. L'armée peut être
« certaine que l'honneur de l'empereur ne
« sera jamais en contradiction avec le bon-
« heur de la France. »

De quelque autorité que procédât l'arrêt de déchéance, ce n'en étoit pas moins un coup mortel pour Napoléon : il dut se reprocher alors vivement de n'avoir pas marché sur Paris, le jour même où les alliés y entroient ; l'anarchie y étoit complète, et l'incertitude extrême. Au bruit de sa marche, la terreur se seroit répandue partout ; en perdant du temps, il se perdit lui-même.

Lorsque le Sénat se présenta devant l'empereur Alexandre pour recevoir le prix de sa lâche complaisance, ce prince le reçut avec bienveillance, et lui dit : « Un homme qui se « disoit mon allié est arrivé dans mes Etats en « injuste agresseur ; c'est à lui que j'ai fait la « guerre, et non à la France : je suis l'ami du « peuple français ; ce que vous venez de faire « redouble encore mes sentimens : il est juste, « il est sage de donner à la France des insti- « tutions fortes et libérales, qui soient en rap- « port avec les lumières actuelles : mes alliés « et moi nous ne venons que pour protéger la « liberté de vos décisions.

« Pour preuve de cette alliance durable que « je veux contracter avec votre nation, je lui « rends tous les prisonniers français qui sont « en Russie : le gouvernement provisoire me « l'avoit déjà demandé ; je l'accorde au Sénat,

« d'après les résolutions qu'il a prises au-
« jourd'hui. »

Ces paroles étoient un nouvel arrêt de déchéance contre Napoléon, mais il ne frappoit pas son fils. Le duc de Vicence ayant obtenu enfin la permission de se faire entendre, avoit plaidé la cause de l'impératrice et du petit roi de Rome, et l'oreille de l'empereur ne s'étoit pas entièrement fermée à ses remontrances.

Il revint à Fontainebleau avec ce seul espoir, pressa vivement Napoléon de se soumettre aux rigueurs du destin, et de conserver la couronne à son fils, puisqu'il ne pouvoit plus la garder pour lui-même; il lui donna l'assurance que le prince de Schwartzemberg avoit refusé de marcher sur Fontainebleau; que l'empereur d'Autriche tenoit pour la régence.

Napoléon fut inflexible, et déclara qu'il aimoit mieux tenter encore le sort des armes. L'armée lui paraissoit bien disposée. « Les « ennemis, disoit-il, sont fatigués; leurs sol« dats se perdront dans l'étendue et les cir« cuits des rues de Paris: je porterai le trouble « parmi eux, je réveillerai le zèle de mes par« tisans. » Les jeunes généraux partageoient ces sentimens, et ne demandoient que le signal du départ. Les anciens avoient des idées

bien différentes. « C'étoit, suivant eux, s'ar-
« mer contre la seule autorité légale qui exis-
« tât encore ; c'étoit ouvrir la lice effrayante
« de la guerre civile. » Napoléon les réunit en
conseil, et, sur leur avis, il se décida à abdiquer. Il paroît certain que ce fut le maréchal
Ney qui contribua le plus à cette détermination. L'abdication étoit conçue en ces termes :

« Les puissances alliées ayant proclamé
« que l'empereur Napoléon étoit le seul obs-
« tacle au rétablissement de la paix en Europe,
« l'empereur Napoléon, fidèle à son serment,
« déclare qu'il est prêt à descendre du trône,
« à quitter la France, et même la vie, pour le
« bien de la patrie, inséparable des droits de
« son fils, de ceux de la régence de l'impéra-
« trice, et du maintien des lois de l'empire. »

Dès qu'il eut signé cet acte, il le fit porter
à Paris par le duc de Vicence, et les maréchaux Ney et Macdonald. Leur présence effraya les chefs de la contre-révolution ; ils
employèrent tous leurs moyens pour retarder
leur admission auprès d'Alexandre : enfin, ce
prince consentit à écouter le duc; et quoiqu'il
eût déclaré qu'il ne traiteroit avec aucun membre de la famille de Buonaparte, il le laissa
parler, et l'écouta avec une extrême attention.
Déjà même il se laissoit fléchir; mais M. de

Talleyrand veilloit, et il employa toutes les souplesses de son esprit pour ruiner l'ouvrage du duc de Vicence. Le général Dessoles, qui venoit d'être nommé commandant de la garde nationale, déploya le même zéle; et le général Beurnonville, membre du gouvernement provisoire, et ancien ambassadeur à Berlin, courut chez le roi de Prusse pour l'éloigner de toute idée de régence. Alors la cause de la dynastie de Napoléon fut perdue sans retour. Peu de jours après, on fit prendre la cocarde blanche à la garde nationale, on répandit avec profusion une lettre de Louis XVIII à l'empereur de Russie, pour lui redemander la liberté des prisonniers français; les journalistes redoublèrent de zéle. Un d'entre eux se signala dans la *Gazette de France*, par un article violent contre Napoléon, conduite d'autant plus remarquable, qu'il en avoit reçu plus de bienfaits. M. de Chateaubriand plaida avec plus de chaleur encore la cause de l'ancienne dynastie. Sa brochure, *Buonaparte et les Bourbons*, produisit un effet incroyable.

En entrant dans le salon de l'empereur de Russie, les plénipotentiaires de Napoléon avaient été frappés d'y voir entrer après eux le duc de Raguse, la tête haute et le front assuré : ils l'avoient quitté à Essone, peu de

momens auparavant, à la tête de son corps.
Ce maréchal venoit d'abandonner la cause de
Napoléon, et d'envoyer ses troupes à Versailles, sous la conduite d'un général qui, la
veille même, avoit puisé deux mille écus dans
la bourse de Napoléon. Sa retraite laissoit
Fontainebleau à découvert ; c'étoit un coup
décisif pour la cause des alliés, et un coup
de mort pour Napoléon. Ses envoyés n'ayant
pu rien obtenir, toute idée de régence fut
rejetée. Les souverains exigèrent une abdication absolue. Les plénipotentiaires étant revenus à Fontainebleau avec ces tristes nouvelles, Buonaparte jeta un cri d'indignation.

« La guerre, s'écria-t-il, n'a rien de pire
« que de pareilles conditions. Faisons donc la
« guerre : je puis encore tout sauver. N'ai-je
« pas quarante mille hommes sous les ordres
« du maréchal Soult, dix-huit mille sous ceux
« de Suchet, trente mille sous les drapeaux
« du prince Eugène, quinze mille sous les
« bannières d'Augereau ; n'ai-je pas les garnisons des places frontières et l'armée du
« général Maison ? Ne puis-je pas me retirer
« sur la Loire, et, à défaut de tout, l'Italie ne
« me reste-t-elle pas toute entière ? »

Telles étoient les dernières convulsions de
son agonie politique. Quelle échelle d'infor-

tunes il venoit de parcourir depuis sa funeste campagne de Dresde ! Là il pouvoit conserver sa puissance presque toute entière; on ne lui demandoit ni la Hollande, ni l'Italie, ni la confédération du Rhin ; à peine osoit-on parler de l'Espagne : c'étoit encore la plus brillante couronne de l'Europe : il la rejeta. Mais il perd la bataille de Leipsick ; on le pousse jusque sur les bords du Rhin; on lui propose les limites naturelles de son empire, le Rhin, les Alpes, les Pyrénées, l'Océan, la Méditerranée, il s'y refuse. Les armées alliées entrent dans ses Etats, il commence la campagne de 1814 : le début en est malheureux; on le réduit aux anciennes limites de la France ; il paroît y consentir; mais quelques succès relèvent son courage, il repousse ces propositions. La fortune l'abandonne de nouveau, il peut néanmoins traiter encore ; il préfère le sort des armes. L'ennemi marche sur Paris, y entre, et déclare maintenant qu'il ne veut plus traiter avec Napoléon. Napoléon abdique, en réservant expressément les droits de son fils ; mais les alliés font prononcer sa déchéance, et tout est perdu pour lui et sa famille. Son âme altière s'en indigne.

Il veut tout tenter plutôt que d'abandonner son fils : il le veut, mais personne ne le veut plus autour de lui; le découragement, la crainte de l'avenir se répandent parmi les principaux chefs de son armée. L'ennemi cerne Fontainebleau; la route d'Orléans est interceptée; Pithiviers, qui avoit fait quelque défense, vient d'être livrée au pillage; vingt-cinq à trente mille hommes réunis autour de Napoléon, voilà tout ce qui lui reste pour combattre les huit cent mille soldats ennemis répandus dans la France et sur ses frontières. Napoléon s'obstine : il promet de briser ce réseau qui l'enveloppe. « Si les routes sont interceptées, dit-il, « l'armée saura bien les rouvrir; s'il faut faire « la guerre en partisan, je la ferai; si les restes « de ses armées sont trop éloignés pour venir « me joindre, j'irai au-devant d'eux. »

Ces résolutions, auxquelles il semble s'arrêter avec toute l'énergie de son caractère et de sa jeunesse effraient ses généraux. Depuis le décret de déchéance, ils ne se regardent plus que comme des soldats de la patrie, et se croient déliés de leurs obligations envers un chef qu'elle abjure. « C'est, disent-ils, la « guerre civile qu'on nous propose; et si « l'armée nous abandonne, qui garantira « nos têtes des rigueurs de la loi? » Telle est la puissance d'un acte émané d'une autorité légale! Napoléon les rassemble inutilement, il essaie en vain de remonter leur courage, leur propose de le suivre en Italie. Tous se taisent.

Alors il leur dit : « Vous voulez du repos ; « ayez-en donc. Vous ne savez pas combien « de chagrins vous attendent sur vos lits de « duvet. Je désire que vous ne regrettiez pas « un jour cet empereur que vous abandonnez. »

Il venoit d'apprendre la défection de Marmont, et s'étoit écrié : *L'ingrat ! il sera plus malheureux que moi.* Frappé de tant de coups à la fois, il crut devoir se résigner. Il s'assit au milieu des chefs de son armée, et écrivit :

« Les puissances alliées ayant proclamé que « l'empereur étoit le seul obstacle au rétablis- « sement de la paix en Europe, l'empereur, « fidèle à son serment, déclare qu'il renonce, « pour lui et ses enfans, aux trônes de France « et d'Italie, et qu'il n'est aucun sacrifice, « même celui de la vie, qu'il ne soit prêt à « faire aux intérêts de la France. »

C'étoit une chose assez remarquable que l'importance qu'attachoient les alliés à l'abdication formelle de Napoléon ; car si l'acte du Sénat étoit légal, quel besoin avoit-on de ce consentement ? si la légitimité des Bourbons étoit incontestable, qu'en avoit-on besoin encore? Mais depuis long-temps cette légitimité sembloit oubliée ; ces droits d'hérédité, mobiles comme les circonstances, avoient été complètement méconnus dans vingt traités que les rois avoient signés avec la république, le Directoire, les consuls et l'empereur Napoléon. Les Bourbons de Naples, les Bourbons de Madrid, les Bourbons de Parme, les Bourbons d'Etrurie étoient tombés sans qu'aucune puissance, aucun jurisconsulte eussent réclamé pour eux; le souverain pontife lui-même avoit déposé l'huile sainte sur le front de Napoléon; l'Angleterre avoit traité avec le Directoire et le consulat. C'étoit donc une arme vieillie, que la politique tiroit de son arsenal pour le besoin du moment. Lorsque la diète de Suède avoit prononcé la déchéance de Gustave IV, Napoléon avoit applaudi. La même mesure tomboit aujourd'hui sur lui-même : quelle plainte lui étoit permise? Cependant, à peine avoit-il signé cette seconde abdication, que, ne pouvant se résigner à de si pénibles sacrifices, il pressa le duc de Vicence de la redemander; mais il étoit trop tard, elle n'étoit plus entre ses mains. On s'étoit hâté de la publier dans les journaux, et d'en faire la base d'un traité particulier pour la personne de Napoléon et pour sa famille.

CHAPITRE XXVI.

La régence à Blois. Dernier traité de Napoléon avec les puissances étrangères. Son départ pour l'île d'Elbe. Adhésion des autorités constituées et des généraux à sa déchéance. Entrée de MONSIEUR, *comte d'Artois, à Paris.*

L'IMPÉRATRICE, depuis son départ de Paris, s'étoit retirée à Blois, où elle exerçoit une ombre de régence. Cette ville avoit été précédemment le séjour des officiers suédois que Napoléon avoit fait retenir en France, contre le droit des gens. Aux Suédois avoient succédé les Anglais, retenus également depuis la déclaration de guerre à la Grande-Bretagne. A mesure que l'ennemi avançoit, on les repoussoit de ville en ville. Ils quittèrent Blois pour faire place aux débris du gouvernement de Buonaparte. Le 1er avril, l'hôtel de la préfecture fut disposé pour y recevoir l'impératrice, et l'on marqua aussi des logemens pour la mère et les trois frères de Napoléon. Le cortége arriva le lendemain; et les ministres, dont la plupart s'étoient dirigés sur Tours, revinrent auprès de la princesse régente. On remarqua qu'aucun de ses aumôniers ne l'avoit suivie, tant le clergé a de prudence. Ce fut un curé de la ville qui dit la messe à Sa Majesté.

On attendoit des nouvelles de l'armée. On reçut le bulletin qui devoit être inséré dans *le Moniteur* du 31 mars. On y rappeloit les expéditions du général Piré, la capture de M. de Weissemberg et des généraux russes Tolstoï et Marcoff. On y annonçoit la défaite du général Wintzingerode, à Saint-Dizier, par les dragons du général Milhaud et la cavalerie de la garde, aux ordres du général Sébastiani. On y convenoit de l'occupation de la capitale par l'ennemi : « C'est, disoit-« on, un malheur qui afflige profondément le « cœur de Sa Majesté, mais dont il ne faut « pas concevoir d'alarmes. L'empereur se « porte bien, et veille pour le salut de tous. » Quoique ces nouvelles ne fussent destinées qu'à la régence, elles se répandirent dans la ville ; on sut même que Napoléon avoit écrit une lettre foudroyante à son frère Joseph, pour lui reprocher d'avoir quitté Paris. L'ordre d'y rester lui avoit été adressé le même jour que celui d'en faire sortir le roi de Rome

et l'impératrice ; car, disoit Napoléon, « j'ai-
« merois mieux les voir au fond de la Seine,
« que conduits en triomphe à Vienne. »

Cependant, il n'avoit pris lui-même nulle mesure pour mettre la régence en sûreté; la ville de Blois n'étoit couverte par aucune armée. Les ex-rois Joseph et Jérôme allèrent à Orléans, pour s'assurer s'il n'étoit pas possible de s'y établir, et de se rapprocher de Fontainebleau. Mais les communications étoient interrompues depuis la prise et le sac de Pithiviers, punition imposée à cette ville pour avoir tué un parlementaire. Tous les travaux de la régence se réduisoient à délibérer sur les lieux où l'on chercheroit un asile : seroit-ce Tours, Rennes ou le Berri ? Les deux ex-rois Jérôme et Joseph décidèrent enfin que l'impératrice et le roi de Rome les suivroient au-delà de la Loire. Marie-Louise s'y opposa fortement, et déclara qu'elle ne voyoit rien à craindre pour sa personne, soit qu'elle tombât dans les mains des Allemands, ou dans celles des Russes; que son sort lui paroissoit décidé, et qu'elle l'attendroit paisiblement. Joseph et Jérôme ayant insisté, elle leur demanda s'ils avoient des ordres de Napoléon. Ils répondirent que non, mais qu'ils avoient une voiture à la porte pour elle et son fils, et qu'il falloit bien qu'elle y montât (c'étoient des otages qu'ils vouloient pour eux). En même temps ils saisirent la princesse par les bras, pour l'entraîner. L'impératrice appela à son secours. M. le comte d'Haussonville rassembla aussitôt les officiers de la garde, qui vinrent protéger leur souveraine, et lui déclarèrent qu'ils ne recevroient d'ordres que d'elle. Le même jour, M. de Schouwaloff arriva, et sa présence termina toutes discussions. La régence fut abrogée, et les ministres ne songèrent plus qu'à se retirer. Mais, en hommes prévoyans, ils demandèrent l'arriéré de leurs traitemens; et comme le ministre du trésor, et le trésor même étoient sur les lieux, on les paya; on ajouta même une gratification, ce qui adoucit beaucoup leurs regrets. Les plus zélés firent mieux encore : ils se décorèrent de la cocarde blanche, et envoyèrent leur adhésion au nouveau gouvernement : l'archichancelier Cambacérès leur en donna le premier exemple. Ce sage prince n'abandonnoit jamais une cassette qu'il avoit soin de placer dans sa voiture, et que deux hommes avoient bien de la peine à porter. Ses amis assuroient que c'étoit le dépôt de ses pensées et de ses écrits; on disoit qu'il écrivoit d'or. Le lendemain 9 avril, l'impératrice, auprès de laquelle M. le comte de Schouwaloff avoit rempli sa mission avec tous les égards qui lui étoient dus, partit de Blois avec son fils, qui n'étoit plus roi, et prit la route d'Orléans avec Madame mère, qui l'avoit suivie. On étoit au 9 avril, jour de Pâques. Ces dames assistèrent à la messe; et pour la première fois on n'entendit pas le *Domine salvum fac imperatorem.* « Le sort de mon fils ne m'étonne « pas, dit M⁰ᵉ Buonaparte mère : je le lui ai « prophétisé souvent. Je l'ai plus d'une fois « conjuré de faire la paix, et pour son propre « intérêt et pour celui de sa famille. Mais le « cœur de mon fils est de marbre (1). » Le mardi suivant, le prince Esterhasy arriva à Orléans, de la part de l'empereur d'Autriche, et conduisit Marie-Louise à Rambouillet, où elle fut accompagnée de toutes les personnes de sa suite.

Madame mère quitta Orléans pour se retirer à Rome; le cardinal Fesch, qui étoit ar-

---

(1) Madame mère avoit quelque sujet de ressentiment. Napoléon lui avoit enlevé subtilement une somme considérable qu'elle avoit cachée derrière un tableau. Elle passoit pour avare; et quand on lui parloit de son économie : « Il faut bien que j'amasse, di-« soit-elle, pour soutenir tous ces rois, qui me tombe-« ront un jour sur les bras. »

rivé deux jours auparavant, l'y accompagna. Louis, Jérôme et Joseph prirent le chemin de la Suisse. Ainsi tomba cette famille de rois dont le trône fragile n'avoit d'appui que le bras de Napoléon. Aucun d'eux, à l'exception de Louis, ne laissa de regrets dans le pays qu'il avoit gouverné. Ce n'étoient ni le mérite personnel ni la gloire des armes qui les avoient élevés; mais il faut avouer qu'ils n'avoient point envié les honneurs de la couronne. Louis la portoit à regret; Joseph offrit plusieurs fois de la déposer, et Jérôme auroit préféré les plaisirs de Paris aux hommages des Allemands, qui le haïssoient et qu'il haïssoit.

Marie-Louise reçut la visite de son père à Rambouillet. Quelle pénible entrevue! La nature y triompha de la politique; François II ne put retenir ses larmes en embrassant sa fille; elles coulèrent avec abondance quand elle lui présenta son petit-fils, qu'il voyoit pour la première fois. L'enfant soutint cette entrevue avec une froideur qui glaça son aïeul : il fallut, pour dérider ce jeune front, qui déjà connoissoit les soucis, promettre des présens et des jouets de son âge. L'empereur d'Autriche n'osant point annoncer à sa fille qu'elle seroit à jamais séparée de son époux, l'invita à venir, en attendant une réunion prochaine, chercher avec son fils des consolations à Vienne, au sein de sa famille. L'empereur Alexandre vint le lendemain lui présenter ses hommages; le roi de Prusse le suivit peu d'heures après. On décida que l'impératrice quitteroit Rambouillet le même jour où Napoléon partiroit de Fontainebleau; qu'elle seroit accompagnée de Mme la maréchale Lannes, duchesse de Montébello; de Mme la comtesse de Montesquiou, gouvernante du jeune prince. Mme de Brignolet, le général Caffarelli, le baron de Beausset et M. Menneval, secrétaire, devoient être aussi de sa suite. Quelle différence dans ce retour à Vienne, et ce départ si pompeux en 1810! Quatre ans n'étoient pas écoulés, et tout cet édifice de puissance, de grandeur et de gloire venoit de s'écrouler!

Depuis son abdication, Napoléon étoit absorbé dans une noire et profonde mélancolie; il ne pouvoit se pardonner d'avoir sacrifié les droits de son fils; il ne pouvoit soutenir la pensée de se voir à la disposition de ces rois qui avoient si long-temps envié son amitié, et dont l'un étoit venu humblement à la porte de sa tente, la tête nue, lui demander la paix. A chaque instant il éprouvoit des défections nouvelles : le chef de son état-major, ce général Berthier qu'il avoit élevé au rang des princes, qu'il avoit fait entrer, par un glorieux hymen, jusque dans la famille des rois, lui demanda la permission de se rendre à Paris. Il l'accorda tristement; et en le voyant s'éloigner, il dit à ceux qui l'environnoient : « *Il ne reviendra pas. —* Quoi sire?..... *— Il ne reviendra pas, vous dis-je.* » Et il ne revint pas.

Depuis long-temps prévoyant, comme Mithridate, les retours de la fortune, il portoit sur sa poitrine un petit sachet qui contenoit une préparation propre à terminer ses jours. La nuit du 12 au 13 avril, voyant tout espoir perdu, ne voulant point signer le traité qui le concernoit personnellement, et qui avoit été rédigé la veille, préférant la mort au sort qui l'attendoit, il ouvrit le sachet, en versa le contenu dans un verre d'eau, le remua, l'avala, et se mit sur son lit. Bientôt les douleurs étant survenues, le valet de chambre qui couchoit derrière sa porte entendit des soupirs; il entra, trouva son maître luttant contre la mort, et se plaignant que l'action du poison étoit trop lente. Il appela du secours; on accourut. Le chirurgien Yvan perdit la tête, et, frappé du spectacle qu'il avoit sous les yeux, descendit précipitamment les escaliers, monta à cheval, et disparut. On se persuada qu'il craignoit d'être recherché, si son maître venoit à mourir. Soit que la dose du venin fût trop foible, soit que le temps en eût amorti la force, les douleurs diminuèrent, les symptômes de mort disparurent, et firent place à un long et profond assoupissement et à une sueur abondante. A son réveil, Napoléon parut étonné lui-même de sa résolution; et revenant à quelques sentimens religieux : *Vivons donc, puisque le Ciel ne veut pas que je meure.* Il s'habilla, et signa le traité de la veille.

Ce traité portoit « que LL. MM. l'empereur Napoléon et l'impératrice Marie-Louise conserveroient leurs titres et qualités pour en jouir leur vie durant; que les membres de la famille de Buonaparte garderoient aussi, partout où ils se trouveroient, leurs titres de princes.

« Que l'île d'Elbe, adoptée par l'empereur Napoléon pour son séjour, formeroit durant sa vie une principauté particulière, qu'il posséderoit en toute souveraineté et propriété; qu'il lui seroit donné, en outre, une rente annuelle de deux millions sur le grand-livre de France, reversible d'un million sur la tête de l'impératrice.

« Que le pavillon de Napoléon seroit protégé contre les barbaresques, et assimilé à celui de France; que les duchés de Parme, de Plaisance et Guastalla seroient donnés en toute propriété et souveraineté à l'impératrice Marie-Louise, pour passer à son fils et à sa descendance en ligne directe, et que ce jeune prince prendroit dès ce moment le titre de *prince de Parme, de Plaisance et Guastalla*.

« Qu'une somme de deux millions cinquante mille francs de rente sur le grand-livre seroit répartie entre les membres de la famille impériale, savoir : à Mme Buonaparte, mère, 500 mille francs; au roi Joseph et à la reine, 500 mille francs; au roi Louis, 200 mille fr.; à la reine Hortense et à ses enfans, 400 mille francs; au roi Jérôme et à la reine, 500 mille francs; à la princesse Elisa, 300 mille fr.; à la princesse Pauline autant; que ces princes et princesses conserveroient, en outre, tous leurs biens mobiliers et immobiliers.

« Que le domaine de l'impératrice Joséphine seroit réduit à un million; qu'il seroit donné au prince Eugène un établissement convenable hors de France.

« Que les propriétés de Napoléon en France, soit comme domaine privé, soit comme domaine extraordinaire, rentreroient à la couronne; mais qu'on préleveroit dessus une somme de deux millions pour être employée en gratifications, suivant l'état qui en seroit fait par Napoléon.

« Que tous les diamans de la couronne resteroient à la France ; que les sommes appartenant à l'Etat, et déplacées par Napoléon, rentreroient dans leurs caisses respectives ; et que les dettes de Napoléon seroient acquittées par les arrérages de sa liste civile.

« Que la garde impériale française formeroit un détachement de douze à quinze cents hommes pour accompagner Napoléon jusqu'à Saint-Tropez; que la corvette sur laquelle il s'embarqueroit lui resteroit en toute propriété; qu'il pourroit conserver pour sa garde quatre cents hommes de bonne volonté.

« Que tous les Français de la suite de Napoléon seroient tenus de rentrer en France au bout de trois ans, s'ils vouloient conserver leur qualité de Français.

« Que les troupes polonaises seroient libres de retourner chez elles, en conservant armes et bagages, comme témoignage de leurs honorables services ; que les officiers, sous-officiers et soldats conserveroient leurs décorations et les pensions qui s'y trouvoient affectées. »

Lorsque l'ex-roi de Hollande connut ce traité, il protesta contre les dispositions qui le regardoient, et déclara qu'il n'accepteroit jamais aucun traitement, aucune pension : il s'étoit précédemment renfermé dans l'obscurité de la vie privée; il voulut y rester, et se retira content de la modique fortune qu'il possédoit.

Quant à Napoléon, résigné maintenant à son sort, il cessa de se montrer en public, et ne sortit plus de son appartement que pour se promener dans un petit jardin qui y touchoit : il s'attendoit à recevoir la visite de ceux qui lui avoient prodigué l'encens pendant son règne; mais ni les François de Neufchâteau, ni les Lacépède, ni les Fontanes, etc., personne ne vint : ces orateurs serviles préparoient leurs encensoirs pour d'autres autels; ils retournoient leurs discours pour les adapter aux nouveaux maîtres de la France : tout fuyoit un lieu d'où il ne sortoit plus ni faveurs, ni richesses, ni dignités; tous étoient occupés à conserver ce qu'ils possédoient, disposés à ramper plus bas encore aux pieds de Louis XVIII qu'à ceux de Napoléon.

D'autres eurent des pensées plus nobles. Le duc de Bassano, le maréchal Bertrand, le général Drouaut, le colonel de Montholon, et quelques autres, s'illustrèrent par une fidélité héroïque : ils n'abandonnèrent point dans les jours de l'adversité celui qu'ils avoient honoré dans les jours de sa prospérité. Napoléon put alors apprécier la sincérité de ces lâches adorations dont il avoit été l'objet. Les rois croient veiller à leur sûreté en étouffant la libre manifestation de la pensée, en ne laissant retentir d'autres voix dans leur palais, que celle de la flatterie; ils se condamnent alors à vivre au sein du mensonge. Mais lorsque le jour de la vérité luit, quel réveil! et quels regrets!

Le dernier jour de la carrière politique de Napoléon approchoit; il ne devoit pas se rendre seul à l'île d'Elbe. Les puissances alliées avoient nommé des commissaires, comme autant de gardiens pour l'accompagner. Ce puissant monarque qui avoit disposé de la liberté de tant de millions d'hommes, n'étoit plus le maître de la sienne. Le 20 avril, les commissaires étant réunis, les voitures du départ entrèrent dans la cour du château. On annonça à Napoléon que l'heure étoit arrivée de dire un éternel adieu à cette France qu'il avoit gouvernée avec tant de puissance et d'éclat; à ce trône où il avoit reçu la consécration des mains mêmes du souverain pontife, et dont il avoit proclamé l'éternelle durée, enfin à cette armée qu'il avoit conduite tant de fois au combat, à la gloire et à la mort. Prêt à s'en séparer, il ne put retenir quelques larmes. Il traversa rapidement les salles et l'escalier, pressa affectueusement la main de ceux qu'il trouva rangés sur son chemin, dépassa le front des voitures, et s'avançant vers la garde, il fit signe qu'il vouloit parler :

« Soldats de ma vieille garde, dit-il, je vous
« fais mes adieux. Depuis vingt ans, je vous
« ai trouvés constamment sur le chemin de
« l'honneur et de la gloire. Dans ces derniers
« temps, comme dans ceux de notre prospé-
« rité, vous n'avez cessé d'être des modèles de
« bravoure et de fidélité. Avec des hommes
« tels que vous, notre cause n'étoit pas per-
« due; mais la guerre étoit interminable; c'eût
« été la guerre civile : j'ai mieux aimé sacri-
« fier nos intérêts à ceux de la patrie. Je pars;
« vous, mes amis, continuez de servir la
« France. Son bonheur étoit mon unique pen-
« sée; il sera toujours l'objet de mes vœux.
« Ne plaignez pas mon sort. Si j'ai consenti à
« me survivre, c'est pour servir encore à votre
« gloire. Je veux écrire les grandes choses
« que nous avons faites ensemble. Adieu, mes
« enfans, je voudrois vous presser tous sur

« mon cœur... Que j'embrasse au moins votre
« drapeau. »

A ces mots, le colonel Petit s'étant avancé avec le drapeau, Napoléon le baisa, en serrant affectueusement cet officier dans ses bras. Toute la troupe fut émue, des sanglots nombreux se mêlèrent à cette scène pathétique, et Napoléon faisant un effort pour élever la voix : « Adieu, s'écria-t-il; adieu encore une fois, « mes vieux compagnons! Que ce dernier baiser « passe dans vos cœurs ! »

Il s'arracha en même temps du groupe qui l'entouroit, et s'élança dans la voiture, au fond de laquelle se trouvoit déjà le fidèle général Bertrand. Une cruelle politique lui envia, dans ces derniers momens, le bonheur d'embrasser son épouse et son fils, qu'il ne devoit plus revoir.

Ce fut le 20 avril 1814 qu'il quitta la France; il y étoit entré en 1777, à l'âge de huit ans. Pauvre, et presque sans appui, Louis XVI l'avoit fait élever aux frais de l'Etat. Il ne s'étoit point distingué dans ses études par des succès éclatans. On avoit remarqué seulement des dispositions particulières pour les mathématiques, un goût décidé pour les exercices de la guerre, presqu'aucun pour l'étude des langues, la littérature et les ouvrages de l'imagination. Jamais il n'avoit bien su le français; ses écrits péchoient par de nombreuses fautes d'orthographe qu'il prenoit soin de dissimuler, au moyen d'une écriture précipitée et presqu'indéchiffrable; mais il étoit doué, d'ailleurs, d'une force de tête extraordinaire; son caractère sérieux le portoit à la méditation; il concevoit fortement, et exécutoit de même : il ne voyoit rien à quoi l'homme ne pût atteindre. La révolution alluma les premiers feux de son ambition; ce fut comme une éruption volcanique : il s'attacha au célèbre Paoli, quand cet illustre proscrit fut rappelé en France; il le quitta, quand Paoli, effrayé des excès de la révolution, le quitta lui-même.

Proscrit par sa patrie, il chercha un asile dans l'armée de la Convention, sous les Barras et les Fréron, et y jeta les premiers fondemens de sa fortune. Sa première guerre fut la guerre civile; le premier sang qu'il versa fut celui de ses concitoyens. Rayé du contrôle des armées pour sa démagogie, il tomba, après le 9 thermidor, dans le besoin. Je l'ai vu chez le député Aubry, sollicitant, mais sans abaissement, sa réintégration (1). Sa figure étoit sombre et pâle,

---

(1) On l'appeloit alors *le capitaine la Rapière*, parce qu'il portoit une longue épée et un uniforme râpé.

ses yeux creux et ardens; deux longues portions de cheveux qui tomboient sur ses épaules, et qu'on appeloit alors *oreilles de chien*, augmentoient encore la maigreur de ses traits. Jamais Aubry ne l'eût rappelé dans l'armée. Les troubles de vendémiaire le vengèrent de l'aversion de ce député. La Convention s'étant fait une armée de tous les hommes destitués pour leurs excès, Buonaparte parut le plus propre à la commander.

On sait comment de ce premier degré de la fortune, il s'éleva aussi haut qu'il soit donné à un mortel de parvenir. On a vu ce qu'il fit en Italie; on a pu observer les développemens rapides de son caractère et de son génie, ses talens supérieurs dans la guerre, ses premiers pas vers l'usurpation du pouvoir : les directeurs en furent effrayés. L'expédition d'Egypte leur donna quelque repos, et son retour fut le signal de leur chute. La fortune avoit tout fait pour augmenter son triomphe.

En le plaçant sur des ruines, elle lui dit : *Commande à ces pierres, et elles se releveront.* Il releva tout en effet. La victoire avoit fui, il la rappela sous ses enseignes; les lois étoient anéanties, il frappa sur leur tombe, et elles ressuscitèrent; les partis s'égorgeoient, il les fit s'embrasser; les listes de proscription restoient affichées, il en déchira les pages, et les bannis furent rappelés; la religion éplorée voyoit ses temples fermés, il les rouvrit; il établit un culte sans fanatisme et sans superstition ; il dissipa les coalitions, fit trembler le célèbre Pitt jusque dans son île, honora le savoir, et se fit un titre de gloire de joindre la broderie de l'Institut à l'uniforme de général; il excita le mérite par des récompenses et des honneurs; il revint de ses campagnes avec des moissons de lauriers, et n'échoua dans ses entreprises que quand il sacrifia aux considérations de famille, et les mit au-dessus des intérêts de l'Etat. Ainsi échoua l'expédition de Saint-Domingue. Son premier pas vers sa chute, fut celui qu'il fit pour monter au trône. Alors, tous ces vains fantômes de grandeur qui remplissent les palais des rois, le faste, l'orgueil, la flatterie, la mollesse, l'intrigue envahirent son empire :

Luxuria incubuit, victumque ulciscitur orbem.

Devenu roi, la soif de l'ambition le dévore.

Ce n'est pas assez d'avoir gagné une couronne, il veut en donner; il lui en faut une pour chacun de ses frères ; ce n'est pas assez de régner sur la France et l'Italie, il faut qu'il subjugue le monde entier; il va défier jusqu'aux élémens; et la nature, qui l'a comblé de tant de dons, indignée de son ingratitude, le frappe et l'abat; il ne lui a manqué que de faire battre la mer de verges, comme Xercès, parce qu'elle s'est refusée à ses desseins contre l'Angleterre. Des taches ineffaçables flétriront l'éclat de la fortune la plus extraordinaire dont le spectacle ait été donné au monde.

Il réunissoit au plus haut degré les qualités les plus contraires : l'élévation de l'âme et la duplicité du cœur; la parcimonie et la munificence; l'amour de la philosophie et la haine des doctrines libérales; la taciturnité et le bavardage; un langage dur, âpre, et des entretiens pleins de charmes; la sécheresse dans ses discours d'appareil, la richesse et l'abondance dans ses harangues militaires; il aimoit les femmes plutôt pour ses besoins physiques que par l'attrait de leur beauté; jamais elles n'exercèrent d'empire dans ses conseils; il méprisoit les hommes, et la plus sublime des pensées : *Faire le bonheur de ses semblables,* entra rarement dans son cœur; son unique intention étoit de les faire servir à sa grandeur; il recherchoit le talent, quelque part qu'il fût, même entouré de vices. Il disoit néanmoins d'un de ses généraux : « Si j'en avois deux comme lui dans mon armée, j'en ferois pendre un. » L'aspect d'un champ de bataille ne le ramena jamais à des sentimens d'humanité; les cris des blessés, les soupirs des mourans faisoient sur lui peu d'impression; ses regards soutenoient sans se détourner les larmes des mères; son oreille se fermoit aux gémissemens des peuples; comme Mahomet, il se signala par des conquêtes; comme lui, il trouva des séides. Jamais esprit ne fut plus vaste; d'un seul coup-d'œil, il embrassoit tout; dans les questions les plus ardues, il démêloit sans peine le vrai et le faux, les avantages et les inconvéniens. Semblable à ces écuyers de l'antiquité qui conduisoient avec une admirable dextérité un char attelé de vingt coursiers, il manioit avec la même adresse les ressorts des plus vastes entreprises, sans jamais les mêler, et les faisoit mouvoir tous à la fois, sans désordre et sans confusion; son âme étoit un composé de celles d'Alexandre, de César, de Tibère et de Cromwell; il marquoit d'un sceau ineffaçable ceux qui passoient du camp des Bourbons dans le sien; il ne vouloit pas qu'ils y retournassent. On l'a accusé de dissimulation et de fraude; mais la dissimulation et la fraude étoient dans les cabinets étrangers comme dans le sien : on combattoit à armes égales. Il est douteux qu'il ait eu une religion; toutes les sectes lui étoient indifférentes : chrétien à Paris, musulman sur le Nil. Il contint l'ambition des prêtres, étouffa les discordes religieuses; mais il porta un coup funeste à la vertu, en plaçant sans cesse les hommes entre la fortune et le devoir, en revêtant de dignités le vice même, quand le vice lui étoit utile; en mettant la force au-dessus de la justice; en répandant le goût des armes jusque dans l'enfance; en accoutumant ceux-ci au mépris des professions et des vertus civiles.

Son grand projet, sa pensée dominante, étoit d'abatre l'Angleterre; l'effroi qu'il lui inspira causa sa perte. Toutes les vues du cabinet britannique tendirent à sa ruine; il périt moins par le fer et le nombre de ses ennemis, moins par la rigueur des élémens et les conjurations de ses sujets, que par celles de la Grande-Bretagne. Elle finit par regarder l'existence de Napoléon comme incompatible avec la sienne; elle le tua pour se délivrer des terreurs qu'il lui inspiroit; mais on s'étonna qu'elle eût consenti à lui laisser encore l'empire de l'île d'Elbe, qu'elle eût souffert qu'il fût placé si près du continent, qu'il pouvoit encore troubler.

Prêt à partir pour son exil, Buonaparte demanda son premier valet de chambre; il l'avoit abandonné; il demanda son mameluck Roustan, Roustan l'avoit quitté. Les premiers jours de son voyage furent paisibles. Dans plusieurs villes, il entendit encore quelques cris de *vive l'empereur!* Arrivé à Rouane, il désira voir le maire. Etonné de ne point y trouver de garnison : « Vous deviez, dit-il, avoir
« ici six mille hommes de l'armée d'Espagne.
« Il ajouta : Si je n'avois été trahi que quatre
« fois par jour, je serois encore sur le trône. »
Le 24 avril, le maréchal Augereau, après avoir prudemment éloigné ses troupes, vint au-devant de lui. Ils eurent ensemble un assez long entretien; Napoléon ne connoissoit pas encore la défection de son ancien camarade d'armes. Sa route continua d'être paisible jusqu'à Donzère, petite ville sur le Rhône, à onze lieues de Valence. On y célébroit la fête de la restauration. Une foule d'habitans accourut pour crier *vivent les Bourbons! à bas le tyran! à bas le bourreau de nos enfans!* Une scène semblable eut lieu à Avignon, malgré les précautions qu'on avoit prises pour y passer sans être reconnu. Mais les habitans d'Orgon, petite ville de Provence, se signalèrent surtout par les plus violens

excès : ils traînèrent au-devant de sa voiture un mannequin qui le représentoit, l'accrochèrent à un arbre, et le pendirent, avec des cris forcenés. Des femmes, transformées en furies, s'accrochèrent à sa voiture, en lui demandant le sang de leurs enfans, et le forcèrent de crier *vive le roi!* (Depuis Avignon, il s'étoit détourné de sa route, et sa garde n'étoit plus avec lui.) Effrayé de ces scènes, Napoléon changea de costume, et prit un uniforme autrichien. Malgré ce déguisement, il fut reconnu à Lambesc par un vieux soldat, et condamné à entendre de la bouche même de son hôtesse les mots de *monstre, de buveur de sang*. Il s'enferma dans sa chambre, et ne put s'empêcher de verser des larmes. Ce n'étoit pas ainsi que lui avoient parlé les orateurs du Sénat, du conseil d'Etat et du Corps législatif. On fut obligé de retenir le peuple dans l'enceinte d'Aix, dont les portes furent fermées, pour éviter les derniers excès. Mais ces dangers étoient les moindres de ceux qu'il avoit à courir. On apprit bientôt qu'on avoit à Paris songé à lui enlever la vie, à s'emparer de son trésor par un infâme assassinat; qu'un jeune fanatique nommé *Maubreuil,* avoit reçu des instructions et des pouvoirs pour l'accomplissement de ce crime, entreprise inouïe, qui n'eut d'autre résultat que le vol de quelque argent, de quelques riches effets, et qu'un scandaleux procès, dont les débats appartiennent à l'histoire de la restauration.

Les troupes de son escorte ayant repris sa route, il arriva au Luc, où sa sœur Pauline l'attendoit dans un château voisin. Il la quitta après un entretien touchant, pour se rendre à Fréjus; et le 24 avril, il passa sur une frégate anglaise, dans le port de Saint-Rapheau. Le hasard semble avoir quelquefois ses vengeances. C'étoit là qu'il avoit débarqué quinze ans auparavant, pour aller conquérir une couronne, et c'est de là qu'il part aujourd'hui pour aller s'exiler sur un rocher. Le 3 mai, la frégate qui le portoit y aborda : c'étoit le jour même où Louis XVIII rentroit à Paris, pour remonter sur le trône dont Napoléon venoit de descendre. Tout étoit en confusion à l'île d'Elbe. L'un des forts portoit le pavillon tricolore, l'autre le drapeau blanc : la présence des commissaires arrangea tout. Le lendemain, Napoléon fit son entrée, au bruit de vingt-deux coups de canon. On arbora sur les forts son pavillon fond blanc, traversé diagonalement d'une bande rouge semée de trois abeilles d'or. Le cortége marcha vers l'église paroissiale, où l'on célébra le *Te Deum*. Buonaparte n'y prit que médiocrement part : il parut triste et très-affecté ; quelques larmes qu'il s'efforça de retenir, échappèrent malgré lui de ses yeux. Une chaîne de monts arides, d'un sol bien différent de celui de la France, une circonférence de vingt lieues, douze mille habitans, tel étoit son nouvel empire.

Il dit aux magistrats du lieu : « La douceur « de votre climat, les sites romantiques de « votre île m'ont décidé à la choisir, entre « tous mes vastes Etats, pour mon séjour. « J'espère que vous saurez apprécier cette « préférence, et que vous m'aimerez comme « des enfans soumis. Vous me trouverez tou- « jours disposé à avoir pour vous toute la « sollicitude d'un père. »

Sa suite se composoit des généraux Bertrand et Drouot, du major polonais Fersmanossky, de deux fourriers et d'un officier du palais, d'un médecin, de deux secrétaires, d'un maître-d'hôtel, d'un valet de chambre, deux cuisiniers et six domestiques, triste reste de tant de grandeur.

On a rapporté de lui plusieurs conversations avec le général autrichien Koller, qui ne sont pas sans intérêt. Près de partir, il lui dit : « On « me reproche de ne m'être point donné la « mort. Je ne vois rien de grand à finir sa vie

« comme quelqu'un qui a perdu toute sa for-
« tune au jeu; il y a beaucoup plus de cou-
« rage à survivre au malheur qu'on n'a point
« mérité. Je n'ai pas craint la mort; je l'ai
« prouvé dans plus d'un combat. Je n'ai point
« été usurpateur; je n'ai accepté la couronne
« que d'après le vœu unanime de la nation.
« Louis XVIII ne tient la sienne que d'un vil
« Sénat que j'ai gorgé d'or, de dignités, et
« dont plus de dix membres ont voté la mort
« de Louis XVI. Je n'ai jamais été cause de
« la perte de personne. Quant à la guerre,
« c'est différent; mais j'ai dû la faire, parce
« que la nation vouloit que j'agrandisse la
« France... Sans cet animal de général, dit-il
« dans une autre conversation, qui m'a fait
« accroire que c'étoit Schwartzemberg qui me
« poursuivoit à Saint-Dizier, tandis que c'étoit
« Wintzingerode, et cette autre bête qui fut
« cause que je courus à Troyes, où je ne trou-
« vai pas un chat, j'eusse marché sur Paris;
« j'y serois arrivé avant les alliés, et je n'en
« serois pas où j'en suis. Mais j'ai toujours été
« mal entouré; et puis ces flagorneurs et lâ-
« ches de préfets qui m'assuroient que la levée
« en masse se faisoit avec le plus grand succès;
« enfin ce traître de Marmont..... »

Le général Koller étant resté dix jours à

l'île d'Elbe, gagna de plus en plus la confiance de Napoléon. Un jour celui-ci lui dit:
« Savez-vous que d'ici à vingt-quatre heures,
« j'aurai trois ou quatre mille hommes à mes
« ordres? — Comment cela? — Parce que j'ai
« adressé à la garnison française une invita-
« tion de rester ici, en lui offrant de la pren-
« dre à ma solde. — Ce n'est pas là le moyen
« de rassurer le gouvernement français sur vos
« projets pacifiques. — Que m'importe? J'ai
« examiné les fortifications, et je défie qu'on
« puisse m'attaquer avec le moindre succès.
« — Je le crois, dit le général; mais je crois
« aussi que le gouvernement français saisiroit
« bien vîte ce prétexte pour ne pas vous
« payer votre pension. — Diable! cela ne
« m'arrangeroit pas du tout. Mais comment
« faire? l'invitation est lâchée. — Il faut lui
« donner une interprétation, et déclarer
« qu'elle ne s'applique qu'aux soldats nés dans
« l'île, et qui voudroient y rester. »

Napoléon adopta ce conseil, et en remercia le général, qui déjà l'avoit habitué à s'entendre dire qu'il avoit tort. « Vous me dites sou-
« vent, général, que j'ai tort. Parlez-vous donc
« avec cette liberté à votre empereur? — Mon
« empereur, sire, seroit très-fâché contre
« moi, s'il soupçonnoit que je ne lui dis pas

« toujours franchement ma façon de penser. — En ce cas, votre maître est bien mieux « servi que je ne l'ai jamais été. »

Il dit un jour aux commissaires, après avoir retracé avec beaucoup de franchise les différens degrés qu'il avoit parcourus dans sa carrière depuis vingt-cinq ans : « Au bout du « compte, je ne perds rien ; car j'ai com- « mencé la partie avec un écu de six francs « dans ma poche, et j'en sors fort riche. »

A peine étoit-il arrivé à l'île d'Elbe, que, pour gagner l'affection de ses nouveaux sujets, il donna soixante mille francs pour faire des routes dont les projets existoient auparavant, mais qu'on n'avoit pu réaliser, faute d'argent. Il conclut un traité de commerce avec Livourne, et bientôt un autre avec Gênes. Son esprit actif avoit besoin d'aliment, et n'avoit rien de commun avec celui de ces rois qui laissent le soin de leur gouvernement à leurs ministres, en se réservant pour eux les bénéfices de la couronne. Nous le verrons bientôt sortir de cette île, et porter, avec sept à huit cents hommes, la terreur dans une cour qui commande à trente millions de sujets. Telle est la différence que la nature a mise entre les têtes humaines.

En se présentant dans Paris, et en y entrant, les puissances n'avoient pas épargné les proclamations; les princes et les généraux les avoient multipliées à l'envi : tous répétoient qu'il falloit que, pour le bonheur de l'Europe, la France fût grande et forte, que les souverains reconnoîtroient et garantiroient la Constitution que la France se donneroit. On n'imposoit point à la France le rappel de la maison de Bourbon, mais la maison de Bourbon ne s'oublioit pas; elle répandoit aussi partout des proclamations ; et quoiqu'elle fût loin de reconnoître la souveraineté du peuple, elle ne s'adressoit pas moins au peuple, pour l'engager à lui rendre la couronne qu'il lui avoit enlevée. Louis XVIII en avoit daté une d'Hartwell, son frère en publia une autre de Vesoul :

« Français, le jour de votre délivrance ap-
« proche; le frère de votre roi est parmi vous.
« Plus de tyrans, plus de guerre, plus de
« conscription, plus de droits réunis. Qu'à la
« voix de votre souverain, de votre père, vos
« malheurs soient effacés par l'espérance, vos
« erreurs par l'oubli, vos dissensions par l'u-
« nion touchante dont il sera le gage. Les
« promesses qu'il vous a faites, et qu'il renou-
« velle solennellement aujourd'hui, il brûle
« de les remplir, et de signaler par son amour

« et ses bienfaits le moment fortuné qui, en le
« rendant à ses sujets, va le rendre à ses enfans. »

On déposa chez des notaires, au nom de Louis XVIII, des sommes pour être distribuées aux indigens.

M. le duc d'Angoulême avoit aussi adressé sa proclamation à l'armée : elle étoit datée de Saint-Jean-de-Luz, le 2 février. Le général Wellington s'étoit déclaré pour la maison de Bourbon ; mais il n'adressoit aux Français que de simples invitations. Lorsque le prince fut entré à Bordeaux, il renouvela toutes ses promesses.

« Ce n'est, disoit-il, que par vos vœux que
« le roi mon oncle aspire à être le restau-
« rateur d'un gouvernement paternel et libre;
« il ne veut rien innover dans la forme de
« votre administration. Ma plus consolante
« mission est de proclamer, au nom du roi,
« qu'il n'y aura plus de conscription, plus
« d'impôts odieux, qu'il ne sera porté aucune
« atteinte à la propriété des domaines qu'on
« appeloit *nationaux*. »

La proclamation de Louis XVIII étoit remarquable par les éloges qu'il donnoit au Sénat.
« Le Sénat, disoit-il, où siégent des hommes
« que leurs lumières et leurs talens distin-
« guent, et que tant de services peuvent en-

« core illustrer aux yeux de la France et de
« la postérité, ce corps dont l'utilité et l'im-
« portance ne seront bien connues qu'après la
« restauration du trône, peut-il manquer d'a-
« percevoir la destinée glorieuse qui l'appelle
« à être le premier instrument du grand bien-
« fait qui deviendra la plus solide, comme la
« plus honorable garantie de son existence et
« de ses prérogatives? »

Ce Sénat comptoit, à la vérité, plusieurs hommes qui avoient envoyé Louis XVI à l'échafaud; mais, apparemment, la politique ne connoît pas ces foiblesses de la conscience humaine, qui feroient sacrifier les intérêts d'Etat aux affections de famille. Louis XVIII avoit des intelligences dans le Sénat; les alliés venoient de mettre leur confiance dans M. de Talleyrand, et M. de Talleyrand, devenu tout puissant, commandoit maintenant à cette compagnie comme Buonaparte lui avoit commandé. Ce fut donc à elle que l'on s'adressa pour donner au peuple français une Constitution. Si M. de Talleyrand eût été fidèle à ses anciennes liaisons, on auroit pu s'attendre que, dans cette circonstance solennelle, la maison d'Orléans n'eût point été oubliée : elle auroit convenu à cette nombreuse portion de la nation française qui s'étoit jetée dans les orages de la révolution, et en avoit fait sortir le tonnerre pour foudroyer toutes les classes privilégiées, et se revêtir de leurs dépouilles. Mais M. de Talleyrand ne crut pas vraisemblablement que l'heure fût venue de servir ses amis. Le premier article de la Constitution présentée par le Sénat, portoit :

« Le gouvernement français est monarchi-
« que et héréditaire de mâle en mâle par ordre
« de primogéniture. LE PEUPLE FRANÇAIS AP-
« PELLE LIBREMENT AU TRÔNE DE FRANCE Louis-
« Stanislas-Xavier de France, frère du dernier
« roi, et, après lui, les autres membres de la
« maison de Bourbon, dans l'ordre ancien. »

Les autres articles rendoient à l'ancienne noblesse les titres dont elle avoit joui ; fixoient les droits du prince, du peuple, et des grandes autorités de l'Etat. Le Sénat ne s'étoit point oublié. Le sixième article portoit qu'il y auroit cent cinquante sénateurs au moins, et deux cents au plus ; que leur dignité étoit inamovible et héréditaire ; que tous les membres actuels du Sénat seroient maintenus, et feroient partie de ce nombre ; que *la dotation actuelle du Sénat leur appartiendroit, et que les sénateurs qui seroient nommés à l'avenir ne pourroient avoir part à cette dotation;* qu'aucun Français ne pouvoit être recherché pour les opinions ou les votes qu'il avoit pu émettre.

Ce projet de Constitution, qui renfermoit beaucoup d'autres articles favorables aux droits de la nation, devoit être soumis à l'approbation du peuple, présenté ensuite au roi, qui jureroit de l'observer fidèlement.

Mais le peuple lui-même s'indigna du soin que les sénateurs avoient pris de leurs intérêts particuliers, de cette honteuse avidité avec laquelle ils se donnoient en pleine propriété des dotations qui provenoient des revenus de l'Etat. Le projet de Constitution, discuté dans les journaux, attaqué dans les écrits publics, resta au greffe de cette illustre compagnie, et l'on attendit tranquillement les modifications dont il avoit besoin. Mais le vœu général pour la maison de Bourbon se manifestoit de plus en plus; on ne doutoit pas que le gouvernement provisoire ne fût entièrement dans ses intérêts. L'ancien ministre de la police désapprouvoit seul le rappel de cette maison; il regrettoit vivement de ne s'être pas assez promptement affranchi de son exil pour se trouver à Paris, où il auroit probablement fait partie du gouvernement provisoire. Il se prononçoit hautement pour la régence, parce qu'il se flattoit d'entrer dans le conseil de l'impératrice. Contrarié dans ses vœux, mais avide de pouvoir, il dissimula, sans désespérer de la fortune. Un des premiers actes du gouvernement provisoire fut de composer un ministère ; celui de la justice fut donné à M. Henrion de Pansey ; les affaires étrangères à M. Delaforest, auquel on adjoignit M. Durand ; M. Beugnot eut le ministère de l'intérieur ; la guerre échut au général Dupont, qui l'avoit faite si malheureusement en Espagne ; le portefeuille de la marine fut remis à M. Malouet ; les finances, le trésor et les manufactures, à M. l'abbé Louis ; la police générale à M. Langlès ; M. Dupont de Nemours eut le secrétariat-général du gouvernement provisoire, qu'il partagea avec M. Laborie. M. Fauvelet de Bourienne fut chargé de la direction de la poste ; la préfecture de la Seine resta à M. de Chabrol. Le général Dessoles fut nommé commandant de la garde nationale, l'archevêque de Malines, chancelier de la Légion-d'Honneur ; et M. de Fontanes lui-même conserva la grande-maîtrise de l'Université. Ces choix ne satisfaisoient que médiocrement l'opinion publique, et donnoient lieu à bien des observations ; mais comme il ne s'agissoit que d'un état provisoire, on ne s'y arrêta pas.

Toutefois, le nouveau gouvernement s'honora par des actes de justice. On a vu que le pape avoit quitté Paris au mois de janvier. Depuis ce temps, sa marche avoit été lente, et souvent contrariée. Le peuple, à la vérité, se signaloit par les félicitations et les nombreux hommages qu'il lui adressoit sur son passage; mais les préfets, pour complaire à leur maître, comprimoient, autant qu'ils pouvoient, ces élans de la piété publique. La multitude vouloit voir le pape, s'agenouiller à ses pieds, et recevoir sa bénédiction. Dans une commune du Midi, une troupe d'hommes et de femmes ayant arrêté la voiture du Saint-Père, pour jouir plus long-temps de ses regards sacrés, et les agens de l'autorité s'y étant opposés, cette foule s'étendit par terre aux pieds des chevaux, et sur le milieu de la route, provoquant les commissaires du préfet à faire passer sur leurs corps les roues de la voiture du Saint-Père. Le gouvernement provisoire, instruit de ces détails, ordonna qu'à l'instant même tout empêchement à son voyage cessât, et qu'on lui rendît sur la route les honneurs dus à son rang et à son caractère.

De pareils ordres furent donnés au sujet du prince royal d'Espagne don Carlos, frère du roi Ferdinand, qu'on retenoit à Perpignan, au mépris des conventions faites à Valençay avec le roi lui-même. On enjoignit aux autorités de conduire le prince avec honneur aux premiers postes espagnols. Ferdinand étoit arrivé, le 24 mars, sur la Fluvia, près de Figuières, et le maréchal Suchet avoit été chargé de le remettre à son peuple, en présence des deux armées, dont les hostilités venoient de cesser : c'étoit une couronne de fer qu'il alloit chercher. La nation héroïque qu'il commande avoit tout fait pour lui ; à peine lui fut-il rendu, qu'il perdit l'amour qu'on lui portoit. Depuis 1811, huit cents paysans espagnols, faits prisonniers au fort de Figuières étoient détenus dans les bagnes de Brest et de Rochefort ; le gouvernement provisoire les fit mettre aussitôt en liberté ; les prisons d'Etat s'ouvrirent, et rendirent à la société une infinité de victimes de la tyrannie du dernier gouvernement. MM. de Polignac n'avoient pas attendu ; ils avoient déjà quitté la maison de santé où ils étoient détenus. Deux cent trente-six séminaristes de Gand avoient été enlevés, et transférés à Vesoul, pour être employés dans l'artillerie ; on les renvoya à leur gouvernement et à leur évêque. Les chanoines de Tournai, exilés à Cambrai, obtinrent la permission d'aller chanter de nouveau l'office divin dans leur cathédrale. Le dernier gouvernement enlevoit aux familles leurs enfans, pour les placer dans des écoles ou des institutions impériales; on les restitua à leurs parens. Le 10 avril, la statue de Napoléon érigée au-dessus de la colonne de la place Vendôme, fut enlevée, ses chiffres et ses emblêmes effacés partout. Le même jour, MONSIEUR, comte d'Artois, vint coucher à Meaux : tout se disposoit pour remettre la France sous l'autorité de ses anciens rois ; les jeunes gens eux-mêmes commençoient à se familiariser avec leur nom et leurs couleurs ; et ceux qui se rappeloient les anciennes erreurs des règnes de Louis XV et de Louis XVI (qu'on n'accusoit que de foiblesse), se promettoient un régime sage, équitable et doux sous des princes instruits à l'école de l'adversité. Chaque jour les feuilles publiques se chargeoient des actes d'adhésion des principaux personnages de l'Etat. Le cardinal Maury fut un des plus empressés. Dès le 5 avril, il vint, à la tête de son chapitre, adhérer à la déchéance de Buonaparte. Deux mois auparavant, le 4 février, il avoit adressé aux fidèles de son diocèse, un mandement pour demander à Dieu la prospérité des armes de l'empereur et roi contre l'invasion du territoire français par les puissances coalisées.

« Dieu sera, mes frères, n'en doutons point,
« Dieu sera avec ce grand capitaine ; c'est
« l'homme de sa droite, son génie est l'âme
« de la France, son épée en est le bouclier.
« O mon Dieu ! daignez nous conserver le
« héros que vous avez donné pour souverain
« à la France, et dont nous bénissons l'auto-
« rité tutélaire comme le plus grand de vos
« propres bienfaits : couvrez-le de votre bou-
« clier dans les dangers de la guerre. »

A la suite du cardinal Maury, on vit bientôt arriver la plus nombreuse partie de ce clergé qui avoit proclamé Napoléon *l'envoyé du Ciel, l'oint du Seigneur*, et qui maintenant bénissoit la Providence d'avoir brisé le sceptre de l'usurpateur, et *ramené par la main le fils de saint Louis pour le replacer sur le trône de ses aïeux*. Misérable duplicité, qui portoit les coups les plus funestes à la religion en déshonorant ses ministres.

Louis XVIII étoit encore à Hartwell, que déjà son palais se remplissoit à l'avance de cette tourbe de gens avides de places, de fortune et d'honneurs, qui, indifférens à toutes les formes de gouvernement, sans principes, sans délicatesse, sans conscience, sans patriotisme, se font comme un héritage de tous les emplois, de toutes les dignités, de toutes les faveurs du pouvoir, quelles que soient les mains qui les distribuent ; vils et lâches sycophantes qui, comme on l'a dit, brûleroient de l'encens sur les autels de la peste, si la peste avoit des bénéfices à distribuer. Ainsi, dès ce moment, la France fut destinée à voir investis des plus hautes fonctions de l'Etat, les mêmes hommes qu'elle avoit si long-temps poursuivis de sa haine et flétris de son mépris.

Les maréchaux de l'empire, les commandans de place, les généraux de l'armée, las de guerres inutiles, de combats meurtriers, aspirant à se reposer enfin près des trophées qu'ils avoient arrosés de leur sang, vinrent déposer leurs armes aux pieds du nouveau gouvernement, prêts à les reprendre pour des guerres justes et légitimes. On remarqua surtout l'adhésion du maréchal Augereau : « Abandon- « nons, dit-il à ses troupes, un homme qui a « vécu en tyran, et n'a pas su mourir en « soldat. »

Cependant, tandis que l'on se hâtoit à Paris de déserter les enseignes de Napoléon, on combattoit encore sur d'autres points pour le maintien de son trône. L'armée d'Italie restoit fidèle à ses engagemens. Le 7 février, le général Bellegarde, à la tête d'une armée de cinquante mille hommes, étant venu attaquer sur les bords du Mincio l'armée franco-italienne du vice-roi, laquelle comptoit à peine trente mille hommes, la plupart nouvellement enrôlés, fut forcé, après un combat long et sanglant, d'abandonner la victoire à son courageux adversaire : il avoit perdu cinq mille hommes tués ou blessés, et laissé deux mille prisonniers; l'armée italienne n'en avoit perdu que trois à quatre mille, perte néanmoins déplorable, puisqu'elle étoit inutile.

De son côté, le maréchal Soult continuoit d'arrêter la marche de Wellington. Après la bataille d'Orthez, il s'étoit porté sur Tarbes par les deux rives de l'Adour, s'appuyant toujours sur les Pyrénées. Par l'habileté de ses marches, il étoit parvenu presque sans combat jusqu'aux murs de Toulouse. Il avoit, avec une extraordinaire célérité, couvert d'ouvrages cette ville et ses environs : elle offroit l'aspect d'un vaste camp fortifié. Le 22 mars, on avoit vu les éclaireurs ennemis se montrer sur divers points, reconnoître les travaux et se retirer. Wellington, fidèle à son système de temporisation, passa quinze jours à mûrir son plan d'attaque et préparer ses moyens. Le 10 avril, il se crut en état d'attaquer : il avoit quatre-vingt mille hommes de troupes exercées, et une nombreuse cavalerie ; son adversaire n'en avoit que vingt-sept mille, presque tous de nouvelles levées. Le combat s'engagea à six heures du matin sur tous les points de cette vaste enceinte : elle étoit hérissée de canons, et défendue par des soldats pleins d'ardeur, animés du désir de s'égaler, dès leur début, aux vieilles bandes du maréchal. La lutte devint horriblement sanglante; les Anglais y perdirent presqu'autant d'hommes qu'ils en avoient à combattre, et ne purent enlever à leur ennemi qu'une seule redoute et un seul canon. L'armée française, après avoir perdu trois mille hommes, resta dans son camp, prête à renouveler le combat. Le lendemain, si, dans cette mémorable journée, l'armée de Suchet se fût jointe à celle de Soult, on est unanimement d'accord que Wellington étoit écrasé, perdu, réduit à mettre bas les armes. On chercha inutilement à s'expliquer le motif de cette immobilité. Faudroit-il la trouver dans ces tristes replis du cœur humain, où se cachent les haines, les rivalités, l'envie? Quelle qu'en ait été la cause, Soult conserva seul la gloire de cette journée. Wellington, effrayé de ses pertes, n'osa pas recommencer le combat, s'occupa de la sépulture de ses morts, et laissa le général français se retirer paisiblement sur les bords de l'Adre, emmenant avec lui son artillerie, ses bagages et ses blessés. On prétendit alors que Wellington connoissoit les évènemens de Paris, mais que se croyant sûr de la victoire, il avoit voulu couronner sa campagne de la péninsule par un triomphe éclatant. Lui seul peut révéler ce secret à l'histoire; mais s'il put épargner l'effusion du sang, quel reproche l'humanité n'a-t-elle pas à lui faire! Au reste, cette sanglante affaire fut la dernière. Dans la soirée du lendemain, la déchéance et l'abdication de Napoléon furent connues. Le maréchal Soult envoya aussitôt un parlementaire à lord Wellington pour lui proposer un armistice; il le refusa. Mais dans le même temps, le maréchal Suchet, instruit comme le duc de Dalmatie des évènemens de la capitale, rentra en France, et cette circonstance changea les dispositions du général anglais. L'armistice fut conclu entre les trois armées, et chacune d'elle attendit de nouvelles instructions. Elles ne tardèrent point à arriver.

Le 11 avril, le sort de Napoléon avoit été réglé par le traité qu'on a vu plus haut. Le 12, MONSIEUR, frère du roi, fit son entrée à Paris. Il seroit difficile d'exprimer l'enthousiasme qu'excita sa présence: lui-même paroissoit dans l'ivresse de la joie et du bonheur. Une foule immense s'étoit portée au-devant de lui ; une multitude innombrable occupoit sur son passage, les fenêtres, les balcons, et jusqu'aux toits des maisons. Il saluoit de toutes parts, avec une grâce et un abandon infinis ; il étoit revêtu de l'uniforme de la garde nationale, et cette garde, qui depuis....., étoit son unique escorte. Il avoit autour de lui un groupe de maréchaux, parmi lesquels on distinguoit le vieux maréchal duc de Valmy, le maréchal Lefèvre, le maréchal Ney. « Monseigneur, lui « dit ce dernier, en lui adressant la parole au « nom de ses frères d'armes, nous avons servi « avec zèle un gouvernement qui nous menoit « au combat au nom de la France. Votre Al- « tesse royale et Sa Majesté verront avec « quelle fidélité et avec quel dévouement nous « saurons servir notre roi légitime. »

« Messieurs, dit le prince, vous avez illustré « les armes françaises ; à ce titre, le roi re- « vendique tous vos exploits : tout ce qui a été « fait pour la France, n'a jamais été étranger « au roi. »

Lorsque le gouvernement provisoire se présenta devant lui avec les membres des corps municipaux, MONSIEUR dit : « Plus de divi- « sions ! La paix et la France ; je la revois, et « rien n'est changé, *excepté qu'il y a un*

« *Français de plus.* » Ce mot heureux passa de bouche en bouche, et ajouta à l'allégresse publique. Avant d'entrer dans la ville, le prince distribua à ceux qui étoient au-devant de lui, des rubans blancs et de petites fleurs de lys en argent : ceux qui avoient reçu cette distinction se hâtèrent d'en parer leur habit. Le lendemain, on recherchoit avidement cette décoration ; un mois après, on ne la portoit plus, tant elle avoit perdu de son prix par la profusion avec laquelle on l'avoit accordée.

Le prince se rendit à la cathédrale pour rendre grâce à Dieu de ses miséricordes pour la France et les Bourbons, et le *Te Deum* fut chanté par ce même cardinal Maury et ce même clergé qui en avoient célébré tant d'autres pour Napoléon. Je ne rapporterai pas ce que d'autres écrivains on cru devoir raconter, qu'au moment où le prince touchoit au pont Notre-Dame, on vit trois colombes voltiger autour de sa personne auguste, et se reposer tout à coup sur sa tête. Laissons ces sortes de prodiges à ces temps reculés où l'on racontoit aussi qu'une colombe apporta du ciel la petite fiole dont saint Remi se servit pour sacrer Clovis, qui ne fut jamais sacré.

Dès que Monsieur fut installé aux Tuileries, le Sénat s'empressa de lui conférer le gouvernement provisoire, sous le titre de *lieutenant-général du royaume*. Le prince forma son conseil, et le composa du prince de Bénévent, du maréchal Moncey, du duc de Reggio, du duc d'Alberg, du comte de Jaucourt, du général Beurnonville, de M. l'abbé de Montesquiou et du général Dessoles.

Ici finit ma tâche. Au moment où ma plume trace ces dernières lignes, le temps frappe sur son horloge éternelle soixante-douze coups, qui m'avertissent que soixante-douze fois le soleil a achevé son cours annuel sur ma tête. Cinquante ans de travaux qui n'ont pas été sans quelque honneur pour moi, et quarante ans de cruelles tribulations, pendant lesquelles j'ai perdu parens, amis, tout ce que la vie humaine a de plus cher, devoient peut-être me donner l'espoir de goûter, sur mes derniers jours, quelques heures d'un heureux loisir, et de descendre paisiblement dans la tombe qui m'attend. Mais puisqu'enfin, après avoir tout sacrifié à la cause que j'estimois la meilleure et la plus sainte, je n'ai recueilli que de nouvelles tribulations; puisque la fortune avare et cruelle m'a envié un simple oreiller, pour y attendre tranquillement le repos éternel, je bénirai encore la Providence. Plus généreuse que les hommes, elle a daigné me conserver, sous mes cheveux blancs, quelque chaleur et quelque intelligence; et ma main peut encore sans trembler parcourir ce papier, confident de mes pensées; je profiterai de ses bienfaits; j'essaierai de tracer l'histoire des premières années de la restauration, et j'écrirai ce que j'ai vu avec la même liberté et la même indépendance que l'histoire de Napoléon; et lorsque cet homme extraordinaire reparoîtra, je dirai comment il sortit de son île avec sept cents hommes, et fit, en quelques semaines, la conquête de la France, sans brûler une amorce; comment cette famille si longtemps attendue, ne sut pas se conserver un an sur son trône; comment Napoléon, trahi par ceux mêmes qu'il avoit appelés à son secours, incapable de renoncer à ses idées de despotisme, de rien céder aux libertés publiques, tomba une seconde fois; comment transporté au-delà des mers, sans être prisonnier, et contre le droit des gens, il alla expirer sur un rocher, après six ans d'une longue et douloureuse agonie, plus accablé encore par les rigueurs de ses gardiens que par celles de la fortune: tâche importante, et non sans danger peut-être; mais je m'éleverai au-dessus de ces timides considérations qui enchaînent si souvent la plume des écrivains, et je recevrai avec reconnoissance les renseignemens qu'on voudra bien me communiquer, pour donner à cet ouvrage le degré d'intérêt et d'authenticité dont il est susceptible (1).

---

(1) Je ne dois point dissimuler ici que le premier volume des Mémoires sur Napoléon se ressent de l'époque où il a été écrit. Les passions étoient dans toute leur ferveur, et j'ai pu me ressouvenir trop vivement que ses interminables guerres m'avoient enlevé un frère et un jeune neveu dignes du plus tendre intérêt. Je me suis attaché, dans les volumes suivans, à modérer l'amertume de mes regrets, pour ne plus penser qu'à mes devoirs d'historien.

FIN DU NEUVIÈME ET DERNIER VOLUME.

TABLE DES CHAPITRES

DU NEUVIÈME VOLUME.

Chapitre premier. Coup-d'œil sur l'Europe en général, et la France en particulier. Premières hostilités contre la Suède. Nouveau genre de guerre contre le commerce d'Angleterre. Fabrication de faux billets de banque. Traités entre la France, la Prusse et l'Autriche. Appel à tous les Français en état de porter les armes. Convocation des trois bans. Traité entre la Russie et la Suède. Intrigues diplomatiques en France. *Page* 1

Chap. II. Troubles en Angleterre. Emeutes en France. Inutiles efforts de Napoléon pour armer la Porte ottomane contre la Russie. Mission du général Andréossy à Constantinople. Mission du comte de Narbonne à l'empereur Alexandre. Voyage de Napoléon à Dresde; son départ pour l'armée; proclamation à ses soldats. Plan de l'empereur de Russie; son voyage à Moscou; ses proclamations. 28

Chap. III. Entrée des Français en Lithuanie. Conquête de cette province. Ambassade de la diète polonaise. Retraite des Russes. Combats. Arrivée de l'armée française à Witepsk. Bataille de Smolensk. Prise de cette ville. 52

Chap. IV. Marche de Napoléon sur Moscou. Combats

partiels. Incendie de Viasma. Bataille de la Moscowa. *Page* 81

CHAP. V. Entrée des Français à Moscou. Incendie de cette capitale. Départ de l'armée. Arrivée à Smolensk. 103

CHAP. VI. Départ de Smolensk, et incendie de cette ville. Arrivée à Krasnoï. Nouveaux combats. Horrible misère. Organisation de l'escadron sacré. Jonction de l'armée de la Dwina avec les débris de la grande armée. Perte de la brigade du général Partouneaux. Passage désastreux de la Bérésina. 141

CHAP. VII. Suite de la retraite. Souffrances horribles de l'armée. Evasion de Buonaparte. Arrivée à Wilna. Départ des débris de l'armée française. Nouveaux combats. Arrivée à Kœnisgsberg, à Dantzick. 163

CHAP. VIII. Arrivée de Napoléon à Varsovie, à Dresde, à Paris. Etat de cette ville depuis son départ. Conspiration de Mallet. Nouveaux traits de servitude du Sénat. 194

CHAP. IX. Voyage de Napoléon à Fontainebleau. Négociations auprès du souverain pontife. Nouveau concordat. Etat de l'Espagne pendant l'année 1812. 218

CHAP. X. Situation de l'armée de Russie en Allemagne. Proclamations de Louis XVIII aux Français. Offres patriotiques des cohortes. Enrôlement des gardes d'honneur. Sénatus-consulte pour le couronnement de l'impératrice et du roi de Rome, et l'établissement d'une régence. Ouverture du Corps législatif. Adresses de félicitation des départemens. Offres patriotiques de leur part. 246

CHAP. XII. Etat des négociations. Défection de la Prusse. Dispositions équivoques de l'Autriche. Traité de la Suède avec l'Angleterre. Proclamation de l'empereur Alexandre et des généraux russes. Défections dans la confédération du Rhin. Situation de l'armée française. *Page* 271

Chap. XIII. Inutiles tentatives auprès du cabinet de Londres pour en obtenir la paix. Situation des armées étrangères en Allemagne. Régence proclamée en France. Départ de Napoléon. Départ du comte de Bubna pour Vienne. Forces respectives des puissances belligérantes. Arrivée de Napoléon à Erfurt. Réunion du prince Eugène à son armée. Bataille de Lutzen. 291

Chap. XIV. Entrée de Napoléon à Dresde. Rentrée du roi de Saxe. Menées secrètes de l'Autriche. Arrivée du comte de Bubna. Batailles et victoires de Bautzen et de Wurstchen. Conquête d'une partie de la Silésie. Armistice. 310

Chap. XV. Intrigues d'un prétendu baron de Kolli pour enlever le roi Ferdinand à Valençay. Son arrestation. Belle et courageuse action des soldats français détenus à Cadix sur les pontons anglais. Disgrâce de Fouché. Abdication du roi de Hollande. Réunion de ses Etats à la France. 320

Chap. XVI. Difficultés qui précèdent l'ouverture du congrès. Dispositions hostiles de l'Autriche. Départ de Napoléon pour Mayence. Rupture du congrès; arrivée du roi de Naples Joachim. Déclarations de guerre de l'Autriche. Reprise des hostilités. Bataille de Dresde. 358

Chap. XVII. Suite de revers. Défaite du maréchal Ney. Défection de la Bavière. Bataille de Leipsick. Trahison des Saxons. Retraite et désastres de l'armée française. 587

Chap. XVIII. Retraite de l'armée française sur Erfurt. Départ du roi de Naples. Bataille d'Hanau. Arrivée de Napoléon à Mayence. Horrible mortalité dans les hôpitaux. Coup-d'œil sur les affaires d'Italie. Napoléon à Saint-Cloud. Disposition des esprits. Propositions de paix faites à Francfort par les alliés. Essai de négociations. *Page* 413

Chap. XIX. Dislocation complète de la confédération du Rhin. Capitulation de la plupart des garnisons françaises dans les forteresses d'Allemagne. Révolution de Hollande. Insurrection de l'Illyrie. Occupation de la Marche d'Ancône par Murat. Affaires d'Espagne. Traité de Valençay avec le prince Ferdinand. Ouverture du Corps législatif. Passage du Rhin par les alliés. 441

Chap. XX. Réorganisation de la garde nationale. Départ du Souverain pontife pour Rome. Institution d'une régence. Départ de Napoléon pour l'armée. Ouverture de la campagne de 1814. Bataille de Brienne. Défaite de la Rothière. 484

Chap. XXI. Entrée des alliés à Troyes. Retraite de Buonaparte à Nogent-sur-Seine. Ouverture du congrès à Châtillon-sur-Seine. Proposition d'un armistice adressée par Napoléon au congrès. Refus des alliés. Prise de Châlons et de Vitry par l'armée confédérée. Arrivée de quelques renforts à l'armée française. Combats glorieux de Champ-Aubert, de Montmirail, de Château-Thierry. Sérieuses inquiétudes des puissances alliées. 510

Chap. XXII. Marche des alliés sur les bords de la Seine et de l'Yonne. Siége de Sens, et prise de cette ville. Retraite des maréchaux ducs de Reggio et de Bellune sur la rive droite de la Seine. Ils font sauter les ponts de Nogent, Bray-sur-Seine, Montereau. Prise de ces trois villes par les alliés. Ils se jettent dans la Brie, et s'avancent sur Paris par Nangis. Marche de Napoléon pour combattre la grande armée austro-russe. Défaite des Russes à Nangis et à Mormant. Combat et reprise de Montereau. Retraite des alliés. Proposition d'armistice. Retour de Napoléon à Troyes. Nouvelle alliance des puissances coalisées. *Page* 531

Chap. XXIII. Position des armées belligérantes. Prise de la Fère par les Prussiens. Combats de Bar et de la Ferté-sur-Aube. Prise de Soissons. Evacuation de Troyes. Décrets de Napoléon pour une guerre d'extermination. Batailles de Craonne et de Laon. Prise de Reims par les alliés. Reprise de cette ville par Napoléon. Rupture du congrès de Châtillon. Entrée à Bordeaux du duc d'Angoulême. Départ de Ferdinand VII, roi d'Espagne, pour les Pyrénées. 555

Chap. XXIV. Terreur panique des alliés après la prise de Reims. Combats d'Arcis-sur-Aube, de la Fère-Champenoise, de Saint-Dizier. Mouvement rétrograde des maréchaux Marmont et Mortier. Marche des alliés sur Paris. Fuite de l'impératrice-régente et de son conseil. Combat du 30 mars, sous les murs de la capitale. Départ de Joseph Buonaparte. Arrivée de l'armée de Napoléon à Fontainebleau, et de sa personne à la Cour-de-France. Capitulation de Paris. Entrée des alliés. 594

Chap. XXV. Marche de Buonaparte sur Paris. Sa situation à Fontainebleau. Déclaration des souverains contre lui et sa famille. Acte de la commune de Paris qui renonce à son empire. Gouvernement provisoire. Acte du Sénat qui prononce sa déchéance, et rappelle la maison de Bourbon. Abdication de Napoléon à Fontainebleau. 618

CHAP. XXVI. La régence à Blois. Dernier traité de Napoléon avec les puissances étrangères. Son départ pour l'île d'Elbe. Adhésion des autorités constituées et des généraux à sa déchéance. Entrée de Monsieur, comte d'Artois, à Paris. *Page* 555

FIN DE LA TABLE.

Fautes importantes à corriger dans le premier et le sixième volume.

Tom. Ier, pag. 11, lig. 2, entre les 41e et 55e degrés de latitude, *lisez* entre les 41° 24' et 42° 55'.

Tom. VI, pag. 101, lig. 11, l'empereur Paul Ier, *lisez* Catherine II, et après elle Paul Ier.

www.ingramcontent.com/pod-product-compliance
Lightning Source LLC
Chambersburg PA
CBHW050322020526
44117CB00031B/1332